陈麟辉 主编

名人思想的当代价值

——中国博物馆协会名人故居专业委员会 2017年年会论文集

上海人民出版社

中国博物馆协会名人故居专业委员会2017年年会开幕式

中国博物馆协会名人故居专业委员会2017年年会合影

目录

名人纪念馆研究

人物研究

名人纪念馆研究

在主体间性视域下提升
名人纪念馆社会教育功能的路径

陈麟辉

摘要：历史名人作为时代的精英和表率，其巨大的人格魅力和重大贡献，以及其所集中体现的精神特质，是弘扬和培育民族精神、传播社会主义先进文化、激发人们爱国情怀的重要载体和生动内容。借鉴主体间性范畴的宽阔视野，促进共建、共赢、共享互动局面的形成，必将有助于提升名人纪念馆的社会教育功能，推动名人思想和精神更广泛地传播。

关键词：主体间性；提升；教育功能；路径

中华文化源远流长，历史名人灿若星辰，名人故居星罗棋布。历史名人作为时代的精英和表率，其巨大的人格魅力和重大贡献，以及其所集中体现的精神特质，历来为人们敬仰和崇拜。他们大多是民族精神、时代精神的象征和标志，他们的思想、行为和人格风范推动着民族精神、民族文化的发展，在一定的时空内对后人、对社会有着深远的影响。因此，加强名人故居和名人纪念馆的保护和合理利用，更好地发挥其社会教育作用，是弘扬和培育民族精神、传播社会主义先进文化、激发人们爱国情怀，不忘初心，牢记使命，建设中华优秀传统文化传承发展工程的重要任务，充分发挥名人效应，也是坚定文化自信、建设社会主义文化强国的重要途径。主体间性是20世纪西方哲学中的一个范畴，它的主要内容是研究或规范一个主体怎样与完整地运作的另一个主体相互作用，为我们思考如何提升名人纪念馆的社会教育功能提供了具有启发意义的宽阔视野。当人文环境越来越成为当今时代城市核心竞争力的重要指标，我们越来越需要通过将名人纪念馆嵌入社会人文环境的整体营造，实现从过去侧重于名人纪念馆之教的主导活动或观众之学的主体活动，向名人纪念馆与公众及其他社会主体之间建立共建、共赢、共享的关系转变，如同2015年6月25日习近平总书记在西安博物院视察时提出的"一个博物院就是一所大学校"[1]，从而推动社会主义核心价值观融入社会发展各方面，转化为人们的情感认同和行为习惯，推动中华优秀传统文化在继承创新中绽放永久魅力和时代风采，转化为新时代人民群众向往的更美好生活。

一、注重互动共建，推动名人纪念馆成为"文化体验新空间"

近年来，作为记录历史、面向社会、服务公众的重要渠道，国家和公众对包括名人纪念馆在内的博物馆有了更高的标准和需求。因此，在政府主导下，社会力量参与名人纪念馆的公共教育已成为一种新的趋势。名人纪念馆首先要通过优化组织内部资源，实现从以物为中心向以人为中心转变，让历史敞开心扉，让人们与名人对话，与文明和高尚亲近。名人纪念馆的人既包括名人纪念馆工作者，又包括广大参观者。尽管名人纪念馆具有实物性、直观性、自主性、社会性和寓教于乐等特点，在社会教育功能发挥中具有天然的优势，但当前我国大部分名人纪念馆教育模式仍停留在"单向灌输"的层面上，对于进入名人纪念馆的参观者，主要是通过展示文物藏品，提供简单的文字解说或者人工讲解来实现教育功能。名人纪念馆也在探索利用"互联网＋"扩大传播影响力，使人们获取教育内容变得更加便捷、及时，但仍然未实现单向教育模式的根本性转变。随着开放、共享成为势不可挡的时代潮流，受教育者自主选择权逐渐扩大，观众与名人纪念馆的互动越来越受到关注。今

---

[1]杨瑾：《博物馆教育需要大视野和持续创新》，《中国文物报》，2017年8月29日。

天，名人纪念馆更需要树立为观众自我学习创设良好环境的教育理念，致力于构建物、人、数据动态双向多元信息传递模式的文化体验空间，在启发引导和温馨服务中体现人文关怀，从"单向灌输式"参观向"双向互动式"交流、"视觉全方位"呈现转化，使人们在情境熏陶、言行互动中实现能力提升、心灵升华，并反之促进名人纪念馆工作人员业务能力的提高，推动名人纪念馆收藏和研究水平的跃升。

（一）注重人群细分，完善互动型讲解模式

在传统的名人纪念馆教育中，讲解被置于核心位置，成为名人纪念馆教育的核心内容之一，纪念馆主要通过口头介绍的方式，为观众提供相关知识，延伸视觉体验，从而与观众之间建立起最为直接和亲近的联系。但如今越来越多的观众将参观视为自发的、有目的的、有选择的学习过程，因此今后名人纪念馆要更加关注不同类型观众的认知能力、兴趣爱好、关注点等差异，加强互动，因人施教，不断改进讲解服务。可以开拓提前预约、基本资料提前推送、事前提问、事中或事后答疑、信息反馈、报名担任义务讲解员、预约参与讲解课程培训等多种类型的个性化服务方式，对于自主学习意识特别强的观众，要让他们能够在参观过程中通过观察、分析、自我求证等方式获取学习成果。讲解人员不仅是释疑解惑的老师，也是耐心倾听的学生、沟通心灵的朋友，更是为观众自我学习而服务的环境营造者，使观众能够拥有更高的自由度和自主权，以自己现有的知识、技能、态度等心理结构为基础，通过与名人纪念馆进行双向的互动交流来形成、充实或调整自己已有的知识结构和思想态度。

（二）满足多元需求，拓展自主式参与途径

随着名人纪念馆服务公众的使命变得日益重要，名人纪念馆就不再仅仅是保管文物、保存历史的场所，而是致力于为公众创造一个充满活力、探索新理念的对话平台，宣传教育成了名人纪念馆社会使命的核心，一种以参与体验为欲求的新型展览教育渐成主流。名人纪念馆成了终身教育的课堂，面对的是跨越不同年龄段、不同需要的观众，应该从权威教化型向参与体验型转换，让多元化体验成为名人纪念馆教育的主打品牌，这就需要重视建立社会动员机制，一方面要主动联系观众，从不同群体认识、感悟、休闲、参与等多元现实需求出发，设计方案，提供服务；一方面要倍加珍视热爱名人纪念馆事业和对名人纪念馆怀有特殊感情的热心观众，充分发挥这群稳定且具有专业水准的群体的聪明才智，使之成为助推名人纪念馆事业发展的重要力量。名人纪念馆里的藏品、资料乃至名人思想精华，如果与多元群体的现实需求相结合，静止的物品和隐性的财富就能成为引起化学反应的催化剂。通过为不同观众群体搭建认知体会和参与研究、收藏、讲解、创作、示范等实践平台，一方面促进观众实现自我表达，增强文化认同，养成行为习惯，另一方面也集聚了有价值的藏品、研究成果、人才资源等，促进名人纪念馆"生态系统"的良性循环。只有这样，才能向观众展示泱泱大国的基因密码，让普通观众都能对严肃话题感兴趣，去感受厚重的历史和探寻名人的心语，真正实现习近平总书记要求的"让收藏在禁宫里的文物、陈列在广阔大地上的遗产、书写在古籍里的文字都活起来。"[1]名人纪念馆还要融入多元化的教育手段，通过举办相关的文物鉴赏学习班、历史题材影视展播、民风民俗文化考察，开设人文历史讲堂、才艺展示课堂，举办主题体验日、专家讲解日、诗歌朗诵会、动漫作品比赛、知识竞赛、征文等活动，扩大名人纪念馆自身的知名度、影响力、辐射面和认同感。名人纪念馆尤其要致力于促进校外教育体系的完善及与学校课程体系的融合，加强与学校的合作，建立教学实习、共建互动关系，不仅实现学习场所的转换，更要实现学习方式的变革，适应青少年思维活跃、崇尚技术、追求时尚的特点开发拓展性活动项目，提供参观前、中、后指导手册，引导未成年人学会思考，关注当下，探索未来。

（三）强化技术支撑，创设全方位体验环境

为观众营造自主学习的良好环境，还需要注重体验方式的丰富性和愉悦性，使名人纪念馆可听可看可参与。数字化已具体地为名人纪念馆的物人对话与新型关系建构提供了新的基础和共享方式，通过数字化

---

[1]《人民日报》，2014年1月1日，第一版。

和信息化，物在名人纪念馆的框架里被方便地链接甚至插上了抖动的翅膀，为物与物、物与人的关联开启了新的出发点。为此，要找准数字化信息传播工具和高科技手段和名人纪念馆传统展示方式的最佳契合点，创新虚拟参观、互动展览、社交分享等服务方式，满足观众把"名人纪念馆带回家"的需求。运用云计算，收集和分析观众知识、心理、行为、需求等数据，改善参观体验，优化服务内容。创新展览、讲座、活动的线上线下互动模式，实现静态展示与动态体验有机结合、历史与现实的神奇链接，使观众不仅可以观赏，还可以触摸，亲自实验，甚至穿越时空与名人全息形象对话，给人以无穷的视觉震撼力和身临其境的体验感。

二、注重互利共赢，推动名人纪念馆成为"跨界合作枢纽站"

名人纪念馆作为公共文化机构具有天然的公共属性，要通过积极投身社会实践，实现从以服务观众为中心向以服务社会为中心转变。名人纪念馆不是文化的孤岛，而是一个具有极强辐射力和集聚力的文化枢纽，与其他资源之间会形成显著的综合效益。国际博物馆协会前主席康明斯（A.S.Cummins）曾提出："博物馆应坚决为公众服务，认真关注社会和文化变革，帮助我们在一个不断变化的世界里呈现我们的身份和多样性。"[1]名人纪念馆要通过建立和完善社会参与和服务社会的机制，改变以往的传统工作方式，日益转型为公共文化中心、文物收藏中心、教育中心、学术中心，乃至休闲中心，不仅致力于为观众提供更为优质、高效的服务，而且努力实现对社区、学校、社会组织、企业、媒体及一般公众的服务全覆盖，构建多元合作、互利共赢的共同体。

（一）推动文化单位联动

名人的成长离不开时代的孕育，在社会文化活动和社会变革中都可能与其他名人有过交往和合作，建立了朋友圈，流传了友谊佳话。因此，名人纪念馆要走出本馆馆舍，加强联手研究、办展等馆际间的交流

---

[1]　单霁翔：《从"数量增长"走向"质量提升"——关于广义博物馆的思考》，天津大学出版社2014年版，第313页。

与合作，推进联盟组织发展，挖掘和讲好名人的故事，在交流中提升，在合作中互利，在共享中共赢，使名人的形象更加鲜活，最大限度地发挥名人故居文化意蕴的综合效应。例如，2000年以来，郭沫若纪念馆联合以北京鲁迅博物馆、茅盾故居等为代表的北京现代文化名人故居，一起策划展览、举办活动，被业内称为博物馆界的"乌兰牧骑"。通过十几年的努力，北京8家名人故居已经成为首都博物馆界联盟的样板。由于这8家故居所纪念的名人共同构建了20世纪中国新文化的雏形，这一内在关联性，不仅使联合策展成为可能，更使观众跳出单一的线性思维模式，全景式地了解每一位名人的社会价值，更好地让文物蕴涵的社会主义核心价值在当代焕发新的光芒。近年来，陈云纪念馆积极倡议和推动成立了上海市民终身学习红色文化体验基地联盟、上海市红色文化宣传教育中心，举办"红色修身风范永存"上海市民终身学习红色文化体验基地嘉年华活动、文化场馆志愿者活动，共备、共享、共推红色文化课程等，促进各家红色文化基地间的沟通与协作，实现资源共享，优势互补，方便市民就近参与终身学习、红色修身，联动效应逐步显现。中国博物馆协会名人故居专业委员会的建立和持续发展，更是形成了名人故居的集约优势，也助推了各个名人故居在当地的提升和发展。

（二）推动商旅文联动

名人纪念馆要致力于公共区域的文化建设，成为社区、厂区、园区、乡村的文化枢纽，为"培育新业态、打造绿生态、涵养好心态"发挥积极的作用。通过建立共建、共享、共赢机制，拓宽合作途径，吸引各类文化机构和配套产业在附近安家落户，打造产业联动、多维立体的文化休闲集聚区。这里有传统文化的精髓、红色文化的基因、革命文化的血脉，也有夏令营、粉丝俱乐部等衍生教育项目的贴心服务，有欣赏传统文艺演出和老电影的闲暇时光，有穿越时空复原当时生活状态的市井老街，有探索传统技术与艺术的探索课程，有主题商店和特色餐饮的消费乐趣，有社会组织和文创企业的创意活动……名人纪念馆可以为公众提供一个休闲娱乐又有文化品位的交往空间，使参与其中的人们享受快乐并成为名人纪念馆营造的良好文化氛围中不可或缺的重要组成因素。在这里人们可以充分享受自己的生活，与家人或朋友共同分享美好的时光，还能够通过文创产品把名人纪念馆带回家，使名人纪念馆不仅成为没有围墙的纪念馆，更是无处不在的纪念馆。

（三）促进研究平台联动

每一个名人纪念馆背后都有一个多层次、立体化的"智库"——各类研究机构。正是在这些专业研究力量的大力支持下，名人纪念馆才能长展常新，长讲常新，从而能够不断增强吸引力、号召力和社会影响力。因此，以研究课题和项目为引领，促进这些研究机构之间密切合作，打造合作研究的平台，使更多研究机构较为稳固地凝聚在纪念馆周围，势必能取得更大的共赢果效。建馆十余年来，陈云纪念馆在这方面进行了不懈的探索，与中共中央文献研究室、中国社会科学院当代中国研究所、中共上海市委党史研究室、上海社会科学院、中共上海市委党校以及复旦大学、同济大学、华东师范大学、上海师范大学的专家学者保持积极活跃的互动，参与组建陈云思想生平研究会、参与举办学术研讨会、参与专项课题研究、参与联合开通陈云研究网、参与建立陈云研究微信公众号、编辑出版系列宣传研究书籍，以"陈云研究"为枢纽，丰富了各个研究机构之间合作的方式和内容，也加快了研究成果向宣传教育素材转化的速度，从而为名人纪念馆提升教育功能储备了深厚的知识基础。

三、注重互融共享，推动名人纪念馆成为"生活智慧策源地"

当前，我们比以往任何一个时期都更接近"两个一百年"的奋斗目标和中华民族伟大复兴的"中国梦"，也比以往任何时候都更加需要获得强大的精神力量、丰润的道德滋养和良好的文化支撑。而当今这个时代，广大人民群众也越来越渴望生活为文化所滋养，越来越渴望用文化提升自我的生命质量。名人纪念馆作为中华优秀传统文化、红色文化、革命文化的承载地，对滋养社会的灵魂、启迪人民的智慧、培育社会主义核心价值观起着不可估量的作用。名人纪念馆不仅是珍贵文物的收藏所，还是文化血脉的传承者、先进文化的创造者，更是充满人文关怀与心灵守望的精神家园，要以文化人、以德育人，实现从以传承共同记忆为中心向以创造美好生活为中心转变。名人纪念馆越来越需要关注社会变革和发展过程中的焦点和热点问题，为这些问题的解决提供自身经验，提供技术支持，提供对话空间。在构建历史记忆中启发人们的思维创新，使人们感悟到彼此的精神相通和忧戚与共，使人们获得创造更美好生活的智慧，自觉释放个人的创造力和点滴能量，促进人的自身全面发展，推动社会生产生活方式的转型升级，共建共治共享充满活力又有序发展的美好家园。

（一）构建城市文化新坐标

作为城市历史的记录者和展现者，同时是城市文化重要承载者的名人纪念馆，其核心使命不仅仅是为今天的城市发展而记录过去，也为未来的城市发展而留存今天，既要连结和展示历史与现实之间的关系，让那些"消失了的真实"始终能被真切地触摸和感知，又要展望未来的发展方向，使"孜孜以求的社会理想"照进现实。名人纪念馆见证着城市发展的历程，不仅是文化设施、文化遗址、文化景观的积累，更是一代代人择善而居的生活智慧的结晶，在城市记忆的保持、特色形象的展示、乡土情结的维系、文化身份的认同、生态环境的建设、和谐社区的构成等多方面具有综合的价值，使城市更具特色、更有内涵、更加美好。名人纪念馆是保护城市文脉，推动人们生活智慧和发展经验传承发展的文化坐标。名人纪念馆的设计和建设要融入区域特有的人文和自然景观，在展览规划前，就将潜在受众的需求偏好纳入展览的前量评估中，把观众整合于展览进展的全过程，使人们进入名人纪念馆周边区域就已经被这里强大的文化磁场所吸引，不仅感受到视觉上的愉悦和知识上的满足，更多的是精神上的归属和心灵上的净化。近年来，陈云纪念馆在立足名人纪念馆主阵地的同时，积极拓展周边文化资源，与所在地政府一起创新"红色＋绿色＋古色"三色文化体验活动，即"陈云名人纪念馆＋专题馆"的红色文化体验、"陈云家乡青浦水乡"的绿色文化体验、"陈云故居练塘古镇"的古色文化体验。在这里，人们既能追寻伟人的足迹，也能寻找到自己的根，还能感悟父辈那个时代令人引以为豪的生活经历和伟大精神，涵养爱国主义精神，激发家国情怀，明白自己是如何融入到世代延续下来的社会生活的各环节之中，焕发创造更美好生活的热情和动力。

（二）凝聚文化惠民新力量

经济社会的飞速发展，一方面增强了人们创造新生活的信心，另一方面也带来了日益复杂的利益关系和层出不穷的社会问题，人们的生活状态、心理感受，越来越需要更多的人文关怀。名人纪念馆要通过文化熏陶和社会教育，把凝结在名人身上的思想理念、价值标准、审美风范转化为现代社会不同群体的精神追求和行为习惯，不断增强人民群众的文化认同感、参与感、获得感和幸福感，形成向上向善的社会风尚。当前，建设优质均等的公共文化服务体系已成为社会普遍共识，但更好地维护弱势群体的文化权益，仍是全社会需要共同努力的方向，考验着我们社会治理的绣花功夫。名人纪念馆要通过探索馆内服务外延式发展新路径，链接不同群体、沉入基层社区，尤其需要增强为弱势群体服务的意识，针对老年人、未成年人、残障人士量身定制不同的服务设施、主题活动，通过为盲人提供专门的盲文展示说明牌、宣传资料册和讲解服务，整合各方资源，组织出行不便的残障人士或高龄老人走进名人纪念馆活动，以及为有需要的弱势群体提供送教上门服务等，使更多人群能够走进名人纪念馆，使更多一时难以走进名人纪念馆的群体同样也享受到名人纪念馆的优质服务，在文化温润心灵的过程中凝聚共建共享的力量，促进社会公平正义，提升社会治理精细化水平，增强文化惠民的实效。

（三）创造志愿服务新生活

随着博物馆免费开放，因参观人数激增，自身人员有限，大多数文化场馆都开展了志愿服务工作，而近年随着来志愿服务事业的蓬勃发展，志愿服务也为名人纪念馆走进人民群众日常生活搭建了重要平台，促进了名人纪念馆与社会各界的合作和资源共享，为进一步拓展社会教育功能增添了新的动力和活力。名人纪念馆要探索将志愿服务作为社会动员机制的重要内容，设立义务讲解、语言翻译、馆内咨询、馆外监

督、文明劝导、专业研究、技术支持、环境美化、社会调查、活动组织
策划等各类志愿服务岗位，组织各类志愿服务活动，吸纳高校学生、
教师、医生、工程师、艺术家等各类具有专业特长的志愿者，以及对名
人纪念馆管理服务怀有热情、有闲暇时间和学习力的各类普通志愿者，
组建馆内馆外不同类型的志愿者队伍，形成各种响应度高、专业性强、
服务热情高的志愿服务组织。要创新名人纪念馆志愿服务社会化服务模
式，强化专业化培训和规范化管理，将名人纪念馆打造为吸引各类志愿
者集聚活动的基地和平台，配套行之有效的激励机制，培育各具特色的
志愿服务品牌，发挥志愿者根植社区的优势，使他们成为社区与名人纪
念馆沟通的桥梁，成为文化惠民的生力军，成为"流动的博物馆"、
"文明的播种者"，更成为"美好生活的创造者和共享者"。志愿者与
名人纪念馆的良性互动，必将使名人纪念馆更具凝聚力、号召力和影响
力，名人的思想和精神也能更广泛地传播。

（陈麟辉，陈云纪念馆高级经济师、副研究员）

"让文物活起来"的探索与实践

罗　雄

　　摘要：刘少奇同志纪念馆作为全国重点文物保护单位和国家一级博物馆，围绕"让文物活起来"这一工作目标，进行了多方面有益的探索和勇敢的实践：突出文物主导作用和展品辅助作用，以人民满意为目标办好陈列展览；加大力度出版刘少奇研究成果，开设刘少奇党课讲坛，以传承文化为方向进行学术研究；馆际交流到全国，文化交流走向世界，以文化惠民为宗旨开展"三送六进"活动；构建"一网两微"，用新媒体方式创新宣传刘少奇同志生平和思想。

　　关键词：文物；研究；党建；文化；新媒体

　　2014年3月27日，习近平总书记在联合国教科文组织总部演讲时说："让收藏在博物馆里的文物、陈列在广阔大地上的遗产、书写在古籍里的文字都活起来，让中华文明同世界各国人民创造的丰富多彩的文明一道，为人类提供正确的精神指引和强大的精神动力。"总书记的讲话，既彰显了大国领袖的文化情怀，也指引了新时期文化工作的前进方向，更是文物事业健康发展的不竭动力，文博工作者必须认真学习、深刻领会、坚决贯彻，带着感情和责任守护精神家园、传承红色基因，努力创造文物工作新辉煌。刘少奇同志纪念馆作为全国重点文物保护单位和国家一级博物馆，围绕"让文物活起来"这一工作目标，进行了有益的探索和勇敢的实践，现将心得体会与同行分享。

一、以人民满意为目标办好陈列展览，让文物活起来

2011年3月20日，习近平同志参观刘少奇同志纪念馆时指出："刘少奇同志是一位真正的无产者，他生前嘱咐家人死后将骨灰都撒向了大海；他虽然没有给后人留下任何财产，但是他的思想很有特色，是毛泽东思想的重要组成部分，对中国革命与建设产生了重大影响；特别是他的经济思想、治国理念和论共产党员修养理论，是我党宝贵的精神财富，是保持党的先进性教科书，应该好好学习、研究和宣传，把老一辈无产阶级革命家的光荣传统发扬光大。"习近平同志的讲话，既是对刘少奇同志历史功绩和思想品格的高度概括，又是对广大文博工作者的巨大鼓舞，使我们增添了工作的信心和力量。

为了给前来刘少奇同志纪念馆参观学习的公众朋友提供丰富多彩的精神食粮和文化大餐，全面、系统、深入地了解刘少奇光辉而伟大的一生，我们确立了以人民满意为目标办好陈列展览的指导思想，在精益求精办好基本陈列展览《伟大的探索者、卓越的领导人——刘少奇生平业绩陈列展览》的同时，分期分批地推出了具有现实意义的专题陈列展览，包括：《刘少奇廉政思想与实践》《为民务实清廉——党风楷模刘少奇》《刘少奇与抗日战争》《全国刘少奇纪念地联合展览》《魅力花明楼摄影展览》等，还引进了《陈云的廉政风范》《第一代领导集体的青少年时代》《刘少奇与中共满洲省委》《国之瑰宝——宋庆龄文物图片展览》《黄埔军校与中国共产党》《共和国总理周恩来风采摄影展览》《伏尔加河与长江——友谊之河大型图片展览》等，既为兄弟博物馆搭建了文化交流平台，又丰富了公众参观内容。

（一）办展览要突出文物的主导作用

博物馆最能让观众养眼的是文物藏品，最能让观众动情的是文物故事。为了办好刘少奇故居陈列布展、还原刘少奇青少年时代江南农村生活场景，刘少奇同志纪念馆多次邀请20世纪六七十年代在刘少奇故居工作过的讲解员和刘少奇见证人来馆身临其境忆当年，请他们帮助征集文物、整理故事、指导陈列。目前观众在刘少奇故居和炭子冲民俗文化村看到的木雕床铺、朱漆衣柜、麻织蚊帐、棉纺被褥、桌椅板凳、纺车

摇篮、马灯火炉、厨房灶台、锅碗瓢盆、提桶水缸、茶壶酒缸、作坊粮仓、蓑衣斗笠、扮桶风车、猪舍牛栏、家什农具等文物和展览用品，都是刘少奇同志纪念馆工作人员深入宁乡、安化、双峰大山深处，从农民家里征集过来的实物，让公众触景生情地走进文物背后的遥远年代，去探寻共产党人平凡而伟大的奥秘。文物展览主导作用的发挥，是名人故居和革命纪念馆的魅力所在。

（二）办展览要发挥展品的辅助作用

名人故居的陈列展览，不能保证百分之百的文物展出；为了文物保护收藏的需要，不可避免地要使用仿真品替代，但在代用品的制作技巧上必须要达到"以假乱真"的效果。刘少奇故居采用肉型石和树脂材料代替容易腐烂变质的烟熏鱼肉进行展示，就是一种成功的尝试，既遵循了客观规律，也得到了观众认可。如刘少奇故居室内床上的麻织蚊帐、棉纺蓝色印花布被面、床单和书写手稿等容易污损的纺织品和纸质文物不宜长期展出，只能用高仿真件替代文物展出，也是发挥展品替代辅助作用的有效方法。

（三）办展览要利用图片的视觉作用

数码影像技术的快速应用，把人们的视觉习惯带入了读图时代，纸质图书不再是阅读的唯一内容，电子图书后来居上。为了拉近观众与名人故居历史人物和历史事件的距离，在陈列布展中恰到好处地利用历史见证人、事件亲历者的图片，能够产生意想不到的视觉效果。如：在刘少奇故居正堂屋墙壁上陈列的刘少奇与夫人王光美1961年回乡调查时在旧居正堂屋门口的合影；在刘少奇二哥刘云庭的卧室里陈列的刘少奇、刘云庭兄弟俩1938年在延安送子参军的合影；在刘少奇母亲鲁氏卧室陈列的一幅刘少奇1925年在长沙请人给母亲绘制的素描肖像；在横堂屋里陈列的刘少奇携夫人王光美1961年回乡调查时在旧居先后6次召开社员座谈会的照片等等，展出效果很好，那些老照片强烈的视觉冲击力，能使公众驻足凝神、洗耳恭听讲解员讲述照片背后的故事，产生强烈的共鸣。

二、以传承文化为方向进行学术研究，让文物活起来

2011年3月20日，习近平同志参观刘少奇同志纪念馆时指出："用老一辈无产阶级革命家的光辉业绩、崇高精神和道德风范教育党员干部，是一项永久性的文化工程，希望大家利用好这笔资源，服务好党员教育。"习近平同志的讲话，为爱国主义教育基地宣传教育工作加了油、鼓了劲。学术研究是博物馆的基本竞争力，是文博事业可持续发展的重要保障，是利用文物资源讲好中国故事的源头活水，必须摆在文物保护与博物馆管理的同等位置统筹谋划。

（一）加大力度出版刘少奇研究成果

刘少奇同志纪念馆在中共中央文献研究室、中国中共文献研究会刘少奇思想生平研究分会、中国中共党史学会的支持指导下，先后召开了"刘少奇与中国共产党的建设""刘少奇与马克思主义中国化""刘少奇与民生""新中国成立以来刘少奇文稿的学习与利用""党性修养与党的建设""刘少奇与中共七大""刘少奇与党的群众路线"等专题学术研讨会，主办了纪念刘少奇诞辰110周年、回乡调查50周年、何宝珍烈士诞辰110周年全国诗联大赛，产生了一批重要的学术研究和文化艺术成果，丰富了文化知识宝库。刘少奇同志纪念馆先后交中央文献出版社、湖南人民出版社等公开出版了《伟哉公仆》《丰碑》《潇湘女杰》《情系花明楼》诗联集；《刘少奇廉政风范》《刘少奇百姓情怀》《讲述刘少奇》《党风楷模刘少奇》《党委书记的理论与实践》《花明楼诗钞》《中华正气歌》等专著；"刘少奇故里与风范"等系列丛书；《刘少奇与长沙》《王光美画传》等连环画；《印象花明楼》《魅力花明楼》等摄影画册；目前正在组织全国刘少奇纪念地的研究人员和党史专家编辑《追寻刘少奇足迹》系列丛书15本约300万字。研究成果的出版，进一步推动了刘少奇思想生平研究和宣传。刘少奇同志纪念馆还创办了《刘少奇同志纪念馆》馆刊，每季一期，每期印刷3000本，免费赠送相关读者，成为了一个新闻资讯和学术交流平台。

（二）配合中心工作开设刘少奇党课讲坛

自2013年以来，刘少奇同志纪念馆充分利用党史资源，积极配合党

的中心工作开设党课讲坛，服务党性教育，为各级党组织开展"群众路线"、"三严三实"、"两学一做"学习教育讲授《党风楷模刘少奇》专题党课500余场，还给前来参加专题学习的党员发放《论共产党员的修养》50000本、《刘少奇的四十四天》电影光碟10000张、《党风楷模刘少奇》《刘少奇和他的〈论共产党员的修养〉》等党课讲稿60000本，弘扬了主旋律，传播了正能量，在社会各界产生了强烈反响。

刘少奇同志纪念馆创办的党课讲坛声名远播，自主开发的《党风楷模刘少奇》《刘少奇与<论共产党员的修养>》《新中国统战工作的里程碑》《刘少奇的经济思想》《刘少奇的治国理念》《刘少奇的民生情怀》等课件，深受基层党组织和人民群众欢迎；刘少奇同志纪念馆开展的"参观展览、阅读'修养'、聆听党课、观看电影、撰写心得"等"五个一"党性教育活动，已经成为全国知名的党性教育品牌。

（三）服务参观讲好刘少奇文物故事

习近平同志关于"让文物活起来"的讲话如春风化雨，激发了文博工作者的活力。名人故居陈列展览的目的，就是要让导游和讲解员引导观众接近文物、铭记文物、走进文物背后的故事之中，与历史神交，与伟人对话，经受文化感染、思想熏陶、精神洗礼；通过文物故事培养史学兴趣、唤起爱国热情、激发创业激情、凝聚中国力量、共筑中国梦想。因势利导地给观众讲好文物故事，是刘少奇同志纪念馆讲解员的一项基本功，也是检验讲解员是否称职的标准，讲解的目的就是让观众全神贯注、留连忘返。

因人施讲是刘少奇同志纪念馆宣教工作的特色，在刘少奇故居大门前，讲山水和谐的环境科学；在故居正堂屋前，讲"文化大革命"期间五任炊事员保护"刘少奇旧居"门匾；在二哥刘云庭卧室，讲《辛亥革命始末记》和到延安送子参军；在母亲鲁氏卧室，讲"一张素描肖像背后的故事"；在故居横堂屋里，讲"解散公共食堂"和"无偿分房"；在故居酒房，深情演唱"山上的桃花开了、池塘的睡莲醒了、刘家的老酒香了、远方的客人醉了……"通过讲解员、导游员绘声绘色的讲解，让文物活起来；用讲解的方式彰显博物馆的价值、诠释名人故居陈列展览的意义，是文博工作者的神圣责任。

三、以文化惠民为宗旨开展"三送六进"，让文物活起来

刘少奇同志纪念馆自2008年初以来，按照中宣部、文化部、财政部、国家文物局的要求，以文化惠民为宗旨，在全国率先面向社会公众实行免费开放。近十年来，坚持用公众至上的服务理念经营好爱国主义教育示范基地，坚持用以人为本的文化理念培育职工队伍，坚持用山水和谐的生态理念打造国家5A级旅游景区，不断完善十大基础设施、组织十大文化活动、开展十大优质服务、提供十大免费服务，在全心全意、不折不扣做好免费开放的同时，还实行免费停车、免费讲解、免费导游、免费饮水、免费用药、免费观看影视、免费讲授党课、免费发放资料、免费提供公益活动场所，通过十大免费服务，把党中央的文化惠民政策送到老百姓的心坎上，来纪念馆参观学习的游客逐年成倍增长，2016年度达到400万人次，平均每天逾万人。

（一）文化惠民到基层

刘少奇同志纪念馆在扎实做好阵地参观接待的同时，还以高度的文化自觉和责任担当，主动走出景区、走向社会开展"三送六进"活动，通过开展文化惠民到基层、馆际交流到全国、文化交流到世界系列活动，实现博物馆文化资源与民众共享、与世界共享。为了培养综合讲解人才，每年公开招考具有艺术素养和表演特长的青年学子充实宣教队伍，组建花明楼艺术团，排练弘扬刘少奇精神风范专题文艺节目向社会公演，能够独立承担一台文艺晚会演出任务；设计制作了主题展览；编写了特色党课；持之以恒地把文艺演出、流动展览、移动党课送进工厂、农村、机关、社区、学校、军营，"三送六进"活动深受老百姓的欢迎。

（二）馆际交流到全国

自2011年以来，刘少奇同志纪念馆为了扩大馆际交流，设计制作了"刘少奇与中国共产党""人民公仆刘少奇""魅力花明楼"等流动展览、"党风楷模刘少奇""刘少奇军事贡献"等专题党课、"人民心

中的丰碑""飘扬的旗帜"等专题文艺节目，送到了北京大学、清华大学、中国人民大学、天津周恩来邓颖超纪念馆、上海陈云纪念馆、福建省长汀县博物馆、山东省临沭县刘少奇在山东纪念馆以及广州、哈尔滨、齐齐哈尔、伊春、江苏省东海县、海南省琼中县等地，深受全国各地公众的欢迎。

（三）文化交流到世界

为了加强国际合作，参与国际博物馆文化交流，学习先进、增进友谊、共享公共文化资源，刘少奇同志纪念馆携带展览走出国门、走向世界。一是参加"世博联"年会；2013年5月，刘少奇同志纪念馆副馆长王定良、研究室主任孙中华应邀前往美国马里兰州巴尔的摩市参加美国博物馆联盟年会暨"世博联"博览会，在博览会上主办了"魅力花明楼摄影展览"，向世界各国博物馆同行推介刘少奇同志纪念馆、宣传刘少奇精神，既加强了馆际合作、又加深了馆际友谊，还学习了西方经验，找到了自我不足。

二是组团赴俄罗斯主办"魅力花明楼摄影展览"。2015年8月，刘少奇同志纪念馆副馆长王定良带队访俄，在主办展览的同时，还征集了近千件有关刘少奇在俄罗斯学习、工作和国事访问的文物资料。刘少奇同志纪念馆还于2015年接待了"中俄红色旅游交流代表团"204人来馆参观；于2016年承办了"中俄红色旅游合作交流系列活动暨中国（湖南红色旅游节）开幕式"，与列宁纪念馆合作主办的"伏尔加河与长江——友谊之河大型图片展览"同时开展。2017年10月，刘少奇同志纪念馆应俄罗斯乌里扬诺夫斯克洲列宁纪念馆邀请，组团访问俄罗斯，并主办"中俄友谊奠基人刘少奇暨印象花明楼"展览。

三是刘少奇同志纪念馆拟定2018年起，启动去中国香港、东南亚和斯大林故乡格鲁吉亚等地举办"刘少奇与新中国外交"、"刘少奇和他的家乡"等专题展览，为国际文化交流增光添彩。

四、以走向世界为动力建设"一网两微"，让文物活起来

在经济全球化进程中，日新月异的科学技术和瞬息万变的信息产

业，是博物馆服务人民、奉献社会、走向世界的前提和基础，也是博物馆人利用自身优势向世界传播中华民族优秀传统文化的重要机遇。互联网的发展，使人们与世界的距离缩小了，获取知识的渠道拓宽了。网民在日常生活中，只要鼠标一点，就能走遍天下、游历古今，领略大千世界、结识中外名人。在无处不在的互联网包围中，在挡不住移动通信诱惑的掌上世界里，博物馆再也不能守株待兔、等客上门了，必须迅速地驶入信息高速公路快车道，把中国博物馆文化传播到全世界。

近年来，刘少奇同志纪念馆为了让文物活起来，下大力气通过建设新媒体，发展新媒体、利用新媒体提升知名度、扩大影响力、开创新局面。

（一）立足世界建设网上纪念馆

刘少奇同志纪念馆在长沙市政府门户网站星辰在线的帮助下，在中央和省党员教育中心的指导下，于2011年6月正式建成官方网站投入运营；于2015年6月建设网上纪念馆，引进百度技术设计制作了特色鲜明的网页和栏目；目前，网站拥有独立机房，配备独立UPS、服务器、IP地址、域名等，设置一级栏目11个，二级栏目45个，已上传历史图片5300张，电影16部，电视剧2部38集，电视文献记录片4部26集，"缅怀刘少奇情系花明楼"音乐作品音频文件22个、视频文件20个，音乐文学作品文件《情系花明楼》110篇，纪念刘少奇诞辰专题文艺演出视频文件20个，刘少奇传记3部30万字，刘少奇著作10部200万字，刘少奇研究专著6部120万字，刘少奇研究论文400余篇240万字。已上传纪念馆新闻稿1800篇90万字，已上传纪念馆新闻图片14000张，已转载其它网站新闻稿500篇和新闻图片300张。网站平均日点击量200次。2016年度网站点击量61000次，2017年5月点击量5100次。网站涵盖了馆区概况、场馆漫步、领袖生平、文物收藏、员工风采、学术研究、陈列展览、三维动漫、博物馆之友、基地建设、党建动态、政务公开等内容，成为网民了解刘少奇和花明楼的首选平台。

为了保证网页实时更新和正常运转，刘少奇同志纪念馆面向社会公开考试录用了2名网络技术员和机电设备专业技术员，成立了运营机构和通讯员队伍，使稿件编辑、内容审查、信息上传、时政评论得以顺利进行，网站设备维护实现了规范化和常态化。

（二）服务科研建立共享数据库

2011年7月，在纪念中国共产党成立九十周年之际，刘少奇同志纪念馆与湖南师范大学图书馆合作建设的"刘少奇研究数据库"已经正式并网上线，成为全国首个刘少奇思想生平研究网络平台和数据处理中心，是在校大学师生、中共党史研究人员、社会科学工作者得心应手的学习、研究、交流平台。目前，刘少奇同志纪念馆数字博物馆和智慧景区建设已完成项目策划、规划设计、框架构建、文物拍摄等基础工作，正在制作360度虚拟景区，即将申报上级旅游、文物部门和政府立项。

（三）适应形势建设两微新媒体

互联网改变了人们的生活方式，移动终端影响了人们的沟通方式、学习方式和认知世界的方式。刘少奇同志纪念馆抓住通信技术革新与应用的大好机遇，借助社会生活信息化的大趋势，积极打造微博、微信平台向世界推介中国博物馆文化，收到了良好效果。一是打造微博平台。2008年，刘少奇同志纪念馆正式开通官方微博，开设了"刘少奇历史上的今天"、"今日刘少奇故里"、"你所不知道的刘少奇"等栏目，坚持每日一稿、每稿图文并茂；"刘少奇历史上的今天"栏目创始人、宣教部副部长开设的个人微博"讲解员陈艳"赢得"三湘名博"美誉，人气步步攀升，粉丝量达到15000人。因为名博引领带动作用，刘少奇同志纪念馆官方微博访问量居高不下。目前粉丝量达到20000人，每条微博阅读量在800次以上，全馆员工办微博蔚然成风，并能自觉维护健康的网络环境。

二是打造微信平台。2014年5月，刘少奇同志纪念馆开通了刘少奇故里官方微信平台，由办公室负责成立微信团队，主要开设"走进刘少奇故里"新闻报道栏目和"国家主席刘少奇"学术研究栏目，第一时间发布有关刘少奇故里宣传教育与学术研究活动最新动态消息，受到了网友的高度关注。

三是打造微信二维码语音导览平台。博物馆免费开放，党中央文化惠民政策深入人心，游客逐年增长，传统的讲解方式已经不能满足日均万名游客的参观需求。刘少奇同志纪念馆利用微信二维码开发了手机语音导览平台，游客只要用手机扫描景区"二维码"即可进入刘少奇同志纪念馆微信平台，在任意选择的景点和展厅中即可获取讲解信息和导览服务，且无须支付任何费用。

微信平台开通三年多来，累计发送图文消息942篇，平均阅读量为600人，高峰时达到7万多人（如2017年4月5日发布的《刘源上将回家乡》阅读量为78280，点赞524，留言98），累计服务160万次，目前固定关注人数3万人，2016年度关注人数实现了40%的增幅。

此外，刘少奇同志纪念馆还利用官方网站、微博、微信平台，持续五年主办了"花明楼赏花"全国网络摄影大赛、"走进刘少奇故里"随手拍全国微博大赛、"情系花明楼"全国征歌大赛、"追寻少奇足迹"红色游记征文大赛，得到了网友热烈响应和积极参与，产生了良好的互动效果，形成了一批不可多得的文化成果。

2013年2月15日，习近平总书记考察西安博物院时指出："一个博物院就是一所大学校。要把凝结着中华民族传统文化的文物保护好、管理好，同时加强研究和利用，让历史说话，让文物说话，在传承祖先的成就和光荣、增强民族自尊和自信的同时，谨记历史的挫折和教训，以少走弯路、更好前进。"认真学习习近平总书记讲话精神，对于做好新时期文博工作，尽快地让文物陈列活起来，具有十分重要的现实意义。

刘少奇同志纪念馆自1980年重新对外开放以来，先后接待了党和国家领导人和国内外观众5000多万人次来馆参观，先后被授予全国爱国主义教育示范基地、全国廉政教育基地、全国人文社会科学普及基地、国家一级博物馆、国家5A级旅游景区称号，先后获得湖南省文明标兵单位、湖南文物先进单位、湖南省旅游先进单位、湖南文明旅游景区、全国青年文明号、全国巾帼文明示范岗等荣誉。在今后的工作中，全体员工将认真学习习近平总书记重要讲话精神，以饱满的政治热情和务实的工作作风，撸起袖子加油干，朝着全国文明单位和十大精品陈列展览目标奋勇前进。

（罗雄，刘少奇同志纪念馆馆长、刘少奇故里管理局局长）

出版纪程

——略述博物馆的出版

李　浩

摘要：博物馆社会文化功能的实现在于向社会公众展示馆藏藏品、宣传博物馆主题的精神文化资源，建立交流平台。这都仰赖于博物馆自身的文化积累，博物馆文化积累是靠博物馆研究来展开，通过编辑出版馆藏资料整理研究、馆刊、宣传资料等能实现博物馆文化积累的具体化，并使之成为博物馆与社会交流的平台及博物馆宣传、传播文化的重要方式。

关键词：文化积累；出版；传播

一、博物馆的学术研究

博物馆的发展总是经历着草创、发展、繁盛、持续（或死亡）几个阶段。一般意义上来说，如果一个博物馆的物质基础（主要是指文物文献资料和资金）和研究人员数达到一定的水平，就会自然形成学术研究的需求和实践。这是博物馆本身的要求使然，博物馆的建馆基础，除了社会大众的文化和精神的需要外，最主要的是要看其是否有自身的文化积累。而这积累首先来自于建馆之前的研究以及相应宣传，比如国内各鲁迅纪念馆（博物馆）的设立，得益于在鲁迅去世后，关于鲁迅的学术研究文章、纪念已经逐渐成为一个系统化的社会文化行为。因此，在20世纪50年代初，上海、绍兴等地区以鲁迅故居为基础的纪念馆的相继建立是众望所归的事。其次是来自建馆后的文化积累，这种积累主要体现在馆藏的征集、整理、研究和普及性的宣传活动，它是博物馆发展、繁盛、持续（或死亡）的重要因素。设若一个博物馆没有属于它自己的文化积累，那么即便它所对应的文化主题在社会公众中的影响很广泛，就这个馆本身来论，它只是一个"档案馆"而已，无法完全实现其作为博物馆的社会文化功能。博物馆的文化积累包括了三个面向：一是面向大众，持续性地将其所对应的文化主题所包含的精神文化信息向社会大众输送，这个方面已为大多数博物馆所重视；二是面向专业研究人员，在所对应的文化主题领域内，博物馆成为学术交流的平台，同时成为学术向通俗转换的平台，充分与学术界保持交流，获得最新的研究成果，并将之转化为社会大众所适应的信息；三是面向博物馆内部的，即在增加馆藏基础上，持续地展开相应的学术研究，并在馆内形成学术成果共享、反馈、交互机制，最终使文化积累成为博物馆各项业务工作的文化动力。

博物馆文化宣传的持续力，在于通过学术研究不断地充实宣传话语。当然，以社会领域为基点考察文化宣传的过程是一个庞大而繁复的过程。仅以博物馆来说，博物馆所对应的文化主题的文化宣传，可以比较微观化地考察博物馆文化宣传的持续力，在于通过学术研究不断地充实宣传话语的过程。博物馆文化积累的核心就是研究工作，这已经为中国博物馆发展历史所证明，一个博物馆如果缺乏来自自身的持续性的学术研究，那么它的文化宣传必然因话语的陈旧而无法持久——当然，目前有些博物馆本来就是一个人文旅游的热点，它因有巨量的旅游人群作为支持，即便宣传话语不改变也不会动摇它的人文地位。不过，相应的社会也会给予它应有的位置——曾经有过一定程度但并不强盛的学术文化积累的绍兴鲁迅纪念馆，因难以满足社会对其旅游价值的强力需求，而被迫划归旅游公司管理作为一个纯粹的人文景点而存在，其文化积累几乎陷于停滞状态，其名义上虽属博物馆序列，但其博物馆功能被逐渐剥离，逐渐成为一个纯粹的旅游景点。当然，大部分博物馆所面临的，主要还是自身文化积累以及有效利用其文化积累的问题。

社会文化在每个不同的时代都有不同的主题，就中国而言，在1949年后有建设的主题、改革的主题以及最近的实现民族复兴的主题等等。

就博物馆而言，其在不同的发展阶段也有着不同的侧重，比如初期的藏品收集与整理、中期的馆藏及相应史实的研究等。同时，作为社会文化中的一个机构，它在不同的时代、不同的社会文化主题下，有着不同的文化积累重点和宣传重点。

文史类博物馆，除了地区性综合性的博物馆外，大都是以史迹现场为物质基础，围绕具体的历史人物、历史事件为中心，将其聚合成一个文化主题，博物馆以此展开其文化活动。这类博物馆在宣传方面比较受当下的社会文化主题的影响，并波及相应的研究工作。比如建于20世纪50年代的上海鲁迅纪念馆，从其文化积累的载体——其所编辑出版的书刊来看，20世纪50年代末期，开始以遗留的鲁迅诗稿原件或图片资料为基础，编撰出版《鲁迅诗稿》，一直到1981年鲁迅诞辰100周年时，共出版了四五个不同版本的《鲁迅诗稿》，成为鲁迅手稿研究的基础性研究的一个典范。从这本书的几个版本可以发现不同社会文化主题对编辑的影响，有些诗稿的题款在出版过程中因为政治因素而被挖去（1991年出版的《鲁迅诗稿》已经给予补全），有些诗稿为了版面美观而被较多地修整（为版面美观的修整也出现于文物出版社1976年版的《鲁迅手稿全集》中）。具有不同版本、不同定价的《鲁迅诗稿》，成为敬仰鲁迅的不同受众的最佳收藏品，也促使了不少非专业人士，自发地进行对鲁迅诗歌的研究和介绍。可以说，上海鲁迅纪念馆编撰的《鲁迅诗稿》是博物馆通过相应的文物史料收集、整理和研究活动之后，将其普及至社会大众的一个典型案例。

二、馆刊

除了档案资料和陈列外，对社会大众来说，最能接触到的博物馆文化积累成果的形式，就是该馆所编辑出版的出版物以及馆刊了。出版物及馆刊，比之5—10年寿命的陈列、比之实时性的主题宣教活动，能够更为长久地保存博物馆文化积累的成果。20世纪90年代后期开始，随着博物馆事业的蓬勃发展，越来越多的博物馆开始重视出版物以及馆刊的编辑工作。

除了少数馆外，系列出版物基本就是馆刊了。博物馆的馆刊是有一个发展过程的，大部分情形下，它们从早期的馆内交流出版物，逐渐演变为面向社会的系列出版物。这种演变也与博物馆越来越重视体现其社会文化机构功能相适应的。面向社会的一个重要标志就是它的作者不仅仅限于本馆。博物馆的建立，首先是来自社会对其所对应的主题的研究和宣传，因此，在研究和宣传方面，虽然博物馆将原来资源集中起来，但社会中仍存在着研究和宣传群体。从学术层面来说，研究群体主要集中在大学院校或专门的研究机构（如各地的社科院）；从宣传层面来说，宣传群体主要是以爱好者（博物馆之友）的面目出现。

就目前而论，各博物馆的馆刊的侧重是有所不同的，有些侧重于学术研究，有些则侧重于交流。在这里，着重关注一下侧重于学术研究的馆刊。一般来说，侧重于学术研究的馆刊的作者和读者都包含了来自大专院校或研究机构的专业研究群体。专业研究群体与博物馆内部的研究群存在共同点和差异性。其共同性是两方面的研究都旨在发掘、阐发相应文化主题对于社会文化发展的普遍启示和传承意义；差异性则在于，大专院校或研究机构的研究更多是建立在社会文化构建之上的，而博物馆的研究则以馆藏及文献资料为出发点，注重博物馆文化功能的实现。当然，在博物馆研究达到一定程度时，是完全可以与社会上的研究机构的研究重叠，从而达成相互促进的目的。当然，从博物馆的社会功能来看，其研究永远担负着将学术成果向以社会大众为主体受众的转化、将社会大众的意见反馈给专业研究人员的工作。因此，就学术研究而论，差异性是永远存在的，也正因为这种差异性的存在，促使两方面的研究人员建立经常性的面对面的交流的需要。馆刊，作为这种交流的一种形式，可以有效地将专业研究——博物馆研究连接起来。同样，社会大众中有一定专业素养的业余研究者，也可以利用馆刊发表其研究成果。

从实践来说，侧重于学术的馆刊能够更好地发挥作用。馆刊的周期性可以对博物馆的研究活动产生促进作用。大多数博物馆工作者中，他们有些人虽然不是专职研究人员，但由于长期从事博物馆中的一部分工作，随着对工作内容的熟悉和深入，他们自然会对自己在工作中所遇到的一些问题产生自己的独立见解，而这种见解的萌芽正是他们进入正式研究领域的基础。然而，在大多数的情况下，这些见解如果不能被整理成文章、不能被发表而遭埋没，这种埋没对博物馆的研究带来不利影响是显而易见的，更有碍于博物馆文化积累的持续。因此这些观点只要是通过独立思考而产生的，即便它们在以后的研究或实际工作中被证明并不完全适合，它们还是为我们提供了某些思路，可能对某些问题的探讨具有促进作用，因而它们具有一定的文化价值，属于博物馆文化积累范畴，它们不应被埋没——馆刊正是本馆作者发表这些新见解的园地。如此，会不会造成刊物的学术质量问题？这就需要专业研究人员和编辑人员的把关了。对一位从事博物馆具体工作的人来说，从产生一个新观点到完成一篇有见解、有条理的文章，本身就是一个很好的学术训练过程，而加强馆内工作人员的学术训练正是一个博物馆持续进行文化积累的基础。对馆刊来说，它在初期可能会有些学术质量上的缺陷，如果从本馆的研究角度来考量这类缺陷，那么刊物的学术水平恰恰是反映博物馆研究中存在的问题，从而为馆刊的质量的提升——或者说博物馆学术研究的提升提供了明确的途径，在克服自身缺陷的过程中获得成长——并逐渐达到博物馆学术的最高境界。

由此，馆刊的存在，尤其是侧重于学术的馆刊对博物馆的研究工作能够产生导向性的作用。同时，接受专业或业余研究者来稿的馆刊，使博物馆可以比较敏锐地把握相关文化主题研究侧重点的变化，而这种变化通常是由社会文化主题变化而带来的。借助于馆刊，博物馆能够更好地在社会文化主题发生变化时把握其精要、采取对策，使博物馆文化活动更好地适应社会文化主题的变化。当然，学术研究中的相当部分内容，并非一定要紧跟社会文化主题的变迁。为避免学术研究活动中可能产生的随意性，馆刊的编辑方针的确立是十分重要的，这不仅有利于保证馆刊的质量，同时有利于使博物馆的学术研究保持一定的稳定性。

三、出版物

通常来说，基本每个博物馆都有一本以介绍陈列或馆藏精品为主题的画册（有些综合馆因馆藏种类和数量多会做成一套书），一本以建馆大事记为基础的馆史。这两种书往往包含了大量基础性信息，是博物馆向社会展示自身文化积累的重要工具，也是博物馆在一个时间阶段进行自我总结的重要成果。不过，这两种书往往因为价格贵（画册）、印数或时间因素（馆史）而不被社会大众乃至有些专业研究人员所熟知，这是比较遗憾的事。

博物馆中印刷量最大的，也是散发量大，但却不被重视的出版物，应该属博物馆自印的陈列简介说明折页（宣传折页）。这种旨在普及的说明折页，往往以图片配以简单的说明文字，向普通观众介绍陈列各部分的要旨。在社会各行业的免费宣传折页稀少的20世纪90年代，博物馆的说明折页往往设计精良、印刷华美，而且并不免费。进入2000年后，社会各行业的免费宣传折页逐渐增加，博物馆的说明折页也进入免费时代。然而，免费发放也存在问题，有些观众并不重视说明折页，拿了之后会随手丢弃，往往是一天下来，在博物馆展厅以及观众休息区域，可以见到被随意抛弃的这类说明折页。也许鉴于这种过度的浪费，最近几年，各博物馆都倾向将说明折页印得越来越简单，纸张选择各馆依旧有所不同。很难考察这类说明折页的真正被阅读的数量有多少，观众的取用量与观众的阅读量之比到底有多少，至今未见比较可信的统计报告。

博物馆另一种常见的出版物就是各类纪念文集，或是会议论文集、或是年度论文集，有些馆还出版馆内研究人员的个人文集，这类文集通常主要面向研究人员，因此，它们是在馆刊之外，沟通博物馆与馆外研究人员的另一种平台。通常，这类文集不仅代表一个馆的馆藏整理、学术研究水平，也能够反映出该馆与馆外研究人员的交流广度和深度。

近几年来，随着互联网技术的普及，以及各博物馆对科研的需求，部分博物馆与知网、万方、维普等学术数据平台合作，将相应的馆刊、论文集等数字化，以扩展其学术成果的利用率。这也是博物馆与学术界进一步融合的体现，也成为博物馆显示自己学术能力的一个很好的平台。数年前，上海鲁迅纪念馆开始与知网合作，几乎将自主编辑出版的所有学术、纪念类出版物纳入知网数据库，这使得上海鲁迅纪念馆又获得了一个研究、弘扬鲁迅精神文化遗产的平台，在研究成果被国内外学者更充分地利用的同时，有效地提升了上海鲁迅纪念馆在学术界的社会影响力。

就上海鲁迅纪念馆而言，除了以上几种出版物外，还有其特色出版物，由于上海鲁迅纪念馆于1999年建立了专门收藏鲁迅友人遗存的"朝华文库"，自"朝华文库"建立后，相关的业务工作由此开展起来。为促进对"朝华文库"库主的研究和宣传，上海鲁迅纪念馆在1998年至2016年间，共出版了"朝华文库纪念丛书"20种、"朝华文库库主文集"4种、"朝华文库库主画传"5种、"朝华文库库主影像集"2种。这些书的编撰、出版不仅整理了"朝华文库"的藏品、文献资料，并获得了一系列开创性的科研成果。"朝华文库"的收藏不仅丰富了上海鲁迅纪念馆的典藏，而且扩展了上海鲁迅纪念馆的研究、宣传领域，很多原与上海鲁迅纪念馆并无联系的学者和社会人士由此开始彼此交流熟悉；于上海鲁迅纪念馆的业务人员来说，也由此开拓了视野。更为关键的是，通过"朝华文库"的藏品整理、研究与宣传，上海鲁迅纪念馆对鲁迅的形象塑造更为丰满和立体，而观众也借助于这些科研成果进一步加深对鲁迅生活的历史和鲁迅精神文化的感知和理解。

博物馆的研究活动促使编撰出版工作的开展，而编撰出版工作的深化则反过来促进了博物馆的业务研究和宣传工作。例如，鲁迅所收藏的中国早期木刻版画是上海鲁迅纪念馆的馆藏的重要部分，不仅数量大，而且很多藏品是存世唯一的。尽管之前做了很多整理和初步研究工作，并编撰了《版画纪程——鲁迅藏中国现代木刻全集》（5卷），但缺乏进一步的研究。鉴于这种情况，上海鲁迅纪念馆专门举办了以美术界学者为主体的研讨会，出版了相应的论文集，开启了上海鲁迅纪念馆与美术界学者联系之门，使鲁迅精神文化遗产的宣传的领域得到拓展——借此进入美术界学者圈。

1934年鲁迅编撰中国第一本创作木刻集时，将之命名为《木刻纪程》，以为记录中国木刻发展的历史足迹。对于博物馆来说，每本书的出版，也是博物馆文化积累的具体化的记录，是博物馆"纪程"的组成。博物馆借助学术研究搭建起来的交流平台在促进学术的同时，也实现了宣传博物馆文化的职能。博物馆编辑出版物是学术研究和学术交流的成果，是博物馆文化积累的具体形态，更是对外宣传的一种重要方式。由此，建立在研究基础上的博物馆出版是博物馆在社会文化活动中保持自身文化活力，展开与社会交流的必然选择。

（李浩，上海鲁迅纪念馆研究室/信息中心主任、研究馆员）

发挥名人故居在
公共文化服务中的作用

——以周恩来故居为例

庞廷娅

摘要：博物馆是征集、典藏、陈列和研究代表自然和人类文化遗产的实物的场所，在传播历史、科学文化知识以及对民众进行教育的公共文化服务体系中发挥着重要的作用。作为名人故居和全国爱国主义教育基地的周恩来故居，在保护和利用并举之下，已经形成了以故居建筑为载体，以宣传、学习、践行周恩来精神为核心内涵的周恩来故居文化，通过精办陈列展览、创新社会教育方式、完善制度设施等举措，充分发挥周恩来故居在公共文化服务体系的作用。

关键词：名人故居；社会教育；公共文化服务

2015年3月20日，《博物馆条例》正式开始实施，作为博物馆行业的第一个全国性法规，根据社会发展的新形势和我国博物馆事业发展的实际情况，对亟待解决的主要问题作出了规定，为促进博物馆事业的健康发展提供了法制保障。其中专列一章，明确了博物馆的相关社会服务功能，强调要提升社会服务水平，发挥其在公共文化服务体系中的作用。又明确地对博物馆进行了定义，"本条例所称博物馆，是指以教育、研究和欣赏为目的，收藏、保护并向公众展示人类活动和自然环境的见证物，经登记管理机关依法登记的非营利组织"[1]，对博物馆的三大目的

---

[1]《博物馆条例》，第一章第二条，2015年3月20日。

作了次序调整，突出地将"教育"提到了首位。

作为名人故居和全国爱国主义教育基地的周恩来故居，在保护和利用并举之下，通过精办陈列展览、创新社会教育方式、完善制度设施等举措，充分发挥基地的优势，以实现自身在公共文化服务体系中的作用。

一、明确自身特色，精办陈列展览与活动

对于博物馆来说，陈列展览是一项基本内容，是博物馆提供的最基本的产品，目的在于传播历史和科学文化知识，对民众进行教育。在陈列展览中，最重要的是明确自身定位和特色，任何技术都只是手段，博物馆所承载的文化才是其真正的魅力所在，声、光、电甚至3D、4D等并不适用于所有场馆。周恩来故居的整体是青砖、灰瓦、木结构的平房，是一座有着近两百年历史的明清老建筑。为此，我们通过基本陈列、纪念日活动、专题展览等多种形式，持续性地组织、影响、教育群众，实现最大限度地提高社会效益的目的。

（一）精心布置好基本陈列

作为周恩来的故居，保持原貌是最重要的，也是观众最想看到的。因此，根据周恩来弟弟的回忆，以及当时居住在周边居民的讲述，我们恢复了周恩来1910年离开这里时的原景原貌，再现了周恩来童年生活、学习的场景。打造了以"家"为核心，家世、家风、家乡、家庭等为主题的展览，使周恩来优秀的家风、家规精神得到拓展延伸。

"家世"主题讲述周家良好家风、家训、家教对童年周恩来的影响，启迪广大观众要注重家教、重视子女教育；"家风"主题展示周恩来重视家风建设以及廉洁修身、廉洁齐家的高尚情操和优秀品德；"家乡"主题展现了他对家乡的深厚感情，对家乡发展的关心指导，对自身家事的严格要求，特别是身体力行以清正廉明教育家乡党员干部、人民群众的生动事迹，再现了清正廉洁、亲民爱民的伟人风采；"家庭"主题展现周恩来、邓颖超夫妇始终正确处理家国关系，始终严以律己、廉洁奉公，始终保持共产党人的政治操守和优良作风。

　　通过以上四项主题展览，通过本体的原状陈列、相关图片展室、新建区域，周恩来故居构成了一个立体的、丰富的，既有建筑实物又有文字宣传的展览体，让观众身在其中，完整、真实地感受周恩来童年生活的家庭环境，体悟周恩来精神内涵。

（二）利用好纪念日开展系列活动

　　作为名人故居，纪念日是最重要的契机，通过纪念日的系列活动来纪念和学习名人，正是名人故居的意义所在。周恩来故居从1979年3月5日正式对外开放以来，每年都围绕周恩来诞辰、逝世周年纪念日举办系列活动，例如面向社会开展书画展、诗歌会、主题队会等各具特色的纪念活动。通过这种方式，扩大影响，发挥周恩来故居参与社会服务的功能，这已经成为一项基本的、品牌性的活动，形成了周恩来故居的一种文化。

（三）抓住社会热点，办好专题展览

　　周恩来故居是周恩来童年生活和读书的场所，因此，青少年是周恩来故居在公共文化服务中的重点教育对象。为此，我们特地增设周恩来青少年学习的故事专题展览，生动地展现周恩来1910年告别故乡前生活、学习的画面和告别故乡后"为中华之崛起而读书"立志救国的风范，在满足青少年观众的需求时，实现中小学爱国主义教育基地的作用。习近平总书记曾强调要使千千万万个家庭成为国家发展、民族进步、社会和谐的重要基点[1]。故居是周恩来的家，是邓颖超的"婆家"，邓颖超生前也曾多次说到"我是淮安的媳妇"，他们夫妇在爱情、婚姻、家庭等各个方面的优秀品德和崇高风范至今仍值得我们大力学习。为此，周恩来故居及时把握住这一热点，特地策划、举办了"伉俪情深"周恩来邓颖超夫妇图片展，展览在社会上产生了广泛的影响。

二、形成一种文化，发挥社会教育功能

　　《博物馆条例》首次就博物馆与教育主管部门结合、与学校合作进

---

[1]《人民日报》，2015年2月18日。

行了明确规定，指出博物馆应当根据自身特点、条件，开展形式多样、生动活泼的社会教育和服务活动，参与社区文化建设和对外文化交流与合作。

首先，因人施讲，坚守教育阵地。讲解是走进博物馆的观众接受知识信息的基本形式。随着观众认识、需求的提升，过去那种说教、刻板的讲解方式，已经不适应当下的形势了。"因人施讲"是实现针对不同的观众群体，采取有针对性的讲解的最佳手段。针对党员、干部群体，宣讲周恩来的勤政廉政的业绩；针对企业管理人员，宣讲周恩来的诚信敬业的精神；针对青少年学生，宣讲像周恩来那样为中华之崛起而读书的志向；同时，在讲解的过程中增加一些互动内容，如打井水、浇菜地等，使观众在轻松愉快的氛围中接受教育。共建是坚守阵地，参与社会服务的一种有效形式，周恩来故居与60多所大中小学校以及机关、部队等单位建立了共建共创共育关系。在共建活动中，周恩来故居为各类教育活动提供场所和便利服务，共建单位组织人员到周恩来故居参与义务讲解、秩序维持、绿化劳动等，锻炼自己，服务社会，周恩来故居已经成为了他们受教育的重要课堂。

其次，特色宣教，强化教育内涵。"请进来、走出去"是博物馆行业的普遍做法，是发挥博物馆社会教育作用的重要手段。对于名人故居来说，更重要的价值在于建筑背后的人，也就是名人本身所留下的精神、思想等文化，这是名人故居社会教育意义的依据所在。要想充分发挥周恩来故居的社会教育作用，就必须努力挖掘周恩来精神，以故居建筑为有形载体，以周恩来精神为内涵，实现社会教育的参与。针对青少年，自编开课教材，精心策划"学习周恩来树厚德少年"——周恩来童年励志故事系列讲座，将周恩来童年励志故事和新时期社会主义核心价值观相结合，通过"讲故事、听歌曲、答问题"等灵活多样的授课形式，生动形象地诠释童年周恩来的故事，发挥爱国主义教育功能，培养青少年爱国爱家的情怀，帮助他们正确树立新时期社会主义核心价值观。针对党员干部，我们以"周恩来家风"为主题，从"教育晚辈"、"要求身边工作人员"和"处理婚姻关系"等方面，自编故事剧本及讲座材料，自制影音素材，让每位党员都能够真切地感受周恩来正确处理家国关系的崇高境界。针对广大妇女同志，策划"海棠花开——周恩来邓颖超的革命情怀"故事演讲。讲述周恩来与邓颖超这对志同道合的革命伴侣，在寻求共同的理想中始终恪守组织原则，全心全意为人民服务的故事，充分展现他们夫妇高度的革命信念和相濡以沫的坚贞爱情。既为进一步打造党员干部党性教育基地提供了新内容，也为新时代女性学习、交流、提升开辟了新课堂。宣讲团走出馆门，走进学校、工厂、兵营、社区等，送展上门，送教上门，拓展宣教空间，强化了周恩来故居教育功能。

最后，丰富媒介，创新教育形式。随着信息时代的到来，网络、手机已经成为人们获取资讯必不可少的工具，尤其是对于广大年轻观众来说，好玩、有趣、有创意已经成为他们衡量事物的一个重要标准。因此，静止的博物馆如何"动"起来，变得更加有魅力有看头，是博物馆在新形势下面临的重要问题。依据博物馆的自身特色，与文化创意、旅游等产业相结合，开发文化衍生产品，以及采取新媒体传播方式，已经成为了博物馆进行宣传的一种重要的、有效的手段。对此，故居也是主动适应新形势。一方面，全力打造智慧景区，开发微信公众平台。在宣传上，除了通过报纸和网站外，还借助微信进行相关活动的预告、报道。游客进入故居景区范围后，能连接免费的无线网络。关注故居微信公众号后，就可以接受相关资讯、查看故居动态、虚拟游览等，在故居的相关景点，按提示回复就能免费听到关于这个景点的讲解。另一方面，针对故居自身特点，设计、印制了具有故居特色的笔记本、书签、雨伞、布袋等文创产品，新建了红色书屋，既丰富了故居的景点文化，又取得了很好的宣传效果。

三、完善设施制度，在保护中获得可持续利用

博物馆的文物等资源都具有不可再生性，为实现教育的目的，就必须首先做好保护，只有得到了妥善、科学的保护，才能使博物馆获得可持续利用，充分发挥其在公共文化服务中的作用。尤其是国家对一些博

物馆免费开放以来，观众流量出现"井喷"，安全保卫、环境卫生、服务设施等面临的形势更为严峻。故居景观是名人资源的外在载体，名人资源则是故居景观的内涵。名人景观要保护，名人资源要利用，这两者关系是紧密相连、并存而行，缺一不可。为了真正体现名人故居的缅怀纪念、道德教育和艺术审美价值，需要以主体化的思维做好保护工作，我们主要是从三个层次上加以保护。

（一）做好预防修缮工作

馆藏文物往往是镇馆之宝，体现名人灵魂和精神品格的实物资料。譬如：周恩来的浴巾已经有了20多个破洞，上面布满了邓颖超缝补的针线，其艰苦朴素的作风令人动容，这些都是周恩来精神的真实写照，必须对文物藏品进行妥善保管。同时，故居本身就是一座不可移动和再生的文物，这是周恩来曾经生活过的场所，是不可再生的，必须切实保护。文物建筑不同于现代建筑，不宜全面翻新、大动干戈。为了避免这一行为，预防修缮工作显得尤为重要，所以周恩来故居每年都会在雨季来临之前，对本体建筑屋顶进行清理、拾漏、补修。注重屋顶保养和维修，把隐患消灭在萌芽状态。修缮的过程中，我们始终坚持"修旧如旧"原则。

（二）做好安全保卫工作

在周恩来故居日常工作中，安全工作是重中之重。首先是通过各种形式的培训，使大家认清形势，明确责任，时刻绷紧安全这根弦，在思想上统一认识安全工作的重要性，树立人人都是安全员的意识。其次是实行人防、技防、物防三结合。人防是首位，再先进的监控系统，如果缺少责任心都形同虚设。周恩来故居在2016年已完成安全监控由模拟信号转化为数字工程，实现全方位、无死角保护。最后是系统制定安全管理制度，以及各种突发事件的应急预案。实行各种时段的安全检查模式，每天值周主任、值日科长、保卫人员不分时段轮流检查，每月进行安全大检查，每季度召开安全形势分析会。在双休日、法定节假日人流高峰时，工作人员实行安全值班制，做好观众进入景点参观工作。通过以上一系列措施，为周恩来故居安全提供了有力的保障。

（三）做好环境维护工作

故居环境主要分为两块：一是故居本体外部环境，二是故居本体内部环境。参观环境会直接影响观众参观的效率，影响故居在观众中的第一印象。就内部环境而言，要坚决保持原始风貌，为观众打造一个舒适的游览环境。就外部环境而言，在制定保护规划同时，一定要保持周边环境的历史风貌。周恩来故居所在的驸马巷和上坂街是历史文化街区，保护好这些地方环境，可以和故居组成景点群，通过这些外部的环境，可以让观众感受到历史的文化氛围。

总之，随着经济的发展，社会的进步，人们对精神生活的追求越来越高，博物馆已经成为了休闲、提升的好去处。除了树立以人为本的服务意识，为游客提供最优质的服务保障外，周恩来故居准确地定位自身特色，挖掘自身内涵，适应形势变化，在保护和利用并举之下，已经形成了以建筑为载体，以宣传、学习、践行周恩来精神为核心内涵的周恩来故居文化，通过精办陈列展览、创新社会教育方式、完善制度设施等举措，在公共文化服务体系中持续地发挥着自身的作用。

（庞廷娅，周恩来故居管理处主任）

博物馆的社会价值研究

——基于担当社会责任的视角

刘洪

摘要：博物馆自其诞生以来一直承担着保存人类社会文化遗产、为社会公众提供文物知识信息资源、对社会公众进行终身教育的角色，它不仅是人类社会文明传承的载体之一，也是人类社会文明进步不可或缺的促进力量。在不同的社会发展阶段和不同的社会经济、文化发展背景下，人们对博物馆的作用和价值期许是不同的。在现代社会里，人们对博物馆在社会生活中所起的作用提出了新的或更多的要求。博物馆以其知识信息服务、文化传承和终身施教的社会角色为基础，应该在推进实现博物馆的社会价值过程中发挥更大的作用或担当更多的责任。

关键词：博物馆；社会责任；社会价值

博物馆承担社会责任是当今时代发展和社会进步的客观要求，也是博物馆自身存在的客观要求，又是体现博物馆社会价值的有效载体。由此可见，研究博物馆社会责任具有鲜明的宗旨：一方面，对于实践工作者，这一研究能够使博物馆服务更加丰富多彩，通过突破传统的馆内文物信息资源服务，博物馆人员有更多的社会担当；另一方面，对于理论工作者，这一研究使博物馆学人具备更加宽阔的理论视野，通过深入研究博物馆与社会的关系，推动博物馆学理论向更深的层次发展。所以，无论从实践的角度，还是从理论的角度，博物馆社会责任的研究均具有重要的意义。

一、博物馆社会责任的定义与缘起

博物馆的社会责任有别于个体社会责任、家庭社会责任、企业社会责任等。博物馆社会责任是指博物馆采用合乎道德规范的行为，对它的决策或者活动在社会和环境中产生的影响负责。博物馆社会责任的目的是有利于社会可持续发展，有利于增进整个社会的社会福利。博物馆社会责任应当考虑利益相关方的期望，利益相关方包括出资方国家、博物馆自身、博物馆员工、观众等。博物馆社会责任应该合乎道德规范并与现有的法律保持一致。博物馆必须使社会责任的履行落实到博物馆与利益相关方的所有关系中去，并融入整个博物馆的管理决策、管理过程和服务行为。

责任源于社会关系之间的相互承诺，任何人、任何行业都应当对自身的行为负责，并对社会负责。博物馆作为社会公共文化服务机构和精神文明建设的重要阵地，其社会责任主要来自于以下四个方面的需求和变化：

（一）民族文化发展的需要

博物馆从诞生之日起就承担着保存人类文化遗产的职能，全面、系统地收藏反映人类社会发展历史知识经验的各类文物，使人类文化长久保存下去。我们难以想象，没有博物馆，那些珍贵的文物资料将何以妥善保存；没有博物馆，那些记载着城市变迁历程的文物资料又何以能够集中与展示。为了保护和延续这种人类的文明遗产（物质文化遗产和非物质文化遗产），需要一个社会机构来承担相应的责任。各国政府设立博物馆的初衷就是为了保存本民族的历史文物瑰宝，以备查考、利用。基于这样的需要，博物馆要承担的社会责任必然以保存、整理现有文物为前提。

（二）公民权利意识的增强

伴随着社会经济发展，公民的权利意识不断增强，包括社会文化普及和知识信息获取的呼声日益高涨，为博物馆社会责任的赋予创造了必备的社会基础，这也是影响政府决策的重要因素，将有力地促进博物馆事业的发展及其社会责任的履行。

（三）博物馆自主意识的增强

职能是责任的内在映射，现代博物馆为确保和提升自身的社会地位，必然会力求职能的充分发挥，必然会寻求并承担不可替代的社会责任，这种能动的自主意识成为责任履行和功能实现的重要内驱力，是对外界需求的积极呼应。

（四）竞争与合作的社会形势

社会分工的进一步细化和自由经济的兴起促使愈来愈多的行业和机构之间呈现出日益密切的竞争与合作的态势，博物馆不可避免地被卷入了这场竞争与合作的大潮之中，如何确立核心竞争优势？如何发挥最大化的社会效益？这些问题均与社会责任的承担和履行联系在一起。

二、博物馆的社会责任对象

博物馆必然承担社会责任，那么，博物馆应该向谁承担社会责任？要弄清楚这个问题，必须对其进行综合分析，从社会学的视角来看，任何一个社会组织都不是孤立存在的，博物馆也不例外，它在发展进程中，不仅与内部馆员、广大观众之间存在着直接关系，而且与外部的各种社会组织之间也存在着千丝万缕的密切联系。因此，博物馆的社会责任可以认定为一种关系责任，即其社会责任存在于社会关系网络之中。所以，作为一种关系责任，博物馆一定是在与其他行动主体的关联中来体现和实现自己的社会责任的，而责任关系的另外一端就是博物馆的社会责任对象。鉴于博物馆的实际情况，我们认为，它的社会责任的对象主要包括如下四类：

（一）博物馆的顾客（即广大参观者）

对于博物馆而言，参观者是其存在的根本理由，没有作为参观者的顾客的参与，博物馆也就失去了意义。所以，毫无疑问，走进博物馆的广大参观者和知识信息搜寻者是其首要的责任对象，博物馆首先要对自己的顾客负责任。分散的社会个体之所以要步入博物馆，重要原因之一就是期望通过在博物馆内的参观学习和知识信息索取来获得自己在个人或者家庭状态下不能够获得的知识信息资源，或者是增加和拓展已有的知识，以满足个人和家庭的需要。如果博物馆不能给广大参观者带来切实的公共文化服务，不能维护人们平等获取知识的民主权益，甚至损害或侵占参观者的利益，那么，博物馆就失去了存在的价值，其作为政府主导的公共文化服务机构之公共特性也就徒有虚名、无从谈起了。

（二）博物馆所在的社区

社区是一个地域性的共同体，是人们社会生活中不可或缺的一个群众基础机构。博物馆在其发展过程中与社区发展始终是相互联系、密不可分的，尤其是伴随着市场经济体制的不断完善，社区越来越成为各种社会需求、社会问题集中反映的场所，社区文化建设问题已引起政府和全社会有识之士的高度关注。作为社区文化建设中重要组成部分之一的博物馆，它在为社区居民获取知识、更新知识、弥补不足和继续教育等方面起到非常积极的作用。例如，2012年5月16日晚，美国华人博物馆在华埠举行首届社区英雄庆祝晚会，表彰社区杰出代表，约250位嘉宾出席了晚会。这天获得表彰的有美洲中华医学会、美华协会纽约分会两个团体，以及李联公司总裁李玉坤。刚刚上任的执行馆长高馨任说，美国华人博物馆30多年来的发展壮大离不开华裔社区的支持，因此特别颁奖感谢这三个团体和个人对该馆作出的重要贡献。美洲中华医学会会长陈建乐说，美国华人博物馆是不少在美华人后代了解历史传统的良好途径，他正在计划与该馆合办华人医疗历史展。美华协会纽约分会会长欧阳霄安则表示，将继续和华人博物馆合办预防仇恨犯罪艺术项目，为各族裔青少年提供交流机会。唯一的获奖个人、李联公司总裁李玉坤说，她的曾祖父1888年就移民来美，希望美国华人博物馆借此机会进一步发展。[1] 从中我们可以看出，博物馆与特定社区的生存发展密切关联、息息相关。社区的共同利益与博物馆的利益之间密切联系、不可分割，二者之间的重叠度越高，就越有利于博物馆的生存与发展。所以，博物馆所在的社区自然成为其社会责任所指向的一个重要对象。

---

[1]邓瑶：《美国华人博物馆表彰社区杰出代表》，美国中文网，http://video.sinovision.net/?id=6453&cid=110。

3. 博物馆的管理者

作为由中央或地方政府管理、资助且免费开放并为社会公众服务的文化机构，博物馆的设立、经营和运行不是随意进行的，而是必须具备一定的法律依据和管理主体。2015年3月2日，国务院公布《博物馆条例》，自2015年3月20日起正式施行。《博物馆条例》是我国博物馆法规建设的一项重要成果，充分反映国家对博物馆事业发展的高度重视，作为我国博物馆行业第一部全国性法规文件，是继《文物保护法》之后，文物博物馆事业法制建设的又一重要里程碑，将更有利于促进我国博物馆管理走上专业化、法制化、科学化、规范化的道路，也将会成为中国博物馆界充满活力、蓬勃发展的契机，并在文化建设和构建公共文化服务体系中将发挥重要作用。《博物馆条例》根据全面深化改革、全面依法治国的新要求和我国博物馆事业发展的实际情况，针对亟待解决的一些重要问题作出明确规定，为规范博物馆监督管理、加强行政执法提供法律依据，对于推动我国博物馆事业可持续健康发展、传承中华民族优秀传统文化、弘扬社会主义核心价值观具有重要意义。显而易见，良好的管理和健全的法规是构成博物馆可持续发展的重要动力。目前，《博物馆条例》的颁布和实施，标志着我国在博物馆的立法工作上迈出了坚实的一步，根据相关的法规、政策和政府的职能分工，任何一个博物馆的建立与注册登记，均须与政府的相关机构发生关系，各级政府是博物馆的主要管理者，因此，中央和地方各级政府自然就是博物馆的社会责任对象之一。

（四）博物馆的外部支持者

从本质上来讲，博物馆作为政府外围的公共服务机构，其资源的获取都由政府承担。然而，政府作为组织机构，对公共资源的分配和使用也是有其偏好的，尤其是近些年来，在经济发展形势的压力下我国一些地方政府公共资源的投入绝大部分都集中在经济领域，对博物馆的资源投入有待于进一步提高。所以，博物馆的可持续发展与壮大离不开外部力量的帮助和支持，这些外部力量有的是来自于企业，有的是来自于高等院校和科研机构，还有的是来自于国外的政府和非政府组织。譬如，在国外私人捐赠除了藏品的支持，更有资金的支持。以美国纽约大都会博物馆为例，据悉，1880年纽约市政府在市中心公园第五大道一侧为纽约大都会博物馆修建了永久性馆址。现在市政府虽然仍未为该馆提供维修费用，但该馆的大部分资金由私人捐赠。大都会艺术博物馆的藏品中，99%是私人捐赠的。因国内博物馆私人捐赠政策有待完善，私人捐赠的支持大部分体现为藏品的支持。所以，接受私人捐赠是国内博物馆藏品搜集的重要途径和方式。在中华人民共和国建立之初，全国出现了向博物馆捐赠文物的热潮，为许多博物馆奠定了坚实的物质基础，有许多博物馆正是在此基础之上建立起来的。如北京鲁迅博物馆近3万件藏品，大部分来自鲁迅夫人许广平的多次捐赠；又如原中国革命历史博物馆（现在国家博物馆的一部分）的藏品中，私人捐赠量占藏品总数的18%；此外据了解，故宫博物院180万件藏品中有3万余件来自私人捐赠。[1] 由此我们可以知道，无论是在国外还是国内，一座博物馆的建立离不开私人捐赠的支持。所以，如何处理好博物馆与外部支持者之间的关系，也理应成为博物馆社会责任的重要一环。

三、博物馆的社会责任内容

博物馆自出现以来，经过不断变革与完善，在推进社会发展方面发挥了十分积极的作用。那么，博物馆担当的社会责任究竟包括哪些呢？我们认为，如果从动态的视角看，博物馆的社会责任内容（或范围）并非一成不变，而是随着社会发展而不断变化的，但若从系统论的视域看，博物馆的社会责任不管如何变化，它均将包含以下四个方面：

（一）保存文物资源，为社会公众提供知识信息探寻服务

探讨博物馆的社会责任要从其本质特征入手，如此才能把握最本质的东西。对于任何一个博物馆而言，它的构成都有许多要素，如观众、设施设备、工作人员等，但是最本质的就是文物资源。文物资源是博物馆的根本，假如没有文物资源，就不可能成为博物馆。博物馆从本质上

[1] 李琢研：《私人捐赠对博物馆有多重要》，凤凰网财经，http://finance.ifeng.com/collection/scyw/20120420/5967697.shtml。

来说就是一个保存一定数量和规模文物资源的机构。因此，对于博物馆而言，保存文物资源，并且将这些资源通过公共服务向社会公众进行传播，不仅是其本质特征和重要职能，更是一项最为基本的社会责任。博物馆只有积极承担起保存好这些文物资源，并积极利用这些文物资源为社会民众提供知识信息检寻和参观服务的基本责任，公众才能在社会可持续发展中通过博物馆获得应有的基本公共文化服务，博物馆也才能体现出其应有的价值和意义。

（二）推进社会教育，维护公民的知识权利

积极推进对公众的社会教育，保障公民平等获取知识的权利是提升公民文化素质、实现社会可持续发展的重要根基。社会教育就是家庭和学校以外的科学文化教育机构采取各类方式实施的教育，其实施途径多种多样，如电视、报纸、网络等，目标在于提升整个社会民众的文化水平，并有效地弥补家庭和学校教育的不足。显然，博物馆作为科学文化知识传播机构对此理应有所作为。博物馆拥有丰富的文物信息资源，它的教育对象又涵盖了几乎所有的社会成员，且无性别、年龄、阶层和地域的限制，因而完全能够体现出其他主体无法比拟的优越性。在具体实践中，博物馆可以充分利用自身优势开展丰富多彩、形式多样的宣传教育活动，扩大公众知识面，陶冶公众情操，丰富公众文化生活，提高公众科学文化素质。博物馆也可以积极开展展览、讲座、鉴宝等流动服务，为落后地区送去各类流动服务，保障民众充分获取知识的权利。同时，通过进行优质的对外宣传和服务，也进一步吸引更多的公众关注博物馆，了解博物馆，走进博物馆，在整个社会范围内形成一种倡导观看博物馆学习知识、尊重知识的学习型氛围。因此，推进博物馆社会教育的不断发展，保障公民享有知识的权利是博物馆不可或缺、毋庸置疑的一项社会责任。

（三）传播先进文化，为推进社会经济发展服务

作为文化传播机构，博物馆对推进国家社会经济的发展意义重大。一方面，它可以凭借陈列展览和各类社会教育活动，发挥先进文化的传播功能，以提升社会经济主体的素质和科学文化水平；另一方面，它还

可以利用收藏文物资源的职能，为科学技术发展作出应有贡献。世界科学技术发展史很早已经证明，科学技术的发展，是离不开博物馆知识的传播的。博物馆通过对知识信息的传递和流通，能够为科技信息转化为生产力起到促进作用，从而为推动社会经济发展服务。此外，博物馆从业人员也可以直接参与科研工作，积极依靠自身的专业优势和掌握的丰富实物资料，进行学术探究，从而带来较大的社会效益和经济效益。所以，推进社会进步和经济发展是博物馆的重要责任和历史使命。

（四）坚持以人为本，体现社会应有的人文关怀

在博物馆的工作中，人的存在既是主角，又是其工作的终极目标，博物馆的一切决策和变革均取决于人的需求，因此，无论博物馆的发展走向何处，形态如何改变，均脱离不开"人"这个最终主题。在实践中坚持以人为本，体现出应有的人文关怀的社会责任，即强调人的价值和尊严，重视对人的关爱，提升人的思想境界，激发人的积极性、创造性和主观能动性。在美国，博物馆向所有公众免费开放，无论来自何方，无论长幼、健康抑或残疾，无论在这个国家居住多久，都可以从中受益。《国际博物馆协会职业道德准则》也明确提出，根据定义，博物馆是一个为社会及其发展服务的机构，通常应向公众开放（虽然就某些专业性很强的博物馆如某些学术性的或医学博物馆而言，这些公众可能有一定的局限性）。博物馆应利用一切机会发挥其拥有的教育资源的作用，为广大公众及专业团体所利用。当与博物馆规划及职责相关时，有可能要求受过博物馆教育培训且具有专长的专业工作人员为此目的提供服务。博物馆负有重要义务从其旨在服务的社会、地方或团体内各阶层人士中吸引新的、更广泛的观众，并应提供机会，不仅使普通社会大众而且使专业团体及个人积极参与博物馆活动并支持其宗旨及方针。[1]这一职业道德准则正是"以人为本"精神的根本体现。博物馆作为政府举办的靠纳税人维持的公益性科学文化教育机构，只有坚持以人为本，视

---

[1]《国际博物馆协会职业道德准则》：1986年11月4日在阿根廷布宜诺斯艾利斯召开的第十五届全体大会一致通过。它提供了有关被认为博物馆专业人员实行之最低要求的——职业道德总规定。

观众为博物馆主体，以满足观众需求为博物馆工作的终极目标，自觉维护观众权益，全心全意为观众服务，才能赢得观众认可和尊重，也才能凸显其"非营利"之本性，并成为大众直接获取知识的殿堂。

四、博物馆如何承担社会责任

（一）抓好宣传教育，提升博物馆及其从业人员的社会责任意识和社会影响力

观念是行动的先导，提高博物馆的社会责任，首要的是必须积极通过宣传和教育促使博物馆从业人员在观念上不断得到更新。一方面，要积极提高博物馆内部领导干部的社会责任意识。领导干部决定着博物馆的发展方向、发展目标、发展策略和发展规划，提高博物馆的社会责任，领导干部必须明确自身的重要性和责任，自觉遵守党和国家的路线、方针、政策以及国家的法律法规，积极用科学的理论武装头脑，时刻保持为人民服务的积极心态，以起到模范带头作用。另一方面，要加强对博物馆工作人员的综合素质培育。博物馆员工综合素质的强弱直接决定着对外服务质量的高低和观众的切身感受。在推进博物馆履行社会责任的过程中，必须大力提高员工的综合素质和敬业精神，通过积极倡导诚信意识和法制观念，使其树立起奉献和服务社会的理念，把承担起社会责任的行为从外在的强制性走向自身的道德自觉，最终在提高服务质量、提升博物馆整体形象和践行社会责任的过程中充分发挥主人翁的积极作用。

（二）完善法律法规，构建博物馆践行社会责任的法制体系

制度是带有全局性和根本性的东西，美国当代著名政治学家塞缪尔·菲利普斯·亨廷顿（Samuel P.Huntington）在其所著的《变化社会中的政治秩序》一书中明确指出，制度就是稳定的、受珍重的和周期性发生的行为模式，组织和程序与其制度化水平成正比。因此，提升博物馆的社会责任，必须努力强化相关法律和制度的建设：其一，完善博物馆社会责任的相关法律。根据当前我国博物馆的发展实际，我们应当借鉴发达国家和地区的先进经验，在国务院颁布的自2015年3月20日起施行的

《博物馆条例》的基础上，制定一部《中国博物馆法》，对博物馆的社会责任进行明确界定，使我国博物馆事业的发展进一步走向制度化和规范化。其二，建立健全全方位的监督机制。根据我国国情和发展的实际情况，可以建立健全政府指导下的社会责任监督机制，对博物馆的社会责任履行情况进行监督和评价，例如，设立职业道德专线监督热线、专职行风调查员，负责将观众的意见分析、整理、筛选、汇总并反馈给博物馆以备考核，同时监督博物馆从业人员的职业活动，从而形成其勇于担当社会责任的良好氛围。其三，建立健全博物馆社会责任信息的公开机制。对于那些倦怠于履行社会责任的从业人员要予以曝光，强化博物馆履行社会责任的自觉性、积极性与主动性。

（三）强化政府管理，积极发挥政府在博物馆社会责任践行中的引导作用

政府是促进社会可持续发展的引导者，也是我国博物馆的上级领导者和管理者。推动博物馆履行社会责任，各级政府具有义不容辞、不可推卸的责任。尤其是国家文化管理部门以及各个地方政府的文化管理机构，更要积极加强规范和管理，支持、引导和帮助博物馆树立可持续发展的观念，将践行社会责任放在重要位置。一方面，应该加强对博物馆的投入和监管。物质基础是根本前提。当下，各级政府有责任依靠充足的资金投入，搞好对博物馆的基础设施建设，通过向观众提供舒适的学习场所，营造浓郁的知识氛围，为博物馆践行社会责任奠定坚实的根基。同时，针对一些博物馆出现的内部管理问题，上级行政主管部门要予以监督和干涉，在健全监管体系中，构筑维护其社会责任的有效防线。另一方面，必须努力做好对博物馆的有效引导。在实践中，各级政府要铺助博物馆抓好践行社会责任的法制化、规范化工作，通过举办相关交流会和研讨会等形式，推进博物馆在馆际之间的协作交流与资源共享，并对博物馆从业人员进行培训，促使其将社会责任和自身发展紧密联系起来，并在实践中不断提升社会责任感。

（四）建立健全评估机构，形成博物馆公共责任评价指标体系

为了更好地推动博物馆践行社会责任，还必须在博物馆内部制定一套相关的评价体系。目前，国际上对企业社会责任的评价标准已经有了一些先例，譬如，1999年联合国提出的对企业应当承担的经济、教育、环境、尊重基本人权等社会责任进行规范的"全球协议"，以及一些非政府组织制定的企业社会责任标准，如SA8000标准、ISO14000标准等。但这些评价标准主要均是针对纯商业企业而提出的。作为公共文化服务机构的博物馆虽然也有自身的特殊利益，但是在我国体制下有其自身的特殊性，其主要还是作为公共服务机构而存在的。所以，为促进博物馆更好地践行社会责任，我们完全有必要建立健全一整套符合博物馆事业发展实际的社会责任评价体系，其中对博物馆社会责任的价值、标准、类别和限度等因素进行科学界定，促使其明确自身在履行社会责任上的定位。同时，在制定社会责任标准过程中，也应当加大对外宣传力度，扩大典型的示范效应，带动更多其他各级各类各种所有制的博物馆承担社会责任。

五、结语

　　不断提高政府的公共服务水平，全面实现政府治理模式的转变，是当前推进实现中华民族伟大复兴的中国梦和建设中国特色社会主义事业顺利前行的重要前提。博物馆作为由各级政府支持、资助和管理且为公众提供科学文化教育服务的公共机构，是政府公共文化服务体系的重要组成部分，也是有效实现公民文化权益的重要途径。博物馆积极做好自身建设，努力为社会公众提供高水平的科学文化教育信息知识服务，是其在推动政府公共服务过程中责无旁贷的义务。特别是随着知识经济时代的到来，社会公众对博物馆的要求产生了新的变化，人们在社会生活中对其作用的发挥也提出了新的要求，博物馆在社会可持续发展中的重要性愈来愈受到重视。因此，正确认识和不断强化博物馆的社会责任，不断提升其社会服务能力，对构建公共文化服务体系，促进博物馆社会价值的充分体现具有重大的现实意义。

（刘洪，江苏省连云港市博物馆研究馆员）

纪念馆如何创新爱国主义教育的几点思考

——以张太雷纪念馆、恽代英纪念馆为例

冯 昕

摘要：爱国主义教育能使青年学生树立远大的理想，正确的人生观、价值观。纪念馆是我国爱国主义教育的重要阵地，广泛深入开展爱国主义教育，使广大人民群众特别是青少年学生继承和发扬革命传统，增强民族自尊心和自信心，是纪念馆长期以来的重要工作任务。创新纪念馆的爱国主义教育理念，更好地为青年学生提供教育和服务场所，是当代纪念馆的重要发展方向。

关键词：纪念馆；爱国主义教育；创新教育

爱国主义作为一种社会的意识形态和道德规范，是对祖国的深厚感情，是民族的凝聚力和向心力，是推动历史的一种巨大的精神力量，是社会主义精神文明建设主旋律的重要组成部分。如今，以习近平同志为核心的党中央高度重视爱国主义教育，一再强调爱国主义是民族精神的核心，高扬爱国主义精神是最大限度地凝聚和动员全民族的力量为振兴中华、实现中国梦而奋斗的必然要求。

纪念馆不但是文物展示、收藏机构，同时还是宣传教育机构，是进行爱国主义教育的重要阵地，在进行爱国主义、革命传统教育，在传承历史、维系社会、继承文化的多样性方面发挥着极其重要的作用。因此，纪念馆的工作职责在于利用革命先烈在长期革命斗争中形成的光荣革命传统，争做适应时代发展的"四有"新人，这是新时期赋予纪念馆

工作的神圣使命。

一、为什么要创新爱国主义教育

纪念馆作为再现与弘扬近现代革命史、传承伟大民族精神的历史文化载体，应当义不容辞地承担起这个神圣而光荣的使命，为丰富与充实未成年人和青年学生的精神世界作出自己的贡献。

2015年习近平总书记在纪念中国关心下一代工作委员会成立25周年大会上指出，十年树木，百年树人，祖国的未来属于下一代。做好关心下一代工作，关系中华民族伟大复兴。希望同志们坚持服务青少年的正确方式，着力加强青少年思想首先建设，引导青少年树立和践行社会主义核心价值观，坚持和帮助青少年成长成才，团结教育广大青少年听党话、跟党走。

中共中央关于加强未成年人、大学生思想道德建设的战略部署，以及《全民科学素质行动计划纲要》《基础教育课程改革纲要》和爱国主义教育基地"一号工程""五三三工程"的实施，都强调要充分发挥博物馆、纪念馆的社会教育和服务功能，尤其是针对青少年学生的思想道德教育。

二、新时期下如何创新爱国主义教育

如何持续拓宽发展纪念馆在爱国主义教育中的重要作用，进一步激发青年学生的爱国之情、报国之志是摆在纪念馆面前的一项重要课题，也是实现纪念馆可持续发展的重要途径。笔者有以下几方面的思考。

（一）加强自身宣传力度，扩大社会影响

1. 使纪念馆成为青少年学生的第二课堂

纪念馆要积极与当地宣传部门、教育部门联系，力争使纪念馆成为各大、中、小学的第二课堂。纪念馆教育与学校教育有着密切的联系又有本质的区别，纪念馆教育注重以形式带动内容。由于纪念馆多为革命史迹、重要革命人物、重大历史事件集中展示的地方，具有十分直观、生动、感人的特点，其鲜明的爱国主义思想教育氛围正好体现了教科书

所不具备的吸引力趣味性。毫无疑问，学生更喜欢纪念馆这种现场教和学相结合的方式。所以，如果能将纪念馆和学生课堂联系起来，让学生置身于这特殊的环境氛围中，感受历史、体会历史，既能增加直观感染力，又能激发学生的学习兴趣，必定能达到较为理想的效果。

每年寒暑假，张太雷纪念馆、恽代英纪念馆都会定期招募三至九年级的中小学生志愿讲解员，通过培训，训练有素的学生讲解员都会在纪念馆为游客提供免费的导游讲解服务，他们稚嫩的声音和绘声绘色的讲解经常获得观众的阵阵掌声，小讲解员们也在讲解中受到革命传统教育，增强自信心，同时给纪念馆增加了独特的宣传效果。

为拓宽爱国主义教育渠道，张太雷纪念馆、恽代英纪念馆每年都开展一系列形式多样的未成年人主题教育活动，如在恽代英同志就义85周年前夕举办"我行我塑·创意筑梦"常州市大型趣味泥塑主题活动；"七彩夏日阳光少年"之走进纪念馆——社会大课堂活动；为纪念五四运动爆发95周年和中国共产主义青年团的创始人和青年运动的卓越领导人张太雷同志，举办"少年张太雷"巡展活动，活动以"青春如歌且歌且舞"、"青春如诗且吟且诵"、"青春如画且绘且思"、"青春如绵且织且行"四个主题展开，让学生用不同的方式表达对太雷精神的理解和对五四运动的纪念等。

2. 积极探索"馆院共建"新路子，努力扩大纪念馆的影响力

在与学校、企业、机关等单位结对共建的基础上，张太雷纪念馆、恽代英纪念馆积极探索"馆院共建"的新路子。两馆共与常州各中小学结对共建32家，并在江苏理工学院举行了"张太雷特色团支部"授牌仪式，特色团支部通过开展各种喜闻乐见、丰富多彩的活动，寓教于乐培养青年团员的人文素质与爱国主义精神，使青年团员怀爱国之情、树报国之志、践强国之行，在活动中学会关爱他人、无私奉献。这种"院馆合作"模式上的一种创新，有助于更好地发挥纪念馆的爱国主义教育社会功能，同时也充分利用了高校的人才资源，推动纪念馆与高校共同进步，是一种资源共享、优势互补的双赢举措。

3. 加强陈列工作，增添陈列内容

恽代英纪念馆是在恽代英诞辰120周年之际正式建成对外开放的。陈列基本上都是以图片为主。而且恽代英的研究力量重点都在湖北武汉，常州只是恽代英的祖籍地所在，但是武汉并没有恽代英纪念馆，就连恽代英的出生地都已夷为平地，作为恽代英的家乡常州，恽代英纪念馆的建成无疑弥补了这一缺憾。为了让恽代英纪念馆有更多的可看性与多元性，2015年，常州市成立筹备专家组，翻阅大量资料，在认真总结陈列工作的基础上，结合恽氏后人、相关兄弟单位及恽代英研究专家的新成果，制订出以年代为索，突出人物、突出闪光事件的布局构思，拟定严谨求实的陈展大纲，力图以历史照片、革命文物、历史资料以及油画来体现恽代英的个人魅力，使展览具有更高科学性、思想性和艺术性，增加观赏性和感染力。

4. 做好旅游宣传推介工作

纪念馆要主动与旅游部门合作，纪念馆作为历史文化遗产的重要保护单位，属于人文旅游资源的组成部分，是外地旅游者的重要参观景点。通过参观纪念馆，游客能够快速准确地了解当地的历史文化和风土人情。纪念馆理应打造城市旅游景点景区经典人文名片，积极参加各种旅游推广会议，做大做强宣传推介。积极与各旅行社合作，把纪念馆定为旅游路线中的必到地，尤其是自从国家提倡红色旅游后，纪念馆更应和旅游景点一样去展示、宣传自己，推出吸引游客的项目，吸引更多的人来参观，从而教育更多的人。所以纪念馆事业与旅游相结合，建立协调促进机制，拓宽合作途径将是一个双赢的合作方式。

（二）更新观念，开辟爱国主义教育新途径

1. 以举办巡展为手段，创建"流动爱国主义教育基地"

纪念馆在做到"请进来"的同时，也实施"走出去"战略，增强其作为教育基地的辐射力和影响面。纪念馆举办巡展是"走出馆门，服务社会"的重要宣传教育形式之一，也是一种简单有效的宣传手段。我们两馆从实际出发，将瞿秋白、张太雷、恽代英陈列内容精选制作成90块展板，创建"流动爱国主义教育基地"。纪念馆利用巡展便捷灵活、主题性强、形式多样等特点深入到企事业单位、社区、学校、部队、工厂和农村中去，让广大农村青年、外来务工人员和子女直观、全面地了解"常州三杰"和他们光照千秋的光辉业绩，从而激发爱国之情，坚定报国之志。自巡展开始以来，我们已在15个乡镇80多所中小学巡回展出，青少年参观人数达13万人次，在社会上产生了积极的影响，取得了良好的教育成果。有条件的甚至可以到外地进行巡回展出，为大众创造接受爱国主义教育的机会，扩大影响力和知名度。

2. 以举办临时展览为补充进行爱国主义宣传教育

临时展览是对纪念馆基本陈列的有益补充，是丰富陈列内容的有效形式，是创新纪念馆工作新局面的重要途径。纪念馆的爱国主义教育应该紧密围绕党的宣传重心，与本馆展陈相关人物、事件等来积极举办各类临时展览，如在张太雷就义纪念日以"张太雷与广州起义""张太雷生平事迹""醒世惊雷"等为主题开办临时展、在纪念建团95周年、五四青年节时开展"共青团创始人物展"、纪念恽代英诞辰120周年时举办"青年的楷模——恽代英"等。

3. 严格服务标准，以优质讲解服务满足观众需要

纪念馆提供优质的讲解服务是自身发展的需要。严格服务标准，注重服务礼仪，把观众的需要当成自己工作的出发点。配合观众参观，积极协助观众开展入党、入团、重温入党誓词等活动。要求讲解员做到讲解内容力求科学、准确地概括张太雷、恽代英的光辉一生。在讲解方式上做到因人施讲，提升讲解趣味，增强讲解吸引力、感染力和影响力。讲解员大方得体的解说、过硬的专业讲解素质、热情文明的服务，是纪念馆直接留给社会和游客的第一印象。因此，加强讲解员培训、提炼讲解词、打造讲解员整体形象是纪念馆工作的重中之重。只有讲解员队伍整体素质的提高才能为纪念馆更好地对青年学生进行爱国主义教育提供有力保障。

三、利用多种方法和模式，扩大宣传教育范围

（一）努力开发书刊影音资料，加强爱国主义宣传教育

出版爱国主义教育书籍、刊物和拍摄爱国主义教育专题片是进行爱

国主义宣传教育的有力补充。目前张太雷纪念馆有《张太雷传》《张太雷年谱新编》《醒世惊雷》《张太雷研究资料选编》《张太雷研究动态信息》等，此外，纪念馆还利用建党95周年契机积极与其他单位合作拍摄爱国主义教育专题片，为电视台等新闻媒体拍摄史料片提供场所和业务指导，利用这些影像资料宣传张太雷、恽代英，从而使纪念馆的爱国主义教育达到一个新水平。

2011年，在建党90周年之际，江苏省委宣传部、常州市委宣传部、江苏广播电视总台、华夏电影公司、常州广播电视台、江苏亚细亚影视制作有限公司联合出品电影《秋之白华》，大胆启用既有实力又有票房号召力的青年演员，在人民大会堂首映，该片获得了第18届大学生电影节最佳导演奖，第十四届上海国际电影节组委会特别奖和最佳摄影奖。影片播出后更吸引了大批的外地游客来馆参观，起到了纪念馆自我宣传、推销的效果，提高了纪念馆和常州的知名度。

（二）借助媒体力量增加影响力，扩大爱国主义教育的观众群体

相对于绿色旅游、生态旅游来说，红色旅游促销手段缺乏变化，缺少市场竞争力。纪念馆要做好革命传统教育，在党和国家的方针指引下，找准市场发展需要，利用阵地优势，吸引更多人来纪念馆。可借助新型媒体如微博、微信公众号等，依托传统媒体如报纸、电台、广播等，利用新旧媒体的宣传推荐力量吸引外地游客来馆参观。2016年是建党95周年，常州广播电台与张太雷纪念馆、恽代英纪念馆分别合作了《一封家书》《青年导师》等广播节目，由于播放时间正是下班高峰，很多车主在收听节目的同时打电话进电台进行互动，效果十分显著。2013年，张太雷诞辰115周年时，借助宣传部、团市委联合常州各新闻媒体举办的"名城行，青春梦"活动，张太雷纪念馆作为活动启动首站引起了社会广泛关注。

（三）开辟多种教育渠道，共同做好爱国主义教育

要多方组织巡展、巡讲、报告会、座谈会，把教育资源送到学生身边去。可以与各级党团组织联合举办形式多样的爱国主义教育活动；可以和各兄弟单位联合举办创新教育形式讨论会；可以组织学生参与纪念馆的爱国教育征文评选活动；还可以鼓励学生来纪念馆举办夏令营、冬令营及社会实践活动，让学生在活动中受到爱国主义的感染和熏陶，起到潜移默化的教育和宣传效果。通过这些有意义，参与性强的活动，充分发挥阵地作用，取得好的社会效应。

（四）文化惠民，服务民生

纪念馆是一个城市或地区文明发展程度的重要窗口，是文化惠民事业的重要承载平台、衡量一个地区文化水平的窗口、城市的客厅、成年人的终身学校、未成年人的第二课堂、人们休闲娱乐的重要场所。常州市"文化100"大型惠民活动举办已连续举办了三年，在省内知名度较高，纪念馆精心策划"讲述名人故事，传承龙城文化"等主题活动，把实实在在的精品文化送到老百姓身边，让观众在纪念馆内得到休息、享受，有所收获，流连忘返。可以说纪念馆文化与广大民众的生活越来越息息相关，我们应把学术性、专业性、知识性与趣味性、观赏性有机结合起来，用最直接生动的形式将纪念馆文化带入寻常百姓身边，把纪念馆的工作融入大众实际生活，实实在在地让广大民众拥有纪念馆、享受纪念馆。

综上所述，作为社会主义文化事业的重要组成部分，纪念馆担负着丰富人民群众精神文化的重要使命。爱国主义教育是纪念馆的重要职能，也是纪念馆人研究的永恒课题。创新是纪念馆的爱国主义教育工作始终保持生机与活力的重要源泉。我们必须克服封闭保守的思想，破除墨守成规的思维方式，增强创新改革的意识，与时俱进、更新观念，在实际工作中勇于探索，敢于尝试，才能适应新时期爱国主义教育工作的新要求。用发展的眼光完善教育内容，以改革创新的精神完善教育形式，不断研究新方法、解决新问题、开辟新途径，使爱国主义教育工作更贴近群众，让更多观众走进纪念馆，真正感受爱国主义教育的魅力。

（冯昕，张太雷纪念馆馆长）

试论韶山毛泽东纪念馆
文化实践

刘湘平

摘要：习近平总书记在纪念毛泽东诞辰120周年座谈会上的讲话中总结道："毛泽东思想活的灵魂是贯穿其中的立场、观点、方法，它们有三个基本方面，这就是实事求是、群众路线、独立自主。"韶山毛泽东纪念馆深刻领会毛泽东思想并将之运用于日常业务工作中，多途径、多形式地开展毛泽东思想文化的宣传。

关键词：毛泽东思想；实践；宣传

韶山毛泽东纪念馆的文化实践，是以毛泽东思想和习近平总书记系列重要讲话为指导，充分阐释毛泽东思想文化意义的实践。

习近平总书记在纪念毛泽东诞辰120周年座谈会上的讲话[1]中总结道："毛泽东思想活的灵魂是贯穿其中的立场、观点、方法，它们有三个基本方面，这就是实事求是、群众路线、独立自主。"在讲话中，习近平总书记阐释了这三个基本方面的要点："实事求是，是马克思主义的根本观点，是中国共产党人认识世界、改造世界的根本要求，是我们党的基本思想方法、工作方法、领导方法。不论过去、现在和将来，我们都要坚持一切从实际出发，理论联系实际，在实践中检验真理和发展真理"；"群众路线是我们党的生命线和根本工作路线，是我们党永葆

---

[1] 习近平：《在纪念毛泽东诞辰120周年座谈会上的讲话》，新华网http: //news. xinhuanet.com/politics/2013-12-26/c_118723453.htm，2013年12月26日，不另注。

青春活力和战斗力的重要传家宝。不论过去、现在和将来，我们都要坚持一切为了群众，一切依靠群众，从群众中来，到群众中去，把党的正确主张变为群众的自觉行动，把群众路线贯彻到治国理政全部活动之中"；"独立自主是我们党从中国实际出发、依靠党和人民力量进行革命、建设、改革的必然结论。不论过去、现在和将来，我们都要把国家和民族发展放在自己力量的基点上，坚持民族自尊心和自信心，坚定不移走自己的路"。

在新世纪，我们纪念毛泽东、弘扬毛泽东思想，应该以上述三个方面为基本着眼点。毛泽东是中国近现代史上伟大的政治人物，他不仅和他的战友们共同创建了中华人民共和国，他更创建了丰富的、具有中国特色的思想体系，他的思想是中国当代政治生活中的基本内容。不仅如此，毛泽东思想也是当代中国文化生活中的基本内容。就纪念馆而论，在弘扬毛泽东思想的过程中，既要强调其政治内涵，更要重视其文化内涵。

毛泽东思想是中国近现代史中国思想文化的结晶，它继承了中国传统中的优秀部分，融合了以马克思主义为核心的现代西方思想，是中国现代思想的基石。毛泽东思想在当今中国的地位不仅限于政治领域，更是现代中国文化发展的基础。党的十八大提出的社会主义核心价值观：富强、民主、文明、和谐、自由、平等、公正、法治、爱国、敬业、诚信、友善，是当今中国社会文化生活中的核心价值体系的根本性质和基本特征。社会主义核心价值观的提出和宣传活动，给予韶山毛泽东纪念馆宣传工作一个有利的契机，社会主义核心价值观是毛泽东思想的继承和发展。在纪念馆基本陈列"中国出了个毛泽东"中，重点反映了毛泽东为建立及建设新中国的奋斗历史，反映了毛泽东思想的精髓。而在专题展"风范长存——毛泽东遗物展"中，则着重反映了毛泽东对于毛泽东思想的自我实践过程。毛泽东的奋斗历程和自我实践，在今天看来不仅仅限于政治层面，更深厚地影响了中国现代社会核心价值观的建立和现代中国文化的发展。

一

　　毛泽东的成长是建立在多元的湖湘文化、多彩的韶山地方文化与深厚的中华传统文化的根基上的，毛泽东走出韶山、走出湖南后，面向了一个更为广阔的文化世界，在这个大千世界中，毛泽东敏锐地发现了中国未来走向的可能性，他以马克思主义理论为武器，本着实事求是的原则精神，不断地批判继承中华传统文化和世界文化遗产，并勇于实践，他和他的战友们最终将中国推进了一个新的历史阶段。20世纪，世界各国纷纷踏入到新的阶段，古老的中国也同时经历着现代化的过程，在这过程中，中国进步的知识分子纷纷提出了各自的主张，构画着他们心目中的现代中国文化景象。然而，历史进程证明，不少人的主张和构想并不是正确的，这缘于他们没有以实事求是的精神考察中国的现实，未能紧密联系中国的实际来构想中国的将来。从中国广袤乡土里走出来的毛泽东，之所以能够迅速把握住中国历史发展的脉络，不仅仅在于敏锐地认识到马克思主义的重要性，更在于他对当时中国的现实有着实事求是的认识——他的《中国社会各阶级的分析》（1925年）和《湖南农民运动考察报告》（1927年）就是实事求是的成果，这两项成果体现出毛泽东通过实地调查，实事求是地分析了当时中国社会的真实状况，阐述了中国革命的群众基础以及方向，使中国革命走向正确的道路。就韶山毛泽东纪念馆而论，在其业务工作中，也在努力践行着实事求是的精神，清醒地认识自身在当今中国文化建设中的地位。当今中国在文化上是一个多元化的社会，一个典型的事例就是随着旅游业的发展，各地都在强调本地特色和地方文化。韶山是毛泽东的故乡，韶山毛泽东纪念馆为宣传毛泽东的丰功伟业，实事求是地从韶山地方文化着手，宣传韶山乃至湖湘文化，所得到的效果使观众们在了解韶山乃至湖湘文化的同时，更了解了中国文化的丰富性。毛泽东曾说："我们都是来自五湖四海，为着一个共同的革命目标，走到一起来了。"而今这个目标，就博物馆来说，就是中华民族文化的伟大复兴。韶山毛泽东纪念馆的文化实践表明，地方文化的强调，使观众更亲近毛泽东，更直观地理解毛泽东的奋斗经历和他的思想。

基本陈列"中国出了个毛泽东"十分强调毛泽东思想来源的历史环境：20世纪初，外强入侵，政府软弱，中华民族处在困顿和危机之中，毛泽东为了寻求光明、寻求中华民族的道路而走出韶山。走出韶山的毛泽东与当时所有寻求中华民族独立富强的先进知识分子一样，在相互学习、相互影响中不断把握正确的救国道路，而善于学习的毛泽东则在那个时代的同辈人中已经显示了他最优秀的一面。他在《〈湘江评论〉创刊宣言》中认为"世界革命"和"人类解放"是世界的发展的潮流，指出推动这潮流的一是"世界什么问题最大？吃饭问题最大"；二是"什么力量最强？民众联合的力量最强"。而居住于"水很清"、"流很长"的湘江流域的人民则需要全体去面对："浩浩荡荡的新思潮业以奔腾澎湃于湘江两岸了！顺它的生，逆它的死。如何承受它？如何传播它？如何研究它？如何施行它？这是我们全体湘人最切最要的大问题，即是《湘江》出世最切最要的大任务。"由此可见，毛泽东思想的最初立足点就是根基于湖湘文化，随着毛泽东的革命活动范围的拓展，其文化立足点由湖湘而扩展至整个中华民族文化，毛泽东思想是中国传统文化的现代化的伟大成果，也是立足于中华民族的立场，放眼世界，提出中国民族文化的发展方向的成果。对此，韶山毛泽东纪念馆在基本陈列中，以陈列语言给予了着重的阐发。

二

韶山毛泽东纪念馆是全国唯一一家系统展示毛泽东生平业绩、思想和人格风范的纪念性专题博物馆。由此，深刻领会毛泽东思想，做好毛泽东思想的宣传工作是纪念馆每位员工的首要任务。宣传毛泽东思想，首先要领会毛泽东思想，毛泽东思想的实质，正如习近平总书记所说的"实事求是、群众路线、独立自主"三个基本方面。

实事求是主要体现在宣传方面，基本陈列"中国出了个毛泽东"和专题陈列"风范长存——毛泽东遗物展"是纪念馆进行宣传的基本方式，在这两个陈列中，严格按照党史的科学规范，依照中央的精神，把握毛泽东生平的主题和主线，运用馆藏文物史料，通过陈列手段，以实事求是为指导，整合、组织馆藏各种文物史料，艺术化地展示和宣传了毛泽东在中国革命历史进程中领导地位和核心作用形成的历史必然性，同时，以毛泽东革命生涯为基点，在陈列中展示和宣传中国共产党领导中国人民走上社会主义道路的历史必然性。两个陈列展出后得到了学术界的一致赞誉，它们分别获得了"第十一届全国博物馆十大陈列展览精品奖"和"全国博物馆十大陈列精品特别奖"。除了陈列之外，纪念馆依据宣传重点和重大纪念活动每年推出不同的展览，如"毛泽东与反腐倡廉展"、"毛泽东与秋收起义——纪念毛主席领导秋收起义九十周年"等，多方位、多层次地宣传毛泽东思想和他的革命业绩，以及他的思想在当今社会文化建设中的重要意义。立足于陈列和展览，纪念馆的宣教工作也是遵循了毛泽东思想的指导，团结一切力量，先后与数十家各级各类单位结为爱国主义教育基地共建单位，通过共同组织经常性的活动，使这些共建单位成为纪念馆宣传毛泽东思想的辐射点，通过与这些单位的各种教育活动，使纪念馆的宣传效应更为扩展。在当今信息技术应用大众化、普及化的条件下，纪念馆利用官网、微博、微信公众号等多种网络平台及时发布相关宣传和服务信息，系统地介绍毛泽东生平思想，获得了广泛的关注，成为纪念馆开展宣传工作的重要渠道。立足于场馆的宣教活动同样以实事求是为指导，创新管理机制，实现了展厅讲解有组织、分批次、全免费、全覆盖。同时，依托纪念馆场馆为基地、以重点展览为依托、打造高素质的宣教队伍、充分利用视频等媒介，高规格打造了韶山党性教育现场教学基地。实施创新形式的宣教机制，不仅使宣教活动的形式与社会文化发展相适应，以平等、相互尊重的态度向观众作宣传，适应观众的新要求，着力贯彻了习近平总书记的要求："要深化爱国主义教育研究和爱国主义精神阐释，不断丰富教育内容、创新教育载体、增强教育效果。"[1]

　　纪念馆通过志愿服务机制让更多的人参与到纪念馆的宣传工作中，这是纪念馆走群众路线的有益探索。纪念馆的志愿服务机制已经实行了

　　[1]《习近平主持中共中央政治局第二十九次集体学习》，新华网，2015年12月30日，http://news.xinhuanet.com/politics/2015-12/30/c_1117631083.htm。

许多年，近年来，随着志愿服务要求的提升，纪念馆也相应加强了志愿服务机制，建立了一支以高校学生为主体的志愿者队伍，并在中小学选拔"小小志愿者讲解员"，进行进一步的跟踪培养。在加强日常化的志愿服务管理的同时，纪念馆还利用纪念日、各种假期开展特色的志愿服务，如2017年7月29日纪念馆组织的"暑假·有我在"专题志愿活动等，[1]使毛泽东思想根植于更为广泛的群众中。2016年，韶山毛泽东纪念馆被中宣部、中央文明办等7部门选为"全国公共文化设施开展学雷锋志愿服务"首批61家示范单位之一。[2]

纪念馆在通过总结数十年接待观众的经验，结合当前观众的实际需求，独立摸索出一套行之有效的服务方案。为应对观众数量逐年递增以及观众服务需求增加的情况，纪念馆领导通过调研活动，并在上级领导的支持下，启动了韶山毛泽东故居环境整治与生态提升、滴水洞景区提质改造、韶山智慧景区建设3个项目。这三个具有前瞻性的项目，从硬件上保证了高质量地服务观众。在软件上，纪念馆也是因地制宜，推出了富有特色的一系列免费服务项目，如免费门票、免费讲解、免费饮用水、免费寄存包裹、免费提供急救药品等，以最大限度服务到纪念馆参观的观众，保证了观众以良好的心情进行参观活动。在另一方面，纪念馆的文创产品设计一贯坚持具有韶山的文化个性，近年来，随着国家经济的发展以及对外文化交流的频繁，观众对于文创产品的要求越来越高、越来越多样化。纪念馆在开发文创产品秉承了原有的文化个性，考察文化产品市场的新趋势，以"紧扣伟人精神图腾，让精品文化提升生活，让历史文脉代代相传，让文创商店成为最后一个展厅"为服务宗旨，独立自主地研发了一系列富有时代气息的文创产品。其中，纪念馆自主研发的"毛主席语录系列"文创产品在第12届中国（义乌）文化产

---

[1]《谢谢你，志愿者》，天下韶山网，2017年7月31日，http://www.ssmzd.com/jngnews/GongSeZiXun/73849.html。

[2]《关于公共文化设施开展学雷锋志愿服务的实施意见》，中华人民共和国民政部官网，2016年12月15日，http://www.mca.gov.cn/article/zwgk/tzl/201612/20161200002709.shtml。

品交易会上获得创意设计奖。[1]

三

习近平总书记指出，弘扬爱国主义精神，必须坚持立足民族又面向世界。中国的命运与世界的命运紧密相关。我们要把弘扬爱国主义精神与扩大对外开放结合进来，尊重各国的历史特点、文化传统，尊重各国人民选择的发展道路，善于从不同文明中寻求智慧、汲取营养，增强中华文明生机活力。我们要积极倡导求同存异、交流互鉴，促进不同国度、不同文明相互借鉴、共同进步，共同推动人类文明发展进步。[2]

当今湖湘大地上的韶山，在韶山毛泽东纪念馆全体员工的努力下，纪念馆已经成为中国连接世界的一个重要基地，成为宣传红色中国、毛泽东思想和毛泽东生平业绩的重要场所。纪念馆员工在上级的领导下，以习近平总书记系列重要讲话为指导，深刻领会毛泽东思想和文化内涵，并将之付诸于纪念馆业务工作实践中，已成为全体员工的工作日常。

（刘湘平，韶山毛泽东纪念馆人力资源部副部长、文博馆员）

---

[1]《让精品文化提升生活，让历史文脉代代相传》，天下韶山网，2017年6月14日，http://www.txssw.com/news/benchayaowen/73056.html。

[2]《习近平主持中共中央政治局第二十九次集体学习》，新华网，2015年12月30日，http://news.xinhuanet.com/politics/2015-12/30/c_1117631083.htm。

如何加强军地合作共建爱教基地

——以邓小平故居陈列馆为例

任　非

摘要：邓小平的军事生涯，在其光辉一生中占有重要位置。2017年恰逢中国人民解放军建军90周年、邓小平逝世20周年，邓小平故居陈列馆紧紧依托自身资源，精心开展"展伟人风采·铸铁血军魂"系列宣教活动，努力探索"博物馆+部队"深度合作模式，为广大部队官兵了解邓小平光辉的人生历程，了解党的历史、加强党性锻炼、学习革命传统、培养爱国情操、增强国防意识、培育民族精神提供了平台。

关键词：邓小平故居陈列馆；建军90年；军地合作

邓小平的军事生涯，在其光辉一生中占有重要位置。新民主主义革命时期，邓小平作为人民军队的重要领导人之一，为民族独立、人民解放和新中国的诞生，建立了不朽功勋。进入社会主义改革开放和现代化建设时期，他作为公认的享有崇高威望的领导者，在以主要精力领导党和国家开辟建设中国特色社会主义道路的同时，努力营造有利于国家安全、发展、稳定和统一的战略环境，努力开创具有时代精神和中国特色的国防和军队建设的道路，创造性地提出了一系列国防和军队建设的理论、方针和原则，为当代中国军事的发展指明了正确的前进方向、奠定了坚实的思想基础，作出了伟大的历史贡献。

2017年恰逢中国人民解放军建军90周年、邓小平逝世20周年，邓小平故居陈列馆紧紧依托自身资源，精心打造军事题材专题展览，组织开展系列宣教活动，努力探索"博物馆+部队"深度合作模式。这既是以此隆重纪念建军90周年这个光辉的日子，也是以此缅怀邓小平为建党建国建军作出的卓越贡献，弘扬伟人崇高品格风范，为落实"四个全面"战略布局，实现"两个一百年"奋斗目标，实现中华民族伟大复兴的中国梦，凝聚强大的精神力量。

一、邓小平故居陈列馆基本情况

邓小平故居陈列馆是全国唯一一家以邓小平生平为纪念主题的博物馆，拥有数量最多、质量最高、内容最丰富的邓小平文物藏品。2004年8月13日对外开放，2008年被评为首批国家一级博物馆之一。2014年，为纪念邓小平诞辰110周年，经中共中央同意，改陈邓小平故居陈列馆、新建邓小平缅怀馆，连同新投入使用的展研中心，形成了"一馆三体"的格局。邓小平故居陈列馆更具视觉冲击力和精神震撼力，更加全面地展示邓小平光辉伟大的一生。邓小平缅怀馆以新颖独特的设计、氛围浓厚的艺术、高幽深邃的意境，深刻地诠释着邓小平伟大的人格魅力，引发人们无限缅怀之情。邓小平故居陈列馆展研中心以"邓小平廉政教育专题展"为主，展示邓小平廉政教育思想与实践，同时陆续推出若干专题临展。三馆各有侧重，相互补充，有机融合，形成了完整的邓小平故居陈列馆。自2008年免费开放以来，邓小平故居陈列馆平均每年接待观众近300万人次，其中，青少年近100万人次，而部队官兵达10万人次以上。邓小平故里已成为了人们追寻伟人足迹、缅怀伟人丰功伟绩和接受爱国主义教育的重要场所，也是广大学生、部队官兵开展爱国主义教育、了解红色文化，践行社会主义核心价值观的重要阵地。

二、红色文化是新时期部队想政治建设的重要内容

近年来，习近平总书记十分重视军队思想政治建设，并作了一系列重要讲话，他强调，政治建设是我军的立军之本，要加强理想信念教育，深化理论武装，努力培养有灵魂、有本事、有血性、有品德的新一代革命军人，锻造具有铁一般信仰、铁一般信念、铁一般纪律、铁一般

担当的过硬部队[1]。2014年，习近平总书记在纪念邓小平诞辰110周年座谈会上讲话中指出，邓小平对党和人民的贡献，是历史性的，也是世界性的。我们纪念邓小平，就要学习他对共产主义远大理想和中国特色社会主义信念无比坚定的崇高品格，就要学习他对人民无比热爱的伟大情怀，就要学习他始终坚持实事求是的理论品质，就要学习他不断开拓创新的政治勇气，就要学习他高瞻远瞩的战略思维，就要学习他坦荡无私的博大胸襟。[2]

习近平总书记指出："要把红色资源利用好、把红色传统发扬好、把红色基因传承好。"[3]。红色文化是中华民族的宝贵财富，是民族精神的集中体现。生活在和平年代的人们缺少前辈们那样轰轰烈烈、气壮山河的经历，无法凭空想象艰苦年代为追寻真理、建立富强国度的豪迈情怀和坚定意志。博物馆特别是红色类纪念馆结合建军90周年这个时间契机，定制开展"博物馆+部队"系列活动，将有力扩大红色文化的广度和深度。通过红色文化的生动再现，让大家特别是部队官兵震撼于过往、珍惜于眼前、激奋于将来，从伟人风范中汲取精神力量，坚守信仰高地，将进一步打牢官兵听党指挥、能打胜仗、作风优良的思想政治根基，将进一步厚植"四有"新一代革命军人的政治底气，将进一步强化政治建军、改革强军、依法治军的使命责任。红色文化是新时期部队政治思想建设的重要内容，对于引导广大官兵学习党史军史、弘扬优良传统、传承红色基因、坚定理想信念、激励士气斗志具有重要意义，必将为部队加强政治思想建设带来积极影响，注入新的能量。

三、邓小平故居陈列馆与部队合作实践

党的十八大以来，习近平总书记高度重视传承弘扬中华优秀传统文

[1] 2016年1月5日，中共中央总书记、国家主席、中央军委主席习近平视察中国人民解放军第13集团军时发表的重要讲话。

[2] 2014年8月20日，中共中央总书记、国家主席、中央军委主席习近平在纪念邓小平诞辰110周年座谈会上的讲话（节选）。

[3] 2014年12月，中共中央总书记、国家主席、中央军委主席习近平视察南京军区机关时发表的重要讲话。

化，多次就博物馆和文物工作作出重要指示批示，为我们做好新时期博物馆和文物保护工作指明了方向。他强调，要让文物说话，把历史智慧告诉人们，激发我们的民族自豪感和自信心，坚定全体人民振兴中华、实现中国梦的信心和决心。[1]

前来邓小平故里参观的部队官兵毕竟有限，为让部队官兵不出军营就能接受爱国主义教育，近年来，邓小平故居陈列馆加强与部队合作，采取"请进来、走出去"的方式，精心打造了"展伟人风采·铸铁血军魂"邓小平故居陈列馆基本陈列巡展活动，精炼教育内涵、简化教育形式、灵活教育方式，为广大部队官兵了解邓小平光辉的人生历程，了解党的历史、加强党性锻炼、学习革命传统、培养爱国情操、增强国防意识、培育民族精神提供了便捷通道，奉送了一道精神大餐，深受部队欢迎，官兵反响热烈。

2016年，邓小平故居陈列馆与西部战区空军签订了共建培育"四有"新一代革命军人传统教育基地合作协议，并先后多次赴部队组织开展了"展伟人风采·铸铁血军魂"邓小平故居陈列馆基本陈列巡展活动，配套开展"邓小平生平业绩暨'两学一做'学习教育"知识竞赛和"邓小平军事谋略""我是一个军人——记邓小平戎马生涯"等紧密结合邓小平军事生涯内容的知识讲座，播放数字纪录片《你好小平》，多形式、多角度宣传了邓小平的光辉业绩和崇高风范。

四、邓小平故居陈列馆在当下的工作思考

1989年，邓小平辞去了中央军委主席职务，完成了退休。在当下，我们更应不忘初心，深切缅怀和追思这位伟人对新时期中国军事建立出的不朽功勋。

（一）策划展览，烘托主题

一是策划在"八一"建军节前举办"军事家邓小平专题展"。该展以邓小平革命生涯为主线，反映了邓小平从前往广西领导百色起义和龙

---

[1] 2014年2月25日，中共中央总书记、国家主席、中央军委主席习近平在北京市考察时发表的重要讲话（节选）。

州起义，到参加两万五千里的漫漫长征；从抗日烽火中率部挺进敌后，到创建抗日根据地战斗在太行山上；从解放战争时期千里跃进大别山掀开战略反攻的序幕，到领导和指挥淮海战役、渡江战役等一系列重大战役，以及进入新的历史时期作为人民解放军的统帅面对新情况、新问题作出的一系列重大战略决策，领导实施了一系列重大战略行动。二是进一步强化"展伟人风采·铸铁血军魂"邓小平故居陈列馆基本陈列赴部队巡展活动，定期将展览输送到基层部队，向来自祖国各地的官兵传播春天的故事。

（二）开发文创，加强感染

为使展览深入人心，让观众有看头、有听头、有恋头，一是配合"军事家邓小平专题展"以及基本陈列赴部队巡展设计开发具有本馆文化特色的文创产品，打好"文化牌"，如定制纪念章、纪念钥匙扣、纪念文具等；二是按照"展览+宣教"捆绑运行模式，让青少年也能读懂军事题材展览，我们根据"军事家邓小平专题展"，设计制作适合青少年参与的互动模拟游戏，以邓小平军事生涯为主线，贯穿展览始末，寓教于乐。

纪念，是为了更好地缅怀；回望，是为了新的出发。在今天，博物馆特别是与军事相关的专题纪念馆应充分根据自身资源和优势，为爱国主义教育事业和国防事业建设添砖加瓦。

（任非，邓小平故里管理局馆员）

新时代纪念馆展览发挥
社会教育功能实践
——以邓小平故居陈列馆为例

龙为羽

摘要：习近平总书记强调，要把红色资源利用好、把红色传统发扬好、把红色基因传承好。邓小平故居陈列馆作为全国唯一一家纪念邓小平的纪念馆，有责任有义务宣传好邓小平的生平思想、弘扬好他的精神风范、讲述好他的故事，近年来，邓小平故居陈列馆通过原创、引进、输出、合作等形式举办各类展览，极大满足了观众文化精神需求，更好地发挥了爱国主义教育基地功能。

关键词：新时代展览教育

党的十九大报告用较大的篇幅介绍了文化自信与文化繁荣，主要包括牢牢掌握意识形态工作领导权、培育和践行社会主义核心价值观、加强思想道德建设、繁荣发展社会主义文艺、推动文化事业和文化产业发展等五个方面的内容。博物馆、纪念馆属于公益文化事业范畴，我们作为其中一员应该也必须充分认识到红色文化在构建文化自信中的重要价值。我们作为伟人、名人故居的守门人，有责任有义务宣传好主人公的生平思想、弘扬好他的精神风范、讲述好他的故事。新时代纪念馆展览如何更好发挥社会教育功能是我们应该思考的重要工作。

一、打造高水准展览阵地，发挥红色文化强大动力

纪念馆是一本厚重的历史教科书，它集中展示了主人公的生平业

绩、思想品格和精神风范，它所蕴含的红色文化是我们党在革命、建设和改革中形成的宝贵精神财富。习近平总书记强调，要把红色资源利用好、把红色传统发扬好、把红色基因传承好。在打造国人精神家园、开展爱国主义实践中，邓小平故居陈列馆按照"国际一流、国内领先"的理念建设和布展。我们邀请国内邓小平研究专家冷溶、高屹、龙平平、姜淑萍等组成展览大纲撰写团队，特别是高屹同志到广安担任广安市委副书记，专门主抓此项工作；我们邀请全球最顶尖的设计公司——美国RAA公司进行展览概念设计和形式设计，该公司曾设计了美国犹太人纪念馆和多位总统图书馆；我们邀请国内著名建筑设计师上海现代集团邢同和进行建筑设计（邢同和的代表项目有上海外滩景观带、上海博物馆、上海美术馆、陈云纪念馆等）；我们邀请国内最好的翻译团队中央编译局进行展览内容的翻译工作，确保整个展览翻译的全面、准确。

邓小平故居陈列馆建成于邓小平诞辰100周年——2004年，拥有数量最多、质量最高、内容最丰富的邓小平文物藏品。2004年8月13日，时任中共中央总书记胡锦涛参观后即对外开放。2008年邓小平故居陈列馆被公布为国家一级博物馆。2014年，邓小平故居陈列馆迎来发展史上的又一次重大飞跃。为纪念邓小平诞辰110周年，经中共中央同意，改陈邓小平故居陈列馆、新建邓小平缅怀馆，连同邓小平展研中心，形成了"三馆一体"的格局。邓小平故居陈列馆更具视觉冲击力和精神震撼力，更加全面地展示邓小平光辉伟大的一生。邓小平缅怀馆以新颖独特的设计、浓厚的艺术氛围、高幽深邃的意境，深刻地诠释着邓小平伟大的人格魅力，引发人们无限缅怀之情。邓小平展研中心以"邓小平廉政思想教育实践专题展"为主，展示邓小平廉政教育思想与实践，"三馆"各有侧重，相互补充，有机融合，形成了完整的邓小平故居陈列馆。

自2004年邓小平百年诞辰以来，先后有60多位党和国家领导人先后视察了邓小平故里，累计有2900多万观众参观邓小平故居陈列馆，其中青少年近800万人次。2016年接待观众达291.6万人次，截至2017年11月，当年的参观人数已达到279万余人次。陈列馆先后获得全国爱国主义教育示范基地先进单位、国家5A级旅游景区、国家一级博物馆、全国青少年教育基地、全国廉政教育基地、中组部特色党性教育基地、全国文明单位、最受老百姓喜爱的十大红色经典旅游景区等荣誉称号。

二、举办多形式主题展览，扩大爱国主义教育宽度

党的十九大报告指出："完善公共文化服务体系，深入实施文化惠民工程，丰富群众性文化活动。加强文物保护利用和文化遗产保护传承。"博物馆、纪念馆作为公共文化服务机构，在展示人类文明、促进文化交流、提高人民群众思想道德和科学文化素质等方面发挥着十分重要的作用。近年来，我们依托邓小平故居陈列馆、邓小平缅怀馆基本陈列，突出"爱国主义教育""特色党性教育"等主题，与国内同行建立密切沟通和合作互动，打造精品宣教活动，主动"请进来、走出去"，不断满足人民群众的精神文化需求。

（一）举办各类专题展览

我们紧扣宣传和纪念伟人主题，紧贴时事政治和党的教育活动，紧密联系社会各界和人民群众，成功举办了多个主题鲜明的展览和原创专题展。特别是2016、2017年，邓小平故居陈列馆通过原创、引进、输出、合作等形式举办各类展览近50场。

一是原创展览。我们利用邓小平故居陈列馆多功能厅和邓小平故居陈列馆展研中心，在重要纪念日、在自身研究成果的基础之上，利用馆藏文物、档案、图片等，举办了一系列原创专题展。主要有：在2007年邓小平决策恢复高考30周年之际，举办了"纪念邓小平决策恢复高考特别展"；在2011年中纪委授牌"全国廉政教育基地"之际，举办了"邓小平廉政思想与实践专题展"；在2015年党的十一届三中全会召开35周年之际，举办"启航——纪念党的十一届三中全会召开35周年"；在2016年4月卓琳同志诞辰100周年之际，举办了"平凡至伟——纪念卓琳同志诞辰100周年专题展"；在2017年7月中国人民解放军建军90周年之际，举办了"军事家邓小平专题展"等。

二是引进展览。为加强馆际交流、丰富展陈内容，我们有计划地引进切合主题的专题展。主要有：2015年从中国人民抗日战争纪念馆引

进了"铭记历史珍视和平——纪念中国人民抗日战争暨世界反法西斯战争胜利70周年专题展";2016年从中共一大会址纪念馆引进了"光辉的历程——中共一大到十八大特别展";2016年从遵义会议纪念馆引进了"红军不怕远征难——纪念中国工农红军长征胜利80周年主题展";2016年从重庆中国三峡博物馆引进了"革命理想高于天——中国工农红军标语展";2017年从叶剑英元帅纪念馆引进"辉煌一生·风范千秋——叶剑英生平事迹展"等。

三是举办巡展。到全国各地举办邓小平主题展览,扩大宣传力度,歌颂邓小平的光辉业绩。主要有:2008年11月在广州举办"改革开放总设计师邓小平"大型展览;2010年8月在深圳举办"改革开放总设计师邓小平"大型展览;2014年7月在苏州举办"我是中国人民的儿子——纪念邓小平诞辰110周年展览";2014年8月在北京举办"春天的故事——纪念邓小平诞辰110周年全国版画艺术精品展";2014年8月在香港举办"光辉历程——纪念邓小平诞辰110周年大型展览";2014年12月在澳门举办了"光辉历程——邓小平生平业绩暨"一国两制"光耀濠江澳门回归15周年大型展览";2016年2月在上海举办了"'春天的故事'——邓小平生平业绩图片展";2017年为纪念邓小平逝世20年,在上海、重庆、广西百色、辽宁沈阳、湖北武汉、四川南江、江苏丹阳、甘肃张掖等地举办"人民之子——邓小平经典图片展";2017年8月在广西百色、四川宜宾、甘肃张掖、新疆伊犁、广东东莞和西部战区机关等地举办了"'军事家邓小平'——纪念中国人民解放军建军90周年专题展"等。

（二）配合巡展开展宣教活动

2015年3月20日新修订的《博物馆条例》明确将教育放在博物馆工作首位,根据这一修改要求,近年来,邓小平故居陈列馆创新宣教工作理念,探索"展览+宣教"捆绑开展方式,开展内容丰富、形式活泼、社会欢迎的展宣活动。目前,我们已成功打造"小平风范·文化校园"（已列入四川省博物馆青少年教育优秀案列）和"展伟人风采·铸铁血军魂"项目。

一是定期开展"小平风范·文化校园"——博物馆进校园活动。将基本陈列"我是中国人民的儿子"定期在大中小学巡展，开展向留守儿童、贫困家庭儿童送关爱活动，保障农村儿童享受与城市儿童同等的文化鉴赏权。与学校签订合作协议书，强化资源共享和互动交流，并开展知识问答、手工体验、故事讲堂、征文比赛、趣味游戏、讲座等活动，定期组织学生到博物馆实地参观学习互动，不断扩大社会影响，使博物馆成为青少年成长的好伙伴，引导、帮助青少年认知历史、感知文化，从小养成走进博物馆的习惯。

二是定期开展"展伟人风采·铸铁血军魂"——博物馆进部队活动。部队官兵前来邓小平故里参观的毕竟有限。为让部队官兵不出军营就能接受教育，我们主动联系将展览送进基层部队，已先后在重庆铜梁、陕西西安、甘肃武威、张掖，新疆哈密等基层部队巡展，2万余名部队官兵参观展览并参加专题讲座、知识竞赛等配套活动，精炼了教育内涵，简化了教育形式，灵活了教育方式，为广大部队官兵了解邓小平光辉的人生历程、了解党的历史、加强党性锻炼、学习革命传统、培养爱国情操、增强国防意识、培育民族精神，提供了便捷通道，奉送了一道精神大餐。

三、关于展览工作思考

不忘初心，方得始终。党的十九大报告指出："要深入挖掘中华优秀传统文化蕴含的思想观念、人文精神、道德规范，结合时代要求继承创新，让中华文化展现出永久魅力和时代风采。"建设好思想阵地、宣传好伟人故事、传承好革命精神是纪念馆的重要社会职能。新时代、新使命、新征程，我们要改进办展形式，进一步拉近与人民群众的距离。

（一）展览要与时俱进

当今世界面临着经济全球化、文化多元化的状况，纪念馆所处的社会环境不断变化，观众对纪念馆展陈内容也不断提出新的要求，不断制作贴近主题思想的展览，提高观众观展兴趣。如果说基本陈列是纪念馆的"根"，那么各种形式的临时展览就是纪念馆的"叶"。基本陈列从布展开放到闭馆改陈周期一般在十年左右，而临时展览举办时间较短、形式灵活、内容丰富，是基本陈列的延伸和补充。要善于利用与基本陈列内容相关的重要时间节点或重要纪念事件举办、引进临时展览，满足观众参观需要。如2018年是改革开放40周年，我馆将重点制作反映邓小平与改革开放相关的主题展，同时，还要结合纪念周恩来诞辰120周年、赴法勤工俭学100年等节点举办或引进展览。

（二）展览要深入基层

展览归根结底是给观众看的，但到纪念馆参观的人毕竟有限。如何扩大爱国主义教育受众面、进一步弘扬社会主旋律，最有效的途径便是组织开展巡展，主动将展览送进学校、部队、社区等基层单位，"开门办馆、开门办展"，解决基层文化资源不均衡、文化服务不便利等现实问题，把纪念馆送到基层百姓的眼前，打通公共文化服务"最后一公里"，让文化惠民零距离。

（三）展览要多元联动

如今办展不仅仅是简单的展览活动，更是一次生动的宣教活动。我们尝试在举办展览同时配套开展"六个一"活动，即举行一次开幕活动；出版一本展览图集；开展讲座、竞赛等宣教活动；开发一套文创产品；举办一次学术会议；出版一本学术论文集。以展览为中心，研究、宣教、文创等业务工作多元联动，更符合现代纪念馆的工作需要。

（龙为羽，邓小平故居陈列馆馆员）

名人思想传播与青少年教育

——以《上海市青少年学生社会实践指南》为例

傅　强

摘要：发掘名人思想及其实践的当代价值，向更广泛的受众尤其是青少年群体传播名人思想，让名人宝贵的精神财富得以传承和发扬，是名人纪念场所最为重要的职责之一。对人物纪念馆的宣传教育部门来说，更应关注从名人的思想中提炼出对今天有启示作用和教育意义的真知灼见，用适合今天人们接受习惯的方式进行多维度的传播，同时注重不同受众的特点，进行有针对性的教育设计和活动开发。本文以《上海市青少年学生社会实践指南》为例，从参观指引、活动设计、课程开发三个维度进行了阐述。

关键词：名人思想；传播；教育

名人的思想是名人一生智慧的结晶，是他们一生活动轨迹的主观动力，也是支撑他们的力量之源，更是他们留给后人最为宝贵的财富。对依托于名人的故居、活动轨迹而建造的人物类纪念馆来说，发掘名人思想及其实践的当代价值，向更广泛的受众尤其是青少年群体传播名人思想，让名人宝贵的精神财富得以传承和发扬，这是名人纪念场所最为重要的职责之一。

对人物类纪念馆的宣传教育部门来说，宣传和教育的内容并不仅仅是名人的光辉事迹和人生历程，更应关注的是，如何在研究、整理的基础上从名人的思想中提炼出对今天有启示作用和教育意义的真知灼见，用适合今天人们接受习惯的方式进行多维度的传播，同时注重不同受众的特点，进行有针对性的教育设计和活动开发。

2016—2017年，在上海市青少年学生校外教育活动联席会议办公室的指导下，上海部分博物馆、纪念馆和科技场馆、各类教育基地启动了《上海市青少年学生社会实践指南》（简称《指南》）的编写，沪上多家名人故居、纪念馆也参与其中。这本《指南》是呈现给上海市青少年学生的一本校外教育资源图谱，主要目的是对上海市各类场馆的教育资源进行全面梳理，以分学段的方式推荐参观路线，同时提供参观方法的指引。《指南》还包括场馆根据不同对象、基于不同主题开发的配套教育活动、藏品资源、展示资源、课程资源以及与场馆主题相关的参观资源、学习资源等内容。对参与其中的名人故居、纪念馆来说，《指南》编写的过程，既是从对青少年学生开展教育的角度对场馆资源进行梳理，同时也是对名人思想及其价值的提炼和整理。通过此次《指南》的编制我们可以发现，针对青少年群体，当下名人故居、纪念馆的名人思想传播模式主要有以下三个维度：

一、参观指引

有展才能成其为馆，名人故居、纪念馆大多依托于原状、复原展出或基本陈列，展示、再现名人的思想、事迹和精神品质。然而目前国内一般的陈列思路仍是以具有中等知识文化水平的成年人为目标受众，这就意味着在很多时候，青少年群体在参观展馆时，会出现认知水平不够、语境或背景知识缺失、主题理解偏差、展示内容误读等情况，因而直接影响其参观效果，名人思想的传播更无从谈起。由于陈列展示一般而言相对固化，除了专门针对青少年群体的儿童博物馆或特定展览，要求展馆根据青少年群体的特点对展示内容进行调整并不现实，真正可行的操作办法是对参观路线进行重新设计，提供更有针对性的参观指引。

在此次《指南》的编制过程中，一大突出特点就是所有场馆对参观路线和相应的讲解内容进行了重新调整，在校外联和相关专家的建议下，根据不同学段的特点，将原本"一视同仁"的参观方式变为小学、初中、高中三条定制参观路线。其中"小学参观路线"注重知识普及和激发兴趣，在参观过程中通过讲述小故事的形式重点介绍人物的高尚品质；"初中参观路线"注重知识普及和引导启发，在参观过程中重点介绍文物故事和人物生平事迹；"高中参观路线"注重培养学生的独立思考能力，帮助他们形成正确的价值观，参观过程中重点介绍在历史大背景下人物的重要抉择。展馆正是希望通过这样的方式，让青少年学生的参观学习不再是"走马观花"，而是"有的放矢"，真正实现入耳、入脑、入心。

以上海宋庆龄故居纪念馆的参观路线设计为例，在《指南》中，上海宋庆龄故居纪念馆提供了针对三个不同学段的青少年群体的三种参观方法：

1. 针对小学生群体

参观路线设计注重激发兴趣，参观过程中通过讲述数个小故事介绍宋庆龄的高尚品质，全程约30分钟。参观前，讲解员会选择一到两个进行提问，如："学生时代的宋庆龄是一个好学生吗？为什么？""宋庆龄与李燕娥是什么样的关系？她们之间是平等的吗？""为什么说宋庆龄招待客人时，特别细心周到？"要求在参观过程中认真听讲，准备在参观结束后回答。

在参观过程中，讲解员将重点介绍宋庆龄的求学经历、宋庆龄与家人的关系、宋庆龄与她的社会福利事业、宋庆龄在寓所进行的国务活动、宋庆龄的日常生活、宋庆龄与李燕娥等内容。

参观结束后，要求学生回答之前的提问，回答前可以有十分钟的准备时间，学生可以回到展厅观看展品、说明牌或在服务中心查阅相关资料，讲解员将给予适当引导。最后，讲解员或老师还会提出一个思考题：你觉得宋庆龄是一个什么样的人？为什么？

2. 针对初中群体

参观路线设计则注重激发兴趣和知识普及，参观过程中通过讲述文物故事介绍宋庆龄的主要经历和她的人格魅力，全程约40分钟。参观前，讲解员会选择一到两个进行提问，如："你觉得'国之瑰宝'是什么意思？为什么人们用这个词来形容宋庆龄？""宋庆龄有哪些兴趣爱好？这些爱好与宋庆龄取得的成就有关吗？""宋庆龄有哪些优秀的品德？请举例说明"等。要求同学们在参观过程中认真听讲，准备在参观结束后回答。

参观过程中，在文物馆，讲解员将通过讲述文物背后的故事，重点介绍宋庆龄的高尚品格；在主楼，讲解员将重点介绍宋庆龄的日常生活、兴趣爱好和待人之道。

参观结束后，要求学生回答之前的提问，回答前可以有十分钟的准备时间，学生可以自己回到展厅观看展品、说明牌或在服务中心查阅相关资料。最后，讲解员或老师提出的课后思考题是：宋庆龄为什么被称为"二十世纪的伟大女性"？

3. 针对高中群体

参观路线设计注重培养学生的自学能力和思考能力，参观过程中重点介绍宋庆龄的生平事迹和重要抉择，注重对话、交流和启发，全程约70分钟。参观前，要求学生利用网络或图书资料初步了解宋庆龄的生平和相关背景知识。

参观过程中以启发思考为主，讲解员在讲解过程中将不时提问，如："宋庆龄从小接受的是西式教育，这对她此后的人生道路有何影响？""宋庆龄在国民党中的地位如此之高，为什么她后来会倾向于帮助共产党？""宋庆龄主张妇女解放的思想在今天有没有价值？"等要求学生作答，学生回答后，讲解员将针对回答进行补充，以对话交流代替传统讲解。

参观结束后进入讨论环节，形式为自由发言，由讲解员主持，主题为"你在参观过程中印象最深的是什么"，或者从备选问题中选择一个作为讨论主题，要求每位学生发言，言之有物，言之有理。参观结束后，场馆还鼓励学生报名参与"微课题"活动，找到自己感兴趣的主题进行研究、撰写论文。

在这样的参观模式中，我们会发现，名人的思想虽然没有被直接提出或是进行灌输，但却是以不同年龄段的青少年能够接受和理解的方式进行了传播，以问题代入参观的方式，正是为了启发青少年主动去思考名人的言行举止、人生抉择背后的思想和价值取向，从而有所理解，有所感悟，达到有效传播和教育的目的。

二、活动设计

近年来，随着博物馆事业快速发展，博物馆教育理念不断更新，各类教育项目开发和活动开展日趋多元化、专业化，在经历了最初的摸索阶段之后，博物馆教育活动呈现百花齐放、百家争鸣之势。对名人故居、纪念馆来说，各类教育活动的开展是传播名人思想最常见也最为有效的方式之一。但是近年来，我们也看到，随着教育活动数量的增加，也出现了活动主题不鲜明、场馆特点不突出、教育效果不明显，甚至是同质化、低幼化、娱乐化的倾向。

那么，教育活动如何更好地与名人思想的传播结合起来？这其实对活动的设计开发提出了更高的要求，活动设计者首先应对名人的思想观念及其价值有深刻的理解，同时要以适当的方式将其转化为教育活动的目标，活动过程应在兼顾受众需求和现有资源的同时，通过精心选择活动元素、精心设计活动流程，在活动环节中渗透名人的思想传播，活动的效果也应与名人思想的传播和普及直接相关联。

以《指南》中钱学森图书馆的"航天动手做"活动为例，2013年4月起，钱学森图书馆与上海科学艺术教育中心合作策划开展了"航天动手做"周末公益课堂系列活动。该活动面向5岁至12岁青少年群体，遵循不同年龄段青少年的身心特点与成长规律，设计与航天、科技相关的实践动手课程，通过老师现场讲解与指导，由青少年自己动手完成科技小制作。活动开展至今先后开发了创意返回舱、小小降落伞、平衡火箭、喷气火箭、拉线飞机等70多门课程，为15000余人次青少年提供了教育活动。该项目的主要目的就是激发青少年自主学习科学知识、主动探索科学世界的积极性，同时将学习科学知识的课堂从校内延伸至校外，使他们在潜移默化中接受熏陶与教育，沉浸于"崇尚科学、爱国创新"的良好学习氛围。

如果不从名人思想的传播这个角度来看，这项活动无疑是成功的，教育效果也十分明显。然而，作为钱学森图书馆的活动，我们对自身活动的评价标准应该是是否在活动中渗透了钱学森思想和精神的传播。从这个层面来看，活动还是有提升空间的，事实上，我们在"航天动手做"中传播的不应仅仅是科学原理和实践精神，还应包括钱学森的理论、思想以及他严谨求实的科学家精神和探索精神。

《指南》中还列举了钱学森图书馆的另一项活动："夺宝奇兵"自助导览。该活动通过"夺宝奇兵"各个版本地图与馆内语音导览的结合，提供了青少年自助参观的可能性。"夺宝奇兵"系列主题教育项目自2012年至今已形成4套共8个版本适应中小学阶段青少年自助参观的导览地图，让孩子们通过钱学森图书馆寻宝地图"按图索骥"，在此过程中聆听大师故事、领略大师风范，感悟大师情怀，通过投票评选心目中的"镇馆之宝"，执笔写下"微留言"、"微感悟"，激发青少年的学习兴趣和探究能力。2012年主题为"青少年科技人文之旅"、2013年主题为"钱学森的求学之路"、2014年主题为"钱学森的科学报国梦"、2015年主题为"重回1955之一封求援信"和"重回1955之克利夫兰总统号"，通过递进的方式使钱学森的人生履历铺陈于青少年面前，在自行找寻答案的过程中，青少年随之收获钱学森的爱国故事。

与"航天动手做"相比，"夺宝奇兵"聚焦"爱国"主题，更关注如何帮助青少年了解钱学森的人生历程和他的人生选择，从传播钱学森爱国思想的角度来说，无疑比"航天动手做"更进了一步。每一条路线、每一版地图的背后，是从不同角度展现钱学森人民科学家的风范，让受众从中领悟钱学森忠贞不渝的爱国情怀和他的爱国思想。

2017年，钱学森图书馆推出了全新的教育活动"星际航行学员养成计划"。这项活动的特点是将"夺宝奇兵"和"航天动手做"进行了整合，更重要的是，在活动设计中，馆方将钱学森的星际航行理论和科学探索精神作为活动主线贯穿其中，活动定位更为精准，名人思想传播目标更为明确，充分体现了钱学森图书馆的特色。

"星际航行学员养成计划"以钱学森的著作《星际航行概论》为

依据，在科普与科幻的背景下融入了学科教育的内容。适龄学生通过网上报名参加"学员选拔"，领取"学员手册"，先后完成"星际航行理论课"（展厅讲解）和"星际航行实践课"（航天动手做），再按照手册指引完成"入学考试"（夺宝奇兵），最后正式成为"星际航行学员"，将来还有机会参加讲座、课程、实地参观等一系列活动。

这项活动并不是将钱学森图书馆现有的活动进行简单的"拼接"，在活动一开始，讲解员就开宗明义告诉参与者，《星际航行概论》是钱学森在20世纪60年代完成的著作，他从年轻时就曾立志要探索未知领域、征服宇宙，但钱学森并不是一个空想者，而是用严谨的科学态度，通过大量的分析、计算和科学方法论证了星际航行的可行性，从而为今天中国的航天事业奠定了坚实的基础。对活动参与者来说，活动过程既是学习和体验的过程，同时也是一步步了解钱学森的科学思想和科学理论，以伟人为榜样，树立远大理想的过程，是名人思想传播和社会教育合二为一的过程。

三、课程开发

馆校合作是博物馆社会教育工作大势所趋，近年来，很多博物馆、纪念馆开始搭建平台、提供资源，吸引社会力量共同参与课程开发，推出了各具特色的博物馆课程，在满足学校、学生需求的同时，场馆的教育资源也得以更好地开发和利用。然而，不同于科技类、自然类、综合类、艺术类博物馆开发课程更容易对接教学目标，课程体系建立也更为容易，人物类纪念馆在开发课程时由于场馆资源相对集中，陈展主题相对单一，与基础教育教学大纲结合点较少，课程开发往往受限较多。

从名人思想传播的角度来说，设计和建立课程无疑是体系化传播名人思想最好的形式，韶山干部学院的毛泽东故居、刘少奇故居、彭德怀故居教学课，陈云纪念馆的电影党课，中国浦东干部学院的钱学森图书馆现场教学系列课程等都是体系化传播名人思想的典型案例。然而，人物类纪念馆如何针对青少年群体设计开发相关课程来传播名人思想，这是许多场馆正在探索的形式。

仍以《指南》中钱学森图书馆为例，在《指南》中收录了钱学森图书馆针对不同学段学生设计三类课程教案，其中针对初中学生设计的拓展课《"立体"的钱学森》主要内容如下：

（1）对应学科

初中八年级语文，人物传记单元"多角度展现理解人物"

（2）教学目标

A. 学生通过观摩电影《钱学森》及参观"钱馆"相应的文字、图片及实物展品，学习如何对视频、图片及文字信息有效地把握和删选。

B. 学生通过相关视频、图文信息以及相互之间的交流互动，了解伟人的思想，感受伟人的伟大及成功的要诀，从而引发自己对于理想、信念的思考。

（3）教学过程

A. 课前准备：课前观摩《钱学森》的电影并完成相关视听作业

环节说明：通过观摩电影，训练学生从视频信息当中筛选给自己深刻印象的内容，并加以摘记。信息的筛选把握带有学生自己个性的理解。在艺术化的作品中，初步感受钱学森的人格魅力和科学成就。

B. 课堂过程：

【环节一】电影中的钱学森

目标：交流观摩感受，学习把握关键信息，试提炼人物特质	
交流	我们之前观摩了电影《钱学森》，完成了一份视听练习。其中希望大家在观摩电影的同时试着摘录两句你所认为的经典台词，概述一个给你留下深刻印象的电影场景，并分别说说给你留下深刻印象的原因。下面我先请同学来简单地交流一下。
环节说明	此环节为课前视听作业的交流，在交流的过程中学生通过分享体会电影中的关键情节，感受大家彼此心目中钱学森的人格魅力。

环节总结	大家说了很多关于自己所捕捉到的电影中的"经典"台词和场景。能不能请同学来总结一下这些"经典"的对白和场景体现的是钱学森的什么特点？这对我们有什么样的启示？

【环节二】场馆中的钱学森

目标：感受真实人物，通过信息比较，深入认识人物特质	
环节准备	提供给学生相关的陈展信息。学生搜集对钱学森其人其事的疑问制定参观计划。
环节说明	这个环节意在让学生通过信息的比较、归纳分析人物。并且通过对丰富展品的参观，从不同角度感受人物的特点。学生在交流的过程中可以以小组为单位，对其特别感兴趣的展品进行介绍。通过对展品的介绍，深入了解人物的活动轨迹、理解人物的品质特征和贯穿其中的人物思想。学会有条理地结合展品内容和相关材料来理解、分析人物。
环节总结	同学们从展品中获得了很多对于钱老的新的感受和认识，对于钱老的了解也丰富了起来。要全面了解一个人必须从他的方方面面去体会和认识，不仅要看他做了什么，还要看他是如何思考问题和认识客观世界，钱学森图书馆提供了一个全面的视角，使得我们对于钱老的认识进一步加深了。

【环节三】我眼中的钱学森

目标：信息的重新组合，主观深入理解人物，引发自我的思考	
环节内容	完成视听作业《钱学森的成功秘诀》，试选择一个角度加以分析：钱学森为什么会取得成功？要求结合展馆内展品的信息，钱学森的观点、原话，以及学生自己的理解，有理有据地加以分析。

该课程设计的成功之处在于，它既结合了基础教育大纲的教学目标"多角度展现理解人物"，同时最大限度地利用了钱学森图书馆的教育资源。课程从初中生较易理解和接受的影片《钱学森》入手，首先帮

助学生形成感性认识；再让学生走进场馆，带着目的进行参观，从不同角度走近钱学森；最后通过作业的形式，引起学生的理性思考，在步步深入的过程中，学生们了解的不只是钱学森的生平活动，而是逐步了解和体会这些活动背后的思想根源，从而形成对人物的全方位的、有深度的理解和认识。除了上述参观指引、活动设计、课程开发之外，沪上十余家名人故居、纪念馆在《指南》中整理和开发的青少年教育活动模式还包括社会实践、志愿服务、组织竞赛、体验活动、仪式教育、现场展演、课题探究、资源链接等多种形式，其实在这些活动形式中，也包括了名人思想传播的元素，体现了人物类纪念馆的教育特色，本文限于篇幅，不再一一列举。事实上，探索对名人思想的多维度传播，名人思想传播模式的多元化特征正是近年来我国博物馆发展日趋专业化，博物馆教育水平不断提升的显现，对人物类纪念馆的宣教工作者来说，我们应时刻牢记，与艺术、科技类场馆不同，无论采取怎样的形式，名人故居、纪念馆最终的传播目标并非器物的文化艺术价值或其背后的科学原理，而是文物背后的人文情怀、精神品质、思想风范、价值追求。

（傅强，钱学森图书馆社教宣传部部长、文博馆员）

陈云纪念馆在传播
中华优秀传统文化方面的探索

丛雪娇

摘要：陈云纪念馆是经党中央批准的全国唯一一家系统展示陈云生平业绩的单位，于2000年6月6日正式建成开放，主要展现陈云同志在七十余年革命生涯中为党和国家事业奋斗的光辉历程。作为肩负着宣传与弘扬红色文化的重要使命，新时期坚定社会主义文化自信的传播载体，陈云纪念馆创新性开展颂扬伟人思想与生平的宣传方式与方法，在中学生微课堂和党员党性教育方面进行了积极探索，并取得了良好成绩。

关键词：陈云纪念馆；红色文化；探索

陈云纪念馆坐落在上海市青浦区练塘镇，是上海市开展党员党性教育和中小学生爱国主义教育的重要基地。自开馆以来，纪念馆不断继承和创新宣传教育理念和方法，发挥自身作为文化教育单位的功能。陈云纪念馆是宣传展示红色文化的重要载体与平台，红色文化作为中华传统优秀文化重要组成部分，对坚定社会主义文化自信发挥着举足轻重的作用。陈云纪念馆因在弘扬中华优秀传统文化方面取得良好的工作成绩，先后被评为全国爱国主义教育基地、国家4A级旅游景区、上海市爱国主义教育基地、国家一级博物馆。博物馆作为公共文化服务单位，在展示人类文明、促进文化交流、提高人民群众思想道德和科学文化素质等方面发挥着重要作用。2015年颁布实施的《博物馆条例》，将博物馆原有的三大功能顺序做了调整，将教育功能提到首位，博物馆变"课堂"将会是未来的首要任务。陈云纪念馆作为人物类纪念馆，是博物馆的重要组成部分，在传播伟人思想、展示伟人精神风范、弘扬社会主义核心价值观方面肩负着重要使命。

一、肩负传播红色文化的重要使命

为更好地宣传展示陈云同志生平思想，陈云纪念馆致力于发挥纪念馆红色资源，教育广大党员干部，不断增强党性意识与政治意识。红色文化是中国传统文化的重要组成部分，是在近代以来的中国革命过程中，以马克思主义先进文化为导向，融合中国特定区域内的多元文化，从而形成的一种独特文化形态。坚持传播和展示红色文化底蕴，做好党员党性教育基地工作和服务上海市中小学思想政治教育，纪念馆在以往取得的成功经验基础上，不断与时俱进，创新各种宣传方式和教育方法，发挥纪念馆在资政育人等方面的教育服务功能，弘扬社会主义核心价值观，为坚定文化自信创造良好条件。

近年来，陈云纪念馆十分注重对社会公众的宣传力度，参观的人数呈逐年递增的趋势，但是在统计中，青少年参观者的人数却只占来馆参观人数的很小比例。其主要原因大致有两个，一是由于现行的中小学课本教材中并没有陈云同志相关生平思想或精神风范方面的介绍，使得学生很难在课堂上对陈云的生平思想有比较深入的了解。二是纪念馆对学生活动的策划相对比较薄弱，没有专门的工作人员从事这方面教育活动的策划工作。目前，青少年来馆参观也大多以旅行社带队为主，采用走马观花式参观加游玩的形式。这种浅尝辄止式的被动参观使学生的收获甚少，根据陈云纪念馆宣传教育部在观众参观后开展的部分调查问卷得知，只有少数参观者对陈云的生平思想有初步简单的了解，更多的只是来馆里草草参观游玩。由此可见，陈云纪念馆在传播陈云生平思想和弘扬红色文化等方面的功能并没有完全实现，爱国主义教育的价值功能并未体现。创新红色文化传播方式，进一步发挥其教育功能就势在必行。

策划中学生课题竞赛活动是陈云纪念馆发挥自身优势的创新性举

措。最初，陈云纪念馆参与这个中学生微课题竞赛活动时就有一个最大的担心，就是有没有学生有兴趣选择微课题进行研究？陈云纪念馆作为人物类场馆，跟科普类场馆相比，在吸引中小学学生参观方面，确实底气不足。根据分析来馆参观的观众调查问卷和参观留言，发现现在中学生对陈云的了解知之甚少，有些学生甚至不知道陈云是谁。设想，让学生们对一个根本不了解的人物，产生主动想去研究的兴趣，首先这就很难。而使学生们从不了解到了解的这个过程，就是我们第一步要攻克的难关。在前两届组织学生的过程中，陈云纪念馆主动与共建单位东方绿舟合作，将正在东方绿舟参加军训的学生，带到陈云纪念馆进行1小时左右的集中参观培训，然后让学生们领取相关课题任务。根据事后反馈意见，发现这种参观教育形式的最大弊端就是学生们无法真正做到"进馆有益"四个字。相对于在市区居住学习的青年学生来说，到陈云纪念馆参观路途相对较远加之交通不便等诸多不利因素，学生回去后基本上不会再回到纪念馆进行学习和研究，多数情况下是在家里通过网上找资料的方式，来完成本小组的课题论文。

在总结活动开展经验的基础上，我们再次革新中小学生教育的内容与形式。首先，作为教育对象的青年学生的学习和生活环境，离纪念馆的距离不能太远。我们以地理位置圈定教育对象，最终锁定青浦区的六所高中。其次，展厅的参观大多以看图片和文字为主，参观后学生们始终感到陈云是一位高高在上的伟人，感到伟人的思想和活动足迹与自身的学习及生活很难有交叉点，这就不利于学生与伟人在思想领域产生共鸣。学生根据任务安排写出来的文章，大多是网上常见的观点和理解，泛泛而谈，并没有做到结合自身参观体验来谈感受谈体会。为此，在组织第三届中学生课题竞赛活动时，我们就主动加入了带学生去实地参观陈云故居、陈云文物馆等陈云生前居住和工作的地方，让学生们通过参观来切身感知陈云的伟大与平凡，了解伟人也是在学习生活工作中点滴积累，一步步走向成功，这样的教育活动能够让伟人走进学生心间，让学生通过参观感知感悟伟人的平凡与伟大，让自己得到心灵启发和教育感悟。另外，学生通过实地寻访练塘当地的普通老百姓，亲耳聆听老一辈人讲述陈云的故事，加深自己对陈云的理解和感情。

让学生仅仅通过一次参观或调研就写出一篇有思想内涵与价值的微课题的教育形式，还是属于"速成"班方式，而发挥红色纪念馆的教育功能应该是循序渐进、由浅入深的，想通过一次参观就让学生完全了解陈云思想生平是不现实的，因此让学生通过不同的途径和手段进行全方位的学习和体验，给予学生理解和吸收的时间，虽然时间跨度可以会长一些，但是效果显然是目前其他参观与学习方式所达不到的。

二、打造专业宣传教育策划队伍，落实纪念馆教育功能

2015年，随着新版《博物馆条例》的颁布，博物馆的教育职能已经调整到了其众多职能中的第一位，纪念馆的从业人员也在转变思路，越来越重视教育活动的策划组织，主动跟学校合作，不再是拘泥于以往的"打开门来等生意"的状态。陈云纪念馆于2015年设置了教育专员岗位，招聘要求的专业都是教育学专业，专门为青少年教育工作服务，因此，在策划活动时更懂得从学生的角度考虑，注重内涵与兴趣相结合。在活动设计过程中，教育专员始终遵循三点原则：一是互动性、二是知识性、三是趣味性。活动的策划主要考虑三个元素：时间、内容和形式。日常主要结合中华传统节日和伟人的纪念日等重要节假日，活动包括："我的绿色我做主"——植树节主题活动、"以蓝天为乐谱"——地球日主题活动、"亲近自然、亲近传统、亲近家人"——清明节主题活动等。暑假期间主要与"学游"活动相结合，活动包括："伟人精神、薪火相传"、"小手牵大手、伟人知识大闯关"、"小手牵大手，学游陈云纪念馆"等活动。

陈云纪念馆地理位置相对偏僻，从上海市市区到纪念馆约50多公里。陈云纪念馆主要宣传展示陈云同志坚定的理想信念、坚强的党性原则、求真务实的作风、朴素的公仆情怀、勤奋学习的精神，在这五个方面中找到适合青少年学习的切入点，是创新教育理念与方针的关键。但是，由于交通不便，每次纪念馆在网上发布活动信息后，都会看到很多家长留言："活动很好，就是地方太远了，不方便。"从以往的调查数

据可以看到，大部分来陈云纪念馆从事亲子游的家庭都采用自驾游的方式。这无疑在时间上给纪念馆的教育专员们提出了更高的要求，唯有策划好一整天有趣并且有意义的活动项目，才能让家长和小朋友们都感到不虚此行，也才能吸引他们继续参加纪念馆的其他活动。

发挥陈云纪念馆在承载传统文化方面的优势，开展独具特色的文化活动，吸引参观者来场馆参观学习。特色文化活动内容主要是结合纪念馆推行的"三色"品牌文化，将红色、绿色、古色相结合，挖掘练塘镇的资源和传统文化特色。在这里从20世纪初就流传着一种重要的艺术形式——苏州评弹。陈云从十岁不到就跟着舅父经常到书场听评弹，他从书目中也学习到了很多英雄事迹，受到了生动的爱国主义教育熏陶。现在，评弹已经被国家列为非物质文化遗产，同时也是练塘镇的重要文化特色，纪念馆以评弹为载体创作了多首宣传陈云生平业绩的曲目，传承和宣传这门艺术也成为了纪念馆教育专员们应尽的责任。依托于这个元素，纪念馆策划过"吴侬软语唱陈云"评弹文化体验活动、"唯实杯"少儿曲艺大赛等活动。陈云晚年十分关心青少年的健康成长，曾为全国的少年题词："为祖国好好学习"，1984年9月，陈云还题写"小学生要重视学习毛笔字"。陈云从小就练习过毛笔字，后来因从事革命活动无法练字。直至晚年他从八十岁开始练习毛笔字一直到八十九岁，坚持了近十年的时间。他曾经给小儿子赠送一幅条幅"持之以恒坚持十年"，意在让儿子也坚持练习毛笔字，可见陈云对书法的重视程度。结合陈云的思想，我们策划了"传承经典、书画陈云"、"学习伟人精神、临摹陈云墨迹"等活动。

三、强化馆校合作，努力打破"围墙"

陈云纪念馆与时俱进地创新宣传教育方法，主动求变求新，把展厅的内容与学校的课本内容有机结合，使场馆能够成为学校的延伸课堂，使学校老师能够充分利用场馆资源，设计出更加丰富和生动的教学案例。2016年通过签约共建单位行知实验中学和朱家角中学探索了"七位一体"的馆校合作新模式：第一步，送展览上门。将"陈云生平业绩展"送进学校，让学生们对陈云的生平业绩有初步的了解和学习；第二步，送"教"上门。纪念馆派出宣教人员为学生志愿者进行讲解辅导，让部分学生可以对陈云的生平业绩熟背于心，并能为观众讲解；第三步，送课上门。宣教人员送微党课上门，进一步加深学生对陈云生平思想的理解；第四步，送服务上门。学生周末或假期都可以来纪念馆做讲解服务或参与青少年活动的策划组织工作，充分利用社会实践的学时；第五步，送节目上门，纪念馆将形式多样的陈云特色节目送进学校，学生可以通过欣赏评弹、小品、红歌、配乐诗朗诵等文艺形式来了解陈云、学习陈云；第六步，送竞赛上门。辅导学生参加上海市教委主办的一年一度"进馆有益"微课题竞赛，学生们通过加参加此赛能够进一步加深对陈云的研究；第七步，送成果上门，及时将成果反馈给学校。通过"七位一体"合作模式，纪念馆不再仅仅是为学生提供教育的场所，形式上除了仪式教育外，内涵也更加丰富科学。在课堂上，学生们可以由浅入深、通过不同的形式学习和研究陈云生平业绩和精神风范，做红色文化宣传者的继承者，使中华优秀传统文化教育价值更具深度。

　　发挥陈云纪念馆的教育功能，首先考虑的就是开展活动的价值定位。根据《完善中华优秀传统文化教育指导纲要》这个文件的要求，加强对青少年学生的中华优秀传统文化教育，要以弘扬爱国主义精神为核心，以家国情怀教育、社会关爱教育和人格修养教育为重点，着力完善青少年学生的道德品质，培育理想人格，提升政治素养。根据文件的要求，陈云纪念馆有针对性地设计了有关课程，内容包括"陈云的家国情怀"、"和陈云爷爷做朋友"、"学习陈云爷爷勤奋学习的精神"、"陈云爷爷的朴素作风"、"陈云与评弹"、"聪明机智的陈云爷爷"等，用小故事及文物来生动地讲述陈云的精神风范。

　　2016年，在上海市青少年校外活动联席会议办公室的指导下，由陈云纪念馆牵头，中共一大会址纪念馆、中共二大会址纪念馆、龙华烈士陵园纪念馆、凝聚力工程博物馆、东方绿舟等十余家爱国主义教育基地成立了学生社会实践基地（爱国主义教育类）联盟，联盟通过开展一系列学习、交流、培训、实践等活动，推动联盟场馆学生社会实践基地的建设和教育专员的培养，从而不断提升场馆文化育人、实践育人的感染力、影响力和吸引力。此外，联盟还通过馆校合作机制的建设和推广，推动联盟各场馆编制校外教育资源图谱，图谱以"政治认同"、"国家意识"、"公民人格"、"文化自信"为核心框架，为学生提供科学的文化实践指南，为教师提供有效的教学实践参考，为学校提供可操作、可借鉴的工作方略与馆校合作模式，引导学生在各类文化实践活动中实现知行合一，提升综合素养，培育创新精神和社会责任感。通过加强场馆与中小学校的合作，依托馆藏相关教育资源，开展中小学社会实践基地资源与课程整合的实践研究，充分利用联盟基地的丰富场馆资源，开展场馆资源梳理、主题实践活动、与基础型课程整合的学科教学活动在设计、实施、评价、管理等方面的实践探索，逐步完成青少年校外教育项目库和资源库的建设。资源图谱的编制真正做到了打破学校与场馆的"围墙"，为更好地开展中华优秀传统文化的教育工作打下了坚实的基础。

习近平总书记在系列讲话中多次强调："中华优秀传统文化是中华民族的突出优势，是我们最深厚的文化软实力。"陈云纪念馆是我国博物馆资源的重要组成部分，博物馆作为公共文化服务单位，在展示人类文明、促进文化交流、提高人民群众思想道德和科学文化素质等方面发挥着重要作用。陈云纪念馆作为文化单位，肩负着传播中华优秀文化的使命与颂扬红色文化的责任，发挥红色资源优势，强化对青少年学生的中华优秀传统文化教育，推动文化传承创新，为实现中华民族伟大复兴的中国梦提供坚强有力的文化资源。

（丛雪娇，陈云纪念馆馆员）

名人纪念馆对其思想的教育与推广作用

——以陈云纪念馆为例

潘黎黎

摘要：名人纪念馆既承载了人们对名人的缅怀与敬仰之情，又起到了推广和实现名人思想教育意义的重要作用，本文以陈云纪念馆为例，由表及里地分析了纪念馆对于陈云思想的诠释，并结合社会与媒体环境的变迁，提出了通过"数字化"、"亲民化"、"时代化"三种策略进一步提高名人纪念馆对其思想的推广作用。

关键词：名人纪念馆；名人思想；教育与推广；陈云

名人纪念馆的建立目的在于纪念特定的历史人物，为此而开辟文物保管、陈列和研究场所，历史名人的伟大成就、教育思想及个人人格魅力都是建设名人纪念馆得天独厚的优越条件。名人纪念馆是将人物、地点和事实紧密联系并以一种艺术的视觉展现在世人面前的一种艺术，对传播和推广名人思想有着重大意义。陈云纪念馆是经中央批准建立的全国唯一系统展示陈云生平业绩的纪念馆，本文以陈云纪念馆为例，探讨名人纪念馆对名人思想的教育与推广作用，为进一步扩大名人纪念馆的历史纪念、名人缅怀和时代教育意义提供参考。

一、名人纪念馆的意义与价值

（一）纪念缅怀名人

建设名人纪念馆最重要的目的就是缅怀名人，将其生前的纪念性物品展现给后人瞻仰，同时更重要的是，将名人优秀的思想品德传扬四方。根据历史事实布展，设计陈列，尊重史实不仅是一个纪念馆工作人员必须遵循的职业操守，也是对纪念馆主人公——被纪念的名人最大的尊重与缅怀。

名人纪念馆因其主人公或使用者而具有深刻的文化、历史的内涵，是重要的历史事件发生地，所以具有重要的历史纪念意义[1]。陈云纪念馆附属设施陈云故居虽然在建筑外观上并不特别，但是因为无产阶级革命家、政治家，杰出的马克思主义者陈云同志所取得的成就、业绩、人格魅力、道德品质等方面的影响力和吸引力，赋予了原本平凡的建筑强大的生命力和吸引力，成为了人们了解和纪念陈云同志和历史事件的重要载体，从而具有了不可替代的历史纪念价值。游客在睹物思人的过程中感受陈云同志生前的生活环境、相关的历史事迹、生平业绩思想等，追忆革命伟人的成长历史。

（二）传播名人思想精神

每个名人独有的人生故事、重要的精神，不断地激励观众生活、工作、学习。陈云纪念馆因其具有的文化、历史、美学的价值，成为了一个具有教育性意义的人文景观，是人们了解中国无产阶级革命历史、文化的重要渠道之一。陈云纪念馆可以通过陈云的故居建筑及生平业绩展览向人们传递陈云的风采和魅力，就像一部立体化的人物传记，吸引、感染着观众，展现历史中主人公的生活状态、奋斗历程、风采和魅力，人们可以从中增长知识，汲取精神营养，找到生活的榜样和目标，从历史故事中得到精神上的鼓励和振奋，体会伟大革命前辈跨时代的先进思想，从中发掘对现世的启示意义。

二、名人纪念馆对名人思想的诠释

（一）名人思想的普及

名人纪念馆可谓有形的古迹和无形的思想文化兼而有之，其价值主

[1] 韩伶俐、王小德、毛永成：《人景同质，情由境生——杭州苏东坡纪念馆的竹景特色分析》，《世界竹藤通讯》，2017年第1期，第49-53页。

要在于其文化性，而非建筑本身。名人纪念馆不仅具有纪念意义，更主要的是它本身所包含的文化价值。名人思想文化包括影响力、贡献、人格魅力、精神、思想言论、吸引力及其作品的感染力等，它是一个地方的历史、社会、文化特征的集中体现，也是地方文化、民族文化的精华部分，其丰富的文化内涵、生动的历史记载是传播名人思想的最佳渠道之一[1]。

以陈云纪念馆为例，陈云是我国伟大的无产阶级革命家，也是杰出的政治和经济学家，他所提出的一些理论到今天仍具有应用价值和启示意义。此外，陈云同志无私的共产主义精神及其"坚守信仰"、"党性坚强"、"一心为民"、"实事求是"、"刻苦学习"五大精神有助于树立正确的人生观、价值观，具有重要的教育功能。因此，保护好名人纪念馆，发挥好名人纪念馆的作用，有助于形成健康良好的文化氛围，影响和塑造人们的思想、情操和修养，这对于中华民族优秀文化和共产主义精神的传承具有重大意义。

（二）名人思想的具体化

名人思想文化可以提高城市文化的品位，带来良好的社会效益，还由于它可以跨越漫长的时空隧道，经过教育等特殊的传播途径来传播，所以具有广泛的接受群体，更具有深刻的感化教育作用。名人思想文化具有特殊的价值，却是非物化形态的东西。名人纪念馆是名人思想文化的载体，是物化形态的名人思想文化，为人们与历史名人的"交流"提供了空间。它们能够直观地满足人们的视觉享受和缅怀名人、缅怀历史、抒发怀古之情、思古之幽的精神追求。这种视觉的体验更具有影响力。历史名人思想文化犹如一面旗帜，引导着人们的思维，决定着人们的行为模式和生活方式，鼓舞人、激励人去热爱自己的国家，热爱自己的家园，并且尽力为其作出自己的贡献。例如，近年来陈云纪念馆初步建成了全国最大最全的陈云文物收藏中心，并成立了陈云研究中心，开

---

[1] 邓普迎：《名人故居类纪念馆的保护与利用——以张学良将军公馆为例》，《中国博物馆协会名人故居专业委员会2016年年会论文集》2016年10月，第160-163页。

设网站、编辑馆刊，定期召开学术研讨会，向全国有识之士发出邀请，进行陈云思想相关问题的学术探讨，会后出版研究论文集等等，打造全国知名的名人思想宣传教育中心和协作交流中心，将陈云的思想进行了具体化诠释，使之得到最大范围的推广。

（三）与地方人文文化的结合

名人是文化主体之一，是文化内涵之一，是文化载体之一，是一种重要的文化资源[1]。文化是城市的灵魂，是一个城市发展的重要组成部分，作为一个历史悠久的国家，我国的名人纪念馆、纪念馆遍及全国各地，许多城市都将名人故居进行保护与修复并建成名人纪念馆，这些名人纪念馆不仅是民族文化的精华，更是一个城市不可取代的名片。这些故居不仅记录着曾经居住在此的名人的生活和活动，更是那个历史时代的见证。目前，城市文化遗产等相关问题被提上了日程，受到了社会各界的关注与重视。作家冯骥才这样评价名人纪念馆："它对于一座城市的意义，不仅仅是为了提高城市的知名度，更不仅仅是为了旅游，尽管这两种作用都极大。它终极的意义是显示一个城市人文的高度与精神的深度。"名人纪念馆作为连接名人与这个城市的纽带，在保存和利用文化资源、扩大一个城市的知名度和影响力方面扮演着重要的角色，发挥着不可替代的作用。

陈云纪念馆从建筑的载体中体现了上海的文脉历程，体现了上海个性和文化特色的重要方面。城市的文脉是由各种客观存在的历史文化遗存和随着历史积淀下来的各种精神文明成果共同组成的。城市中一定量的名人纪念馆建筑在一定程度上也代表了当地的地域建筑文化的发展。众多名人的集中居住并创造出的文化财富在历史发展过程中成为了城市的个性和地域文化的组成部分，甚至是一个地方文化的标志和符号象征。

（四）与时代思想变迁的融汇

国务院《关于加强文化遗产保护的通知》中明确指出："保持民族

---

[1] 谷敏：《上海名人纪念馆藏档案数字化公开利用的思考——以鲁迅纪念馆为例》，《山西档案》，2016年第2期，第143-145页。

文化的传承，是联结民族情感的纽带、增进民族团结和维护国家统一及社会稳定的重要文化基础，也是维护世界文化多样化和创造性，促进人类共同发展的前提。"名人纪念馆收集了大量与名人有关的文物，凝聚了名人先进的思想和高尚的情操，这些文物是我们民族珍贵的历史文化遗产，更是我们伟大的精神财富[1]。

陈云纪念馆不仅对20世纪的历史文物进行了保护，有利于后人们对此进行研究与传播，还促进了上海地区的历史文化的传承。随着时代的变迁，它也在不断更新着自身的内外部环境：于外，纪念馆近年来持续引进科技力量，馆内公共设施不断优化更新，对外宣传工作稳步推进；于内，在馆长的带领下全体工作人员不断提升自身服务技能，并坚持学习陈云的理论与思想，实现内在修养的升华，使陈云纪念馆具有跨时代"思想与文化"的传承意义。

三、名人纪念馆对名人思想的推广策略

（一）完善"数字化"纪念馆

陈云纪念馆的"数字化"推广措施有：

1. 完善陈云纪念馆门户网站

陈云纪念馆的门户网站宣传还不够，在线预约不完善。门户网站从某种程度上代表了景区的门面，影响游客对景区的初步认知，因此门户网站的界面设计应当通过充分开发关联式体验和思考式体验来提高对网络用户的吸引力，例如网站首页可以打出"来吧，共产主义接班人"，或者"看，我国经济成长三十年"等宣传语。但是在宣传网站之前，要完善好网站的各项功能，如新增设在线留言投诉功能，以及完善网络投诉处置系统。另外，陈云纪念馆应该邀请相关技术人员完善网站虚拟导游功能的图片加载速度。

2. 完善APP，加强软件后台运作

陈云纪念馆应尝试进一步完善已有的APP，加强宣传在线游览和相

[1] 舒叶平：《以文化为立点，打造一流的红色旅游景点》，《湖南师范大学》，2013年6月，第37-40页。

关预约系统。用户可以通过APP直接选择电子导游、GPS定位、虚拟旅游等功能。陈云纪念馆应与周边商户协商经常更新推送消息，吸引参观者，同时对于游客在网络上提出的相关问题要及时回应，可以增加网络客服，通过游客的喜好制定相应的路线，进行语音讲解。

3. 开发虚拟旅游

当今的游客早已不满足于有限的实体的娱乐项目，随着市场中旅游项目的品牌化和个性化的趋势不断发展，虚拟旅游是一种能够较好满足游客知觉、思考、行为、情感等相关体验的一种旅游方式。

目前陈云纪念馆在知名度和形象方面都有着较好的基础，但是针对虚拟旅游的开发和宣传还远远不够，无论是在线体验网站还是场馆虚拟旅游的设计都有待完善。陈云纪念馆应加强对虚拟旅游的开发和宣传力度，将单一资源转变为组合资源。如陈云纪念馆的经典项目"陈云生平业绩展览"假如能够以虚拟同步线上体验的形式推出，游客还可以更近距离地接触名人，通过虚拟旅游来提升感知觉体验，体验现实游览中难以完成的项目。"工欲善其事必先利其器"，发展虚拟旅游首先要重视对线上体验网站和APP的建设，首先要完善好网站的各项功能，加大新技术的投入，将虚拟画面感的真实度和动态感提高，令游客能够真正身临其境。

（二）实现纪念馆"亲民化"

在推广方向上，陈云纪念馆除了延续已有的电视、报纸宣传以外，应当充分开发网络媒体的宣传空间，网络宣传要善于把握宣传对象的喜好点，宣传资料应跟上时代步伐，采用网络趣味元素，令网络宣传"亲民化"，在提高游客游览兴趣的同时，加强陈云纪念馆与游客之间的情感关联。

陈云纪念馆需重视周边市场的巩固。近距离市场包括杭州、南京等，中距离市场包括重庆、武汉、郑州、西安，联合这些地区展开推荐服务，相互合作以提高周边市场的重游率和口碑推荐率。另外，要加强国际化宣传，积极与跨国旅游商构建良好合作关系，提升陈云纪念馆的国际影响力，将中国本土名人纪念馆文化推出国门，走向世界。

在具体推广渠道上，除了建设和开发陈云纪念馆专门的门户网站和APP之外，陈云纪念馆应当将更多的精力和成本投入到浏览量和活跃度更高的微博、微信等公众社交平台的建设上。客观数据显示，陈云纪念馆网站浏览量较少，其宣传作用和实际功能意义比较低。因此，陈云纪念馆应当进一步加强建设其在高活跃度、大浏览量的公众社交平台的形象，通过扩大宣传面来提高消费者群体的浏览基数，从而实现景区吸引力和口碑推进率的提升。

具体措施包括：

1. 打造"历史风云人物"微信公众号

微信堪称现阶段网络社交平台的最大市场。陈云纪念馆可尝试利用微信平台推广微信公众号作为扩展体验营销的有利渠道。现阶段陈云纪念馆的微信公众号已经具备了相当大的市场受众，在良好的基础上，公众号可以将名人思想作为主推板块，以时下热点新闻和旅游、摄影类"干货"推荐为辅，以"精而趣"作为公众号的定位。通过高清美图加强游客的感官和思考式体验。另外微信还可以利用语音推送的特点，加强游客的关联体验和情感体验。微信用户即使只通过微信阅读也能够体验到名人思想文化魅力所在，加强游客的体验度。

2. 创建"接地气式"官方微博

微博推广的作用与微信大致相仿，但还多了一种推广途径——名人效应。利用微博平台，陈云纪念馆可尝试建立并丰富官方微博内容，及时更新陈云纪念馆相关讨论话题，同时加强与业内相关微博账号的互动率；另一方面与流量高的博主合作，通过将产品拟人化并以讲故事、编漫画等软广形式输出，摆脱纪念馆官微"模式化""缺内容"的负面标签，并着重抓住即时新闻和热点话题进行话题推广，保持微博内容的持续创新力。

3. 利用视频软件拍摄个性化宣传片

陈云纪念馆还可以鼓励游客利用视频软件拍摄个性化的宣传片，上传微博、微信后为游客提供免费参观、纪念品等奖励，从而实现游客与景区的智慧交往和互动宣传。游客们发布的宣传片相比官方宣传片而言，现场感更强，并且游客可以在拍摄过程中加强行为和感官体验，而发布出来的宣传片又能够起到提高观众情感和思考式体验的作用。

4. 商家合作推广

首先，陈云纪念馆应尝试与近距离的景区商家建立起友好合作的关系，商家自身也有一套宣传模式和稳定的客源市场，建立合作关系后双方可利用微博、微信等多媒体平台进行互推，实现双赢。其次，陈云纪念馆还可以尝试与新兴产业合作，例如与采用的AR+LBS技术的手游开发商合作，通过游戏在环境和主线创设与景区的地理位置、特色景点等相结合，引流玩家到景区进行游览和学习。

（三）促进纪念馆"时代化"

随着时代的不断发展，名人教育思想的时代价值并非一成不变，因此名人纪念馆在不同的社会环境下要不断进行改革和升级，保证在不同时代下，名人思想得到最贴切的诠释，起到最好的教育作用。促进名人纪念馆的"时代化"发展，建议从以下两方面着手：

1. 建立个性化服务体系

随着人们生活水平的提高，越来越多的人们开始追求自我实现精神上的体验，所以陈云纪念馆在顺应时代发展的过程中，要根据游客的不同需求提供不同的服务，也就是所谓的"个性化服务"。陈云纪念馆在引进人才、培养工作人员的同时，应该对纪念馆内的服务人员进行"教育培训"，让工作人员掌握本馆体验游览系统的操作及服务流程，学会引导游客去参与纪念馆的行为体验活动，为游客提供更好的个性化服务。例如，清洁人员、后勤人员都要非常熟悉整个纪念馆，无论游客从哪个方向前来，要到哪个景点去都要给予正确指引，还有了解陈云的生平事迹等，保证随时可以为游客提供咨询导游，尤其注意纠正一些游客对名人思想和事迹的扭曲认知。

2. 培养和引进科技人才

名人纪念馆的"时代化"是"软硬兼修"的，除了上文所述的顺应科技发展建立"数字化"纪念馆以外，保障科技人才供给是加强纪念馆软件质量的关键。因此，陈云纪念馆要为网站的运营和维护提供专业技术人员，实现对服务器的实时监控、网页的正常浏览和对游客在线投诉的处理，以及引进生态系统和人流监测系统的分析人员，同时提高相关技术人员的病毒防护能力和强化版块维护意识，并且让工作人员及时反馈在高科技设备使用过程中的问题，以及游客所碰到的问题，并且聘用专业人才对游客遇到的问题和情况作出应对，这些具备科技力量、思维新颖、符合时代要求的人才是助力名人纪念馆"时代化"的关键。

　　总而言之，名人对于一个城市的影响力巨大的，他的伟大精神影响着子孙后代，是后辈开拓进取的思想导航，同时，他在一个城市留下的足迹，留下的生活遗迹也为后人纪念和研究名人提供了重要的历史证物。名人纪念馆的建设是最好的一种纪念方式，有助于将名人思想具体化，传播效果最大化，如何保护、建设名人纪念馆是值得我们不断思考和探索的问题。

（潘黎黎，陈云纪念馆馆员）

革命纪念馆的反腐倡廉宣传教育研究

——以中共三大会址纪念馆为中心

李　超

摘要：革命纪念馆是我国文化事业的重要组成部分，在反腐倡廉宣传教育上拥有很多独特的优势。近年来，以中共三大会址纪念馆为代表的革命纪念馆在反腐倡廉宣传教育方面开展了很多扎实有效的工作，取得了显著的成效。尽管成绩突出，仍有必要通过深挖廉政教育资源、扩大教育受众面和紧扣中央最新精神等方式，来进一步深化革命纪念馆的宣传教育工作，营造风清气正的社会环境。

关键词：革命纪念馆；廉政基地；宣传教育

腐败犹如侵入人类社会中的癌细胞，侵骨食髓，是影响经济发展和社会稳定的致命毒素。党中央高度重视反腐败问题，早在新中国成立前夕，毛泽东在党的七届二中全会上就告诫全党："可能有这样一些共产党人，他们是不曾被拿枪的敌人征服过的，他们在这些敌人面前不愧英雄的称号；但是经不起人们用糖衣裹着的炮弹的攻击，他们在糖衣炮弹面前要打败仗。我们必须预防这种情况。"[1]

党的十九大报告也指出，要"坚持和加强党的全面领导，坚持党要管党、全面从严治党，以加强党的长期执政能力建设、先进性和纯洁性建设为主线，以党的政治建设为统领，以坚定理想信念宗旨为根基，以

---

[1]《毛泽东选集》（第四卷），人民出版社1991年版，第1438-1439页。

调动全党积极性、主动性、创造性为着力点，全面推进党的政治建设、思想建设、组织建设、作风建设、纪律建设，把制度建设贯穿其中，深入推进反腐败斗争，不断提高党的建设质量，把党建设成为始终走在时代前列、人民衷心拥护、勇于自我革命、经得起各种风浪考验、朝气蓬勃的马克思主义执政党"。并要求切实"加强反腐倡廉教育和廉政文化建设"。

一、革命纪念馆具有反腐倡廉宣传教育的独特优势

我国1985年颁布的《革命纪念馆工作试行条例》（以下简称条例）指出："各类革命纪念馆是为纪念近、现代革命史上重大事件或杰出人物并依托于有关的革命遗址、纪念建筑而建立的纪念性博物馆……是我国博物馆事业的重要组成部分。"[1]《条例》同时对革命纪念馆的职能作出了界定："坚持为人民服务、为社会主义服务的方向，对人民群众特别是青少年进行历史唯物主义、爱国主义和革命传统教育，提高人民群众的共产主义觉悟和道德水平"。[2]

当前，反腐败斗争正在以前所未有的力度深入推进，为配合好这一新的形势，落实好党中央反腐败斗争的新部署、新要求，革命纪念馆的定位也要有新的延伸，让革命纪念馆真正成为加强反腐倡廉教育、建设廉政文化的重要基地。而革命纪念馆自身也具有很多开展反腐倡廉教育的独特优势。

（一）文化优势

每个纪念馆都有一段弥足珍贵的历史，大量革命纪念馆都有很多老一辈无产阶级革命家艰苦朴素、廉洁奉公、勤俭自律的先进事迹，这是我们开展廉政教育可以发掘的宝贵资源。

如中共三大会址纪念馆是依托全国重点文物保护单位——中国共产

---

[1]国家文物局编：《中国文化遗产事业法规文件汇编1949-2009》（上），文物出版社2009年版，第181页。

[2]国家文物局编：《中国文化遗产事业法规文件汇编1949-2009》（上），文物出版社2009年版，第181页。

党第三次全国代表大会会址建立起来的革命纪念馆,中共三大不仅因其确立了国共合作革命统一战线政策而名垂青史,仅就会议本身就有很多可供挖掘的廉政教育资源。

三大会址在被日军炸毁前是一座简陋的砖木结构的普通民居,狭小的房屋除了开会使用外,还兼做饭厅和部分代表的宿舍。会议室内的办公桌是一张使用了多年已褪了颜色的长餐台,由于空间狭小,长餐台只有一侧才能供代表通行。低矮的二楼除了堆放杂物外约住代表十人,楼顶连天花板也没有,一抬头便是瓦底。代表们用的床铺甚至就是用两块床板和两条长凳临时搭起来的。由于没有自来水和洗澡间,代表每天洗脸只能从屋内一个大水缸里取水,水从外面挑回来。会场房屋没有通电,晚上办公的时候大多数代表只能使用洋蜡和煤油灯。[1]

通过发掘这些红色文化资源,让党员群众在革命旧址、革命遗址探寻历史的记忆,回到历史现场,耳濡目染,感悟先辈艰苦奋斗的作风和高尚情操,使得革命纪念馆的红色廉政文化教育具有了得天独厚的优势。

(二)宣传优势

中共三大会址纪念馆现为全国爱国主义教育示范基地、广东省爱国主义教育基地、广州市爱国主义教育基地、广东省红色旅游示范基地。自2006年建馆以来,除了国家、省、市领导人的接待外,已累计接待党员干部、青年学生、外国友人等各类观众近200万人次,拥有丰富的讲解接待经验。

中共三大会址纪念馆非常注重讲解员的队伍建设,除了专业的在编讲解员外,还招聘了编制外物业讲解员以及志愿者讲解员。纪念馆积极发挥老讲解员的"传、帮、带"作用,在进行常规性的业务培训、业务考核基础上,还鼓励和支持讲解员参加全国、省、市各级讲解比赛,经过多年的发展,已形成了一支老中青相结合,业务精良、结构合理、发展态势良好的讲解队伍。

---

[1] 有关三大会址情况的描述参见广东革命历史博物馆编:《中共"三大"资料》,广州,广东人民出版社1985年版,第162—164页。

纪念馆建馆十余年来举办了很多大型宣传教育活动，如学术研讨会、学术讲座、展览开幕式等，并通过与电视台、报刊、网络媒体的合作以及纪念馆的网站、微信公众号等宣传平台，及时将各类活动向全社会进行宣传推介。在从事各类宣传教育活动中打下的良好基础和积累的宝贵经验都是进行反腐倡廉宣传、打造廉政文化基地的优势条件。

（三）硬件优势

近年来，随着我国综合国力的迅速增强，国内各类革命纪念馆在硬件建设上普遍发展迅速，这为反腐倡廉宣传教育迈上新的台阶创造了必要的条件。

以中共三大会址纪念馆为例，目前纪念馆有专门用于展示基本陈列的历史陈列馆，展示复原陈列的中共中央机关旧址——春园，展示临时陈列的旧民居5号楼，举行室外活动的广场以及配套的两个标准化停车场，纪念馆位于广州市中心城区，附近有公交站场和地铁站，交通便利。

纪念馆内有专门的会议室、影视播放厅、青少年活动室、资料室、读书角、观众休息区，陈列馆内每层都有多媒体播放设备和电子查询机，声、光、电等现代化展示设施齐全，还有方便残障人士参观的专用通道和直升电梯。

革命纪念馆的硬件设施是开展各类反腐倡廉宣传教育的物质基础。硬件条件的不断完善，环境的日益优化，这既是革命类纪念馆建设廉政文化教育基地的优势，又必将有力地提升场馆的接待能力和宣传教育的效果。

二、中共三大会址纪念馆推出的廉政教育系列展览

中共三大会址纪念馆现为全国廉政文化教育基地、广东省反腐倡廉教育基地、广州市革命优良传统教育基地。基地以党员干部为主要教育对象，除了以"中国共产党第三次全国代表大会历史陈列"和"中共中央机关旧址——春园复原陈列"等基本陈列对党员干部进行党史教育和廉政教育外，每年还结合广州市党员纪律教育学习月的主题活动，举

办各类以廉政为主题的展览，以便教育和引导广大党员干部增强纪律意识，提高党性修养，进一步增强拒腐防变的能力，打造风清气正的社会环境。

2008年7月8日，广州市革命优良传统教育基地挂牌暨"惩腐利剑世纪风云——中国共产党纪律检查机关历史沿革展览"揭幕仪式在中共三大会址纪念馆举行。这是中共三大会址纪念馆推出的首个廉政教育展览，也是全国第一个展示党的纪律检查机关发展历史的展览，以100多张照片和30多件文物展示了党的纪律检查机关的发展历史、成长历程。至9月30日展览结束时，共有57106名党员干部和群众参观学习了展览。

2009年6月—9月，中共三大会址纪念馆推出的是"勤廉楷模周恩来展览"，该展以70多张照片和近30件文物展示了周恩来严于律己、廉洁奉公、无私奉献和热爱人民、勤政为民、甘当人民公仆的精神。到基地参观学习的党员干部和群众共有67328人。

2010年7月—9月，中共三大会址纪念馆展出的是"陈云与党风廉政建设展览"，该展览以120多件照片和文物展示了改革开放新时期第一任中央纪委书记陈云在党风廉政建设方面的巨大贡献以及淡泊名利、清正廉洁的高风亮节。共接待了21024名党员干部和群众。

2011年是建党90周年，6月—9月，中共三大会址纪念馆隆重推出了"纪念中国共产党成立90周年——毛泽东廉政风范图片展"，以70多张照片近30件文物展示了毛泽东在党风廉政建设方面的伟大贡献，以及毛泽东清廉节俭、严于律己、大公无私的崇高精神风范。共有59648名党员干部和群众到基地参观学习。

2012年6月—8月，中共三大会址纪念馆推出了"人民的光荣——朱德廉政风范图片展"，该展以80多张照片及文物10余件展示了朱德为党风廉政建设做出的历史功勋和坚持做人民公仆、清廉自律的崇高风范。到基地参观学习的党员干部和群众共有53642人。

2013年，中共三大会址纪念馆推出的是"中国人民的儿子——邓小平廉政思想及实践图片展"。该展包含70多张照片和10多件文物，展示了邓小平在长期的革命工作和建设实践中形成的党风廉政建设和反腐败理论的思想体系在新时期反腐倡廉工作中的指导作用，以及他清廉节俭的崇高精神。由于社会反响很好，应广大干部群众的强烈要求，该展在2014年继续展出。

2015年7月，中共三大会址纪念馆引进了"刘少奇廉政思想与实践展览"。此次廉政教育展览共展出图片100余幅，重点介绍了刘少奇在制度、监督等多方面对党风廉政建设的探索和实践。展览展出文物20余件，其中包括刘少奇在东北林区视察时穿过的雨衣，刘少奇在唐家庄煤矿视察时穿过的套鞋、安全帽等。截至12月，共有4万多名党员干部参观了该展。

三、革命纪念馆深化反腐倡廉宣传教育的几点思考

党风廉政建设的好坏关系到党的生死存亡，关系到社会主义事业的兴衰成败。革命纪念馆作为我国文化战线的重要组成部分，有责任、也有义务在廉政教育上作出更多的贡献。当前，革命纪念馆的反腐倡廉宣传教育正在探索中前进，笔者认为可以从以下几个方面进一步推进这项工作。

（一）进一步发掘革命纪念馆的廉政资源

前文已经述及，革命纪念馆是红色文化的物质载体，有着丰富的廉政教育资源，这些资源亟待继续挖掘，例如廉政文物资源就是一个不可忽视的重要方面。很多纪念馆在这方面进行了有益的实践，并取得了很好的社会效果。

2013年6月，中共一大会址纪念馆举办了"中国共产党反腐倡廉历程展"，展览中，毛泽东1954年关于严格要求自己的亲戚的信、陈云1960年要求夫人将陪护自己因病疗养期间的工资退给单位的收据等展品给观众留下了深刻的印象。

2014年12月，农民运动讲习所旧址纪念馆推出了"新中国建立前后毛泽东廉政思想与实践展览"，展出文物及复制品近百件，其中包括井冈山时期毛泽东挑粮用过的扁担，苏维埃政府时期征求群众意见的纪检举报箱，毛泽东对刘青山、张子善案件的批示意见等，不少展品还是新

征集首次向公众展出的，如1949年出版的《论人民民主专政》《整风文献》等。

这些廉政文物形象直观，说服力强，让人过目不忘，宣传教育效果好。深入挖掘、合理利用革命纪念馆的廉政资源有利于真正筑牢党员干部的思想阵地，让党员干部牢记全心全意为人民服务的宗旨，始终做到自重、自省、自警、自励，做到立身不忘做人之本、为政不移公仆之心、用权不谋一己之私，永葆共产党人政治本色。

（二）进一步扩大廉政宣传教育的受众面

加强反腐倡廉宣传教育是一个系统性工程，其受众面绝不仅仅限于党员干部。要在全社会营造良好的廉洁自律的文化氛围，形成以廉为荣、以贪为耻的社会风尚，就必须进一步扩大廉政宣传教育的受众面。

2011年是建党90周年，应一些基层组织加强廉政教育的需要，中共三大会址纪念馆制作了"毛泽东廉政风范图片展"巡展展板，分别到广州市越秀区梅花街道办事处、广州市越秀区六榕街道办事处、广州华南商贸职业学院、广东环境保护工程职业学院等单位巡展，效果显著，参观人数共有14161人。

为教育和引导青年大学生和高校教师树立廉洁意识，2012年下半年，中共三大会址纪念馆推出了廉洁文化进校园的廉政教育系列巡展之"人民的光荣——朱德廉政风范图片展"，送到广州大学城的10个高校巡回展出，吸引了广东外语外贸大学、华南理工大学、广东药学院、广东美术学院、华南师范大学、星海音乐学院等高校的124494名师生观看学习，展览对青年学生进行了廉洁修身教育，培养他们树立崇尚廉洁的价值观，引导学院党员干部和广大老师遵守党纪、依法治校，有力地促进了高校反腐倡廉工作的深入开展。

（三）紧扣中央精神适时推出精品廉政展

"党史姓党"是习近平总书记关于党史工作政治属性的一个精辟概括，而革命纪念馆尤其是红色革命纪念馆也要坚持姓"党"这一根本原则。革命纪念馆的宣传教育活动要紧紧围绕党中央的最新精神，密切关心社会时事热点才能取得事半功倍的效果。

近年来，家风建设成为党中央和社会各界普遍关注的热点问题。好家风与好党风、好政风密切相连，家风建设也与党风廉政建设紧密相关。对于党员干部如何树立良好的家风，习近平总书记发表了一系列的重要论述，他在十八届中央纪委六次全会上殷切地指出，"在培育良好家风方面，老一辈革命家为我们做出了榜样。每一位领导干部都要把家风建设摆在重要位置，廉洁修身、廉洁齐家，在管好自己的同时，严格要求配偶、子女和身边工作人员"。

为落实习近平总书记的指示精神，2016年7月中共三大会址纪念馆推出了"领袖家风风范长存——党和国家第一代主要领导人红色家风图片展"。本次展览主要展出以毛泽东、周恩来、刘少奇、朱德为代表的党和国家第一代主要领导人的红色家风，以20多件文物、70多幅图片，全面展现共产党人清正廉洁、严于律己、克勤克俭的优良作风。展览受到社会各界和广大党员的欢迎和好评，截至当年年底，展览共接待参观团体2467批次，总参观人数达130976人次，助力了广州市的"两学一做"学习教育活动，积极发挥了纪念馆廉政文化教育基地的作用。

自2008年以来，中共三大会址纪念馆配合每年的广州市党员纪律教育学习月推出了系列廉政展览，开展了大量卓有成效的宣传教育活动，取得了显著的社会效果，成为广州反腐倡廉教育的重要宣传平台。

中共三大会址纪念馆将继续总结经验，摸索规律，探索创新，坚持不懈地推进廉政教育基地的建设工作，为深入推进反腐倡廉事业作出更大的贡献。

（李超，毛泽东同志主办农民运动讲习所旧址纪念馆、中共三大会址纪念馆管理部助理馆员）

传播学视角下的
名人故居保护开发

张克令

摘要：名人故居的保护开发的过程是一个文化传播的过程，这一过程可以通过传播学中的"5W"模式来诠释。名人故居的产权所有者和规划设计者是传播过程中重要的推动力，"5W"模式中的各个因素互相关联。认清名人故居传播的信源、信息、受众、媒介和效果之间的关系，是合理进行名人故居开发的前提条件。

关键词：名人故居；5W；开发

一、保护开发过程的构成要素

美国学者H·拉斯维尔于1948年在《传播在社会中的结构与功能》论文中首次提出了构成传播过程的五种基本要素，并按照一定结构顺序将它们排列，这就是后来被人们称之为的"五W模式"。这五个W分别是英语中五个疑问代词的第一个字母，即：Who（谁）、SaysWhat（说了什么）、InWhichChannel（通过什么渠道）、ToWhom（向谁说）、WithWhatEffect（有什么效果）。[1]也就是信源、信息、受众、媒介和效果。名人故居的保护开发的过程某种程度上就是"五W模式"实践的过程。名人故居的"传播者"——信源，首先是名人故居的建筑实体

---

[1] 哈罗德·拉斯韦尔著：《传播在社会中的结构与功能》，何道宽译，中国传媒大学出版社2012年版。

本身，此外还包括名人故居的产权所有者，当地政府、旅游部门、文化部门或个人；名人故居所传播的"信息"，一方面是建筑本身传达出的信息，另外一方面是传播者想要传达给观众的内容；名人故居传播的渠道——"媒介"，一方面包括产权所有者的经营方式，另一方面包括产权所有者招投标的设计单位的最终呈现出来的创意开发方案；名人故居传播的"受众"即前来参观的观众；名人故居的传播的"效果"就是是否达成或部分达成了传播者最初的传播目的，以及隐性的关联效益。名人故居的保护开发是五个元素之间两两相互联系或者共同发生交集的过程。

二、具体因素的模式分析

（一）传播者

名人故居的传播者有了传播的意图和目的，因而对名人故居进行针对性的开发。保护与传播开发是互为辩证的，正如中国风水学中常说的"人气"，不开发的闲置，最终可能换来的是建筑的永久破坏，开发是为了更好的保护。名人故居建筑本身就是传播者之一，只是一个静态的传播者。但是，目前中国关于名人故居的保护开发还面临着很多问题。中国各个省市地区都有着数量众多的名人故居，但是真正可以做到开发保护的数量十分有限。一方面是资金问题，像北京、上海这些拥有很多名人故居的城市，政府可以投入部分资金用于名人故居的保护开发，但仍尚有部分名人故居未能进入保护开发环节；位于偏远地区的名人故居，受制于资金问题，巧妇难为无米之炊，建筑只能静静伫立；另外一方面，个别名人故居的产权所有受制于历史原因，目前在一些私人手中，私人所有者开发能力有限，并且在利用的过程中，可能名人故居已经被强行改变了原貌；此外政府单位受制于高额的搬迁费用，也不能很顺利收回名人故居所有权。所以目前阶段，作好统计规划，先行对建筑挂牌保护可能是最好的选择，以便选择合适的时机再做进一步构想。有条件进行保护开发的名人故居，产权所有者应作好开发的准备，保持故居本身的"真实性"，使故居成为一个实实在在的传播符号。此外，也应加强"传播者"的形象权威和重视自己的义务，尽自己最大努力保护和开发名人故居，搜集、整理、选择、处理、加工与传播信息，使参观者在到达故居之前，获取比较翔实的名人故居相关信息，对故居有比较有据可依的认识；到达后，使名人故居可以传递的信息传达给游客。而作为后续传播设计，贯彻实践名人故居想法的设计单位，某种程度上也可以说是传播者之一，设计者要站在名人故居的角度思考问题，与名人故居的开发者充分沟通交流，这样才能更好地传递信息。

（二）信息

名人故居是"名人"+"故居"，所传递的信息一方面是故居本身自带的信息，一方面是名人本身的效应。"信息"包括故居名人历史，故居的历史，名人与故居的关系，故居本身的建筑结构，当地的地方风俗文化，周边自然景观，附近景点等。故居作为建筑实体，可以为参观者展现出建筑学与美学等方面的信息，这是历史的痕迹，如以北京的四合院、上海的石库门、安徽的徽式建筑等为依托的名人故居；再加上名人的叠加，使建筑有了故事。建筑记录了名人生活的点点滴滴，也增添了厚重的历史感和真实性。

作为故居保护开发的引领者，名人故居传达出的信息就是产权所有者想要进行大众传播的内容。信息具有公开性与大众性等特点，需要在内容上充分把关，避免潜在的问题，注重传播角度与自身的契合以及充满新意。目前国内名人故居的开发在这方面存在一些问题。传播的主题与开发的定位是规划时的重中之重，部分展陈的传播目的当前存在"与历史事件纪念馆展览混为一谈""与行业博物馆展览混为一谈""欠缺服务于当下社会的意识"的问题，导致规划时"重事不重人""重行业不重人""重历史不重时代性和现实性"等问题；在展览的主题定位上存在"与展览有关的学术研究不充分""不重视展览主题的提炼工作"等因素，导致"展览主题提炼不足"与"立意不高"等问题；在展览内容体系上，由于"盲目追求展览内容面面俱到""不重视主题结构演绎""不注意突出展览的重点和亮点""忽视展览的信息组团研究""不重视展览信息层次的处理"等原因，导致"展览主题结构逻辑混乱""展览内容面面俱到和平铺直叙""展品组合不科学""展览信息结构层次规划不合理"等问题；在"展览文本文字编写"上出现了"把展览文本和陈列大纲混为一谈""不懂得版面文字、辅助展品创作说明、隐性信息文字编写的基本要求"等问题[1]，这些问题使信息在传达给参观者时可能会产生一定负面影响，无法提供一个好的"讲故事"方式，也无形中使设计单位理解信息和二次传递信息加剧了难度。设计单位在投标过程中和中标后都需要充分掌握信息，以此来进行展示设计概念构思，设定展示项目故事链，确定展示项目设计内容以及设计概念的表现形式，"信息"是关键，"内容为王"。

（三）媒介

名人故居的保护开发需要把准备好的信息传播出去，这就要注重媒介的传播手段、时效性、持久性与受众参与媒介的程度。这些渠道需要名人故居在运营过程中不断开发和学习思考总结，对于设计单位也是如此，需要作出合理的设计理念、设计手法和考虑实现的可能性，以便达到"1+1>2"的效果，更好地达到传播的目的。

名人故居的开发可以包括复建、修复扩建、专资保护、重建、抢修、修旧如旧等方式。以上每一种方式，都可以相应扩大名人故居的影响力，但需要具体问题具体分析，这和每个故居当前的建筑结构状况和故居开发者的经济状况有关。在建筑实体的样态最终确定后，产权所有者的经营方式就是名人故居传播的媒介手段。名人故居作为市场经济中的一份子，可以充分利用市场的规律，发挥自己的优势。首先，故居可以运用传统的媒体方式，包括报纸、电视、广播、杂志等方式宣传。名人故居所代表的文化也是传统媒体单位宣传的一个热点，可以很好地与相关单位沟通，达到共赢的效果。这些手段虽然传统，但是需要的经费支出是相对划算的。此外还可以进行故居人物的影视创作，扩大名人的事迹影响力，但由于资金需求较大，可能需要找到合适的赞助方；其次，可以策划相关的事件活动进行传播。主动走出去和引进来，与广大

---

[1] 俞文君：《人物纪念馆展览内容设计研究》，复旦大学博士学位论文，2010年。

中小学等单位建立共建关系，讲述名人的故事，宣传名人身上的精神；在与名人相关的事件或生日诞辰等时间节点上，在门票、礼品等相关环节作卖点，举办一些有创意的宣传活动；再次，可以注重同类型同题材展馆的组团共建，共同办展，交流办展，一同扩大影响；另外，要重视与旅行社等实体进行沟通，名人故居大多数为非盈利单位，可以建议旅行社优化针对名人故居的游览路线，以此来扩大影响，同时还可以开发与名人相关的旅游副产品，注意开发"文创"，进行二次传播，名人效应是文创开发很好的卖点，并确保产品的独特性、收藏性、应用性等因素；此外，还可以与当地政府沟通，在视觉传播方面，设立一定的路标和广告语，手段虽然有些传统，但这对于经济能力较弱的名人故居来说是很好的传播手段；还要通过政府来加强名人故居当地地理交通及线路的传播优化，为游客前来创造条件；最重要的一点是要利用和重视新媒体的传播，微博、微信等平台与受众生活息息相关，结合"蹭热点"的方式来宣传，电子导航目前也十分普遍，通过相关渠道在电子地图上标注自己的所在位置，加大自身被选择为目的地的可能性，这样更有利于名人故居的传播效应。当然对于一些常年游客众多，可能需要采取游客限流的的名人故居来说，需要的就是正面的形象宣传，作好参观者的服务工作。

对于设计单位来说，在与名人故居交流得到信息后，作为乙方，要进入甲方的角色，在传播中设计规划出合理的、可操作性强、系统化的方案，便于名人故居信息的传播，尽到自己的社会责任。从各类历史资料和人物信息中创造出一个与人物对话的精神空间，理出一条具有历史变迁感的结构脉络，这种由信息——整理——展示主题组成的过程，是设计者对历史人物及其背景文化研究深入浅出的结果。首先要进行系统化的建筑空间设计，各个故居建筑由于原始功能不同，故居单体建筑空间的规模、大小尺度也各不相同。根据建筑空间合理安排展示，适宜性建筑空间利用是做好展示设计的基础；其次，进行合理的建筑空间规划。建筑空间的大小决定了展示内容的多少和展示形式的运用，利用建筑空间合理分布展示，对室内空间进行多维串联式系统性的展示设计。

第三，系统地进行展示流线规划。针对故居建筑分散的空间布局，采用流畅、清晰的参观流线系统能够使得各个单体建筑空间之间保持和谐而不生硬的良好衔接关系，将内容多、连贯性强的展示内容，布置在相邻建筑空间内，自然形成连贯性参观路线；将内容少、专题性强的展示内容，分布在独立小建筑空间中，化整为零的展示布局形成相对自由的参观流线。根据故居建筑空间的具体规模状况及复原陈列的体量大小具体问题具体分析。[1]

在具体的陈列设计中，最好采用立体化传播、沉浸式的参观方式，使文字，展柜、展架、展品、艺术创作、多媒体、场景等各类展示媒介之间多元融合。为沉默的文物赋予生动的背景，让抽象的历史在故事中娓娓道来，让纪念馆参观成为一次走进历史与感受精神的体验。具体到展示而言，展品文物与展板的内容位置要准确地搭配放置，和说明牌的文字要相互对应，展品与展品之间的组合串联要注意信息的扩展与传达，避免参观者的注意力只单纯停留在展品个体之上而忽视了展示主题。

世博会之后，国内的展馆在多媒体等高技术展项的应用上已经逐渐多了起来，但有时这类展项的使用会抢了展品的风采，与展陈展览的整体设计风格不搭。而且，现在我们的很多博物馆都运用甚至滥用这些高精尖展示设备、展示手段。虽然"高消费"的展示陈列形式一定程度上可以掩盖展示内容的空虚，但同时也造成了资金的浪费。因此，对于国内而言，数字多媒体展览陈列虽然是博物馆未来展览的方向，但是这种文化事业与科技产业的协同创新，对于博物馆来说还是一个处于探索阶段的新课题，涉及各学科知识、成果的综合运用，不仅要考虑各种前沿展示技术的应用，还必须考虑所运用的技术手段、设备、展陈形式和所要表现的历史文化内容、名人故居特有的文化积淀、总体展览形式环境之间的和谐与相融。

以上海美术设计有限公司为例，作为具有六十多年展陈设计经验的

[1] 参见马妍妃：《北京旧城名人故居纪念馆展陈设计研究》，北京建筑大学硕士学位论文，2014年。

单位，从设计鲁迅故居，到近些年完成的中共一大会址纪念馆新馆、陈云故居、孙中山故居、刘长胜故居等，上海美术设计有限公司一直匠心独具，"塑经典，铸精品"，遵循博物馆基本陈列的艺术规律，但同时也在与时俱进，使用新式的互动多媒体技术，具体问题具体分析，合理阐释文物内涵，做到内容与形式的统一，选取最合适的展陈手段。要尊重历史，尊重建筑所传达的信息，使设计布展有建筑本体融合，回归到本质上来，创造一个由表及里、统一的特色空间。

（四）受众

名人故居传播的"受众"，常规上说就是前来故居参观游览的观众。然而游客参观的动机又各有不同。名人故居旅游主要有三个因素吸引游客：有些人是单纯的旅游，参观旅游景点风景和建筑，名人故居多保留"老房子"的状态，特色的建筑形态往往是当地传统特色民居的代表，极具文化及欣赏价值；有些人感受名人的生活瞬间，出于对于名人的浓厚兴趣和崇拜之心，可以在名人居住过的居所内凭今吊古，追忆名人经历的时代和笔下的文字；还有一些人就是走过路过而进入参观，名人故居周边景观及当地风俗对游客产生了一定吸引，不经意间的发现，出于打发时间或对名人故居有着莫名的好感。也就是说，有的游客是冲"名人"来，有的则是冲"故居"来。所以在传播中既要注意"二八定律"，也要注意"长尾理论"，抓住真正的受众群体和潜在的受众群体。

名人故居有必要根据参观者的需求对前来参观的游客进行潜在的分析。在这一点上，设计单位在展陈设计的过程中也会与业主共进退，对应有的规划提出建设性意见供业主参考。要考虑参观者的年龄、性别、职业、地区、国别、学历、宗教信仰与生活习俗等方面，根据不同的人群设定准备不同的服务方式。例如对于各级领导、专家学者、普通市民、中小学生、外国游客，传播的方式肯定会有所不同。所以有必要进行综合性的受众需求分析。一般可以分为以下几个方面：（1）探索奥秘的猎奇需求——考古发现，文物与故事；（2）获取知识的求知需求——历史知识、文化内涵、艺术教育、活动参与；（3）深度研究的学术需求——可靠的信息、解疑答惑；（4）体悟文化的审美需求——文化氛围、艺术欣赏、审美品味；（5）有情有趣的休闲需求——互动趣味、轻松愉悦；（6）提升精神的励志需求——文化感召、身份认同。受众，是名人故居的信息接收者、信息再加工的传播者和传播活动的反馈源，也是传播目的能否实现的重要衡量标准。

（五）效果

传播效果一般是指传播者发出的信息经媒介传至受众而引起受众思想观念、行为方式等的变化。从直观的角度来看，衡量名人故居的传播效果，一般就是看前来参观人数的多少，以此来衡量名人故居的知名度有没有提高。名人故居还可以通过设置参观者的参观调查反馈、询问参观的评价、了解参观者会不会向亲朋好友等身边人进行二次传播等方式来总结传播的效果。当然，传播的目的不止于此，更好的效果无疑是参观者在参观中学习到了"名人"和"故居"的意蕴，满足了自己的参观需求，提升了自己的综合素质，或者将知识传达给了其他人，这就达到了名人故居作为文化产业中一环的深刻价值。

除了参观人数的影响之外，名人故居的传播还会带来潜在的各种效益。首先可以充实名人故居所在地的旅游资源。旅游业作为第三产业，在有限合理的产业分布范围内，旅游资源数量越多越好，并且名人故居本身就带有影响力光环，可以带动周边的旅游资源开发，逐渐形成集中的旅游资源；其次，可以提高地方的知名度与城市形象。故居建筑处于城市大环境之中，寄寓着某种情感和思想，折射与透视城市在历史中的变迁，反映一个城市的风度，传达一个城市的文化气息。名人故居需要做的是在实体建筑前营造出领悟反思的意境，让人理性地感知接受信息。此外，名人故居还可以为当地带来经济效益和降低自身的运营成本。带动当地以及周边地区其他旅游资源的发展，带动当地的吃、住、行、游、购以及娱乐等各方面的旅游设施的建设以及旅游投入，直接受益者是当地的旅游部门和周边产业链，间接受益者则可能是当地的居民。更多的"文创"产品的开发和销售，这些经营性公共文化服务也是名人故居创收的一部分。

结语

在前文的叙述中，名人故居保护开发的信源、信息、受众、媒介和效果五要素是单独阐述的，但是它们彼此之间其实是相互关联的。名人故居与设计单位在传播的整个过程中可以互为传播者与受众；而在考虑媒介的过程中，也需要考虑信息、受众和效果。为了最终达成传播的目的，在保护开发的前期和过程中，各个环节可能发生的潜在问题与解决应对措施都是应该在先期考虑范围内的。五个因素互相联通，一个环节出问题，就会使其他环节相应地受到影响，彼此独立而又统一、相互制约和促进着对方的发展。名人故居的保护开发是弘扬中华民族传统文化的重要媒介，名人在历史中产生重要影响，后世对于名人的传播也应注重开发保护之于当代的现实意义。

（张克令，上海美术设计有限公司文案指导）

名人与纪念馆

如何建设好历史人物纪念馆

陈曼莉　宋光锐　管冬霞

摘要：如何建设好历史人物纪念馆，本文试从四个方面作一探讨：1．在科学分类的基础上科学管理；2．扩大活动领域开展横向联系；3．狠抓业务建设，突出历史人物纪念馆的特色。4．在竞争中求发展。

关键词：建设；人物类纪念馆

中国是世界文明古国之一。勤劳善良的华夏民族，以特有的聪明才智，创造了五千年的灿烂文化。横贯东西的万里长城，沟通南北的大运河，指南针、火药、造纸、印刷术……无一不是中国古代劳动人民的杰作。在发展的进程中，有光辉的业绩，就有出类拔萃的人物。长江、黄河滋润着中华大地，哺育了一代又一代的精英。打开历史的画卷，政治家、军事家、文学家、科学家……群星闪烁，他们以拼搏、奋斗、百折不挠的精神，谱写了属于自己，也属于祖国和民族的光辉一页。为了缅怀先贤，启迪后人，新中国成立以来，一座又一座历史人物纪念馆建成了。如何建设好历史人物纪念馆，使其更好地为两个文明建设服务，是值得文博界认真研究的问题，在向广大人民群众，特别是青少年进行爱国主义教育的时候，探讨这一问题，更有其重要意义。我们长期在历史人物纪念馆工作，对如何建设好历史人物纪念馆这一问题有些体会，现发表几点粗浅看法，以抛砖引玉。

一、在科学分类的基础上科学管理

要建设好历史人物纪念馆，对上级主管部门而言需要科学的管理。科学管理的前提，是科学的分类。关于博物馆类型的划分，以前人们也曾作过研究，大家习惯地把博物馆分为社会历史类、自然科学类和综合类，而又把纪念类博物馆划分为社会历史类。从大的方面看，这样划分是可以的，但作为纪念类博物馆，还应该划分为以纪念历史事件为主的历史事件纪念馆和以纪念历史人物为主的历史人物纪念馆。如鸦片战争纪念馆、辛亥革命纪念馆、遵义会议纪念馆等则是历史事件纪念馆；屈原纪念馆、李时珍纪念馆、鲁迅纪念馆等是历史人物纪念馆。这样划分，看起来似乎有些多余，其实不然，因为有了明晰的分类，国家主管部门不仅可以掌握全国历史人物纪念馆的数量，而且还可以掌握各类人物纪念馆所占比例及在全国分布情况。近年统计，我国博物馆有4165家（其中非国有816家），这些博物馆中属于历史人物纪念馆有多少？其中政治家（含领袖人物）、军事家、科学家（含社会科学、自然科学）的纪念馆又各有多少？只有从多方面进行认真细致的调查研究，才能了解其工作性质、业务范围、相互间的关系，从而进行宏观科学管理。综上所述，没有科学分类，就没有科学管理。

科学分类，还应该包括"分级"这一内容。

博物馆的等级划分问题，是一个以前没有被提出来认真商讨的问题，早些年在人们的认识中，博物馆只有类型之别，而没有等级之分。在综合类博物馆中，其分级根据行政管辖的不同，分为国家级、省（市）级、县（市）级。近些年，也有的根据馆藏文物数量多少来将其分为重点级和非重点级，这种分级对综合类博物馆来说是合适的，但对人物类纪念馆则有待于进一步探究。

人物类纪念馆的纪念对象，都有一定的历史地位，有的甚至是历史伟人（如革命领袖、世界文化名人等）。现在的划分，不论其生前地位高低、贡献大小、身后影响远近，同综合类博物馆一样，都是按照所在行政辖区而划分为国家级、省（市）级、县（市）级。例如，湖北省红安县有两位国家主席（董必武、李先念）的纪念馆，蕲春县有世界文化名人李时珍纪念馆，被纳入县级，由县文化部门主管、县财政部门拨款，但这显然是不妥当的。因为这些人物类纪念馆规模较大，又属于全国中小学爱国主义教育示范基地。县（市）级财政部门财务和县（市）级文化部门的领导水平、资金投入以及专业人才的配备，都满足不了其本身发挥职能的需要。所以，笔者认为，人物类纪念馆应根据纪念馆对象的历史地位、贡献和影响大小来划分级别，确定相应的行政隶属关系，这样才有利于事业发展。

二、扩大活动领域开展横向联系

在改革开放年代，纪念馆与群众联系，已不仅仅是对外宣传和组织群众参观等一般的联系形式，而是要开展范围更广泛、内容更丰富的横向联系。

横向联系包括哪些内容呢？作为历史人物纪念馆，横向联系的内容应该包括：通过陈列展览和学术讲座等不同形式向社会群众全面介绍历史人物的奋斗历程和伟大业绩；向社会征集文物资料并向社会提供教学、科研所需要的文物资料。除此以外，历史人物纪念馆横向联系的一个重要内容，是筹募建设资金，成立基金会。充足的经费，是办好事业的根本保证，单靠国家每年有限的拨款，难以支付博物馆事业发展所需要的经费；通过横向联系，向社会团体和个人筹募资金，是一个可行的办法。出于社会责任感和对历史人物的尊敬和崇拜，不少人会乐意从财力、物力等方面赞助纪念馆的建设。

横向联系内容的丰富，决定了联系范围的广泛。联系的范围可由本县、本省，扩大到外县、外省，乃至全国各地。1986年以来，全国有十八个省市的医药厂家向李时珍纪念馆捐赠了两百多万元，原来建筑面积仅几百平方米的李时珍陵园，逐渐变成一个拥有六万平方米土地和七千多平方米建筑的李时珍纪念馆。纪念馆包括四贤广场、本草碑廊、纪念馆、药物馆、百草药园、陵园六大部分。幽美宁静的环境，朴实无华的仿古建筑，丰富的陈列，这充分体现了中国古代医药家纪念馆的特色。

因李时珍是著名的科学家，在国际上享有很高的声誉，李时珍纪念馆联系的范围，还可以由国内扩大到国外。例如，英国著名科学史专家李约瑟教授和日本关西大学宫下三郎教授都曾到李时珍纪念馆参观访问。宫下三郎还把一部由他参加翻译的日文版《本草纲目》赠给了李时珍纪念馆。

横向联系内容的丰富、范围的广泛，决定了联系对象和方法的多种多样。纪念馆联系的社会群众，一般来说根据纪念对象的不同而不尽相同。如社会科学家的纪念馆和大专院校文、史、哲各系（科）及社会科学研究机构业务联系较多；自然科学家的纪念馆则和科学院及相关科研机构、大专院校理工各系（科）业务联系较多。李时珍是一位医药学家，也是一位博物学家，所以李时珍纪念馆业务联系的对象包括大专院校中的生物、地矿等系（科），中医院校（为其提供资料和学生参观实习场地），医药科研机构、制药厂（向其征集资料和药物标本）。

明确了联系的对象，还必须选择好的联系方式。除了信函联系外，可以召开学术会议，创办学术刊物。因为一个办得好的历史人物纪念馆，有资格发起召开对其纪念对象进行研究的学术会议并创办学术刊物。李时珍纪念馆、杜甫草堂纪念馆等都做过这样的工作。总之，历史人物纪念馆应展开广泛的横向联系，其范围、内容、方法可因地、因馆制宜，在工作实践中不断探索、总结经验。

三、狠抓业务建设，办出历史人物纪念馆的特色

早在1979年，国家文物局就颁布了《省、市、自治区博物馆工作条例》，其明确指出：我国博物馆是文物和标本的收藏机构，宣传教育机构和科学研究机构。通过征集、收藏文物标本，进行科学研究，举办陈列展览，传播历史和科学文化知识，对人民群众进行爱国主义教育和社会主义教育。

明确了博物馆的性质和任务，也就明白了什么是博物馆的业务工作，进而应该充分发挥职能，具体到每个工作人员，则应该认真履行岗位职责，狠抓业务工作。

当然，较之其他类型博物馆，历史人物纪念馆业务工作涉及的并不太复杂，即把纪念对象的生平、贡献、影响搞清楚，尽可能征集有关纪念对象的文物资料，搞好陈列布展。但是，我们必须明白，纪念馆的业务工作都是在科学研究的基础上进行的。

从一定意义上说，一个办得好的历史人物的纪念馆就是这个人物的研究中心，而这个研究中心在社会上有较高的权威性。只有对这位历史人物深入研究，才能产生高水平的陈列设计，办出高质量的陈列展览。陈列展览是博物馆工作的中心环节。一个高质量的陈列展览除了旗帜鲜明地弘扬正能量，具有健康向上的思想内容，还要能体现本馆的特色。

体现历史人物纪念馆特色的，主要是陈列展览。

其一，要突出人物特色。人们之所以把历史人物列为纪念对象，就其根本意义来讲，是因为他本身对人类作出了杰出的贡献。而纪念对象献身的事业不同，又会表现出不同的人生经历和心路历程。

其二，要突出时代特色。因为不同的历史人物身上都打上了时代的烙印，他之所以成功，有其历史渊源，在追溯其历史渊源的同时也要顾及其影响，要把历史人物放在他生活的大背景下来研究其成才、成功的因素，这自然要突出他生活的那个时代的特色。

其三，任何一个历史人物都在一定的环境中生活。他的故乡，他工作和生活过的地方，各有特色，都对他有一定的影响。总之，历史人物纪念馆的陈列要突出人物特色、时代特色、地方特色。陈列有特色，历史人物才会生动感人，具有震撼力。

四、在竞争中求发展

改革的大潮滚滚向前，我们所处的时代是一个竞争的时代。当其他各行业都在竞争的时候，博物馆事业也不能视而不见。当然，博物馆的性质和职能决定了它不以盈利为目的，不能过分考虑经济效益，但是，以社会效益为主来衡量博物馆的工作，也同样应该是充满竞争的。

博物馆事业需要发展，要发展就必须竞争。

说到竞争，无非是智力和人才的竞争，博物馆事业的发展是靠人来推动的。要为人才成长创造条件，为各类博物馆的工作人员提供竞争的平台，在竞争中考核他们的工作。2015年6月，中共中央办公厅印发了《事业单位领导人员管理暂行规定》，这一政策出台，无疑为事业单位注入了活力，能够让干事者上，让无为者下，让混日子者有所醒悟。这将更有力地促进竞争，使同一岗位的同志展开竞争，同类型的博物馆之间展开竞争，通过考核、评比、评估等手段奖励先进集体和先进个人，把那些务实、求真、乐于奉献、思想素质和业务素质皆优的好同志提拔上来，调动大多数人的积极性，使历史人物纪念馆的领导和工作人员能更好地为人民服务、为社会主义服务，更好地满足公民精神文化需求，为提高公民的思想道德和科学文化素质而积极努力拼搏、奋斗，把历史人物纪念馆建设得更好。

（陈曼莉，李时珍纪念馆文博馆员；宋光锐，李时珍纪念馆文博副研究员；管冬霞，李时珍纪念馆文博助理馆员）

当代历史文化名人研究
与纪念的思考

汤　怡　陆韵羽　曾建伟

摘要：文化是一种"集体人格"，它可以广泛地融汇并体现中华民族在历史长河中所形成的不同于其他"族群"之处，而身在其中的历史文化名人的研究与纪念便是对这种"集体人格"所属"族群"的具体展现。本文试着分析历史文化名人纪念行为的历史渊源来说明以各种方式进行的有关于历史人物的纪念古已有之，并从现代化的角度出发阐述历史文化名人研究纪念的价值，结合时代发展探讨历史文化名人研究纪念的基本原则。

关键词：历史名人；纪念

习近平总书记多次指出："我们要坚持道路自信、理论自信、制度自信，文化自信。"其中"文化自信"，是一个民族、一个国家以及一个政党对自身文化价值的充分肯定和积极践行，是指对其文化的生命力持有坚定信心。在经济全球化、区域经济一体化深入发展，各国联系日益紧密、文化竞争日趋激烈的情况下，我们更应该充分发挥我国的历史文化优势，注重对历史文化名人资源的发掘与保护，以多种活动方式对历史文化名人进行研究与纪念，从而扎根民众，砥砺前行，举起时代旗帜，提高文化软实力。

一、历史文化名人纪念行为的历史溯源

纪念，是指事物或行动对人或事表示怀念。"纪"者，"记"也。

纪念一事，可分为两个部分，一是记录，二是怀念。事实上，纪念行为，古已有之，为人熟知的纪念行为便是祭祀。"国之大事，在祀与戎"（《左传·成公十三年》）。"凡治人之道，莫急于礼。礼有五经，莫重于祭"（《礼记·祭统》）。祭祀之事在中国传统文化中的地位可见一斑。

诚然，在先秦时期，祭祀的主要对象是天地山川鬼神祖先，带着浓厚的巫觋文化色彩，是先民对自然和社会认识的早期反应，与我们今天所说的纪念活动，从行为仪式到意蕴内涵都有所不同。如《礼记·表记》载："子曰：'夏道尊命，事鬼敬神而远之，近人而忠焉……殷人尊神，率民以事神，先鬼而后礼，先罚而后赏……周人尊礼尚施，事鬼敬神而远之，近人而忠焉，其赏罚用爵列……'"

从儒家典籍对先秦时期祭祀文化的记录，可以管窥三代以来，华夏文明从巫觋文化向礼乐文化的嬗变。周公制礼对商文化的损益扬弃，奠定了礼乐祭祀行为在传统文化中的重要地位和作用，这种慎终追远、"事鬼敬神而远之"的思想影响了周代以后的华夏文明，至今绵延不绝。

诚然，在先秦时代，祭祀行为的基础是相信灵魂的存在，其主要形式是"事死如事生"的祖先崇拜。《礼记·曲礼下》载："君子将营宫室，宗庙为先，厩库为次，居室为后。"早期的宗庙建筑可以看作早期纪念性建筑，承担了重要的礼仪性和宗教性功能；同时，也可以看作最早的历史名人纪念建筑，是历史名人纪念行为的早期重要表现之一。

中国古代社会进入秦汉以后，有关人物的祭祀活动以祠堂庙宇中的历史名人祭祀及其陪祀为表现形式，其中包括关公崇拜、川主崇拜、文庙祭祀中的先贤崇拜，等等。以文庙为例，唐宋时期以来，文庙便是祭祀我国古代伟大的思想家、政治家、教育家孔子的庙堂。但奉祀的不限于孔子一人，还有从祀的"四配"、"十二哲人"、"七十九先贤"、"七十七先儒"，崇圣祠还奉祀孔子上五代祖先等，共计180余人。可以说，奉祀的是以孔子为代表，包括历朝各代儒家思想继承和传播中的最优秀人物，此外还包括像诸葛亮、韩琦、李纲、文天祥、陆秀夫、黄宗羲、王夫之、顾炎武等有名节、卓行者。站在这群中国历史上最杰出的名人面前，便会在多方面受到激励和教育。[1]

除祭祀活动以外，历史文化名人纪念的另一个重要的方面便是传统史书对人物的记述。我国拥有绵延不断的修史传统，先秦时期的"在齐太史简，在晋董狐笔"事迹，正是传统士人写史的真实写照。秦汉以后，司马迁作《史记》，不仅在《货殖列传》中开创了为"小人物"立传的先河，而且秉承"成非王败非寇"的治史观将项羽列入《本纪》，客观地书写历史，让为社会方方面面发展做出贡献的人的事迹也得以流传。东汉赵晔撰《吴越春秋》，录吴越二国人物，记二国兴亡始末。东晋常璩撰《华阳国志》，记述汉末至东晋间巴蜀史事，保存了大量的人物事迹[2]，李塈《重刊华阳国志》称："……继之以两汉以来先后贤人，《梁益宁三州士女总赞》，钱写作捃赞。《序志》终焉。然三者之间，于一方人物尤致深意。"

同时，以郡国州县为范围编撰的各类记录人物的史书也逐渐增多，刘知几《史通·杂述》将史书列为十流，其中位列第五的是郡书，即郡国之书，多记郡国乡贤耆旧事迹。[3]《隋书·经籍志》载："后汉光武，始诏南阳，撰作风俗，故沛、三辅有耆旧节士之序，鲁、庐江有名德先贤之赞。郡国之书，由是而作。"刘知几说："汝、颍奇士，江、汉英灵，人物所生，载光郡国。故乡人学者，编而记之……此之谓郡书也。"（《史通·卷十》）汉晋郡书，大都散佚无传，郡书以人物列传为内容，实为地方人物志。

魏晋南北朝时期，有晋挚虞《畿服经》，这是现存方志类史书中首次增添"先贤旧好"等人物事迹的史书著作。迨至北宋，乐史在编撰《太平寰宇记》时，增加了土产、风俗、古迹、人物、姓氏、艺文等目，为后世方志提供了范例。从此，方志专列人物一目成为惯例。《四

[1]房伟：《文庙祀典及其社会功用——以从祀贤儒为中心的考察》，曲阜师范大学硕士学位论文，2010年，第24—35页。

[2]卜艳军、李新伟：《〈华阳国志〉浅论》，《中国地方志》2013年第1期。

[3]倪金荣：《刘知几及其〈史通〉述论》，《江南学院学报》2000年第3期。

库全书总目提要》便认为："古之地志，载方域、山川、风俗、物产而已，其书今不可见……《太平寰宇记》增以人物，又偶及艺文，于是为州县志书之滥觞。"[1]

传统史家对于记叙风土人物的资鉴、教化作用有着明确的自觉意识。董弅《严州图经》序云："（方志）使为政者究知风俗利病，师范先贤懿绩；而承学晚生，览之可以辑睦而还旧俗；宦达名流，玩之可以全高风而励名节。"马光祖《景定建康志》序曰："忠孝节义，表人材也……古今是非得失之迹，重劝鉴也。夫如是然后有补于世。"南宋著名学者张栻提出，应"削去怪妄，订正事实，崇厚风俗，表章人才"。[2]

由此可见，历史名人纪念与崇拜，古已有之，这种社会行为诞生于早期的祖先崇拜和自然崇拜，随着中华文明的演进和传统史学的发展，逐渐成为一种系统的理性的纪念行为，无论是文庙中的先贤先哲杰出人物，抑或方志史书中对乡土人物的记叙，都意味着对杰出人物历史价值的肯定和纪念。

二、历史文化名人研究与纪念的学术探讨

（一）历史文化名人的作用与价值

对历史文化名人的含义与作用，唯物史观有精辟的论述。"全部历史本来是由个人活动构成的，而社会科学的任务在于解释这些活动。"恩格斯则提出了历史合力论，进一步说明了历史上的杰出人物对社会历史的作用，即：社会历史是由人的活动构成的，无数互相冲突的个人的意志构成无数互相交错的力量，有无数个力的平行四边形，融合为"一个总的合力"，构成历史事件和历史过程。每个人都对"合力"有所贡献，都包括在这个合力里面。因为每个人都参加了一定的历史活动，有的起推动作用，有的起阻碍作用；其作用的大小、范围、深浅也有程度上的不同。诚然，对历史发展起决定作用的是人民群众的力量，而不是某个人或某些人。但是，历史人物，特别是杰出人物在社会发展过程中

---

[1] 黄燕生：《略论方志古迹志的演进》，《历史文献研究》，2013年6月。
[2] 陈曼平：《再谈续修志书要增强教化功能》，《广西地方志》，2011年第1期。

起着特殊的作用。他们的活动虽然受到历史条件的制约，不能决定历史发展的基本趋势，但他们对某些具体事件不仅有深刻影响，能加速或延缓历史的发展，有时甚至是起了关键性作用。由此，从唯物史观对历史杰出人物的认知出发，我们对历史文化名人的纪念与研究就有了充分的理论依据和正确的理论导向。

（二）历史文化名人研究与纪念的基本原则

作为广义历史研究的一部分，历史上的文化名人、重大事件、重要决策、重要地点以至重要遗迹遗物等都有其各自的历史价值和意义。因此，任何一种性质的纪念，都应当有其各自独特的标准和要求。同时，历史文化名人研究也应当承接中华文化优秀的史学传统，结合社会主义精神文明建设的新情况，按照一定的原则开展，并建立一些明确的标准，防止纪念活动过多的趋向。历史文化名人研究与纪念的基本原则，是指对于历史文化名人立传和开展纪念活动的基本标准和要求。其包括两个方面，一是历史文化名人筛选和认定的原则，二是历史文化名人生平事迹记述的原则。

历史名人筛选的原则是由人物的历史价值决定的，历史文化名人的筛选和认定应当以对一定地域内自然和社会各方面历史与现状产生的影响为筛选标准。

依据这一标准，则一定地域内历史文化名人的筛选原则应当有生不立传、以事系人的原则，历史文化名人生平事迹记述原则应当有存真求实的原则、述而不论的原则、正确记述敏感问题的原则等几个方面，现分别阐述如下：

1. 生不立传、以事系人的原则

生不立传的原则。生不立传最早是史书人物传的编纂原则，清著名方志学家章学诚《修志十议·议传例》载："史传之作，例取盖棺论定，不为生人列传。""邑志列传，全用史例，凡现存之人例不入传。"[1]具体是指不为在世人物树碑立传。"生"，指在世人物。

---

[1]杨军仕：《试论章学诚关于方志人物记述的主张及实践》，《中国地方志》2006年第8期。

"传"，传记，指记述人物生平事迹的文字。

以事系人的原则。依据生不立传的原则，可以解决已故历史文化名人的筛选与纪念问题。新中国成立以来，各项事业发展迅速，而主导事业发展的是人，是广大干部、群众。新中国成立以后有突出贡献的人物大部分在世，过去在记述解放后人物方面便过分谨慎，其实在世人物有突出事迹的，可以参考方志史书编撰的原则处理，如1985年颁布的《新编地方志工作暂行规定》（简称《暂行规定》）和1998年颁布的《关于地方志编纂工作的规定》（简称《拟定》）都有这样的表述：

《暂行规定》："第十二条立传人物以原籍（出生地）为主。非本地出生，但长期定居本地并有重要业绩者，也可在本地立传，包括外籍、外籍华裔和华侨为本地作出重要贡献者。在世人物不立传，凡在世人物确有可记述的事迹，应在有关篇章节目中予以记录。"

《规定》："第十三条 ……人物志要坚持生不立传的原则，在世人物的突出事迹以事系人入志。"两个规定的精神是一致的，在将其运用到历史人物纪念上，便是在世人物的突出事迹可以在有关历史事件的纪念活动和研究中采用以事系人的方法展开表彰或弘扬。

如位于西安市建国路69号的西安事变纪念馆，是在"西安事变"重要旧址张学良将军公馆、杨虎城将军止园别墅基础上建立起来的专题性纪念馆。1986年12月西安事变五十周年之际建成并对外开放。在2001年张学良将军逝世以前，都是采用"以事系人"的方式，在其基本陈列"历史的转折——西安事变史实陈列"中展现和颂扬张学良将军的爱国主义情怀。

2. 存真求实的原则

存真求实是指保存和探求真实，其包括两个方面。一是存真。历史文化名人的事迹在历史上的作为是已经发生过的史实，是不以人的意志为转移的客观存在。存真求实的首要含义，就是指在历史名人生平事迹的记叙中要保存这种客观存在，即记述和保存真实的历史情况。同时，对已经开展纪念和研究的人物，也不能只记成绩和贡献，却一点错误都不记，似乎生前是一个完人，这也是违背了存真求实的原则。二是求实。探求事物真实是指探求一事一物的真与伪、实与虚、正与误。在研究中，对同一事件的记叙在史料上可能会存在真伪难辨、相互冲突的情况。以近现代历史人物的研究为例，由于历史见证者的存在，可以采集到大量有关于历史细节的口述史料，但是由于受到人的主客观认知的影响，不同来源甚至同一来源的口述史料当中都会有真有伪，有实有虚，有正有误，甚至会有冲突。怎样才能做到"保存真实"呢？第一要做到去伪存真、去虚存实、纠误存正，就要在收集资料的基础上，反复对资料进行核实、考证；第二，多说并存，这也是存真求实的一种重要记述方法，虽然在历史人物的研究中过多地采取多说并存的方法进行记述是不可取的，但是有一些问题，由于种种的原因，一时没有把握择其一说，适当地采用多说并存的研究记述方法效果也是可以的。

以宋代名臣、状元冯时行的籍贯争议为例，便有巴县说、璧山说、乐碛说、恭南说、北碚说等不一而足。限于篇幅，本文对该问题不展开讨论。但笔者了解到各种说法皆有其依据，并非空穴来风，只是部分说法未尽考证之功，也未将古今政区、人物生平不同阶段做详细的交代，仅以一结论示人，结果造成众说纷纭的状况。笔者认为这种情况适于存真求实、多说并存。

3. 述而不论的原则

"述而不论"，出自《论语·述而》："述而不作，信而好古。"也就是说对于历史文化名人生平事迹的记述，要依据真实详尽的资料，忠于历史事实地进行记述，不直接分析评论，不作褒贬，要把观点倾向、成败得失寓于记述之中。

以重庆历史名人馆策划出品的《重庆历史名人颂》一书为例，该书以古典诗歌的形式，尊重史实，秉笔直书，其目的便是弘扬山城优秀历史传统，提升重庆文化品位，展示和宣传江城人文情怀及人文精神。从这个目的出发，该书并未对人物进行褒贬定论，仅是以诗歌的形式对重庆历史名人的生平事迹、重要贡献进行了概述，读者阅读之后自会对人物的功过有所了然。

三、结语

中华文明绵延数千年，涌现出大量英雄豪杰，他们的事迹最后都融汇到中华优秀传统文化的大河中，成为中华民族生存和发展的重要力量。从先王先祖崇拜，到秦汉以后的文庙先贤崇拜，再到方志史书中的人物记述，都崇尚讲仁爱、重民本、守诚信、崇正义、尚和合、求大同的文化价值。习近平总书记指出："不忘历史才能开辟未来，善于继承才能更好创新。"提倡和弘扬社会主义核心价值观，从中汲取丰富营养，才会更有生命力和影响力。深入开展历史文化名人的研究和纪念，是为了进一步利用好中华优秀传统文化蕴含的丰富思想道德资源。

同时，在历史文化名人的研究与纪念中，应当遵循筛选和记述的一些基本原则，坚持马克思主义的方法和态度，有鉴别地加以对待，有扬弃地予以继承，用中华民族历史文化名人所具有的精神价值来以文化人、以文育人，以榜样的力量来引导人们树立和坚持正确的历史观、民族观、国家观、文化观，更好构筑中国精神、中国价值、中国力量，为中国特色社会主义事业提供源源不断的精神动力和道德滋养。

（汤怡，重庆师范大学西南考古与文物研究中心助教；陆韵羽，重庆历史名人馆馆员；曾建伟，重庆历史名人馆馆长，副研究馆员）

名人思想传承与名人故居保护的关系研究

廖仁武

摘要：在群星璀璨的历史长河中，涌现出了大批政治家、军事家、外交家、思想家、艺术家等各领域的优秀人物，他们的存在丰富和推动了历史的发展，他们以其出色的个人才华和引人瞩目的历史事迹成就自身，也成就了历史，故而他们最终成为今人眼中的名人。本文认为，对名人故居的保护和发掘利用是名人思想传承的基础和首要条件，并希望就这一关系进行详细阐述。

关键词：思想；传承；故居；保护

一、名人故居的保护

（一）名人故居保护的意义和价值

名人故居是一个城市的文化标志，也是不可再生的人文资源，对名人故居的保护就是对城市文化标志和资源的保护，对于立志建设社会主义文化强国的我们来说，名人故居的保护尤为重要。

名人故居，在世界各国都是宝贵的历史文化遗产。[1]它镌刻着一个民族的历史文化记忆，浓缩了一个时代的历史风云，具有较高的历史文化价值，是发展地域文化旅游的有利因素。

---

[1] 倪迅：《飘摇的名人故居》，《光明日报》2012年1月20日，第9版。

名人故居是城市文化的载体，既可以给我们提供深远丰富的历史记忆，也可以为城市发展提供源源不断的文化动力。

（二）名人故居保护的方式

我国虽有成千上万的名人故居，蕴藏着巨大的文化遗产和社会价值。但遗憾的是，我国的名人故居保护工作还比较落后，名人故居数量多，而政府的财力和精力有限是重要原因。但国外已经有成熟的做法和经验，值得我们借鉴。

在英国，名人故居有统一标识，在故居的显著位置镶嵌着蓝色牌子，俗称"蓝牌屋"。凡是被挂了蓝牌的房子，均受英国法律的保护，不得拆除。蓝牌屋的对象是人，只要是做过杰出贡献的人物，他们所居住过的处所，都可能成为蓝牌屋。但是，英国秉承"质重于量"的理念确立蓝牌屋，故成为蓝牌屋的审核过程非常严格。首先，政府相关部门要对人物的历史贡献进行鉴定，其所从事的事业必须对人类有益，而其所作出的业绩必须被业内人士所认可。其次，确立蓝牌屋的流程也非常复杂，时间长达二至五年，经历十多个流程。在英国，对名人故居的保护，不限于本国，辐射到曾经居住在英国的外国人。伦敦圣詹姆士花园街31号，是老舍居住过的地方，现在也是蓝牌屋。外墙上镶嵌着一个圆形的金属牌，蓝底白字，分别用汉字和英文写着："老舍，1899—1966，中国作家。1925—1928生活于此。"

地处南欧的意大利对名人故居的保护更是有力。以但丁故居为例。这是一座三层老楼，位于佛罗伦萨一条狭窄小巷的转角。在但丁故居见不到任何保护标志，只有隔壁楼房的墙壁上悬挂着一幅印有诗人头像的枣红色布幔，其下搁置一尊但丁半身青铜雕像。佛罗伦萨的管理部门认为，在但丁故居的任何地方镶嵌标志，都是对故居原貌的破坏。这样的保护措施和理念堪称严苛，但这样的措施，却把但丁故居历史原生态地展现在本国人民和世界各国人民的面前。[1]

---

[1] 王彬：《保护名人故居，意义在于传承薪火和教育》，《人民日报》副刊，2013年3月28日。

二、名人思想的传承

（一）名人思想传承的意义和价值

名人在历史事件和历史长河中起到了非常重要的作用，他们在历史事件中的举动体现了他们独特的思想，这些思想流传至今，不仅对现世的发展起着巨大的指导作用，更能为未来的发展发挥参照作用。

无论是孔子的"仁""礼"还是孟子的"民贵君轻""性善论"，无论是朱熹的"格物致知"还是顾炎武的"经世致用"，无论是苏格拉底"重视道德建设"还是亚里士多德的"真理高于一切"，都包含着他们的独特思想和价值取向，对当代各国执政党的治国理政都具有巨大的参考意义。

（二）如何传承名人思想

一是了解和学习名人思想。要传承名人的思想，首先必须了解名人的生平事迹，对于涉及名人的历史事件，必须清楚掌握，从这些历史事件中去发掘名人的思想，去感受名人的精神世界。只有了解和学习名人的思想，才有可能进一步传承和发扬名人思想。世界各国围绕名人及其历史修建了许多专门的名人纪念馆。通过组织参观名人纪念馆以及名人故居，我们可以较为全面地了解和学习名人的历史，对其思想和精神进行深入了解。我国每年都会针对各朝代、各阶段、各领域的历史名人举办一些学习活动，包括围绕名人事迹组织召开学术研讨会等，以此来深入学习了解名人，进而感悟他们的思想。当然，专门举办关于某个名人的讲座，也是了解和学习名人思想的不错的方式。

二是践行和发扬名人思想。了解和学习名人的思想是为了更好地继承和发扬名人的思想，使其为推动国家发展和社会进步持续发挥作用。名人的思想需要发扬，发扬的关键在于在实际工作和事业发展中不断践行名人思想。特别是让名人的思想回归故里，从其故里开始得到学习、传承和发扬，而后逐步展开，这可能是更加符合文化和精神传递规律的做法。广大领导干部和人民群众特别是石油系统人员要努力践行"铁人"王进喜的"为国分忧、为民族争气"的思想；广大领导干部要学习和践行焦裕禄同志"亲民爱民，艰苦奋斗，科学求实，迎难而上，无私奉献"的思想；广大警察同志要学习和践行任长霞"忠于党、忠于人民、忠于法律"的思想；广大科研工作者要学习和践行钱学森"爱国、奉献、创新"的思想和精神。而对名人思想弘扬得好不好，关键就在于实际工作中做得够不够。

三、名人思想传承与名人故居保护的重大关系

（一）名人思想传承是名人故居保护的目的

我国作为具有悠久历史的国家，名人故居也有相当大的规模。近年来，随着国家对文化遗迹保护研究事业的越发重视，加强了名人故居的保护，而名人故居保护的目的主要在于名人思想的传承。

如果没有对名人故居的足够的保护，就不可能有效开展名人故居的研究和利用，当然也就不可能对名人思想有更加深刻的认识。名人故居是了解名人历史、感悟名人精神的重要渠道，没有名人故居，对名人思想的传承也就少了一个重要的渠道和载体，对名人思想的认识和理解也就不会那么透彻。

（二）名人故居保护是名人思想传承的基础

名人故居保护使得名人思想研究有了一个重要抓手，为之提供了一些素材，为名人思想传承奠定了基础。名人故居的内部陈列以及周边环境，包括一些有关名人的口头传说、轶事等，都为名人思想的研究提供了帮助。事实上，这些年，国家对于名人故居的保护力度的加大，对名人思想的研究和传承起到了良好的推动作用，也对国家发展和社会进步大有裨益。

（三）名人思想传承推动名人故居的保护

名人的思想价值重大，意义深远，对其进行研究，可能促使国家加强对名人故居的进一步的保护。在人、财、物方面为相关单位和个人提供支持，也推动着名人故居的保护工作。

可以说，名人故居的保护与名人思想的传承是相辅相成的。

（廖仁武，重庆红岩革命历史博物馆助理馆员）

让名人纪念馆融入
公共文化生活服务体系
——以淮安张纯如纪念馆为例

刘　卉

摘要：近年来，随着社会经济文化的快速发展，人们对于精神层次方面的追求日趋强烈，在国内外出现了一系列有影响力的名人纪念馆，大多是以向大众传播积极的精神文化为主导功能，使大众群体得到强烈的心灵震撼与共鸣。但在实际情况中，许多名人纪念馆由于多种原因，没有能够有效地发挥其对大众的传播教育功能。本文旨在提出将名人纪念馆更好地融入大众文化生活的积极应对策略，并以淮安张纯如纪念馆为例，说明只有融入公共文化服务体系才能在观众群体中更广泛地弘扬张纯如勇敢正义的精神，发挥纪念馆应有的价值。

关键词：张纯如纪念馆；价值；融入；对策

在当今形势下，面对涌现的越来越多的名人纪念馆，如何将纪念馆的职能与作用更大程度地发挥出来，是当下急需探索的问题。张纯如纪念馆以彰显自身特点、创新思路、积极研究，从而让名人纪念馆"活"起来为目的，将其融入公共文化服务，增强纪念馆的教育传播功能，构建较完善的公共文化服务体系，促进纪念馆的持续稳定发展。本文结合张纯如纪念馆，分析当今名人纪念馆融入公共文化生活体系的不足与对策，进而提出自己的看法。

一、名人纪念馆融入公众文化生活的限制因素

（一）公众缺乏一定的文化意识

从认识层面看，公众参观名人纪念馆更多的印象停留在视觉观赏功能上，但是对纪念馆人物的认知就缺乏一定的了解，从而忽视了对大众文化精神的传播与教育。从实践层面看，缺少系统完善的向社会公众普及纪念馆知识的措施。因此，名人纪念馆所蕴藏的丰富而珍贵的文化价值无法得到最大程度的体现与展示，不仅一定程度上造成了文化资源的浪费，而且忽视了名人纪念馆保护利用的意义。

（二）缺乏有效的创新式服务机制

名人纪念馆自身缺乏创新意识和发展能力，以公众为主体的现代化服务意识还未成熟。随着互联网、新媒体等科技手段的不断发展，按部就班式的公共服务模式无法适应当下的新局势、新观念，公众对公共文化服务的要求越来越高，这反而凸显了纪念馆在现今社会状态下的不足，因此创新式服务是不少纪念馆亟待解决的问题。

（三）缺乏"以人为本"的公共服务理念

名人纪念馆主要是向大众宣传名人所作的贡献、对后人产生的影响以及大家值得学习的精神。但不少纪念馆由于缺少与观众近距离交流学习的机会，导致纪念馆的公共文化服务体系不完善，缺少与观众的互动，使名人纪念馆没有获得良好的社会效益。

二、名人纪念馆融入公共文化生活服务体系的措施

（一）彰显纪念馆文化特色，注重名人文化研究

名人纪念馆的建立不仅是纪念这位名人，而且更重要的是其所传达给大众的精神，需要我们弘扬和传承下去。张纯如纪念馆对于淮安、中国乃至全世界所有爱好和平的人来说都有着特殊的意义。对淮安而言，张纯如是淮安的优秀女儿，她的崇高精神是淮安文化的有机组成部分，挖掘、整理、宣传好她的事迹，有助于我们更好地展示淮安文化，提升淮安文化影响力和传播力。对国家而言，中华民族伟大复兴的中国梦，不仅是再现历史的辉煌，还要不忘历史的教训，建好张纯如纪念馆就是

不忘张纯如，不忘过去走过的路，不忘民族苦难，为中华民族伟大复兴增添前行的力量。对世界而言，张纯如用自己的勇敢无畏揭露历史真相，用自己的良知传播人类正义，用自己的友爱美善反对不义战争与暴力，是维护世界和平的杰出代表。

（二）采取积极有效的传播方式，促进公众参与的互动性

1. 定期举办走进中小学课堂的讲座活动

请研究张纯如的专家或纪念馆的馆员为学生做演讲讲座，以讲故事的形式介绍张纯如的生平事迹，激起学生们的兴趣。一方面可丰富中小学生的课外知识，另一方面可向年轻的学生宣传张纯如纪念馆，吸引大家前来纪念馆参观的同时，更重要的是让学生们学习张纯如坚强、勇敢，为了一个目标——揭示南京大屠杀历史真相而奋斗的大无畏精神。

2. 每月安排一次全民阅读活动

《南京大屠杀》是张纯如奉献出的血泪之作，一本用正义与勇气写成的生命之书。安排各个年龄阶段的群众，在纪念馆内阅读著作，让阅读者进一步感受张纯如写书时的艰难旅程，整个馆内肃穆的氛围使得阅读者对张纯如产生强烈的心理上的敬佩感与精神上的共鸣感。

3. 每周安排讲解员固定时间开展公益性讲解

详细地向观众介绍张纯如的祖籍、艰难的创作历程、直击核心的问题意识。张纯如曾说："一个人的力量可以改变世界。"让观众更直观地感受到这句话所呈现的一位年轻作家致力于揭示南京大屠杀历史真相的决心。讲解结束后，是讲解员与观众的互动时间，讲解员或馆长为提出问题的观众作详细的解答与交流，使观众对张纯如精神领悟的更加透彻。

（三）跨界融合互动发展，增强名人纪念馆的影响力

纪念馆是公共文化服务的载体，反映了公众的直观印象与感受。名人纪念馆要变被动为主动，积极地与各行各界互动，在融合中促进互动，更好地融入公共文化服务体系，扩大公众影响力，为公众服务。

1. 新旧媒体联袂互动传播

整合社会新旧媒体力量，联手开展丰富的宣传教育活动，为扩大纪念馆的影响力开辟了广阔空间。在新媒体大势发展的当下，与互联网、报纸平台的合作可产生良好的宣传效果。纪念馆与电视台、报社举办"弘扬纯如精神——走进张纯如纪念馆"的专题栏目，系统介绍张纯如纪念馆，扩大社会知名度，才能更大范围地向公众宣传纯如精神。

2. 建立有效的组织机制

以纪念馆为中心，分别组织小、中、大学生代表参加"张纯如纪念馆志愿服务队"对他们进行专业培训，使之掌握整个馆的基本知识，讲解技能等。根据不同的讲解对象有针对性地对志愿者进行培训，对于学生要着眼于教育他们学习张纯如刻苦学习的精神，对于成人要着眼于张纯如无私伟大的奉献精神。不仅公众参与度提高了，而且自身得到了很好的锻炼，更主要的是在重大活动接待服务中发挥了主力军的作用。

（四）以观众为中心，强化公众服务意识，满足公众需求

现代纪念馆的发展理念早已革新，其"以公众为中心"，面向社会、公众服务。英国的大英博物馆的定位目标是"让民众成为博物馆的核心，让博物馆成为社会的核心"。近年来，让博物馆、纪念馆在公共服务体系中发挥更大的作用与效能成为业界的一个热门话题。张纯如纪念馆也致力于从单一的"参观"更强调转向与公众的互动体验，亲近公众，努力做到让参观者看得懂、愿意来。为了更大程度地满足公众的需求，更好地成为公众喜爱的文化学习场所，在每次活动结束后，都会让参与活动的观众做问卷调查，利用微信平台发送调查试卷。调查问卷旨在整理观众对于纪念馆提出的意见，包括内容、活动、组织、策划等各方面的反馈，以使得纪念馆形成更加完善系统的公共文化生活服务体系。

（五）增强纪念馆互动性展示

在名人纪念馆中，单一的版面展示并不能够很好地吸引观众，需要在合理的空间展示中，突出与观众的交流互动，而且应该更多地拓展其他的互动方式，如：电子动态参与互动、问答式互动等。张纯如纪念馆内设置了多处动态人机互动装置，利用场景、环境、墙壁、地面、光线等要素，将张纯如十八种语言版的《南京大屠杀》的封面投射到地面，用紫色的鸢尾花覆盖，观众走入这一区域，用手挥动或是双脚走动，鸢尾花就会像河面的水波荡漾开，自然地将书籍封面漂浮着并使之显露出来，这使得观众更直观更近距离地看到《南京大屠杀》十八种语言版本的封面，直观地感受张纯如写作这本书为全世界带来的巨大影响。

互动空间的展示很大程度上实现了观众与展示内容之间的有效互动，使得观众在参观过程中被展示内容所吸引并自然地融入进去，从而加强观众在参观展览时的主动性。同时又使之能够体验到空间、科技、人三者间的相互关系与变化。由此，真正意义上实现了将观众被动的参观模式转换成为主动参观，使其不仅获得知识，而且体会到参观的乐趣，从而达到了寓教于乐的目的。在一定程度上实现了纪念馆教育传播的作用，完善了公共文化服务体系。

三、结语

面对国家文化教育事业的迅猛发展，名人纪念馆的发展也必须与时俱进，秉承"以人为本"的服务理念，更好地完善公共文化服务体系是当下纪念馆需要努力的方向。名人纪念馆融入公共文化服务教育可谓任重而道远，需要纪念馆积极汲取各方面经验，增强实践能力，开拓创新，在提升名人纪念馆影响力的同时，充分发挥好它的功能和作用，实现它应有的价值和意义。

参考文献

[1]冯林芬：《浅谈如何发挥红色纪念馆的教育功能—以盐城新四军纪念馆为例》，《黑龙江史志》，2014年第3期。

（刘卉，江苏省淮安市淮阴区博物馆工作人员）

浅议名人故居纪念馆
对名人思想的传播与价值实现

赵菊梅　达温阳

摘要：名人故居纪念馆作为我国博物馆的一个重要组成部分，承担着参与社会变革和发展的神圣使命。社会发展需要正能量的传递，与一般的博物馆相比，名人思想是名人故居纪念馆所拥有的独特的教育资源，是名人故居纪念馆在公众教育中能够承担起传递正能量的先天条件。本文结合名人故居纪念馆的发展实例，指出以多种方式将研究成果反馈给公众，可以更好地实现名人思想在名人故居纪念馆公众教育中的广泛传播，并进而通过传递正能量来实现其独特的社会教育价值。

关键词：名人故居纪念馆；名人思想；传播；价值实现

在当今时代的发展和社会需求中，博物馆教育在公众教育中扮演着越来越重要的角色。从社会需求出发，为社会的变革与发展服务已成为博物馆教育具有前瞻性和指导性的目标之一。名人故居纪念馆作为我国博物馆的一个重要组成部分，也承担着参与社会变革和发展的神圣使命。几乎任何时候，社会的发展都需要正能量的传递，与一般的博物馆相比，名人思想是名人故居纪念馆所拥有的独特的教育资源，是名人故居纪念馆在公众教育中能够承担起传递正能量的先天条件。

一、名人思想在名人故居纪念馆公众教育中的地位与价值

不同的教育资源能够发挥不同的教育作用。作为名人成长的记录

和文化创造的见证物，作为民族精神和民族文化优秀代表的物质载体，名人故居纪念馆以其深厚的历史文化内涵和得天独厚的资源优势以及始终伴随着民族精神的拓进与文化创新的发展旋律，它正通过自身实践在公众教育中发挥特殊的作用，也为推进社会的变革与发展作着不懈的努力。在名人故居纪念馆的公众教育活动中，名人思想作为其独特的教育资源，拥有得天独厚和无可替代的地位与价值。

（一）名人思想是名人故居纪念馆公众教育所拥有的独特的教育资源

名人是浓缩的历史，是时代精神的集中体现。名人作为时代的楷模，他们的思想和品质是引领时代的精神向导，对广大人民群众有着重要的教育意义。一般来讲，凡是值得设立纪念馆进行纪念的人物都是社会各个领域内的精英。[1]他们在社会中得到了很高的评价，作出了很大的贡献，拥有一定的社会地位，代表了社会前进的方向。因此，纪念馆所纪念的人物所反映的精神具有公众需要的现实意义。纪念馆通过传播精英的事迹、传播精英人物的精神，能够对社会公众实现其重要的历史意义、现实意义和教育价值。

20世纪是中国历经沧桑，发生翻天覆地巨大变革的一个世纪。名人的存在，使得现代中国的历史更加丰富多彩。他们身上凝聚了中华民族的智慧结晶。他们不仅有勤劳善良、坚韧不拔、聪明睿智的共性而且有鲜明个性，其在各处的领域，造就了一个又一个的辉煌事业，给人类留下了无穷的精神财富。例如我们所熟知的对外开放的20世纪名人故居纪念馆有：湖南韶山的毛泽东故居，天津的周恩来、邓颖超故居，四川广安的邓小平故居，广东中山市翠亨村的孙中山故居，北京的鲁迅故居、郭沫若故居、宋庆龄故居、矛盾故居、老舍故居、梅兰芳故居，等等。这些名人中毛泽东和周恩来是中华人民共和国的主要领导人，邓小平是中国社会主义改革开放和现代化建设的总设计师，孙中山是中国近代民主主义革命先驱，宋庆龄有"20世纪伟大女性"之誉，鲁迅有"民族

---

[1]苏东海：《人物纪念馆的基本特征是什么》，《中国博物馆》，2002年第1期。

魂"之称，郭沫若是文化巨匠，茅盾是"伟大的革命文学家"，老舍是"人民艺术家"，梅兰芳是京剧大师。他们的生命与中华民族的命运息息相关，他们是民族精神、民族文化的优秀代表。可以说，他们的故居纪念馆是民族文化遗存的重要载体，有着深厚的历史文化内涵和鲜明的民族特色，既是一代名人留给世人的遗迹，又是具有深刻历史文化内涵的城市历史坐标。

在我国，有不少已开放的名人故居纪念馆被各级政府、有关部门列为爱国主义教育基地。名人在他们成功的道路上所留下的奋斗足迹，对于不同年龄、不同职业、不同文化层次的观众都有一定的教育和启发意义，他们所高扬的独立、自由、民主的旗帜，所表现出的民族情感和爱国牺牲精神，为追求真理而不懈努力的高尚品格和情操，正是开展爱国主义教育、增强民族凝聚力的宝贵教材。观众可以在名人的故居中增长知识，获得教益，汲取精神营养，坚定为美好事业而奋斗的决心和信心。

（二）承载着名人思想的名人遗物，是名人故居纪念馆进行公众教育、传播名人思想的物质基础

名人住过的房屋和保留下来的物品，可使观众睹物思情，接触故居主人所处的社会环境和他们的精神世界。毛泽东、周恩来、邓小平、孙中山、宋庆龄、李大钊、鲁迅、郭沫若、茅盾、老舍、巴金、梅兰芳、徐悲鸿、朱自清……这些历史名人，虽然处于不同领域，他们的成就、思想、风格、情怀各有不同，但他们不仅仅是一个个体的人，更是代表了一个时代的先进思想、先进文化和民族风范。他们的追求是中华民族的崛起和繁荣，其为国家、为民族作出了不朽的贡献，他们的爱国情怀、理想追求、价值取向影响了一代又一代人。他们人生的重要阶段遗留下来的典型实物，往往能使观众睹物思人，把人引入纪念的深处。特别是那些比一般文物凝结着更多纪念内涵、作为浓缩了被纪念者精神面貌的特殊纪念物，例如毛泽东和杨开慧在武汉从事革命活动时所用的箱子、夏明翰和夫人郑益使用过的蚊帐、宋庆龄用过的"中国民权保障同盟主席印"、鲁迅石膏遗容等，都会让人有亲近感。这些纪念物比普通文物凝结着更多的纪念内涵，浓缩着他们的精神面貌，成了人们参观纪念馆时必看的实物，让观众睹物思人、难以忘怀。纪念馆正是凭借着这些感人至深的纪念物，给前来参观的人们留下扣人心弦的记忆、震动人心的印象，给观众带来身临其境的感受，使之难以忘怀。

当走进名人故居纪念馆时，人们就会感受到名人的思想、文化以及人格的魅力，受到心灵的启迪。名人故居纪念馆保存和收集的大量与名人有关的珍贵文物，是我们民族的精神财富和文化遗产，也是我们在当今及以后研究、宣传名人思想和先进文化的物质基础。这种名人故居纪念馆具有的宣传、教育作用，以及名人故居纪念馆给予世人的亲和力，是其他教育机构难以替代的。名人故居纪念馆可以依据社会的需求，充分利用自身的文物资源，用先进的政治思想和教育理念激活我们民族伴随着名人的那一段段光荣与苦难并存的记忆，使历史名人焕发现代青春，为我国社会主义文化建设添砖加瓦，为民族的发展注入力量。

（三）名人思想的当代价值，使得社会发展赋予名人故居纪念馆通过公众教育来传递正能量的时代责任

正能量，是一个能够让人备感温馨的词语。能量这个原本隶属物理学科的词汇，如今正逐渐延伸为一切给人向上和希望、使人不断追求、让梦想变成现实和生活变得圆满幸福的动力和感情。正能量是大爱和博爱，是对祖国的热爱，是对生活的珍爱，是对他人的关爱。可以说，任何一种积极向上的因素，只要能够起到推动和维护社会文明进步的能量都堪称中国社会的正能量。而中国的社会，正处于大转型的现在进行时，许多发达国家的价值观念和生活方式不断影响到人们特别是青少年的理想信念、思想行为和道德准则等精神层面，使他们的价值取向和审美心理在发生偏移。文化娱乐化、历史虚无化、语言失范化、艺术消费化等种种不良的文化生活方式正在消解人们对于优秀传统文化的理解和继承。

当前，社会的发展需要"正能量"占据人们的精神高地，构建社会主义核心价值观理论体系需要"正能量"的集结，全面建成小康社会更需要"正能量"的凝聚。用正能量纠正社会弊端，用正能量面对新情况、新问题，解决新矛盾，是重构道德体系的需要，也是社会和谐文明进步的需要。此时，名人故居纪念馆——这类富集社会发展所需"正能量"的专门机构，更应该充分利用其得天独厚的教育资源，开展广泛深入的社会主义核心价值观教育，向社会释放"正能量"、为观众输入"正能量"，使名人身上具有的这种能够推动社会进步的"正能量"代代相传，引导社会成员建立正确的价值判断标准和行为取向，从而为推进社会的变革与发展作出不懈的努力。

二、名人思想在名人故居纪念馆公众教育中传播与价值实现的途径

名人思想在推进社会文化建设的进程中，有着永不褪色的价值。肩负着文化构建与传承使命和责任的名人故居纪念馆，应该充分利用良好的教育资源优势，顺应社会时代发展潮流，通过各种渠道将名人思想以多种形式传播给公众，以提高民众素质，更好地发挥传递社会正能量的教育作用，从而实现名人思想的当代价值。

（一）创新形式，将最新的研究成果及时转化为陈列展览反馈给公众

陈列展览是博物馆最基本的宣传展示方式。创新形式，需要做到人无我有，人有我新，高质量地打造独具特色的陈列展览，使展览通过人物的精神感召力而达到教化的效果，这也是发挥名人故居纪念馆教育作用的主要手段。

由于名人故居纪念馆大都是以名人的故居为依托建立和发展起来的，因此名人故居纪念馆的陈列展览往往都具有以复原陈列和主题展览为相互协调、相互呼应的基本陈列形式。例如张氏帅府博物馆的基本陈列就紧密围绕帅府的历史内容而展开，其中以大青楼、小青楼、赵一荻故居、张作霖早年办公室等为代表的整体复原陈列，真实地再现了帅府当年生活及办公的历史场景；以"百年张学良"、"张作霖与张氏家族展"、"张学思将军业绩展"等为代表的专题陈列展览则再现了张氏父子及其家族跌宕起伏的传奇人生，全面揭示了帅府所积淀的历史和人文

内涵。

　　但是，名人故居纪念馆仅有这些最基本的陈列展览是远远不够的，要想更好地发挥名人故居纪念馆在传递社会正能量方面的独特作用，还需要我们紧扣社会主题和公众需求，不断创新形式，通过引进展览、合作办展等多种模式，经常举办各种临时展览，增强名人故居纪念馆的吸引力和活力。在这方面，北京的八家名人故居纪念馆，自2000年以来，利用各馆优势、整合资源，面向社会、面向基层，每年均以联盟的形式结合时事热点推出相应的主题系列展览，为我们提供了成功的范例。如2009年，北京宋庆龄故居、李大钊故居、鲁迅博物馆、郭沫若纪念馆、茅盾故居、老舍纪念馆、徐悲鸿纪念馆、梅兰芳纪念馆联合举办了"文化名人与新中国"的展览，集中展示了八位名人为新中国成立作出的特殊贡献，昭示着他们是中华民族文化承前启后的秉烛人，是中华民族永远的骄傲；[1]2012年举办了以"为中华民族崛起文化名人的爱国情怀"为主题的展览，充分展现了八位文化名人身上所体现的爱国主义精神及其为中华民族文化传承所作出的卓越贡献。[2]2013年，这八家名人故居纪念馆又联合在"5·18国际博物馆日"期间推出了"20世纪文化名人的中国梦"系列文化活动。此次系列文化活动主要包括三大主题展览。其中"创造辉煌——文化名人与文化创新展"以图文并茂的形式，全面展示8位文化名人在文化创新上的成就；"20世纪文化名人的中国梦"集中展示了八位文化名人的爱国主义精神、改革创新精神和实干兴邦精神；"中华名人展"通过实物和图片的形式，介绍了这八位历史优秀人物的生平业绩和他们留给人类的宝贵文化遗产，生动地讲述了中国文化，讲述了百年来的中国历史。[3]这些活动均以名人故居为依托，以名人事迹为主线，利用自身文化优势，配合公民道德建设实施，在解惑中华名人

---

　　[1]陈朝霞：《"文化名人与新中国"再现历史》，《宁波日报》，2009年9月11日第A8版。

　　[2]周胜涛、张宏兵：《北京八大名人故居展览江苏泰州首次巡展》，中国旅游新闻网，2012年5月23日。

　　[3]《8家名人故居纪念馆联合推出"20世纪文化名人的中国梦"活动》，《中国文物报》，2013年5月8日第二版。

文化的先进元素、传播名人文化、传承名人精神，满足当下社会政治需求和公民成长需求，提高公民文明道德意识，传递社会正能量方面发挥了巨大的作用。这种以联盟形式推出的系列巡回展览，一年一个主题，使博物馆的馆际合作从以往的单向或双向变成了多向，从"静态"的引进来展示，向"动态"的合作交流转变，不仅形成了名人故居纪念馆特有的文化团队和文化品牌，极速地扩大了纪念馆的社会影响力，而且在博物馆业界也起到了很好的示范和带动作用，得到了社会各界的广泛赞誉。

（二）与媒体联合，将专业的学术研究成果以通俗易懂的方式传播给公众

媒体是博物馆传播学中最重要的因素之一，也是博物馆更好地实现其公共教育目标的关键因素。在这方面，张氏帅府博物馆作出了有益的尝试，取得了良好的效果。2009年，我们与《辽沈晚报》联合推出了100期独家特报的《大帅府钩沉》栏目；2013年，我们又与《华商晨报》联合推出了《大帅府揭秘》的栏目。

一般来说，博物馆相关专业的研究具有较强的行业特征，大多数研究成果的读者群较为狭小和固定。联合媒体、优势互补、长期坚持，将专业的研究成果转化为通俗易懂的文化知识，满足广大群众的文化需求，将使博物馆的社会影响力和文化影响力大大增强。

张氏帅府蕴藏着丰富多彩的历史文化资源，过去人们了解这些知识，多从民间传说和专家介绍两个渠道获得。民间传说往往随意性很强，很多地方有夸张、不实和添枝加叶的演绎成分，而专家的文章又过于专业，艰涩难懂，缺乏趣味性，普通老百姓在理解上有一定的困难，也不愿意看专业性太强的研究文章。因此，长久以来，人们对张作霖、张学良的相关历史知之甚少或存在错误的理解。为此，我们选择了将学术论文通俗化、故事化的方法，先后与《辽沈晚报》和《华商晨报》联合推出独家特报的《大帅府钩沉》和《大帅府揭秘》的栏目，力争化繁为简，浅显易懂，深入人心，让更多的人了解这段历史，了解张氏帅府博物馆。

　　我们选择合作的《辽沈晚报》和《华商晨报》是辽沈地区的主流媒体。与他们合作，能够借助媒体在公共教育中的导向作用，宣传并主动推广名人故居纪念馆的公共教育项目，从而吸引最多的关注，引发更大限度的参与。对此，张学良研究专家、温州大学教授王海晨说："'大帅府钩沉'就像复制了的博物馆，它将实体的博物馆搬进了千万家。"他称赞道："张氏帅府博物馆推出的'大帅府钩沉'栏目有深度、有广度，开创了三个第一：新闻史上的第一，沈阳历史上的第一，博物馆史上的第一。它用最少资本投资扶持了千百个'家庭'博物馆，这个博物馆是'长脚'的，可移动的，是百姓版本的历史教科书。"可见，博物馆走进媒体，能够延展博物馆公共教育的时空，使博物馆公众教育的广度和深度大幅度提升，最大化地发挥博物馆为社会和社会发展服务的作用。

　　当然，名人思想在名人故居纪念馆公众教育中传播与价值实现的方式和手段还有许多，将名人故居纪念馆的公共教育和社会教育、学校教育相结合，也能够延伸和拓展其公共教育的广度和深度。如名人故居纪念馆可以将精心组织的流动展览和文化讲座有计划地送进社区、学校、部队、工厂等，建立起名人故居博物馆与社区、学校、部队、工厂等机构文化互动的长效机制；名人故居纪念馆还可以建立"博物馆之友"，开展志愿者招募活动，等等。总之，名人故居纪念馆要努力将自己的公共教育网络覆盖到几乎所有可能的人群，在新的社会发展形势下，依据社会的需求，最大限度地利用名人思想的当代价值，发挥其传递正能量的社会教育作用。

　　（赵菊梅，张氏帅府博物馆研究室主任；达温阳，张氏帅府博物馆宣教部副主任）

论革命类纪念馆如何通过与社会
公众的互动实现红色文化传播

——以平津战役纪念馆为例

王 悦

摘要：博物馆作为一个教育场所，其展陈呈现给观众的不仅仅是展品，更是其背后的深厚文化，博物馆在公众教育中需要起到文化传播的作用。1974年在丹麦哥本哈根举行的国际博物馆协会第十一届大会对博物馆给出了一般性定义："博物馆是一个不追求营利的、为社会和社会发展服务的、向公众开放的永久性机构，为研究、教育和欣赏的目的，对人类和人类环境的见证物进行搜集、保存、研究、传播和展览。"其中就提到了博物馆有对人类和人类环境的见证物进行传播的功能，而人类和人类的见证物本身就是所谓的文化，因此博物馆有责任、有义务将蕴含在各种人工制品和自然标本中的文化与自然信息传播给来馆参观的人，起到文化传播的作用。

关键词：博物馆；平津战役纪念馆；文化传播

　　文化传递是文化在时间上的纵向延伸。文化的传播是文化从一部分人群到另一部分人群、从一个区域到另一个区域的扩散，是文化在空间上的横向流动。文化的传递、传播是文化发展的重要机制，是文化得以积累、交流，并不断创新、日益丰富的基础。文化的传递、传播同时也是人对文化的一种分配和享有，是人与人之间的文化互动，对个体社会化具有重要意义。文化的传递、传播都要通过一定的中介来进行，在众多的中介部门中博物馆具有它独特的地位与作用。博物馆是人类文化高度发展的产物，它发韧于人类社会对文化遗存的珍视，自诞生以来，其功能在最初收奇藏珍的基础上不断扩展，最终成为集文物收藏、科学研究、宣传教育等为一体的重要的公众性社会文化机构。博物馆的收藏、科研、教育，归根结底都是对文化的储存、整理、研究和传播。名人故居、革命纪念馆作为我国博物馆的一个重要组成部分，承担着参与社会变革和发展的神圣使命。社会发展需要文化正能量的传递，与一般的博物馆相比，革命类纪念馆的功能主要是纪念，而纪念的目的是教育，教育的重点在于向公众进行爱国主义精神内涵的传播。拥有独特的红色文化教育资源，是其在公共教育中能够承担起传递红色文化的先天条件。然而如何更好地发挥革命类纪念馆的文化传播功能，正是我国许多革命类纪念馆所面临的问题。本文以平津战役纪念馆为例，拟就如何通过革命类纪念馆与社会公众的互动实现其红色文化传播这一问题谈些粗浅看法，以就教于专家学者。

一、提高展览的质量，密切与社会公众的联系和沟通，激活红色文化基因的传播，拓展博物馆的生存空间，是时代对博物馆的一大要求

不同的民族具有不同的文化，不同的地域也具有不同的文化，文化只有能够保持住它独有的特性，才能有望让文化永远地延续下去。作为当代博物馆无论是一个城市的博物馆还是一个地区的博物馆，它首先要能够反映本地区独有的文化特色。通过博物馆的文化传播功能让后代人了解和感知前人的文化，目的就是能够更好地去传承和发扬自己的文化特色，从而去更好地建设当代文化。对于各地的博物馆而言，突出当地文化特色似乎并不太难，因为每个地方的展品（文物）本身就具有不同于其他地区的特征。但是，真正想把展览做得有特色、吸引观众也并非易事。因为除了秦始皇陵铜车马、曾侯乙编钟、马踏飞燕这些闻名遐迩的国宝级文物外，如果没有一个内容丰富精彩的展览的衬托，一般观众是不会"挤破脑袋"凑着展柜看的。所以，展品是博物馆文化传播的载体，展览则是博物馆实现文化传播的重要根源。平津战役纪念馆自1997

年开馆以来，多位党和国家领导人先后莅临，上千万观众前来参观学习，先后荣获"全国爱国主义教育示范基地"、"全民国防教育工作先进单位"等二十余项荣誉称号。为了铭记平津战役的光辉历史，更好地发挥爱国主义教育基地、传播红色文化的作用，平津战役纪念馆展陈定位于全方位、多视角挖掘平津战役爱国创新的精神内涵，整合馆内外文物资源举办临时展览，深化陈列展览形式增强博物馆的吸引力，带动了研究、收藏、服务、教育、宣传等工作。在抗日战争胜利70周年的纪念日，平津战役纪念馆精心为观众准备了6个抗日系列专题展览，连续推出"见证抗战图片展""侵华日军芷江受降展""抗战中的八路军"等临时展览。让观众在这里重温历史，缅怀英烈，颂扬革命先辈的丰功伟绩，使纪念馆的文化遗产"活起来"，激活文化库存，促进了观众思想情感的升华。从某种意义上说，博物馆陈列就是展陈设计者与观众之间的互动交流。因此，近年来纪念馆尽量避免那些简单说教的图片式的低水平的展陈，在数量增加的基础上，要向好的精品的展陈方向努力。由平津战役纪念馆申报的"天津市《踏寻雷锋足迹》大型展览及基层巡展活动"最终荣获2012年度天津市最受市民群众欢迎的精神文明建设项目。

　　文物展品具有丰富的情感内涵。展陈设计的交流互动，包含两个层面：首先是人与展品的互动，其次是人与人之间的交流。随着科技手段的发展，展示形式远远超越了传统的图文展板的静态展示，模型演示、景观再现、视频展播、幻影成像、主题剧场、互动体验项目等动态展示，通过视觉的新颖性和冲击力，很容易激发公众主体参与意识，唤起共鸣，达到获取知识或陶冶情操的最终目的。平津战役多维演示馆是目前亚洲第一大球体建筑，高43米，直径50米，它运用声、光、电高科技与多元化视听艺术手段，把全景式超大银幕环球电影与背景画和展场微缩景观结合起来，创造出新颖、独特的视听艺术形式，气势恢宏地演示了平津战役的多维空间历史画面，激发了观众兴趣；为了贴紧教育主题，抢抓发展机遇，创新工作思路，增加教育载体，不断增强吸引力和感染力。在天津市委市政府的亲切关怀和部队有关单位的大力支持下，1998年，商请空军为纪念馆捐赠了"红旗-2"号地空导弹，"歼5"、

"歼6"飞机等三件大型退役兵器展品。2000年,商请海军向纪念馆捐赠了包括"62丙型"护卫艇、"轰-5"飞机在内的海军大型退役兵器13件。在此基础上,建成了目前国内地方博物馆中规模最大、兵器种类最多的大型室外兵器展场——平津战役纪念馆军威园。军威园的建成,扩大了教育载体,丰富了展示内容,同时也为天津市增添了一处新的文化旅游景点。

世界上有千奇百怪的各种博物馆,这些博物馆存在的理由就是它们满足了人们对各种新奇事物探知的诉求。我们都说"真、善、美"是人们精神世界追求的总目标,博物馆就是展示真、善、美的场所。博物馆的休闲娱乐功能和博物馆陈列展览职能密切相关,"寓教于乐"这个成语应该是博物馆展陈设计的座右铭,也是检验博物馆这方面功效的基本尺度。博物馆的展陈在坚持正确的政治方向前提下必须面向观众,迎合观众,由"我展什么,你看什么"向"你看什么,我展什么"转变,尽力满足人民群众精神文化的需求,获得理想的文化传播效应。

二、采取多级互动式传播是博物馆联系社会、培养观众、传播文化的有效途径

在社会经济文化高度发展的今天,门类繁多的博物馆大量涌现,博物馆在社会文化领域的价值导向作用日益凸显,越来越多的人把博物馆作为信息交流、获取知识、接受教育的文化场所。在许多时候,博物馆人想将自己明白的东西表达出来,但受众未必明白。这表明,科学研究与科学普及并非一回事。如果说科学研究的目的是让自己变得明白的话,那么,科学普及的目标是将自己的明白转化为观众的明白,这往往需要恰当的传播技术的支持。当人们走进博物馆时,讲解员的讲解常以展览布置为主线讲解知识,而观众喜欢听的是文物本身以及与之相关联的人、事等全面的知识信息。技术的应用对观众的吸引力远远低于对馆方的吸引力。人与人之间并没有密切地联系在一起,要想让文物"活起来",首先得把博物馆对观众的单项传输变成双向互动,让博物馆人的主观意志为观众的客观需求所导向,观众对文物的情感活起来了,文物才能真正活起来。博物馆与

社会公众的信息交流已经不再是单向直线性传播，而是一种多级互动式传播，加强对服务标准化和服务对象的研究是博物馆联系社会、培养观众、传播文化的有效途径。博物馆服务标准化包括"硬件"和"软件"两个方面，为此平津战役纪念馆制定了一系列自己的服务标准。十余年来，纪念馆坚持加强学术研究，积极组织开展文物回访和征集工作，不断夯实业务基础。深入挖掘已有藏品的文物内涵，建立了文物档案。继续征集涉及平津战役史等相关的革命文物。开馆后，社会各界踊跃捐赠，文物征集工作也取得了较为丰硕的成果，共征集各类文物、文献资料811件（套）。注重基础设施建设，每年定期对室外各种艺术雕塑、大型兵器展品以及演示系统、变电系统、中央空调系统和消防监控系统实施维修养护。认真搞好绿化和场馆卫生工作，为观众创造整洁、优美、舒适、安全的参观环境。2006年，被天津市民评选为"我心目中的津门新十景"。博物馆与公众之间沟通的一个重要桥梁是博物馆讲解员，纪念馆规定一年365天除天气原因外每天讲解员都要在纪念馆门前举行早晨操练仪式。着装标准化、举止文明化、讲解个性化的讲解员成了纪念馆的形象大使。在党的十八大召开前夕，纪念馆迎来了红色旅游高峰。宣教部讲解员创新宣讲形式，创编了具有天津特色的快板和相声，新颖的宣讲形式受到观众的欢迎，也更加生动地宣传了平津战役。

英国的肯尼斯·赫德森说："好的博物馆基本上是一个永不停歇的实验室，在这里检验的结果使人能以更充实的知识开始下一次的实验。反馈要有价值的话，必须是连续不断的，而且首先它必须转变为行动。这样，观众虽然也许并没有意识到，然而正是他们在创造着自己的博物馆。"由此可见，博物馆观众的满意度测量要成为一种制度。国外博物馆早在19世纪末就展开了观众调查，1897年，德国的弗贺奈尔即用问答的方式，了解观众对艺术作品的反应。博物馆观众是一个动态的群体，博物馆必须重视观众调查和信息反馈。几年来，纪念馆采取走出纪念馆的调查、利用多种信息渠道的调查、联合式调查、奖励式调查等多种调查手段，就博物馆观众基本构成、观众行为分析、博物馆及其展览信息的传播途径等方面进行广泛的科学调查，不仅使纪念馆活动贴近群众生活，而且为纪念馆宣传和教育活动的开展提供了宝贵的参考和借鉴数据，促进了纪念馆的发展。

三、实现市场化，加强国际间的交流，让博物馆和社会公众产生情感的互动，最大限度地发挥博物馆的教育职能

随着经济体制改革的不断深入，中国经济市场化的速度日趋加快，博物馆事业也面临挑战，固步自封、拘泥于旧式模式，显然难以适应现代化社会。博物馆不但要注重凸现自身特色，在特色品牌中赢得观众，而且还要通过市场化的运作来推销自己，从而达到最大限度地发挥革命纪念馆应具有的教育功能。为此，博物馆必须改变传统单一的封闭运行模式，应充分发挥自身优势，在确保文物安全，弘扬主旋律的前提下，面向社会、面向观众，主动服务于社会，在服务中获得生存与发展的新的市场化运营方式，从而促使博物馆加强自身与公众和市场的联系。与企业在市场上的竞争要依靠名牌产品同理，面对市场的博物馆也需要树立自己的品牌，最大限度地获取社会效益和经济效益。这就要求博物馆树立精品意识、品牌意识，通过多出精品，打造品牌，增强自身的竞争力，形成品牌效益。红色文化阵地特别是作为爱国主义教育基地的博物馆，培育和弘扬社会主义核心价值观的一个重要方式，就是创作并推出更多更好的红色文化精品，用一系列思想性、艺术性和观赏性相统一的红色文化精品使我们的红色基因活起来、传下去。例如平津战役纪念馆注重突出解放战争文化特色，坚持走革命纪念地与旅游观光紧密结合的发展之路，精心规划和建设红色旅游经典景区，深入挖掘培育红色文化内涵和精神实质。在培育和弘扬社会主义核心价值观过程中，作为红色文化阵地的纪念馆成了党员干部了解党的历史、加强党性锻炼的重要场所，成了广大群众增强爱国情感、培育民族精神的重要阵地，成了青少年学习革命传统、陶冶道德情操的重要课堂。近年来，纪念馆积极充实教育内容，丰富陈展形式，开展网上数字展馆建设，努力争创精品工程，从而实现以特色树品牌，以品牌促发展的良性循环发展。

从文化角度来说，每一座博物馆的收藏是不一样的，所以每一座

博物馆都代表着一种文化；从宏观角度看，把所有的博物馆拼在一起，就可以看出博物馆保护了文化的多样性。在全球经济一体化形势下，信息传播在加快，更多资源在共享。对国家和城市的个性化文化遗产的宣传与展示，在世界上越来越受到重视。世界的多样性是人类文明的基本特征，也是当今世界充满生机和活力的重要条件。而另一方面，社会制度、意识形态、发展模式等方面的差异，又可能成为人类文明对话的障碍。众所周知，文化是一个民族的根基，深深熔铸在民族的生命力、创造力和凝聚力之中，影响着民族的发展道路和前进方向。因此，促进不同文化之间的交流，可以消除偏见和误解，有效增进理解和借鉴，从而促进世界的和平与发展。国家主席习近平2013年同俄罗斯汉学家、学习汉语的学生和媒体代表会见时就谈到："文化就像一个绵延不断的河流，源头来自远古，又由许多支流、干流汇合而成。文化交流是民心工程、未来工程，潜移默化、润物无声。"具体而言，文化交流的形式多种多样。改革开放以来，我国在文化艺术、科学技术、政治经济、民族宗教、教育管理、新闻出版、学术研究等领域的跨文化交流蓬勃展开。其中博物馆交流是不可或缺的一种重要方式。随着社会的发展变迁，博物馆也承担了更多的社会责任，不再只是专注于呈献自身的文化，充分利用博物馆现有的馆藏资源，通过"走出去，送上门"的办法，适时举办一些国际性交流展览是展示中国博物馆良好形象、扩大博物馆社会影响的一项重要举措。为纪念反法西斯战争胜利65周年，2013年12月18日，由乌克兰伟大卫国战争国家历史博物馆与平津战役纪念馆联合主办了《战火中的乌克兰》专题展览。此次展览共分"巴巴罗萨强敌入侵"、"同仇敌忾浴血奋战"、"惨绝人寰英勇不屈"、"红旗飘飘胜利反攻"、"牢记历史珍惜和平"等五个部分，通过200多幅历史照片，辅以平津馆馆藏的二战期间苏式枪械等历史文物，讲述了乌克兰军民在历时五年的反法西斯战争中那些血与火的感人故事，弘扬了乌克兰人民英勇不屈的民族精神，进一步揭露了法西斯的暴行，反思战争给人类带来的创伤，呼吁世界人民要珍视和平、热爱和平。该展览的举办，增进了中乌两国、天津与基辅两个城市间的文化交流与合作，成功地搭建了不同文化、不同文明平等对话的平台，促进了学术交流和人员交往，使纪念馆的窗口作用更加凸显。

四、深度开发博物馆服务项目，与公众对话，为公众服务，提高博物馆的社会化服务水平

南京博物院张小朋主任在《漫谈博物馆为什么》一文中写道："（博物馆里）大量的藏品藏于深闺，或仅仅以宝物的形式展示给观众，在留下对艺术或工艺的赞叹后，普通的观众并没有得到更多的有用价值，因为博物馆割裂了物与物的关系，割裂了物与人的关系，割裂了人与人的关系，只有将这些弥补起来，才能创造博物馆的活力。""人类所有的行为是受情感支配的。一场两个小时的电影能让人泪眼婆娑，为什么同样是精神文化产品的展览，就很难让人热泪盈眶呢？这就是因为博物馆的展览没有和观众有情感的联系。"读了这段话，笔者真的很有感触。在博物馆智慧化建设进程中，我们如何用寓教于乐的服务项目去弥补诸多的割裂，让它们相互贴近，相互联系，让博物馆和社会公众产生情感的互动呢？

这正是我们未来要解决的问题。2008年，在全国普遍推行博物馆免费开放政策以来，文物系统特别是博物馆进一步深化了对社会服务功能和作用的认识，努力加强博物馆社会服务能力提升，博物馆正在由过去的以物为中心，以藏品为中心，以研究为主，朝着以人为中心，以教育为中心，关注人与人、人与物、物与物的交互方面转变。与公众对话，为公众服务是中国博物馆发展的一个趋势。如今的观众来到博物馆已经不是为了寻找一个权威，而是寻求一种对话；不仅是为了获得某种知识，更是为了一种体验，可以是审美、学习、发现，也可以是娱乐、休闲和社交。博物馆则是要提供这样一种对话和体验的平台。因此，博物馆不应该只关心自身收藏，而应该更多致力于公共服务，应重视公众的参与，开发更多的教育项目，并应成为一个"有活力的地方"，在此观众可以找到"乐趣和愉悦"，产生情感上的互动。平津战役纪念馆自开馆以来，始终关注以先进的技术、新颖的方式吸引更多观众参观博物

馆，充分利用天津解放日、清明节、"五四"、"七一"、"八一"、"十一"等重大节庆纪念日举办新兵入伍、宣誓、授衔、老兵退役；入党、入团、入队、成人仪式、升国旗仪式等主题鲜明、内容丰富，形式多样的教育活动1000多次。先后推出展览20余个，积极开展展览交流活动，先后赴北京、河北、山东、江苏、浙江、福建、宁夏、内蒙古等20多个省市进行巡回展览；大力加强未成年人思想道德教育，组建平津战役史宣讲团，配合大中小学校德育课程，开展宣讲活动，为学生们献上了一台台精彩的红色文化展演，受到了老师们和学生们的热烈欢迎；国防教育是关心到国家生死存亡的社会工程。中外历史发展的经验一再证明，国防教育对于国家的兴衰存亡具有十分重要的作用。"天下虽安，忘战必危。""居安思危，思则有备；有备无患。"作为国防教育基地的纪念馆为了弘扬爱国主义精神，普及国防教育，在馆区内设立了军事体验园。体验园科普区以中国人民革命军事博物馆等主办的"国庆大阅兵回顾展"为主体，展现新中国史上历次阅兵大典的雄伟场景。在这里，近百件先进的武器装备模型集体亮相。其中，按1：1比例精心打造的"歼10"战斗机、"武直10"直升机、"中国99式"主战坦克和"东风21"导弹车雄踞在此。在国防文化展区，展示了大量珍贵的历史档案和影像图片等资料。在体验区和挑战区中，参与者可以近距离观看并体验战斗机飞行模拟器。现场还配备有基于当下科技界热点AR技术的互动游戏。参与者可身临其境，变身"猎鹰勇士"。除此之外，还有航母保卫战、索马里护航、宇宙探险、无敌神枪手、神威导弹兵和守卫钓鱼岛等众多精彩体验项目，吸引了不少孩子和家长前来近距离感受，他们在这里穿军装、打枪靶、体验模拟器，一圆成为小战士的梦想。通过以上活动，在公众与纪念馆之间建立起沟通的桥梁，纪念馆与公众双方的社会互动提升了纪念馆的公众教育与服务这一社会职能，真正实现了大众化的普及教育。

随着参观规模增长和观众结构呈现多元化，服务需求也呈现多层次、多样化。在现代市场经济条件下，衡量博物馆建设质量的好坏主要标准就是看其是否能够广泛地适应不同层次公众的需求。博物馆应树立公众至上的意识，积极探索丰富服务项目的形式和内容，加强服务项目的系列化、系统性，充分体现与公众互动、交流，为公众服务的理念，使博物馆由"旧遗产投影机"羽化为"新文化发生器"，促进博物馆事业的社会化服务。

文化传递是文化的纵向积累与传承，文化传播是文化横向的交流与融合，它们纵横交织构成了文化发展的源泉与动力，使一个社会既能保持传统优秀文化因子，又能吸收外来先进文化，从而实现文化的发展与进步。博物馆在文化传递与文化传播方面都负有重要任务，在文化积累与文化交流方面都具有广阔天地。做好红色文化的传播是每个革命类纪念馆义不容辞的责任与使命。新媒体交互式、数字化的传播方式不断推动着博物馆未来发展的新方向，给博物馆带来了举足轻重的影响。在全媒体环境下，革命纪念馆在传播红色文化的过程中除了需要提高工作人员的文化素养外，还要研究传播方法与策略，积极创新传播内容与形式，能够在尊重红色文化本身价值的原则上，达到良好的传播效果，从而使红色文化能够得到更好的传承与保护，实现可持续的健康发展。

（王悦，天津市平津战役纪念馆文博副研究馆员）

参考文献：

1、张文彬《中国博物馆国际化的进程回顾与展望》《中国博物馆》2006年第3期

2、邓健：《论博物馆如何通过陈列展览吸引观众》，《东南文化》，2010年第1期。

3、陈燮君：《新的价值体系中的博物馆文化的力量与智慧》，《浙东文化》，2008年。

4、董琦：《博物馆是社会教育工作不可或缺的场所》，南通大学学报（社会科学版），2005年。

5、桂雅文：《爱上博物馆·导读》广西师范大学出版社2003年版。

6、赵继敏：《经营博物馆理念初探》，中国博物馆，2006年02期。

毛泽东故居的历史文化内涵及其传承意义

刘　伟

摘要：韶山毛泽东故居以其丰富的历史文化内涵吸引着观众。这里的每一样物品都见证了毛泽东的成长，承载着毛泽东对家乡及亲友的思念和情感。毛泽东一生为探寻真理、谋求民族解放和人民幸福而奋斗，综观其人生历程，许多重大历史事件与其故居有密切的联系。本文试对毛泽东故居的历史文化内涵及其现实意义进行研究和探讨。

关键词：毛泽东故居；历史文化；传承；意义

韶山，因一代伟人毛泽东诞生于此而闻名遐迩。越来越多的人们为缅怀伟人的丰功伟绩，探寻伟人的情怀来到韶山。韶山毛泽东故居——韶山村土地冲上屋场，以其丰富的历史文化内涵吸引着观众。人们在这里了解韶山的乡土文化、感受伟人为共产主义理想而奋斗的精神。笔者在韶山毛泽东同志纪念馆从事宣传和研究工作多年，通过本文试对毛泽东故居的历史文化内涵及其现实意义进行研究和探讨。

一、毛泽东故居的历史文化内涵

1893年12月26日，毛泽东诞生在韶山乡韶山村土地冲上屋场。他在这里度过了童年和少年时代。韶山，是毛泽东辉煌人生历程的起点。早年生活环境、求学经历、韶山地域文化对毛泽东人格和心理品质的形成产生了重大影响。毛泽东一生为探寻真理、谋求民族解放和人民幸福而奋斗，综观其人生历程，许多重大历史事件与其故居有密切的联系。毛泽东故居亦因此具有重要的历史意义。

毛泽东幼年大部分时间在湘乡唐家坨外祖父家度过，直到8岁才回到韶山冲。外祖父家以务农为业，在劳动生活中逐步形成了一种善良、淳朴的世风。舅舅文玉钦在家办私塾，经常带他在身边，毛泽东成了一个特殊的"旁听生"，所受的教益比正式生还要多。早慧的毛泽东，在受父亲影响之前，接受了母亲、外祖母、舅父舅母、表兄弟们的影响，形成对人生、处世的最初看法，那就是以真善美来衡量一切。毛泽东的母亲一生勤俭、乐善好施，深受邻里和乡亲们的好评。毛泽东的父亲毛顺生勤劳正直、精明能干，性格倔强。毛泽东故居的碓屋曾是加工谷米的场地，毛泽东和母亲在那里劳动的时候，经常悄悄地从侧门口撮米送给贫苦的乡亲。每当这时，母亲就站在门口"站岗放哨"，一看到毛顺生来了就以咳嗽为暗号，叫毛泽东停止行动。毛泽东1936年10月和美国记者斯诺谈话时说："我母亲是个仁慈的妇女，为人慷慨厚道，随时都愿意接济别人。她同情穷人，并且当他们在荒年里前来讨米的时候，常常送米给他们。但是如果我父亲在场，她就不能这样做了。我父亲是不赞成施舍的。"毛泽东是在父母的教育下成长出来的，母亲教他的善良与博爱，父亲教他的勤俭与坚强，就这样深深植根在他的身上。

毛泽东故居退堂屋中的矮水桶、厨房中的大水缸和碗柜以及几间卧室的床和衣柜等，都是当年保存下来的原物。由于父亲治家严谨，早在少年时代，毛泽东就养成了艰苦朴素的生活习惯，对此，他曾回忆说："我家吃得很俭省……他（父亲）每月十五对雇工们特别开恩，给他们鸡蛋下饭吃，可是从来没有肉，对于我，他不给蛋也不给肉。"韶山人餐餐不可少的一样菜肴就是辣椒，这也是父亲唯一允许不加限制的食物。毛泽东很喜欢吃辣椒，这是他在故乡养成的生活习惯。韶山多产毛竹，所以竹筷子也成为家家户户用餐必备的物品。毛泽东一辈子都用竹筷子，无论自己用餐还是招待客人，他一律用竹筷，甚至出访苏联，他也要带上竹筷。在毛泽东故居的卧室，人们随处可见极具韶山特色的布置：架子床、家织粗布纹帐、印花被、蓝被单。在中南海毛泽东的卧室，木板床、粗布床单、两件打了补丁的棉质睡衣、一双底磨穿了的拖鞋……这些都是毛泽东最喜欢的用品，从不允许身边工作人员随意更换或丢弃。从韶山上屋场到北京中南海，虽然毛泽东已由一个山村少年成为国家领袖，但他一直保持着清贫、节俭的生活作风。

1902年，毛泽东从湘乡外婆家回到韶山，入南岸下屋场私塾读书，启蒙塾师是邹春培。先读《三字经》，接着读《幼学琼林》《论语》《孟子》《中庸》《大学》等。在学了一些字以后，父亲便要他习珠算，并给家里记账。到1906年，毛泽东先后在韶山桥头湾、钟家湾、井湾里等处读私塾。1907—1908年，毛泽东停学在家务农，白天在田间劳动，晚间替父亲记账。劳动，造就了毛泽东健壮的体魄，培养了他吃苦耐劳的精神，更建立了他一生与泥土、与泥土上生长着的农民最贴近的联系。而对知识的强烈渴求，使毛泽东不断拓宽自己的视野。辍学期间，毛泽东坚持读书，经常在自己卧室的桐油灯下挑灯夜读。当时，韶山能借到的书都被他借来读了，为了满足自己的求知欲，他又跑到外婆家去借书读。这期间他读了从表兄文咏昌那里借来的《盛世危言》，书中主张设议院，办商务，讲农学，兴学校，使上下同心，人尽其才，地尽其利，物畅其流，并提出一些富国强兵的主张。他深深地被作者的爱国热情所振奋、鼓舞，被书中描绘的兴旺前景所吸引。少年毛泽东还阅读了一些其他书籍，特别是在读了一本关于列强瓜分中国的小册子之后，他开始意识到努力救国是每个国民的职责。毛泽东在1936年和斯诺谈话时回忆说："也就是在这个时候，我开始有了一定的政治觉悟，特别是在我读了一本关于瓜分中国的小册子以后。甚至现在我还记得这本小册子的开头一句：'呜呼，中国其将亡矣！'它叙述了日本占领台湾的经过，朝鲜、越南、缅甸等国被外国侵占的情况。我读了以后，对国家的前途感到沮丧。我开始意识到，国家兴亡，匹夫有责。"

1910年秋，毛泽东考入湘乡县立东山高等小学堂读书。在离家求学之前，他抄写一首诗留给父亲，"孩儿立志出乡关，学不成名誓不还，埋骨何须桑梓地，人生无处不青山"，以表达一心向学和志在四方的决心。之后，毛泽东在故乡有过几次重要的聚会，时间分别是1921年、1925年和

1927年。在毛泽东故居的厨房，保留了当年用来烧水、煮饭或围坐取暖的火塘。站在火塘边，似乎还能看到毛泽东与家人在这里拉家常的情景。1921年2月上旬，毛泽东从长沙回到韶山过春节。一天晚上，他同大弟毛泽民、小弟毛泽覃、继妹毛泽建、弟媳王淑兰等围坐在这个火塘边，谈论家庭及国难当头民生多艰等情形。他劝毛泽民把家里的事安排好，走向社会，参加革命，舍家为国，舍己为民。几天后，毛泽民随毛泽东到了长沙，被安排在一师附小任校务，同时在该校工人补习学校学习。在毛泽东的引导下，毛泽覃、毛泽建亦于1918年、1921年先后到长沙读书并参加了革命。

横屋，在韶山是供乡亲或家人小聚、休闲娱乐的场地，现陈列于毛泽东故居横屋中的方桌是当年保存下来的原物。1925年2月，毛泽东带着妻子杨开慧和两个儿子毛岸英、毛岸青回到韶山，一边养病一边做社会调查。毛泽东到朋友、同学、亲戚和左邻右舍农家走访，或邀请亲友到故居家中谈家常、讲时事。打牌——包括麻将、骨牌、跑胡，是韶山乡间休闲的重要方式，为掩护和开展工作，毛泽东在自己家的横屋摆起了牌桌。经过同各种人的接触和调查，毛泽东了解到韶山附近农民的生产、生活情况，农村的阶级状况和各种社会情况，同时也向他们讲述国家的政治形势、农民穷苦的原因和摆脱贫困的办法等，启发他们觉悟。这期间，与毛泽东来往较多的有从安源煤矿回来的共产党员毛福轩，贫苦知识分子毛新枚，汤家湾的小学同学钟志申，李氏族校和庞氏族校的小学教员李耿侯、庞叔侃等。不久，毛泽东就在韶山创办了农民夜校，并成立了秘密农协。为了便于开展工作，毛泽东经常在他卧室的阁楼上召开秘密会议。在创办夜校和组织农民协会过程中，毛泽东很快发现和培养了一批积极分子。1925年6月中旬的一个夜晚，在毛泽东故居的阁楼上，钟志申、庞叔侃、毛新枚和李耿侯等几位积极分子激动地坐在毛泽东的周围，听他介绍中国共产党的性质、宗旨、纲领和任务，阐述在农村建立党组织和开展农民运动的重要意义。接着，毛泽东为他们举行了入党宣誓仪式，宣布成立中国共产党韶山党支部，委派毛福轩为党支部书记。毛泽东亲手创建的韶山党支部是我国农村最早、最坚强的党支部之一，在支部成员的领导下，韶山农民有组织地向地主、豪绅开展斗争。至1925年年底，韶山、银田一带发展党员近百人。韶山支部最早的五位成员为革命事业都献出了宝贵的生命，人称"韶山五杰"。1927年1月，毛泽东回韶山考察农民运动，在故居横屋召集农运干部和农民开调查会，了解韶山农运情况。离开韶山时，乡亲们问他什么时候再返故乡，他说：我搞革命是为了无产阶级事业，我所爱、所交的朋友是穿草鞋的没有钱的穷人。我们的革命才开始，要彻底消灭封建地主劣绅，打倒军阀，赶走帝国主义，还得三四十年。革命不成功，我毛润之也不回韶山来了。

1959年6月25日，在离别家乡32年后，毛泽东又一次投入故乡怀抱。回到韶山的三天时间里，毛泽东先后接见了干部和群众3000多人，同时走到田间地头，获得了韶山农村情况和农业生产的第一手材料。临行前，毛泽东在故居与乡亲们及随行人员留下了一张合影。在熟悉的乡亲们中间，毛泽东脸上满是回家的欢欣和喜悦。上屋场，记载着毛泽东的喜怒哀乐，承载着他无尽的思恋，这里有少年顽皮的石三伢子，有携妻回乡的青年润之，有启迪兄弟姐妹走出韶山的大哥，有组建韶山第一个党支部的毛泽东……这片土地铸就了毛泽东正直的人格与品性，培养了他乐观坚强和积极向上的精神，而毛泽东，也给故乡带来巨大的变革！

二、毛泽东故居历史文化传承的现实意义

深入挖掘毛泽东故居的历史文化内涵，其现实意义体现在：传承一种精神，弘扬一种思想，培养一种品德，使其成为广大群众和党员干部学习历史知识、了解革命传统的课堂，成为陶冶情操、提高思想修养的重要场所。

（一）传承爱国主义精神

从青年时代起，毛泽东就具有天下兴亡、匹夫有责的信念，在国家、民族出现危机，人民利益受到损害的关键时刻，他舍身忘我，舍家为国，表现出义无反顾的能动性和坚定性。1921年，毛泽东回到上屋场，在合家团聚时，他教育弟妹们走出韶山，先后投身于革命。1925年2月，毛泽东携妻子杨开慧，儿子毛岸英、毛岸青回到上屋场，这次回来，他将自己融

入劳苦大众当中，唤醒民众翻身求解放。在长期的革命斗争中，毛泽东的大弟毛泽民、小弟毛泽覃、妻子杨开慧、堂妹毛泽建、儿子毛岸英、侄儿毛楚雄先后英勇牺牲。《韶山毛氏族谱》评价毛泽东："阃中肆外，国而忘家。"舍小家为大家，已成为这个家族崭新的辉煌格言。

爱国主义精神，对一个民族的性格、心理和精神有着深刻的影响，铸就了民族的灵魂。在新的时代，我们应赋予爱国主义精神新的内涵，要为富国兴邦努力学习，锐意创新，积极进取，在各行各业成为胜任本职工作的有用之才。

（二）弘扬全心全意为人民服务的思想

毛泽东是践行"全心全意为人民服务"思想的典范。自1910年离开家乡后，毛泽东为确立共产主义的信仰和实现救国救民的理想而上下求索，努力奋斗，但他始终没有忘记家乡及父老乡亲们。1937年11月27日，毛泽东在给表兄文运昌的信中写道："家境艰难，此非一家一人情况，全国大多数人皆然，惟有合群奋斗，驱除日本帝国主义，才有生路。……因为我们的党专为国家民族劳苦民众做事，牺牲个人私利，故人人平等，并无薪水。……我为全社会出一些力，是把我十分敬爱的外家及我家乡一切穷苦人包括在内的，我十分眷念我外家诸兄弟子侄，及一切穷苦同乡，但我只能用这种方法帮助你们，大概你们也是已经了解了的。虽然如此，但我想和兄及诸表兄弟子侄们常通书信，我得你们片纸只字都是欢喜的"。这诚挚地表达了他对家乡亲人的关切之情及为民族解放、人民幸福而奋斗的决心。

1959年6月，毛泽东于新中国成立后第一次回到魂牵梦绕的故乡。回乡前，他特意与负责安全工作的罗瑞卿约法三章：一、不要派干部去韶山，特别是不要派公安人员去；二、在行动上给予自由；三、到了韶山要让我广泛接见群众。这次回家，他走村串户，看望烈士家属、老地下党员、老农民协会的会员和老农民自卫队员，询问起家乡的工农业生产、水利建设和群众生活情况，询问起他少年时的老师、同学、亲友等人的现状。浓浓的乡思和乡情促使他提笔写下那首脍炙人口的诗词《七律·到韶山》："别梦依稀咒逝川，故园三十二年前。红旗卷起农奴戟，黑手高悬霸主鞭。为有牺牲多壮志，敢教日月换新天。喜看稻菽千重浪，遍地英雄下夕烟"。这首诗表达了毛泽东对故乡的眷念，还有对过去革命斗争的回忆和对牺牲的亲人、朋友、同志的无尽深情。

毛泽东的一生，是为全中国人民无私奉献的一生。他胸怀天下，为国家、为人民"鞠躬尽瘁，死而后已"，由此赢得了百姓的衷心拥护和缅怀。对于新时代的党员干部而言，为了国家的兴盛，必须促民心之所向，弃民心之所背，尊贤惜才，廉洁奉公，尽职尽责，不断增强与人民群众的血肉联系，不断取信于民。

（三）培养重情执理的品德

毛泽东处处以身作则，身体力行党的宗旨。新中国成立后，毛泽东十分关心家乡的亲友，经常与他们通信，了解他们的工作、生活情况；对生活确实存在困难的亲友，他时常用自己的工资给予资助。同时，毛泽东严格要求自己和家乡亲友，不允许有特权和搞特殊化。

1950年，湘潭县政府和韶山乡政府拟在上屋场和南岸之间的稻田处，重建一栋大房子代替毛泽东故居，并已备料、打基。毛泽东得知后，于9月20日致信黄克诚、王首道和邓子恢，"请令他们立即停止，一概不要修建，以免在人民中引起不良的影响，是为至要"。中共湖南省委收信后，即令工程停工。

1954年，当毛泽东听说湘乡文家亲戚有"不大服政府管"的情况后，于4月29日致信石城乡党支部、乡政府，提出："文家任何人，都要同乡里众人一样，服从党与政府的领导，勤耕守法，不应特殊。请你们不要因为文家是我的亲戚，觉得不好放手管理。我的态度是：第一、因为他们是劳动人民，又是我的亲戚，我是爱他们的。第二、因为我爱他们，我就希望他们进步，勤耕守法，参加互助合作组织，完全和众人一样，不能有任何特殊。"

新的时期，应不断加强和完善党的建设，不断弘扬良好的社会风气。每一名党员都应该从自己做起，从身边的小事做起，重情但不徇私情，执理并有原则地坚守。

（四）以多种形式丰富毛泽东故居的历史文化内涵

1961年3月4日，国务院公布韶山毛泽东故居为全国首批重点文物保护单位。新的时期，如何通过现代化手段表现和再现毛泽东故居的历史文化内涵，与时代共鸣，使之成为现代人的精神营养，这是毛泽东故居管理者面临的新课题。近年来，韶山毛泽东同志纪念馆坚持以人为本、因地制宜的原则，对毛泽东故居及周边保护范围进行科学规划和管理，通过加强环境保护工作、加强文物征集工作及设立复原陈列、辅助陈列等方式丰富毛泽东故居的历史文化内涵，充分发挥了毛泽东故居应有的社会效益。

毛泽东故居，无论是建筑风貌，还是文化内涵，都是特定时代的文化典范，其原真状态是传统文化的缩影，毛泽东故居的复原陈列应严格遵循保护与复原相结合的原则。同时，故居周围的环境和传统建筑往往传递着丰富的历史文化信息，如小路、老树、水塘、旧址等，真实再现当年革命活动的环境。因此，这些文化符号应尽可能地保护和还原，保持严整、庄重的历史氛围。

近年来，韶山毛泽东同志纪念馆站在科学发展的高度，本着重点处理好与当地村组的关系，正确认识和把握纪念馆的政治地位和社会地位，对人民负责的态度和决心，加强了毛泽东故居周边的环境整治工作，还原其历史状态；增加了便民服务设施及安全保护措施，适时开展相关法规、法律知识的宣传，使文物和游客的安全得到最大的保障；同时不断征集与毛泽东故居相关的文物，以丰富故居复原陈列内容。

2016年，根据中共湖南省委常委现场办公会2015年第11次会议精神，韶山毛泽东同志纪念馆拆除了毛泽东故居后山存在了数十年的商业长廊，实现生态复原，完成了土地冲居民生活污水雨水分流改造，确保了故居和南岸前水塘水质的清澈。同时对毛泽东同志故居参观候场区进行了改造，新建了游客服务中心、安检亭、集散广场、游道、园林绿化带、地下排水系统等。改建了厕所，新增了安防监控、Wi-Fi提示、喷雾降温等配套服务设施，并于2017年元旦节正式投入使用。2016年12月，毛泽东故居被列入《全国红色旅游经典景区名录》。

（刘伟，韶山毛泽东同志纪念馆编研部部长、副研究员）

关于全国周恩来纪念场所
发展与展望的思考

王　越

摘要：随着当今社会纪念性活动的日益增多，人们对纪念性场所的重视程度也有着显著提升。全国周恩来纪念场所数量较多，分布广泛，遍布中国20余个省、市、自治区，这些场所作为宣传周恩来精神的重要载体，以及大众表达对周恩来无限怀念的空间地点，受到越来越多社会大众的关注。本文认为可以通过实现资源有效利用与共享、提升相关方面业务水平及设计与开发纪念馆文创产品等方面，促进周恩来纪念场所更好地发挥现实作用与增强整体综合实力。

关键词：周恩来；纪念场所；纪念馆；资源共享；文创产品

在周恩来逝世后，全国各地出现了数量多且形式丰富的与周恩来有关的纪念场所，这些场所既是展示周恩来丰功伟绩、传播周恩来精神的重要空间载体，也是人们表达对周恩来无限怀念的场馆或设施，还是促进红色旅游发展的主要景点，更是进行爱国主义教育的重要基地，为社会主义精神文明建设和中华民族的伟大复兴所服务。因此，分析与探讨如何使全国周恩来纪念场所更好地发展并发挥现实作用，具有重要的学术及实践价值。

本文的研究对象——周恩来纪念场所，是指在我国境内用事或行动对周恩来表示怀念的处所，该处所与周恩来在纪念主体、纪念对象方面需要有较强的相关性，同时处所具备实体性，拥有一定量的建筑和空间范围。这些场所是在纪念主题、纪念对象上需要与周恩来有较强的相关性，与周恩来这一人物产生泛泛、牵强的纪念性关联或者没有通过事或行为来表示纪念的，以及网上虚拟的周恩来纪念场所并不在本文研究范围之内。

一、整合资源，实现共享

全国周恩来纪念场所共同拥有丰富的周恩来纪念性资源。目前，周恩来纪念场所在全国分布广泛，隶属于不同的部门或机构，建立一个统一管理的实体机构并不现实，因此，怎样实现资源的共享和有效利用，是今后周恩来纪念场所需要研究的课题。

（一）建立大型数字化平台，实现数据资源共享

可以建立一个全国性的超大型的数据平台，通过不断收集各周恩来纪念场所提供的数字资源，并按照"藏品信息数据"、"研究成果数据"、"展览信息数据"、"专业人才数据"、"新闻报道数据"、"其他信息数据"等方面进行分类与整合，实现资源的数字化和信息化管理。各个纪念场所甚至社会大众都可以登录数据平台，通过专业的检索来搜集并获得自身需要的信息。这样既可以实现各个纪念场所资源的共享和有效利用，又可以扩大周恩来纪念场所的社会影响力，促进整体的共同发展。

（二）地域整合，联动管理

虽然在现实中的诸多限制条件，使建立一个全国性的周恩来纪念场所统一管理机构不太可能，但通过自身努力和机制的创新可以在某一地区尝试进行资源整合，实现地域内的联动管理。

例如，在江苏省淮安市周恩来纪念地管理局成立之前，其下所属的周恩来纪念馆、周恩来同志故居、周恩来童年读书处这三个单位隶属于不同层级的行政机构。在2004年通过成立统一的管理机构，目前已经实现了优势互补和整体的发展。随着知名度和社会影响力的不断扩大，以及通过对场所的不断提升改造，以上述三个单位为主体的周恩来故里风景区于2014年已成功获得全国5A级风景区的称号，整体实力又得到进

一步提升。这一案例成为通过地域资源整合、实现共同发展的典范。但是应该看到，淮安在周恩来纪念方面具有得天独厚且独一无二的优势，淮安是周恩来的故乡，周恩来在淮安的影响力是全国其他城市无可比拟的，作为一个地级市且区域内的周恩来纪念场所全部属于"主体类"，具有进行机构整合和统一管理的条件。其他省份或城市从目前看来虽然还并不具备进行统一管理的条件，但是在同一区域内可以尝试加强沟通与合作，实现一定程度的联动管理。

在天津、广东等主体类周恩来纪念场所[1]分布较为集中的区域，尤其是天津市，从周恩来对于城市的影响力、主体类周恩来纪念场所的数量等方面来看，具有一定的条件，并可以在一定程度上参考淮安的成功案例，尝试进行联动管理，促进区域内的周恩来纪念场所协同发展，共同提升实力。

从现有的资料来看，全国周恩来纪念场所进行的联合行动主要有：2009年7月在淮安召开的《"同铸丰碑共创辉煌"——首届全国周恩来纪念地论坛》，2013年5月在淮安召开的"全国周恩来纪念地讲解大赛"以及2013年6月在绍兴举办的"全国周恩来纪念地论坛"等，这些活动都是主要针对各场所之间进行的经验交流与分享，还尚无以全国周恩来纪念场所为整体开展的联合对外活动。基于此，可以尝试成立"全国周恩来纪念场所联合宣讲团"，以若干重要纪念场所作为主要发起单位，由各个纪念场所或所在单位派出人员共同组成，定期在全国范围内进行联合宣讲，依据各纪念场所的特点来共同宣传周恩来的历史功绩和弘扬周恩来的精神风范，以此发挥周恩来纪念场所的时代作用和社会价值，实现"1+1>2"的宣讲效果，增强全国周恩来纪念场所的社会影响作用及效果，提升各自及整体的综合实力。

二、提升相关业务水平，发挥实际作用与价值

在主体类周恩来纪念场所中，除了纪念碑、纪念雕像、纪念园等形

---

[1]主体类周恩来纪念场所是指这些场所的纪念对象为周恩来这一历史人物，可以纪念不同历史时期、历史阶段或某个历史事件中的周恩来。

式具有特殊性之外，以纪念地和纪念性博物馆形式呈现的纪念场所，从广义上都可以泛称为周恩来纪念馆，这些纪念馆在某些业务工作及发展思路方面具有共通之处。下面就如何使周恩来纪念馆提升工作水平，更改地发挥实际作用与价值，展开以下几方面的分析。

（一）陈列展览[1]

自"全国博物馆十大精品陈列"于1997年创办以来，以周恩来纪念馆作为机构主体获得精品奖的是第九届（2009—2010年度）周恩来邓颖超纪念馆的基本陈列——"人民总理周恩来"，其他周恩来纪念馆截至目前还未曾获得过此重要奖项。

周恩来邓颖超纪念馆的基本陈列从陈列展览主题的凝练、陈列展览体系的建构、陈列展览文本与展品关系的处理、陈列展览文字说明的撰写以及是否考虑到受众的感受和期待等方面都可圈可点，可以为其他周恩来纪念馆提供参考与借鉴并成为改进和努力的方向。

但是，就全国周恩来纪念馆而言，总体上仍然存在诸如灌输大于说服，简单歌颂胜于对周恩来精神遗产的诠释与升华，以出处不清的周恩来相关照片为主形成的陈列展览体系，主题与展品脱节、展品与文本分离、艺术与科技手段滥用等问题，这主要体现在以下几方面。

1. 不少周恩来纪念馆使用的照片多无出处，所用的与周恩来相关的实物资料也多没有能经得起推敲的档案的有力证明。无档案支持的照片和实物资料，其真实性就难以确立。

2. 不少周恩来纪念馆陈列展览实物性展品不足，无法支撑起"展示周恩来生平业绩，弘扬周恩来精神风范"展览意图的实现和展览主题的演绎。不少周恩来纪念馆陈列展览甚至可以说是文字加插图的宣传页。

3. 不少周恩来纪念馆纪念氛围的人为痕迹明显。对于人物纪念馆陈列展览而言，纪念氛围的营造十分重要，它是建立在语境与情境的交融和呼应之上，围绕展品和文本自然中又稍加人为因素所形成的一种空间意向，而非人为痕迹明显的技术性效果。从目前来看，在不少周恩来纪

　　[1] 此部分内容参阅笔者的文章《关于我国人物纪念馆陈列展览研究与实践的思考》，《大众文艺》，2016年第5期，第54—56页。

念馆中我们会常常看到这种强化人为技术性效果的结果。

因此，周恩来纪念馆的陈列展览应当与时俱进、以亲和的姿态、在博物馆真实性基础上建立起"周恩来"这一人物形象对公众说服力和感染力；需要让观众在参观周恩来主题展览的过程中获得追求和坚持崇高信念与理想的精神力量，从中接受到周恩来奉献、高尚、优雅等精神风范，体认到周恩来精神风范所体现出的"真、善、美"的价值与意义，使这些纪念馆在中华民族致力于实现中国梦的时代中发挥独特的作用。

（二）社会教育

周恩来纪念馆应始终肩负社会教育的职责，需要创新教育方式和开展多种多样的宣传活动，拓展教育空间、提升教育质量，真正意义上发挥纪念馆的教育职能。

1. 创新讲解

周恩来纪念馆需要不断提升讲解服务的水平，通过讲解服务可以把陈列展览所反映出来的文化信息有效地传达给观众，通过讲解服务可以将周恩来的事迹、风范、精神较为全面地诠释给观众，并能够针对不同性质的参观群体提供具有针对性的讲解，有效利用周恩来的模范事迹对不同类型的参观群体进行社会主义核心价值的教育。例如对于机关企事业单位的党员干部或干部群体，讲解周恩来"为民、务实、清廉"的作风；针对公司及企业管理人员，讲解周恩来的领袖风采和诚信精神；针对青少年学生，讲解周恩来如何立志"为中华之崛起而读书"。

同时，通过在讲解内容和讲解方式上的深入研究与大胆创新，将原有枯燥乏味、单调的类似于年谱式的周恩来"生平事迹"陈述上升到作为中华民族宝贵遗产继承与发扬的高度，让观众在参观展览后能铭记在心。

2. 巡回展览

举办巡展是纪念馆延伸基本陈列内容、整合馆藏资源、加强馆际交流、拓展教育功能与层面、提高受众领域、增强社会影响力的一种行之有效的方式方法。周恩来纪念馆应当主动与外界沟通联系，将自身设计的原创展览以交流的方式在外单位进行巡展。具有周恩来革命教育主题的展览可以在各大高校巡回展出；具有周恩来勤政、廉政主题的展览可以在各党政机关、企事业单位等地举办；具有将周恩来作为共同展示对象主题的展览可以在馆际之间交流；具有反映周恩来外交风采题材的展览甚至可以走出国门，面向世界，以此来增强周恩来纪念馆的国际影响力。

3. 特色宣讲

纪念馆应全面认识社会教育功能，在做好本馆讲解接待工作的基础上，需要增强延伸工作的开展，针对不同社会群体成立多媒体宣讲团，主动出击，走向社会，宣传纪念对象的精神风范。

周恩来纪念馆需要组建一支具有较高业务素质的宣讲团，改变坐等观众前来参观的宣讲理念，主动"走出去"，积极与当地的外单位进行联系，将宣讲"送上门"，送到社区、院校、机关企事业单位等。通过一次次精彩纷呈、震撼内心的宣讲活动，让更多社会群体能够领略和感悟周恩来的精神风范，并使之得到更为广泛和有效的传承与发扬。

4. 高校共建

"高校是教育培养青年人才的重要园地，也是用社会主义核心价值体系武装青年的重要思想阵地。"[1]纪念馆承担着社会教育宣传平台的作用，对弘扬爱国主义思想、补充第二课堂学习内容、动员和鼓舞青年学生投身社会主义建设，推动民族复兴和文明进步具有重要的现实意义和深远的历史意义。

周恩来纪念馆可以尝试与高校结对共建大学生思想政治教育基地、教学实践基地和志愿者服务基地，加强馆校之间的合作与联系，形成长效机制，建设好教育、教学基地，实现资源共享，共同发展。

（三）创新公共服务

1. 实现公共服务标准化

作为公共服务机构的博物馆需要优质的管理，而实施标准化是博物馆进行组织管理的基础。纪念馆应当建立健全公共服务标准管理体系并

---

[1] 伍处文：《把培育和践行社会主义核心价值观融入高校育人全过程》，《学校党建与思想教育（高教版）》，2014年第1期。

使之得到有效实施，这样能够切实提高公共服务标准化工作管理水平。纪念馆公共服务标准化是指："在纪念馆满足公众需求的过程中，运用标准化的原理对在公共服务实践中的实际工作进行梳理和科学总结，制定出相应的工作标准，形成规范，从而能够指导纪念馆更有效地提供公共服务。"[1]纪念馆公共服务标准化建设应该涉及公共服务的各个方面。可以说，凡是纪念馆所能够提供的公共服务及衍生内容都应纳入本单位公共服务标准的范畴。

周恩来纪念馆应全面开展标准化工作，把"优质服务"始终作为出发点和落脚点，把标准化贯穿于各级岗位、各项工作的各个环节，把服务意识、服务态度和制度管理逐步从标准内化为自觉自愿的习惯，全面系统地实现全馆工作标准化，并力争以标准化、规范化为手段，不断加强全馆的工作建设，提升观众的认可度和满意度。

2. 以创新方式提升服务理念

全国周恩来纪念馆作为公共服务机构，实现公共服务标准化是一项必不可少的制度措施，但从长远发展来看，更应该从精神层面着手提升纪念馆的服务理念。

全心全意为人民服务是周恩来精神风范的核心，多数周恩来纪念馆都会通过本馆陈列展览及延伸性社会教育（例如特色宣讲、巡回展览）等方式在展示、宣传内容上有所体现。作为场馆中的工作人员，在这样神圣的场所内长时间接受熏陶、耳濡目染，更应秉承"全心全意为人民服务"[2]的主旨思想，无论从整体精神面貌，还是细微的举措，在日常工作中都应严格要求，把周恩来的服务精神铭记在心，"学习伟人、爱岗敬业、严谨高效、敢于奉献"，不断提升服务意识，创新服务理念，将周恩来服务人民的崇高理想觉悟继承和发扬。只有这样，才能更好地从机构单位内部、从员工的内心深处真正做到提升服务理念。

---

[1]参阅学者宋红兴对于政府公共服务管理体制标准化的定义，见宋红兴：《优化公共服务创建社会服务管理新体系——浅谈对公共服务标准化的认识》，《中国质量技术监督》2013年第10期。
[2]周恩来邓颖超纪念馆馆训。

三、纪念馆文创产品设计与开发

"当前，随着知识经济时代的到来，博物馆对馆藏文物资源的开发和利用，已成为各地博物馆文化产业中不可或缺的重要组成部分，发展博物馆文化创意产业受到越来越多的关注，博物馆正在努力抓住这一契机，积极开发独具匠心的特色文创产品，达到满足不同层次的观众需求，增强自身发展活力与竞争力，更好地推动博物馆事业可以持续发展的目的。"[1]

中国博物馆文创产品的开发相对于西方发达国家起步较晚。随着越来越多的博物馆开始依据馆藏资源设计与开发文创产品，在自主研发以及相关政策方面逐渐取得了一些成就。例如，北京故宫博物院与上海博物馆都拥有自己的设计团队，且已开发出具有自主知识产权的上千种文化创意产品。《博物馆条例》的出台已大大促进博物馆文创产品的发展。"南京市文化广电新闻出版局联合南京市财政局出台《关于促进博物馆文创产品发展的指导意见》，引导和鼓励博物馆充分利用丰富多彩的馆藏文物资源，开发博物馆文创产品……更好地满足人民群众的文化需求。"[2]此外，在2015年，由中国博物馆协会城市博物馆专业委员会主办的"城市文化与博物馆文创研讨会"在杭州召开，这次会议引发了多位学者对于博物馆文创的共鸣和热议。[3]

但从总体上看，中国博物馆文创产品的发展由于理念、经费、人才等方面的原因而导致很多问题的存在，发展极为不均衡。例如，中国博物馆协会文创产品专业委员会常务秘书长张鹏曾表示："几乎所有的博物馆都在做文物的复制品，没有任何创意可言。近年来，一些有实力的大馆逐渐将馆藏文物的文化元素融入到商品之中，设计制作出文创产品，但全国绝大多数博物馆没有自己的产品，90%都是代销。文创产品的

[1] 罗丽：《浅议博物馆文创产品开发现状及对策》，《武汉文博》2016年第1期。

[2] 吴涓、王炜：《南京出台意见促进博物馆文创产品发展》，《中国文化报》2016年2月3日第7版。

[3] 客家文博刊讯："2015城市文化与博物馆文创研讨会"在杭州召开，《客家文博》2015年第2期。

重点在'创'，我们离自主设计的目标还有很长的距离。"[1]

针对于纪念馆而言，由于其"杰出人物或重大事件有关遗址、遗物和纪念建筑的保护收藏机构，宣传教育机构，科学研究机构"[2]性质决定的特殊政治性和纪念对象的政治地位，从目前来看在文创产品方面鲜有涉及。但博物馆文创产品的开发是大的流行潮流和必然趋势，纪念馆可以在充分保持政治方向正确性的前提下，设计并开发出符合政策规定，适合自身发展且为人民群众所接受的文创产品。可以在以下几方面进行尝试：

（一）从馆藏资源出发

馆藏文物是支撑纪念馆各项事业可持续发展的基础。文创产品的开发必须以馆藏文物作为依据。观众在参观纪念馆时，一件件具有纪念意义的精美藏品或多或少会给他们留下印象。如何使观众在离开纪念馆后能够回想起曾经浏览过的展品，文创产品可以发挥作用。"到博物馆参观，想买一个博物馆的符号或相关的一个元素，那是你对博物馆体验后产生的认同和收藏。"[3]任何形式的纪念馆文创产品，都应从独居特色的馆藏文物资源出发，复制和强调馆藏文物的精神内涵，满足观众对于纪念对象进行怀念的精神需求。例如，在周恩来邓颖超纪念馆基本陈列展出中有一件"南开学校敬业乐群会纪念章"。敬业乐群会是周恩来于1916年在南开学校组织并成立的学生团体，有"敬重学业，联络感情"之意。敬业乐群是指"对自己的事业很尽职，和朋友相处很融洽"。这体现了周恩来在南开学校求学期间的思想品德。因此，可以这件文物所蕴含的文化元素为依托，设计并开发出不同形式的文创产品，如钥匙链、优盘、印有会徽的纪念体恤衫等。

（二）配合展览主题

陈列展览是纪念馆运行的必备条件，也是其实现社会功能的主要形

---

[1] 王妍：《博物馆文化产品开发与营销》，《艺术品鉴》2015年第7期。
[2] 安廷山：《中国纪念馆概论》，文物出版社1996年版，第81页。
[3] 转引自易乐：《论中小型博物馆文创产品的开发与经营》，《大众文艺》2013年第18期。

式。纪念馆可依据自身设计的优质展览并以之为基础，开发出具有特色的文创产品。"只有配合相应的展览主题开发产品，才不会脱离展现内容，并且使产品丰富多样，满足不同的认知群体。"[1]例如，周恩来邓颖超纪念馆曾举办过的"周恩来与新中国文艺"展览，"展出了近150张馆藏珍贵的两位伟人曾经保存的节目单，这不仅是文艺团体演出的历史记录，也是研究新中国戏剧、文艺发展史的重要资料，更是周恩来关心新中国文艺事业的历史见证"。[2]配合此次展览和展出文物，纪念馆可以设计出一系列相关的文创产品，比如周恩来与新中国文艺的相关研究出版物、印有节目单的精美明信片等。一方面可以将此次展览进行推广，另一方面还可以加深观众对于该展览用于宣传周恩来对新中国文艺事业所做贡献的认知程度。

（三）结合地域特色

每个博物馆可以看作一个城市的历史缩影。而纪念馆也可以成为一个城市文化的名片，甚至一个城市的标志。纪念馆往往体现的是所在区域的名人效应、人文精神和政治地位。每一个纪念馆都是当地人文情怀的传承者，其藏品往往会蕴含着地域文化特色。例如江苏省淮安市是周恩来的诞生地、故乡和学习生活12年的地方，该地区的多处周恩来纪念馆（包括周恩来纪念馆、周恩来故居、周恩来童年读书处等）可以努力发掘所具有的周恩来纪念性资源，在尊重史实和精神的基础上，开发出具有地域特色的文化产品。例如，可以在周恩来重要纪念日，与邮政部门合作，设计并开发出印有纪念风景或体现周恩来青少年时期生活学习内容的纪念邮票，一方面起到对当地周恩来纪念场所的宣传作用，另一方面观众也可通过购买将周恩来在故里的生活"场景"带回家继续回味。

（王越，周恩来邓颖超纪念馆陈保部文博馆员）

---

[1]易乐：《论中小型博物馆文创产品的开发与经营》，《大众文艺》2013年第18期。

[2]来源于网址：http://www.mzhoudeng.com/exhibitsin.aspx?cateid=88&Productsid=12。

如何利用纪念场馆更好地弘扬伟人思想

——以任弼时纪念馆为例

周霞飞

摘要：任弼时纪念馆是全国唯一纪念开国元勋任弼时同志的专题纪念馆，专题陈列展览系统全面地介绍了任弼时的生平业绩。纪念馆本体以"完善基础设施、提升服务水平、发挥爱教功能"为工作重点，牢牢抓住免费开放这一契机，不断完善馆区基础设施建设，提高讲解水平和服务质量，充分发挥社会教育功能，努力扩大伟人思想宣传。本文着重阐述如何从纪念场馆本体设施、陈列内容设计与展示手段以及培养一支优秀的宣教队伍等方面来弘扬伟人思想。

关键词：纪念场馆；弘扬；伟人思想

任弼时纪念馆是全国唯一纪念任弼时同志的专题纪念馆，专题陈列展览系统全面的介绍了任弼时的生平业绩。纪念馆本体以"完善基础设施、提升服务水平、发挥爱教功能"为工作重点，牢牢抓住免费开放这一契机，不断完善馆区基础设施建设，提高讲解水平和服务质量，充分发挥社会教育功能，努力弘扬伟人思想。

一、完善"硬件"基础，活动有实效

"纪念馆的社会功能在于：利用历史人物或历史事件的意志、遗物、纪念建筑，以历史唯物主义为指导，实事求是地反映历史人物或历史事件的历史地位和历史作用，向人民群众特别是青少年进行历史唯物主义、爱国主义和革命传统教育。"[1]作为专题纪念馆，介绍伟人的生平业绩、宣传和弘扬伟人的思想精神是陈列展览的重中之重，用优美的设施及环境来吸引游客更是必须的。

首先，坚持基础立馆，全面优化服务环境。近年来纪念馆以举办任弼时同志110周年纪念活动为契机，积极争项引资，新建文物馆，实施陈列展示及改版、故居维修、馆区消防、景区路网、绿化种植、环境治理等基础设施建设，通过不断完善，纪念馆面貌焕然一新，整体功能进一步完备，服务设施进一步改善，营造了安全、便捷、舒适的参观环境。任弼时生平业绩陈列馆于2004年建成开放，建筑面积3800平方米，纪念馆为江南园林式建筑，与故居砖木建筑风格浑然一体，集庄严、朴素、美观于一体，白色的粉墙，青蓝的琉瓦，疏朗的内园，明快的单廊，清澈的水池，给人一种走进革命传统教育艺术殿堂的感觉。

其次，举办展览活动，兴盛纪念场馆。近年来，本着宣传伟人精神和思想的目的，重新改版《任弼时生平业绩陈列》和《任弼时故居复原陈列》两个陈列，新开办《百岁老红军陈琮英》一个基本展览，策划举办《红军长征过丽江》《传承骆驼精神践行三严三实》《弘扬骆驼精神争做合格党员》等多个临时展览。每年利用"七一""八一"等重要节日，组织举行入团、入党宣誓和重温誓词活动；组织青少年参与"挑一桶水、纺一段纱、看一场红色电影"的"三个一"革命体验活动；走入校园、社区、企业和军营，举办流动图片展览、召开"三怕精神""党风楷模任弼时""骆驼精神励后人"等主题报告会、讲授党课等，举行"歌唱祖国"、"红色集结号"等上百场次群众性艺术活动，吸引了大批群众积极参与。

三是注重文化强馆，努力加强学术研究。积极争取中央文献研究室成立任弼时研究中心，分别在北京和纪念馆两地挂牌，为宣传和研究任弼时思想精神提供了优质平台。加强自身研究力量，深入挖掘任弼时同志生平思想，大力弘扬"骆驼精神"，在各类刊物、文选文集、学术

[1] 钱海明等《SCI-90对大中学生心里健康研究的理解、无用分析》，《宁波大学学报（教育科学报）》，2005年4月27日，第2期。

研讨会上发表文章数十篇，中共党史出版社出版的《难以忘却的思念》《任弼时与外国语学社》《迎着东方的曙光前进》积极撰文；与汨罗市委联合编撰出版《任弼时与汨罗》。积极创办《任弼时纪念馆》季刊和创建任弼时纪念馆网站，建立起理论学习、学术探讨、交流互动的平台，适时报道馆区建设、理论研究、相应社会活动的信息。

二、注重宣教，陈展创新招

纪念馆的基本展览是相对单一的，不能包罗万象，而陈列展览是纪念馆的中心工作，是弘扬伟人思想的重要手段。因此，应注重在宣教手段、展览内容上不断推陈出新，全面提升教育实效。

第一，做好基本陈列。人物类纪念馆的基本陈列是纪念馆的一个中心环节，它不仅全面地反映藏品、保管、资料等多方面的水平，还全方位向广大观众传递信息，起到了宣传教育的作用，故制作一个好的基本陈列，也是纪念馆的工作。

纪念馆在2014年任弼时同志诞辰110周年之际，对任弼时生平业绩进行了提质改版，将陈列更新工作放在中心位置，馆内的《任弼时生平业绩》陈列通过《序厅》《立志献身革命》《走上中央领导岗位》《率红二、六军团长征》《进入第一代中央领导集体》《参与缔造新中国》《骆驼精神永励后人》七部分内容，采用图文、实物、蜡像、雕塑以及高科技声、光、电、多媒体、电视、电影等综合技术，生动地再现了任弼时同志的忧国忧民、追求真理、脚踏实地、不辞重负的骆驼精神和为革命事业不息奋斗、光辉灿烂的一生。《任弼时生平业绩陈列》展览面积共有1752平方米，展线400余米，陈列展出照片285幅，文物展品205件，以布展形式新颖、内容情节连贯、内涵丰富透彻等特点让人耳目一新，感受深刻。

首先，在设计上贯彻四个思考的理念：一是视觉思考，以震撼力和吸引力为目标，采用图文、实物、蜡像、雕塑及声、光、电等现代化技术手段营造出强烈的视觉冲击来激发人们的思想情感，达到让观众有强烈的继续参观的愿望的效果；二是人性思考，用热情周到的优质服务，舒适的参观环境、合理规划的参观路线来控制观众的参观节奏，为观众提供最具吸引力的服务；三是尊重思考，在陈列布展中，着重突出以史为鉴，从而因势利导，以求空间无为而治，达到润物无声的目的；四是同构思考，力图使展览表达形式与内容相辅相成，深入挖掘任弼时生平业绩方面的亮点，突出"不辞重负、奋力向前、甘于奉献"的"骆驼精神"和"三怕精神"的思想内涵，多角度地反映任弼时的思想情操、丰功伟绩和历史贡献，探索其思想品格形成与发展的渊源，展示其革命精神和对后人的深远影响。

其次，在布局上体现简洁为主的风格。展览由《序厅》《立志献身革命》《走上中央领导岗位》《率红二、六军团长征》《进入第一代中央领导集体》《参与缔造新中国》和《骆驼精神永励后人》七大部分组成。整个序厅以恢弘的气势，浓缩了一代伟人的高尚品格和伟大精神，再现了他的奋斗历程和精神风采，序厅的正中间是任弼时全身铜像，背景是烟波浩渺、千帆竞发的洞庭湖和檐牙高啄、青松滴翠的岳阳楼，顶部的蓝天白云和背景融合为一个整体，突出了空旷悠远的效果，让铜像看起来伟岸、肃穆，令瞻仰的观众肃然起敬。在任弼时的生平业绩陈列展线中，我们不仅运用了照片、文物这些基本陈列，还设计制作了如十万坪战斗、中国共产党第七次代表大会、土地改革、五大书记集体办公、开国大典等大小12个场景，采用声、光、电及影景合成、电视投影等一系列新兴媒体技术，使陈列既有历史感，又有现代气息，观众犹如身临其境，可产生强烈的代入感，从而切身感受任弼时的高尚品格与伟大情操。尾厅的主题是缅怀与永恒，居中是任弼时汉白玉坐像，雕塑背景为"祖国河山"，表现任弼时与山河同在，与日月同辉，庄严肃穆，让观众意犹未尽。这样充分发挥爱国主义教育示范基地优势，突出思想宣传教育，多方位展示出任弼时同志为革命事业不息奋斗、光辉灿烂的一生，弘扬任弼时同志的"骆驼精神"和革命精神。

第二，丰富陈展形式。在陈展中采取何种形式、采取何种技术手段、如何做好宣传等方面都是必须考虑的。除了已有的基本陈展之外，我们还紧跟实际需要，举办具有时效性的临时展览，如2015年6月，为更好地学习贯彻习近平总书记系列重要讲话精神，深入推进"三严三实"专题教育，任弼时纪念馆精心打造了主题突出、特色鲜明的"传承骆驼精神，践行三严三实"专题教育展。2017年4月27日，为更好地学习贯彻习近平总书记系列重要讲话精神，深入推进全市"两学一做"专题教育，任弼时纪念馆举办了《弘扬骆驼精神争做合格党员》专题教育展览。为广大党员干部打开了了解历史的窗口，让大家深入学习老一辈无产阶级革命家无私奉献精神的正能量。坚持一切从历史、客观、真实的情况出发为原则，运用文字、图片、投影等多种陈展形式，充分展示任弼时同志"对党无限忠诚，处处严格要求自己，坚持原则、顾全大局、艰苦朴素、克己奉公"的光辉形象。

随着实践领域的不断探索，宣传伟人思想的形势将更丰富多彩。我们不只局限于内部展览，还增大社会教育的覆盖面，走出纪念馆，到工厂、学校、部队、社区和农村中组织活动。一是与学校共建德育基地。利用本体资源，任弼时纪念馆多年来相继与多所学校共建，成为他们的德育教育基地。二是将伟人的事迹和精神思想写成专题报告，到工厂、学校、部队、社区、机关等单位举办讲座。如2017年任弼时纪念馆的专题课《党风楷模任弼时》《骆驼精神励后人》《一根拐杖》《一页日历》就走出纪念馆，担负起社会教育的责任，充分发挥其社会教育功能，取得了很好的社会效益。以后还将一如既往的将这项工作做下去。三是可以开展巡回展览活动，让更多不方便或者没时间来纪念馆的人也能感受伟人的精神和思想，从而获得丰富的知识，受到文化的熏陶，使心灵得到升华。我馆通过多年的努力提升，近几年每年组织一两次流动巡回展览，将宣传内容制成展板，使用多媒体放映设备，把宣传送到了农村、学校、工厂、机关和社区，产生了良好的社会效益。四是岳阳党校在我馆开辟第二校区。将任弼时的"骆驼精神"打造成岳阳市的四堂精品党课之一，这将更有利于宣传和弘扬伟人思想和精神，范围扩大，影响力度更加深入。

第三，陈展手段多样化。"当前，博物馆陈列展览首先要符合展览传播的需要，即他们的创作必须服从展览传播的目的、展览主题和内容表现的需要。"[1]这就要求在陈列展览上手段要多样化，从而达到吸引人的目的。

1. 利用现代电子产品辅助展示

在高科技日新月异的时代，也要与时俱进的采用先进手段，比如展馆中的AR、VR、幻影成像、虚拟讲解员、多媒体故事墙等，尤其是年轻人乐于接受时尚个性和数字化的产品和服务，期望在参观互动中获得自我情感的启迪和升华，通过多种形式，增强展览的参与性、互动性。任弼时纪念馆在馆区内实行免费无线网络服务，让观众随时随地自如地利用智能手机、平板或笔记本电脑查阅相关资料，以增加观众的互动体验和参观收获，扩大影响力。我们可以通过新技术传播，运用手机APP让观众首先了解到纪念馆的展览内容，能带着兴趣来参观，到了展馆之后，通过照片、文物的展示描述，多媒体技术结合运用如身临其境，让其起到该有的辅助作用。多功能放映室是为演出专门准备的舞台场所，它也是很好的教育模式，结合当地的民俗、民风，排练精品节目，举办表演活动，如舞蹈、歌剧、讲故事等，如讲述任弼时教育孩子们"吃了人民的小米，不能辜负人民的希望，将来一定要为人民做事"等"不忘本"的故事比赛，通过表演与观看的互动，使观众加深对展览的理解。让观众从心理上接受自己不仅仅是看客，还是展览的参与者和分享者，增强文化自信。

2. 努力做到"让文物说话"

作为人物类纪念馆除了图片文字说明之外，还必须展览出具有历史价值或者非常独特的文物，举办更优秀的展览，从而有力地展示伟人的思想，通过展览吸引更多的观众。我们理应充分挖掘出所展文物背后的故事，进行充分的解读，让观众在欣赏文物的同时，也了解文物所承载的思想内涵、人文精神。完善观众服务设施，使观众在接受教育的同时，也应为观众创造舒适的旅游和学习环境，采用图文并茂、实物与场景烘托增强宣传效果。例如，任弼时用过的毛毯告诉我们的是伟人"三

---

[1]单霁翔：《浅析博物馆陈列展览的学术性与趣味性》，《东南文化》2013年第2期。

怕"精神中的"怕多用钱";实物"吃剩的半截牛皮带"为我们诉说的是革命的艰苦性;纺纱场景展示任弼时"不当特殊党员,争做一名普通劳动者";土改场景展示任弼时带病忘我工作的精神风范,等等。

三、培养队伍,管理出绩效

在弘扬伟人思想方面,宣传人员担负着神圣而重要的使命,所以需要打造一支能战斗的宣传队伍。他们必须是积极进取、专业性强、学习能力强、多才多艺的队员,须具备三个方面的能力:良好的表达技巧、沟通能力、恰当的管理艺术。

1. 注重培养宣教人员

宣教人员是沟通纪念馆与游客的桥梁和纽带,其利用讲解平台传播信念,让伟人的精神思想传承和发扬下去。对从事此行业的人员必须进行全方位的培养,作为纪念馆的宣教人员,收入低,没编制,每天面对游客说着相似的内容,工作有些是枯燥无味的。因此,首先要让他们从思想上认识自己的工作是伟大的,自己的职责是宣传伟人的思想、风范、精神,需要倾注自己的热爱之情;其次要从业务上深入钻研和提升,积极投身讲解蓝本的研究和撰写,让讲解更鲜活,更有内涵。还必须为宣教人员提供学习进步的平台,"走出去",把好的经验"带回来",如:听优秀讲座、参加演讲、讲解比赛等,这有利于提高专业能力。

2. 宣教人员必备的专业素养

纪念馆宣教人员担负着向观众传递知识的任务,其自身的知识储备、专业素养尤为重要,宣教人员必须掌握伟人的生平业绩以及与展览相联系的本体知识,要有良好的学习能力,不断吸取新的知识,不断与时俱进。加强人文素质教育,讲解上要做到有问必答,力求讲解生动形象,通俗易懂,达到良好的宣传功效。而且在参观活动中,宣教人员在景点和游客之间起到桥梁和纽带的作用。这就要求宣教人员加强自身的素养修炼,自身对伟人的历史要比较熟悉,做到有问必答,能够进行专业的讲解,以使参观者更好地了解其要传递的信息。在讲解的过程中,应注意口头语言的表达能力，能够运用灵活、生动地语言，能使"不动"的文物"活"起来，能使展墙上的照片活起来，"因人施教，寓教于乐"，根据不同游客层次、人群，编制不同层次的讲解词，适应游客的需求。针对大学生、成年人用寓意深刻的内容；面对小学生，采用通俗易懂的内容和故事，增强针对性和感染力让游客乐于吸收和学习。宣教人员应通过积极主动的态度，为观众提供一个畅所欲言、无拘束的交流环境，积极带动观众融入展览之中。面对来自四面八方的观众，其心理、本身素质各有不同，这就需要宣教人员具有较强的管理能力，能成功地驾驭现场，有效地组织秩序，完成愉快的讲解。

2014年10月15日，习近平在文艺工作座谈会发表重要讲话："没有中华文化繁荣兴盛，就没有中华民族的伟大复兴。一个民族的复兴需要强大的物质力量，也需要强大的精神力量。没有先进文化的积极引领，没有人民精神世界的极大丰富，没有民族精神力量的不断增强，一个国家、一个民族不可能屹立于世界之林。"由此可见，伟人的精神思想是留给我们的宝贵财富，我们应充分利用纪念场馆本体、在陈列展览中、人员管理上做到尽善尽美，更好地宣弘扬伟人思想。

（周霞飞，任弼时纪念馆助理馆员）

论发扬"骆驼精神"
补足精神之"钙"

符国凡　马志宇

内容提要：发扬"骆驼精神"和补足精神之"钙"，是中共两任总书记提出的重大理论课题，两者相互关联，相互统一，意义重大，影响深远。发扬"骆驼精神"是补足精神之"钙"的方法和途径，补足精神之"钙"需要学习和践行任弼时同志的"骆驼精神"。

关键词：学习践行；任弼时；骆驼精神

一、理想信念是灵魂

发扬"骆驼精神"，补足精神之"钙"，就要像任弼时同志那样，意志坚强，信念坚定，献身革命，矢志不移。理想信念是灵魂，是统帅，是共产党人的精神之"钙"。有了它，就有志气，就有骨气，就有朝气。任弼时就是一个锐气十足的职业革命家。他出生于农村书香门第，自幼受到汨罗、岳阳历史文化名人和中华传统文化的熏陶。进入初小、高小和初中以后，随着知识不断增加，他视野更加开阔，对人生和社会问题，无一不深刻关注，见解独特，并发誓要"志习工业，以图工业振兴，改良制造，以强我中国"。[1]后来，通过阅读《新青年》和《共产党宣言》，找到了改造社会的理论和方向，立志投身革命。五四

---

[1] 1918年，任培国（弼时）在湖南省第一师范附属小学的作文《言志》。

运动后，毛泽东领导的新民学会更为任弼时等一大批湖南有志青年开辟了一条赴俄求学之路。1921年5月中旬，任弼时出国留学前夕，满怀激情地给父亲写信，表达了自己的政治抱负和坚强决心："……只以人生原出谋幸福，冒险奋勇男儿事，况现今社会存亡生死亦全赖我辈青年将来造成大福家世界，同天共乐，此亦我辈青年人的希望和责任，达此便算成功。惟愿双亲长寿康，来日当可得览大同世界……"[1]进入莫斯科东方大学后，任弼时系统地学习了革命理论知识，参加了二大党章的讨论和党的策略的研究，自选了履行党的义务和开展青年运动的研究课题；自觉地接受旅莫支部制定的旨在培养革命意志和锻炼严格的组织性、纪律性的系统的训练，提高了政治觉悟，坚定了革命信念，下定了把一生献给革命事业的决心。回国后，任弼时不忘初心，不顾个人安危，积极为党工作，率领广大团员、青年投身五卅运动，坚持与陈独秀的右倾投降主义进行斗争，努力探索农村包围城市、武装夺取政权的革命道路，拉开了职业革命生涯的序幕。铁窗磨壮志，烈火炼真金。1928年和1929年，任弼时两次被捕，备受"踩杠子""夹棍""电刑"的酷刑折磨。在生死关头，他咬紧牙关，坚贞不屈，保守了党的机密，保护了党的组织。他对难友周朴农的谆谆告诫，既是他与战友的共勉，也是他坚强党性的生动写照。他说："朴农同志，我们共产党人是用特殊材料制成的，要经得住考验，随时准备用自己的生命去殉我们的事业。"[2]

二、作风朴实、求真务实

发扬"骆驼精神"，补足精神之"钙"，就要像任弼时同志那样，对党的事业忠诚老实，作风朴实，工作扎实，求真务实。

第一，在作风建设上，要常抓不懈，警钟常鸣。作风建设，包括思想作风、工作作风、生活作风等，历来是党的建设的重要组成部分和长远大计。用现在的话说，作风建设永远在路上，只有"驿站"和"加油

[1]《任弼时给父亲任思度的信》，《老一辈革命家家书选》，中央文献出版社，1990年版，第93页。
[2]《任弼时传》，中央文献出版社，人民出版社1994年版，第164页。

站"，没有"歇凉亭"和"避风港"。在艰苦的革命战争年代，任弼时尽管南征北战，日理万机，仍时时处处高度关注领导机关和干部的思想作风建设，善于从日常生活中发现干部战士一些不健康的思想苗头，并耐心地进行防微杜渐的思想教育。在创建湘鄂川黔根据地期间，一次，永保县委召开党的活动分子大会，该县苏维埃主席田玉祥特地穿着打土豪分得的皮大衣、皮靴，手指上戴着金戒指去开会，以此显现劳动人民当家作主的派头。田玉祥家住龙家寨，土家族，十九岁，打铁出身，在十万坪战斗中，曾冒着生命危险为红军带路。后任龙家寨乡苏维埃主席，永顺县财政部长。面对这样一位根正苗红年轻有为的新干部，任弼时没有声色俱厉进行批评，而是耐心地跟他讲"艰苦朴素是革命的传家宝"的道理，勉励他"要好好工作，不要脱离群众；要保持艰苦朴素的劳动人民的作风"。[1]有道是：响鼓不需重捶。看看任弼时艰苦生活的场景，想想任弼时艰苦朴素的教导，田玉祥的心灵受到了极大的震动。后来，他去县城开会，穿着打扮全是农村的派头。任弼时见了很高兴，当众夸他"这才是人民的好县长"。

在山西抗日前线，丁玲常带领西北战地服务团到前方慰问演出，也常到八路军总政治部向任弼时汇报工作。有一次，丁玲顺便说起在演出费里报了几块钱浮账，其中包括炭火费、钉子费等。任弼时心细，很快就发现了问题。他跟着"打破砂锅问到底"："你们不是有烤火费吗？为什么还领炭火费呢？"丁玲蛮有理由地说："当然有，那是在老百姓家里，办公用的，这炭火费在露天舞台、后台用的，后台冷，演员化装需要烤火。"任弼时并没有被丁说服："你们演出，住室的炭火不就省下了嘛？"接着他又不解地问："钉子干什么用？"丁玲解释说："挂幕布。"任弼时又问道："钉子用过后不是可以拔下来带走吗？"丁玲为难地说："钉在木头里可不好拔哩！"任弼时这种细致认真点滴节约的工作作风，给丁玲留下了难忘的记忆。[2]在延安的时候，任弼时身为

---

[1]《任弼时传》，中央文献出版社，人民出版社1994年版，第307页。

[2]丁玲，《忆弼时同志》，《缅怀与研究》，中央文献出版社，1995年版，第77页。

中央书记处书记和中央秘书长，担子更重，工作更忙。他办事公道，管理精细，头脑灵活，是有口皆碑的党内"红色大管家"。他勤于调查研究，善于理论思考，先后写出了《领导方法和领导作风》《共产党员应当向群众学习》等光辉著作，深刻教导广大干部一定要眼睛向下，深入群众，坚决把"官僚主义的坏作风""从政府、军队和党的机关中排除出去"。[1]

　　第二，在作风建设上，要真抓实干，率先垂范。以身作则，争挑重担，脚踏实地，埋头苦干，这是领导干部的基本功，也是任弼时工作作风中的显著特色。在上海的时候，他既是上海大学社会学系的俄语教授，又是上海及江浙皖区团的干事；既是《中国青年》《平民之友》《团刊》的编辑、作者，又是团中央的俄文翻译；既要忙着筹备团的"三大"，认真处理团中央的日常工作，同时还要冒着白色恐怖深入工厂、街道、学校调查研究，发动广大青年积极投入五卅爱国运动。他满腔热情，忘我工作，以致连父亲不幸去世，也没有时间回家奔丧尽孝，只好向母亲写信解释，请求宽恕。在转战陕北的时候，任弼时肩上的担子更加沉重，责任更加重大。他既要负责三支队的军事行动和整个后勤工作，又要协助毛泽东、周恩来指挥全国的解放战争；既要代表中央起草签发大量电报文稿，又要挤出时间，调查研究有关土地改革的纠"左"问题、解放区的财经工作问题、重建青年团组织的试点问题；同时，还要坚持与高血压、糖尿病进行抗争。医生嘱咐他不要抽烟，不要喝酒，不要单独行走，不能穿带跟的皮鞋，以免跌倒，发生意外。遵照医规，任弼时自觉把烟戒了，把酒戒了，甚至把湖南人爱吃辣椒的习惯也改了，唯独对"只能卧床休息，不要参加会议"这条的执行，大打折扣。比如1948年7月26日至8月8日，12天时间，连续开了9次防空会议，每次从下午6时左右开始，一直开到深夜散会。任弼时逢会必到，从不请假。他对劝他休息不要熬夜的米尔尼科大夫说："我们中华民族多少年，多少代，受着封建主义的束缚和帝国主义的奴役，现在全国胜利就

---

[1]《任弼时传》，中央文献出版社、人民出版社1994年版，第164页。

在眼前，我们要迅速夺取全国胜利，建立一个新中国，有多少事情急需办啊，我能躺得住吗？！"[1]"我们都是共产党员，肩负着革命的重任，能坚持走一百步，就不该走九十九步。"[2]

第三，在作风建设上，光明磊落，实事求是。实事求是是马克思列宁主义、毛泽东思想的精髓，也是任弼时为人处事的准则。其一，在保护蒙冤的同志的时候，身正不怕影子斜，英勇果断，全力解救。1933年4月，任弼时在《斗争》第三期上发表《什么是进攻路线》一文，对"单纯军事进攻"和普遍存在的命令主义问题提出批评。此举，一下捅了"马蜂窝"，任弼时被免去中共中央局组织部部长职务，将他下派到湘赣苏区任省委书记。其时，湘赣苏区局面也相当复杂：国民党军8万多人正包围湘赣苏区，准备实行第四次"围剿"；由于敌人长期封锁，苏区经济极其困难，群众无盐可吃，只能以硝代盐，连省委书记任弼时，每月也只有4两盐巴供应；更糟糕的是，"富田事变"后，湘赣地区大抓AB团，大批领导干部成了"反革命"，生命岌岌可危。任弼时上任后，尽管政治上不得势，仍然受到博古的指责，但为了保护同志，迅速组织第四次反"围剿"斗争，他挺身而出，排除阻力，及时解救了一大批被打成"AB团"的领导干部，使"死老虎"变成了"活老虎"。其二，在党和红军面临分裂的时候，有女娲补天的气魄，排除万难，维护团结。在红军长征途中，任弼时从率军西征，转战乌蒙，到甘孜会师，仗打了不少，路跑了不少，艰难险阻不计其数，而最大最难、出乎意料的是与张国焘的分裂主义进行坚决斗争。会师前，任弼时对张国焘另立中央，大搞分裂，导致一、四方面军会师后又分道扬镳的情况一无所知；会师后，才对张国焘的所作所为耳闻目睹，有所警觉；朱德、刘伯承及南下部队中众多指战员也期望任弼时与他们抱成一团，力挽狂澜；张国焘也使尽手段，妄想控制、拉拢、分化、吞并红二、六军团，以便增加自己的政治资本，达到与中央抗衡的目的。任弼时心明眼亮，正气凛然，坚决站在反对分裂、维护全党团结的最前列。他对张国焘派来的工作组散

[1]《任弼时传》，中央文献出版社，人民出版社，1994年版，第691页。
[2]《任弼时传》，中央文献出版社，人民出版社，1994年版，第702页。

发的反党文件，一律扣住，不准下发；他对张国焘不怀好意提议召开的两军联系会议，予以坚决拒绝；对张国焘提出的撤换红二、六军团师以上4个政治委员的人事方案，一口回绝。他多次诚恳地与四方面军领导人张国焘、徐向前、陈昌浩、李卓然、傅钟等谈党的统一集中领导问题，提出解决方案，并取得他们的赞同。他开诚布公地向二方面军领导人介绍了自己解决党内斗争的立场、策略，得到了他们的支持。1936年7月10日和9月10日，他单独与红二方面领导人联名致电中共中央，就统一集中领导问题提出建议，得到了中共中央的重视和采纳。精诚所致，金石为开。任弼时独当一面，力挽狂澜，坚决维护党和红军的统一，终于促使张国焘共同北上，胜利实现红军三大主力会师。

其三，当自己犯了错误的时候，要有"刮骨疗毒"的勇气，不怕揭伤疤，不怕丢面子。常言道：金无足赤，人无完人。在长期艰苦的革命战争中，任弼时身居高位，肩负重任，出生入死，贡献巨大，但也一度执行过王明推行的"左"倾错误政策，犯过一些错误。比如，他对毛泽东就有一个从相识相交到相知相助的过程。他与毛泽东同乡不同龄，但同为革命走到了一起。早在湖南一师读书的时候，他们就是校友，经常在一起见面，参加学校组织开展的演讲、竞球、竞走、拳术、音乐、美术等课外活动。后来，任弼时赴俄留学，又得益于毛泽东领导的新民学会和俄罗斯研究会的帮助。在中央苏区工作期间，两人又是主要领导，成了亲密战友。但工作中，也发生过不愉快的事情。毛泽东虽未留过洋，但实际斗争经验丰富，在军事上、政治上都有许多独特见解。任弼时虽在苏联读过书，但毕竟年纪轻，实际斗争经验少，对毛泽东的军事思想和政治谋略一时认识不清，闹过矛盾。任弼时在代中共中央苏区起草《党的建设问题决议案》中，就不点名地批评了毛泽东的《反对本本主义》的政治论断，认为这是一种"狭隘经验论"。"没有调查就没有发言权"，就是"不重视理论"。对毛泽东、朱德有关"诱敌深入"的反"围剿"斗争军事思想也曾持异议。吃一堑，长一智。任弼时觉悟较早，对自己的错误襟怀坦白，深刻检讨，努力改正，最终坚定地与毛泽东战斗在一起。长征途中，他与张国焘的分裂主义进行了坚决斗争，有力地维护了党和红军的团结统一。在出使共产国际期间，他不辱使命，积极争取共产国际对毛泽东的支持，并同王明路线进行坚决斗争，为确立毛泽东的领袖地位作出了重要贡献。在延安期间，他成了党内的"红色管家"，成了毛泽东的得力助手，为整顿中央机关，开展延安整风，发展边区经济，奠定毛泽东在全党的领导地位和毛泽东思想的指导地位，"发挥了极为重要的不可替代的作用"。[1]

三、学习"骆驼精神"，补足精神之"钙"，就要像任弼时同志那样，志洁行廉，先忧后乐，只求奉献，不求索取。在生活上，甘于清贫，勤俭持家。

"凡人之生无论士、农、工、商皆以勤俭为贵。不勤则寡人，不俭则妄费……能勤俭，贫者可以致富；不勤俭，富者亦贫……"这是任弼时1915年写的《家风尚勤俭》作文[2]，也是贯穿其革命生涯的勤俭美德和思想红线。在长征路上，没有鞋子穿，任弼时便发动大家打草鞋，并亲自动手编织，从不麻烦别人。在延安时，由于敌人经济封锁，边区物资非常稀缺，战士们连换季的衣服都没有。任弼时积极协助党中央开展大生产运动，并且亲自动手纺绵纱。在家里，他精打细算过日子，从不乱花钱。他穿的毛背心，是妻子陈琮英用旧毛巾改的。孩子们穿的衣服总是补丁叠补丁。

"新三年，旧三年，缝缝补补又三年"，这就是任弼时持家的规矩。进京后，他一如既往，从不贪图享受。他坚持住旧房，坐旧车，尽管组织上为照顾他养病休息，一再提出要给他换房子，装修房子，配备新车子，但他一直不同意，总怕麻烦人，总怕用钱多。在制度上，以身作则，不能搞特殊。"凡事不能超越制度。党的干部尤其是党的高级干部更不能搞特殊。"这是任弼时治国治家的规矩，铁板钉钉，雷打不动。1946年，初到延安的任弼时的二女儿任远征去领生活用品。仓库管

[1]薄一波：任弼时百周年纪念——全国任弼时生平和思想研讨会论文集》，《怀念任弼时同志》，中央文献出版社，2005年版，第20页。

[2]任弼时：《激扬文字——任弼时青少年时代作品赏析》，《家风尚勤俭》，中共中央文献研究室第二编研部编，中央文献出版社，2002年版，第23页。

理员送她一个粉色的电光纸皮小本子。她也蛮喜欢，便收下了。任弼时知道后，立即叫她送回去："这是领导人用的，你怎么可以拿？咱们不能搞特殊！"1948年，大女儿任远志背着他领了几尺布给弟弟任远远包自行车。任弼时知道后，耐心教育远志、远远，将布退还。他说："毛主席号召'节约每一个铜板'，他自己还穿着补丁衣服呢。你们领公家的布做车衣，好不好？"1949年，小妹任培辰专程到北京看他，并要求他给湖南省委写封信，为自己的丈夫找个工作。任弼时照样不肯违背原则。他说："这是小事，但是为了私事给省委写信，影响不好。"

总之，任弼时的"骆驼精神"，内涵丰富，正能量巨大，影响深远，是革命征途永不失效的精神之"钙"。尤其是在当今的新形势下，对共产党员、领导干部，更具有"镇静安神、强身健体"的作用。

（符国凡，任弼时纪念馆副馆长；马志宇，任弼时纪念馆研究人员）

传承名人精神实现社会价值

——浅谈孔繁森精神的传播及价值实现

高　超　程兴普　李　光

摘要：面对全国7000多万需要救助的困难群众，纪念馆作为名人精神的传播之地，要积极把这种精神转化为社会价值，为政府和社会分忧，孔繁森同志纪念馆着眼社会大宣教开展慈善活动，做到了从活动中教育人。

关键词：孔繁森精神；慈善；社会宣教

习近平同志在担任浙江省委书记时，发表了《树立五种崇高情感》的文章，希望广大党员干部学习孔繁森同志。2010年，习近平同志在中央党校秋季学期开学典礼上指出，孔繁森等众多优秀干部，站在党和人民的立场上，焕发出积极进取、顽强拼搏的奋斗精神，为党和人民事业无私贡献了自己的一切。他们牢固树立和忠诚实践正确的世界观权力观事业观，言行一致地回答了什么是共产党员人生最高追求和最大价值这个根本问题。2012年3月2日，《人民日报》以《身边的雷锋——无时不在、无处不在》为题，再次重点宣传了孔繁森等十四名英模的事迹。孔繁森精神穿越时空，历久弥新，永远是激励和鼓舞我们奋进的巨大榜样力量。

孔繁森精神可以看作当代中国社会历史文化的升华和醇化；是雷锋精神、焦裕禄精神、老西藏精神在新时期的丰富和发展；是民族优秀文化、革命文化、现代文化相结合的价值体现；是民族精神和党的优良传统在新的历史条件下的升华。其精神内涵是，顾全大局、无私奉献的坚强党性；热爱人民、服务人民的公仆情怀；清正廉洁、克己奉公的的高尚品德；艰苦奋斗、知难而进的拼搏精神；开拓进取，求真务实的优良作风[1]。孔繁森有句流传甚广且至今被人传诵的名言：一个人爱的最高境界是爱别人，一个共产党员爱的最高境界是爱人民。他首先是一个充满大爱之心的好人，其次他才是执政为民，廉洁勤政，无私奉献，献身人民的好干部。爱家乡、爱西藏，维护民族团结，关心支持边防建设是他爱祖国的具体表现；顾全大局，服从组织安排，不畏艰险，不怕牺牲，他笃信心中的价值观，执着地坚持着共产主义信念和全心全意为人民服务的理想，持之以恒、无怨无悔。他为人民而活着，为人民而奋斗，为人民而献身，这是他爱党爱民的具体表现；他急公好义，助人为乐，是聊城人推崇的"仗义性格"，他的口头语就是"有事吗"，是领导同事、亲朋好友中的不怕麻烦、不怕吃亏的那种热情厚道人。他是有名的"三哥"，你有困难不等你张口，他就会主动出手帮助。他能把家属在农村卖棉花买电视的钱，借给朋友急用。他不是当了领导干部之后，才开始做好事的。即便在生活困难的年代，刚刚走向工作岗位的他，也会拿出自己为数不多的工资给同事的老人买斤点心或者红糖。援藏十年，他对藏族群众有着真挚而深厚的感情。他恪守"老吾老以及人之老，幼吾幼以及人之幼"的古训，他常说，"每当看到藏族的老人，就会想到自己的父母；每当看到藏族的孩子，就仿佛看到了自己的儿女"，把对自己老人孩子同样的爱，都奉献给了西藏的老人和孩子。孔繁森虽然是副市长，但他每次下乡去，总要带些自己的钱给生活困难的乡亲，往往一月刚过半，工资就花光了，有时连伙食费也不够交，他自己经常吃榨菜拌饭。为了不让孩子和他一样受委屈，又不愿给组织和别人添麻烦。他在1993年的2月、6月、11月，先后3次化名"洛珠"卖血900毫升，换取营养费900元用于改善孩子的生活。孔繁森在济南军区总医院专门学过医疗护理技术，他清楚在高原缺氧环境中献血，对于年近半百、患有多种高原病的他来说，确实是件非常危险的事情。他随身带着小药箱自己花钱买药品，在工作之余为藏族同胞看病，口对口为

---

[1] 中共中央组织部、中共中央宣传部组通字（1995）16号文件。

病人吸痰，用胸口为聋哑老人暖脚。在零下20度的严寒中把毛衣毛裤脱下送给藏族老阿妈!他爬冰卧雪送医送药送温暖的爱心，节衣缩食卖血育孤的义举，至今温暖西藏，感动中国。藏区老人称他"活菩萨"、"我的父亲"，把他的相片供奉在佛堂之上。

改革开放的时代需要孔繁森精神，民族复兴的伟业需要孔繁森式的干部，人民群众需要孔繁森这样的公仆，和谐世界需要孔繁森这样的好人。孔繁森精神体现的以人为本，尊重生命，关爱他人，这些人类基本价值观已经成为我们走向复兴、走向世界的精神财富。像孔繁森那样做人，像孔繁森那样做事，像孔繁森那样做官，可以成为世界各个国家人民和管理者的伦理参照。随着时间的洗礼，孔繁森精神会不断丰富发展，扩充新的内容，转换不同的形式，其外延也在不断扩大，从而最终成为人类共同的价值观和道德品质。孔繁森这种爱人民的精神应该得到传承和发扬，而作为人物纪念馆肩负着义不容辞的使命。

《博物馆条例》把教育作为博物馆的首要任务。如何做好人物精神的传播，以达到教育大众、实现社会价值的目的成为博物馆、纪念馆开展工作的重点。纪念馆是沟通文化的桥梁，是推动社会变迁和发展的重要力量，而社会宣教就是纪念馆与群众联系的桥梁。中国的纪念馆十分强调开展各种形式的社会宣教活动，尤其是随着免费开放政策的深入，为进一步加强纪念馆对社会公众的教育功能，做好各种基础及创新活动，以满足越来越多样的社会需求，越来越多的纪念馆开展了各类公益活动，慈善活动就是其中一种在配合纪念馆文明创建、"双联共建"等方面的创新。慈善事业是对社会中遇到灾难或不幸的人，不图回报地实施救助的一种无私的奉献事业。截至2015年，中国仍有7017万人贫困人口。从区域来讲，有14个集中连片特困地区，有592个国家扶贫开发重点县。[1]因此，大力发展慈善事业十分必要。

---

[1]徐绍史：《贯彻落实党的十八届五中全会精神，编制好国民经济和社会发展第十三个五年规划纲要有关情况答记者问》，中国经济网，http://www.ce.cn/xwzx/gnsz/gdxw/201511/03/t20151103_6890578.shtml。

一、人物纪念馆开展慈善活动的必要性

一是以人为本的社会大宣教环境的需要。人物纪念馆开展慈善活动的意义和作用，首先在于纪念馆要适应自身作为公众教育机构和文化传播机构的新角色，即由以纪念人物的事迹和物品为本的纪念馆，转变为以人为本的新纪念馆。因此，发挥社会宣教功能和传播文化是办好现代纪念馆的根本要求。二是扩大知名度，实现社会价值的需要。纪念馆开展慈善活动，可以扩大自身知名度，实现更大的社会价值。纪念馆走出去走进贫困家庭、学校、村镇开展慈善活动，这种社会教育方法是相对成功的，社会效益是显而易见的，这就是说一个纪念馆的成功在于社会教育功能的有效发挥和社会效益的全面收获。三是传承人物精神的需要。人物纪念馆被历史赋予了光荣的使命，纪念人物的精神是真实、伟大、接地气的，通过开展慈善活动，是对纪念人物精神的传承与发扬，是传播伟大精神的重要途径之一。四是弘扬中华优秀传统文化的需要。中华民族素有积德行善、扶危济困、乐善好施、同情弱者、济世为怀的优良传统。发展公益慈善事业，是社会文明和进步的标志，是弘扬中华民族慈善美德的工程。正因如此，人物纪念馆要积极参与并助推。利用其社会影响力和公信力，具有社会教育功能的纪念馆开展慈善活动，有利于传播慈善文化，弘扬慈善社会价值；有利于公众认识慈善、了解慈善，增强其参与慈善事业的爱心和动力；有利于创新慈善资源交流方式，让慈善资源切实发挥作用；有利于整合政府、社会、企事业等多方力量，形成推进慈善事业健康发展的合力。五是捐献者新价值观的需要。今天的慈善已经不仅仅是简单的付出和给予的形式，还是建立一种新的价值观。而在新价值观的建立过程中，纪念馆承担着不可或缺的社会责任。诺贝尔和平奖获得者特蕾莎修女说过："你来，不是因为我们需要，而是因为你需要。我们做，本身也从付出中得到快乐和满足。每个人都可以是志愿者，每个人也可以因为付出哪怕一点点，而改变什么。"[1]这种价值观的传播，需要纪念馆的力量。

---

[1] 心舞：《用爱心温暖冬天》，http://bbs.qyer.com/thread-856075-1.html在哪儿？

二、人物纪念馆开展慈善活动的有效途径

（一）结合"双联共建"、文明创建搞活动

孔繁森同志纪念馆作为国家六大教育基地之一、省级文明单位和"山东省关心下一代教育基地"，一直致力于组织、参加各种社会公益慈善活动，积极传播"奉献爱心，从我做起"的公益慈善文化，树立公益慈善意识，发扬公益慈善精神，利用我馆的社会影响力，加大社会正能量的传播。积极响应上级党委政府号召，把开展慈善活动融入到"双联共建"和文明创建的过程中。2017年3月7日，纪念馆开展了"学雷锋巾帼志愿者在行动"志愿服务活动，来到聊城市儿童福利院，看望生活在这里的孤残儿童，送去了卫生纸、纸尿裤、油、面、米和各种零食等；2016年8月3日，纪念馆馆长高杉、副馆长李建国到山东莘县古城镇舍南街村调研，向该村贫困户捐赠衣物90件（套），并看望了3户贫困老党员，为每户送上食用油两桶及衣物若干。2016年1月9日，纪念馆工作人员带着学习用具、生活用品和孩子的服装，来到社区困难家庭进行走访慰问，并捐款500元。

（二）与共建单位联合组织慈善活动

孔繁森同志纪念馆纪念馆与50余家单位确立共建关系，联合组织公益慈善活动，取得良好的社会效果。2014年，和河北省眼科医院联合开展公益慈善项目，在纪念馆广场为聊城群众"送医、送药、送光明"，共为200余人送医送药；2015年和山东中医药大学附属医院联合开展了专家教授为孔繁森家乡老党员义诊活动，为300余人送医送药，受到广泛好评；每年的"五一"劳动节期间，与山东工程技师学院联合举办"致敬劳动者，美在繁森馆"免费美发、理发公益慈善活动，至今已经义务理发1000多人/次。

留守儿童问题是近年来突出的一个社会问题。随着中国社会政治经济的快速发展，越来越多的青壮年农民走入城市，在广大农村随之产生了一个特殊的未成年人群体——农村留守儿童。留守的少年儿童正处于发育成长的关键时期，他们无法享受到父母在思想认识及价值观念上的引导和帮助，成长中缺少了父母情感上的关注和呵护，极易产生认识、

价值上的偏离和个性、心理发展的异常。为了让留守儿童感受到关爱与温暖，为留守儿童的学习、生活和身心健康的发展营造良好的氛围，用爱心浇铸孩子成长的道路，激励他们自强不息，学会自强、自律，做生活的强者，享受生活的幸福和快乐。纪念馆每年都会组织职工到贫困地区的小学做慈善活动，2016年3月7日我馆自发组织职工驱车至莘县王奉镇南庄（省级贫困村）希望小学，开展"繁森精神在行动"志愿服务活动，关爱留守儿童，为60个孩子捐助衣物60件（套），文具盒、铅笔、彩笔60套。2017年1月9日，纪念馆爱心服务队赴聊城市东昌府区堂邑镇中心小学开展"关爱社会公益情系留守儿童"公益活动。为学校留守儿童捐衣百余件。

（三）与社会组织联合搞慈善活动

2015年10月，纪念馆同聊城市社会爱心组织联合，建立聊城市爱心物资长期接收点，利用微信组织广大市民开展爱心捐赠活动，两天内共收到棉衣、棉被3万多件，爱心捐款8275元，价值1万多元的奶粉、书籍、文具、玩具多宗，这批爱心物资先后分两批分别通过这些组织送往四川大凉山、广西都安瑶族自治县等地。2016年，纪念馆《口述孔繁森》访谈组到达西藏，同西藏旅游商品协会联合成立"孔繁森奖学金"，为西藏岗巴县昌龙乡每年考上大学的学生每人提供2000元奖学金。通过这样一系列活动唱响繁森颂，为社会提供正能量，为在全党、全社会形成知荣辱、讲正气、做奉献、促和谐的道德风尚做出了应有的贡献。

三、做好慈善活动必须加强舆论监督，提高社会公信度

中国社会并不缺少善心，缺少的是对慈善组织的信心。我国的慈善机构缺乏必要的内部监督机制，以致于慈善机构时不时做出一些违背捐赠人意愿的事情，慈善资金不能得到正当的使用，使得慈善机构公信力和效率经常被质疑。慈善组织公信力有待提高，服务能力有待增强。因此纪念馆在做慈善的同时，加强自身建设，建立多元化的监督体系，提高公信力。班子重视慈善工作建设，踏实践行慈善目标，对慈善资金

运作过程和资金运用方向主动做到信息公开，全程透明。只有资金的去向透明，保障募集的慈善资金流向捐款者所希望的地方，才能激发捐助者的积极性，才会有更多的人参与到慈善捐助的行列。纪念馆为提高社会公信力，开通两微一端（微信平台、微博、网站客户端），设立专门的慈善监督板块，并通过邀请记者召开新闻发布会等新式，充分运用媒体在社会舆论方面的独特功能，帮助公众了解纪念馆慈善活动的执行情况，提高社会公信力。2015年12月8日，纪念馆与社会爱心组织联合召开新闻发布会，为第二批赴四川马依村捐助爱心物资情况向社会有关部门、媒体作统一汇报。

开展慈善活动是纪念馆深入持久学英模的具体行动，是人物精神社会价值的实现，是纪念馆着眼社会宣教搞活动的新实践，也是开展文明共建活动的新举措。通过慈善活动的开展，参与者受到爱祖国、爱人民、爱社会主义的生动教育，感受到国家扶贫攻坚战的任重道远，志愿服务和公益生活理念进一步树立，思想得到升华。纪念馆应该支持，并积极参与各种慈善活动，与广大爱心组织通力合作，关注本地弱势群体、老少边穷地区，把更多的关爱、最需要的帮助带给他们，充分发挥自身品牌影响力，不断总结经验，创新形式，扩大范围，提高精准及把爱心捐助活动办好、办实、办出影响。

（程兴普，孔繁森同志纪念馆副馆长；李光，孔繁森同志纪念馆副馆长；高超，孔繁森同志纪念馆文秘）

馆"说"鲁迅与日本

杨晔城

摘要：2017年国际博物馆日的主题是"博物馆与有争议的历史：博物馆讲述难以言说的历史"。日本与中国的关系颇为复杂。正确认识日本，需要从日本文化着手，而鲁迅和日本的关系给了我们一把解读日本的钥匙。近年来，绍兴鲁迅纪念馆通过举办馆藏陈列、设立纪念景观、加强馆际交流、开展民间外交和深化专题研究等，为普及鲁迅与日本的知识搭建了一座桥梁。

关键词：日本；文化；鲁迅

2017年是鲁迅留学日本115周年。从1902年春季公派留学日本到1909年夏季回国，鲁迅在日本学习工作生活了七年半，他的青年时代基本上是在日本度过的，日本之行对鲁迅的世界观和人生观的形成产生了深远影响。如鲁迅在日本弃医从文，走上文学创作的道路；日本学者最早译介鲁迅著作；鲁迅是中国现代在日本影响最大的作家等等。利用鲁迅故乡特别是绍兴鲁迅纪念馆的优势，讲好鲁迅与日本的故事，具有积极的现实意义。

一、举办馆藏陈列，让文物说话

直观的展陈、丰富的展品因为真实可信，往往具有直抵人心的视觉冲击力和艺术感染力，使走近它的观众接受特殊的精神洗礼。在绍兴鲁迅纪念馆的鲁迅生平事迹陈列厅二楼有一个"鲁迅在日本"的展览区块，以老照片、鲁迅手稿、鲁迅译著、鲁迅著述引文、人物仿真模型、紫铜浮雕大型壁画等丰富多元的展示手段还原青年鲁迅留学日本期间的心路历程。展厅中大量包含历史信息的珍贵实物展品，作为一种城市记忆的文本呈现给了广大观众。以老照片为例，有1903年鲁迅剪去作为民族压迫象征的辫子的断发照，有1904年鲁迅从弘文学院毕业的毕业照，有1906年鲁迅离开仙台时藤野先生赠送鲁迅的惜别照，有鲁迅和留日同学、浙江同乡会会员的生活照和集体照等。这些原版照片保存完好，每幅照片背后都有一个动人的故事，着重体现了鲁迅"我以我血荐轩辕"的民族精神。

初到日本的鲁迅，感受最深的还是日本社会与时俱进的变化。展厅里陈列的《绍兴同乡公函》是1903年初，鲁迅等绍兴籍留日学生联名致书故乡人民、介绍西方民主科学思想的公开信，旨在通过中日教育、政治和工艺三大立国之本的对比，举证"非若今者，五洲四海，合炉而冶"的全球化时代已经到来，抒发炽热的爱国情怀和沉郁的忧患意识。鲁迅在日本筹办《新生》杂志，译介民族文学，出版《域外小说集》，在《浙江潮》《河南》等进步杂志发表《斯巴达之魂》《摩罗诗力说》《科学史教篇》《文化偏至论》《人间之历史》等文章，首倡"人立而后凡事举"的"立人"思想。日本为鲁迅打开了"别求新声于异邦"的通道，架设了一座沟通世界文学的桥梁。在"出国留学"大众化的今天，鲁迅爱国救国的留学经历同样值得当下留学生们思考和自省。馆藏"晒宝"则见证了自然科学是鲁迅从事文艺启蒙活动的底色。展品中有《地底旅行》《月界旅行》等鲁迅译介的科幻小说；有《中国矿产志》《中国地质略论》等中国最早系统地介绍本国矿产的科学论著；有鲁迅的解剖学笔记和胚胎学笔记，上面还有藤野先生批改的笔迹……透物见史，展览以翔实的史料，在滋物细无声中，阐述青年鲁迅不但以科学本身的价值和力量去改造社会、推动历史发展，更以科学去改变人的精神。鲁迅不愧是实现中华民族伟大复兴的先行者。

二、设立纪念景观，与历史对话

纪念性景观是通过物质性的建造和精神的延续，达到回忆和传承历史的目的的景观。其以名人经历或者历史性事件为基石，包括用于标志某一事物或为了使后人记住的物质性或抽象性景观，能够引发人类群体联想和回忆以及具有历史价值或文化遗迹的物质性或抽象性景观。以精神寄托为目的，纪念性景观最能激起纪念情感承载缅怀与祭奠行为的"精神场"，通过与历史对话，让人们追思过去，思索未来。日本仙台是鲁迅学医和弃医从文的城市，仙台人民出于对鲁迅先生的敬仰与怀念，在当地建有许多纪念鲁迅的碑地，像坐落在仙台博物馆内的"鲁迅之碑"，东北大学校园内外的鲁迅陈列室、鲁迅学习过的教室、鲁迅雕像、鲁迅故居迹等。几乎何以说，整个仙台就是一座鲁迅和日本的纪念性大景观，鲁迅和藤野先生之间深厚的师生情谊早已升华为鲁迅故乡人民和仙台市民、藤野先生故乡人民的深厚友谊。与之相应，绍兴鲁迅纪念馆两处纪念性景观分别是鲁迅生平事迹陈列厅前的藤野广场和百草园内的中日友谊树。前者即广场上的藤野先生铜像系2008年鲁迅诞辰127周年前夕由藤野先生故乡日本芦原市政府、藤野先生纪念馆敬赠。这和展厅内青年鲁迅和藤野先生的仿真人物塑像相得益彰。后者是20世纪70年代末由日本仙台市民访华团栽植的桂花树，如今已经枝繁叶茂，成为中外游客特别是日本游客喜爱的景点之一。目前绍兴与藤野先生故乡芦原町已结为友好城市，芦原中学、芦原市金津中学分别与绍兴文理学院附属中学、绍兴鲁迅中学结为友好学校，绍兴文理学院还和仙台尚纲学院大学结为友好高校。

2016年9月，在纪念鲁迅诞辰135周年暨逝世80周年之际，日本NPO剧团仙台小剧场《远火——鲁迅在仙台》剧组一行专程抵绍公演。剧本把青年鲁迅视为一位普通的仙台市民，以鲁迅和藤野先生的师生情谊为主线，结合仙台鲁迅研究的最新成果，借助舞台艺术、舞台语言扩大鲁迅文化的受益面和感染力，成为鲁迅仙台生活的有益补充。值得一提的是，20多位参演人员来自仙台各行各业，有公务员、教师、大学生、公司职员、家庭主妇等，年龄从20多岁到近80岁跨度很大，正如该剧导演石垣政裕所言"因为大家喜欢鲁迅才演出鲁迅这个戏"，这充分显示了鲁迅在日本人民心中的崇高地位。演出当天，剧组全体成员访问鲁迅故里参观藤野广场，并和鲁迅纪念馆工作人员、绍兴文理学院今日剧团成员、绍兴友协领导等座谈交流。"远火"复燃，意味中日两国人民之间相通怀念。由此让人联想到鲁迅所说的"人类最好是彼此不隔膜，相关心"。鲁迅和日本的友谊将长留在中日两国人民心中。

三、加强馆际交流，谱友情长话

鲁迅和日本的渊源是绍兴鲁迅纪念馆开展爱国主义基地教育、推进中日文化交流的重要内容。绍兴鲁迅纪念馆自20世纪50年代建馆以来，包括鲁迅挚友内山完造在内，日本共产党代表团、日本文化界、日本政界、日本新闻界、日本企业界、日本友好团体、日本鲁迅研究专家、日本仙台市访华团等许多日本友人慕名接踵而来，鲁迅故乡绍兴在日本人民心中成为一方圣地。从接待日本友人来访到举办日本名家书展、派员参加纪念活动、聘请日本著名学者担任本馆顾问等，在绍兴鲁迅纪念馆涉外文化交流活动中，中日文化交流日趋内容丰富、持续不断，多年来逐渐常态化。目前日文标识和日语讲解是馆区基本的接待元素，近年来主要交流活动基本保持一年一项。较为重要的有：2008年主办"鲁迅的仙台时代图片展"；2009年主办"高桥静豪捐赠书法作品展"，同年派员参加内山完造逝世五十周年纪念活动；2011年主办由中日本等多国名家创作的"国际版画交流展"；2012年聘请日本创价学会名誉会长、国际创价学会会长池田大作先生担任本馆名誉顾问并派员赴日举行授予仪式；2014年派员赴日参加鲁迅留学仙台110周年纪念仪式。许多日本朋友对鲁迅故乡抱有深厚的感情，像80多岁高龄的日本知名书法家高桥静豪先生2017年带团再次参加兰亭书法节，并在绍兴美术馆举办高桥静豪"我心中的故乡绍兴"书法作品展。从1972年作为日本第一批访华的书法家代表来到中国开始，这是高桥静豪第86次来到绍兴……

鲁迅纪念馆的员工乐于做中日两国人民友好往来的见证人，把亲身经历的这些具有意义的活动记录下来，汇成一篇篇续写美好未来的文章，如《超越时空的友谊》记绍兴和芦原町结为友好城市；《扶桑正是樱花绚烂时》记赴日聘任池田大作为名誉顾问之行；《水墨交融中的鲁迅情结，线条舞动中的黑白韵律》系高桥静豪捐赠书法作品综评；《记忆的力量》乃藤野先生与鲁迅惜别百年纪念专文；《跨越时空的友谊》纪念鲁迅留学仙台110周年；《故园情浓》乃日本NPO剧团仙台小剧场《远火》剧组鲁迅故里对话交流活动纪实；《鲁迅馈赠蒋蓉生矿物标本考》记述一盒日本标本背后的动人故事……总之，效果有三：一为加深中日友谊，二为总结提升外事接待水平，三为扩大视野。

四、开展民间外交，颂互信佳话

中日友好的根基在民间。充分利用包括鲁迅文化在内的双方共同的民间文化积累，发挥政治和经济无法替代的作用，对架起绍兴与世界的文化桥梁具有积极意义。近年来中日民间交流仍在发挥积极作用。如，由绍兴著名鲁迅研究专家黄中海和绍兴鲁迅纪念馆原馆长裘士雄合著的《鲁迅笔下的绍兴风情》一书的日文版已在日本正式出版。2016年日本NHK电视台专程去绍兴拍摄纪录片《绍兴》，向日本人民介绍自然淳朴的鲁迅故乡风情。画面风格生动清新优美，绍兴百姓的普通日常生活真实亲切，对于解读入选日本中学国语教材的鲁迅作品《故乡》颇有好处。与此同时，绍兴鲁迅纪念馆和鲁迅文化基金会密切合作，以开展"大师对话"为载体，鲁迅先后与法国的雨果、俄国的列夫·托尔斯泰、印度的泰戈尔等世界文豪进行了"跨时空"对话，与这些世界名人博物馆缔结为友好馆，通过一年一度、一年一国的持久努力，不断扩大鲁迅、鲁迅纪念馆和鲁迅故乡在世界范围内的影响，达到了友好交流、共同发展的目的，也为绍兴持续的对外交流开辟了良好的前景。

2017年是中日建交45周年。鲁迅将与有着"日本近代文学史上最杰出的代表作家之一"之称的夏目漱石进行"跨时空"对话，同时邀请中日文学研究知名者解析鲁迅和夏目漱石作品艺术特征以及对中日间文化发展的巨大影响；举办日语讲座，为绍兴外语系学生、外语爱好者提供与名人后裔及外国研究学者纯外语的面对面交流；开展鲁迅纪念馆与夏目漱石纪念馆之间的馆际交流活动以及组织赴日回访活动，对日本仙台、熊本、长崎等地进行访问……以开展民间外交的方式巩固和深化中日两国人民友谊，增进两国人民的相互理解和信任。在此不妨重温鲁迅当年和日本友人交谈的话题："为了救中国，只要吃下日本人所具有的那种求实的药，就有特效。即使排斥掉整个的日本，也应该买下那种求实的药，坚决的把那种药弄到，病就会痊愈，并且会恢复健康。"这种求实的药也契合着实现中国梦必不可少的"工匠精神"。

五、深化专题研究，探日本人文

可能相对于不少国人对日本文化、日本国情的了解多是当年抗战故事，日本对鲁迅思想鲁迅文化的关注、对中国国情中国文化的研究由来已久。以鲁迅作品为例，20世纪20年代初日本学者清水安三在日本媒体《读卖新闻》上首次介绍鲁迅，之后鲁迅的作品《故乡》《阿Q正传》《孔乙己》《狂人日记》等先后被译介到日本。20世纪30年代，日本学界又率先发表和出版了《鲁迅传》《鲁迅全集》《鲁迅选集》等较系统介绍了鲁迅及其作品，正如一位美国学者所说的，"没有一个国家像日本那样热心鲁迅"。恰如其分地说，日本始终在钻研中国，而我们对日本的认识还有待深入。用一句话来概括就是"文化信息不对称"。通过鲁迅和日本这一命题拓宽至对日本文化、日本国情进行研究，不仅有助于促进中日文化交流，同样也是深入了解日本的历史、现状及未来，探究日本历史、文化乃至时政的一把钥匙。

近年来，绍兴鲁迅纪念馆以学术刊物《绍兴鲁迅研究》为平台，加强与鲁迅文化基金会、鲁迅研究会、鲁迅博物馆（纪念馆）、高等院校和科研机构交流合作，联合馆内外专家学者，包括日本鲁迅研究专家，借脑借力，拓展思路，发表了一系列富有原创性、开拓性的论文，不断深化鲁迅和日本的专题研究，如《从〈绍兴同乡公函〉到〈拿来主义〉》论鲁迅始于日本的全球化思维；《"竹内鲁迅"的借鉴与反思》通过评述日本知名鲁迅研究专家竹内好的鲁迅研究成果拓宽国内鲁迅研究视野；《一组珍贵合影，一段诚挚友情》追忆了鲁迅和留日同学蒋抑卮的珍贵友情；《仙台、藤野先生与鲁迅》纪念鲁迅弃医从文100周年；《我在仙台：探访青年鲁迅的踪迹》记述作者重走鲁迅当年求学之路的所思所感；《鲁迅与大江健三郎》论述了鲁迅对诺贝尔奖获得者日本作家大江健三郎的影响，《浅谈鲁迅的教师观及其现实意义》突出藤野先生所体现的人文关怀、所传递的科学精神对建立当下新型师生关系的社会价值；《评日本学者当下的鲁迅研究》以2006年在绍兴举办的"'鲁迅：跨文化对话'国际学术研讨会"为例，客观地评价了日本鲁迅研究的特色和成果；《鹿地亘同志在华和平反战活动实地考析》追寻日本反战作家鹿地亘的抗战足迹，颂扬两国人民联合抗击日本法西斯侵略的事迹；《牵牛花与〈朝花夕拾〉》由鲁迅之日本印象中解读朝花夕拾的原意，让读者走近日本文化；《十年友谊不寻常》评读内山完造《我的朋友鲁迅》，用生动感人的故事讲述鲁迅和内山完造真挚的友谊……专著方面，影响较大的有黄中海先生的《鲁迅与日本》，不仅较为系统地介绍了鲁迅与日本的关系，而且还以作者的亲身感受体验鲁迅笔下的日本文化，内容丰富多彩，兼有学术性、知识性和文学性。这些理论性研究成果和普及型社科读物有助于我们进一步认识日本。

对日本的认识，需要从认识日本文化着手，而解读鲁迅和日本的关系并由此展开研究，给我们提供了一个客观认识日本、走进日本人文世界的"窗口"。

（杨晔城，绍兴鲁迅纪念馆办公室主任、副研究馆员）

浅析如何传播李叔同的文化思想

——以李叔同故居纪念馆陈列展览工作为例

邱　玥

摘要：名人故居纪念馆所纪念的对象是为我国历史发展作出重要贡献的人物。李叔同故居纪念馆肩负着文化构建与传承的使命和职责，通过举办陈列展览对李叔同及其文化贡献和人文精神进行展示，使公众重新认识其精神和事迹，充分发挥纪念馆在爱国主义教育、社会精神文明建设等方面的作用。本文梳理了纪念馆陈列展览工作，浅析了如何继续加强陈列展览工作，更好地传播李叔同的人文思想，以展现李叔同的思想在当代的重要价值。

关键词：李叔同；思想；展览

文化是民族的血脉，是人民的精神家园，优秀传统文化更是凝聚着中华民族自强不息的精神追求和历久弥新的精神财富。名人的文化思想是多种文化中闪亮的体现者，也是弘扬文化的载体和象征。他们的思想在推进文化建设的进程中，不论过去还是现在，都有其永不褪色的价值。名人思想在当代有着重要的价值。李叔同作为众多文化名人之一，其思想同样如此。

一、李叔同是享誉中外的文化名人

（一）李叔同介绍

李叔同（弘一法师），1880年10月23日出生于天津，1942年10月13

日圆寂于福建泉州。作为从天津走出去的伟大先哲，李叔同集诗、词、书法、绘画、篆刻、音乐、戏剧、文学等创作于一身，在多个领域影响深远。

他是中国第一个话剧团体"春柳社"的主要创始人、中国话剧的奠基者；中国最早介绍西洋画知识者，第一个聘用裸体模特教学者；引入西方音乐的先驱，中国第一本音乐期刊《音乐小杂志》的独立编辑出版者，中国第一部多声部音乐作品的创作者，国内最早使用五线谱作曲者之一。由他填词的歌曲《送别》至今广为传唱，经久不衰；其书画和诗词等艺术成就卓越非凡；书法"朴拙圆满，浑若天成"；篆刻艺术独树一帜，并创建了著名的治印团体"乐石社"。他以卓越的艺术造诣，先后培养出丰子恺、潘天寿、刘质平、吴梦非等一批负有盛名的画家、音乐家。

李叔同是一位中国近代享誉国内外的传奇性杰出人物。他在俗及出家后所表现出的知难而进的坚定信念和顽强精神，崇高的道德情操，完整的独立人格，深邃的哲学思想，强烈的美学追求，严谨的治学风范，卓越的言行统一，是人们学习的楷模，理当竭力弘扬。

（二）李叔同的人格精神及思想价值

李叔同是近代天津走出的杰出文化先驱，在文学、艺术、宗教等多个领域均取得了令人瞩目的成果。而在他不同的人生阶段中，自律创新、爱国爱乡始终是精神追求的主线。"以出世的精神做入世的事业"，李叔同恪守着"身体力行"的信念，将高尚品格的塑造融合进多彩人生的经历与体悟中。时至今日，他的思想、精神依然具有着非凡的感召力。回顾他的人生轨迹，重温那些足以垂范后世的言行，是一种晓示，更是一种激励。

第一，修身自律。李叔同十分注重自身人格的培养，一贯尊奉中华先贤古训——"先器识而后文艺"，并将此贯彻到一生的为人处世之中。其间，他以自律风范，于归国任教之时，表现出的守时、认真、诚信的处世之道，成为中国艺坛、教坛的一段佳话。出家之后，他更是以自律为准绳，身体力行，在衣食住行方面严以修身，严以律己。

第二，锐意创新。李叔同生活在一个大变革的时代，其故乡天津是当时中西文化交融的前沿地带。随着新思潮的涌入，李叔同逐渐生发出对新学的兴趣。在从事的各项事业中，他无不秉持创新的精神。在近代中国文化艺术多个领域中他都取得了开创性的成就。李叔同创新性的成就众多。除前文所述之外，1903年，李叔同还翻译日本法律著作《法学门径书》和《国际私法》，开创我国近代法律学介绍国际法公权与私权译著之先河。1912年，李叔同主编《太平洋画报》，以漫画的艺术形式创作广告画，开创了中国报纸广告形式的新风气。李叔同成为我国报纸广告艺术画的最早实践者之一。

第三，矢志爱国。李叔同成长在中国的多事之秋。但他终生满怀爱国之志，相继走上艺术救国、知识救国、教育救国的道路。他以不懈努力，唤醒更多人们的爱国热忱。

可见，李叔同在中国近代文化领域贡献卓越，在多个领域开中华灿烂文化艺术之先河。同时，他身上蕴集的人格精神价值观念，也是当代社会亟需的。因此，使人们重新认识李叔同，宣传与践行李叔同的文化精神内涵，继承和弘扬传统文化，是历史赋予我们的责任。李叔同的人格精神及思想价值在当今仍具有重要的意义和价值。

二、李叔同故居纪念馆是传播李叔同人文思想的重要载体

（一）纪念馆基本情况

李叔同故居纪念馆是人物类纪念馆，位于天津市河北区海河东路与滨海道交口处，是为了纪念中国近代文化先驱、一代高僧李叔同而修建的专题性纪念馆，系天津市文物保护单位、天津市爱国主义教育基地，负载着厚重历史文化内涵。纪念馆于2007年12月31日举行了奠基仪式；2008年12月26日落成；2011年12月28日对外正式开放。馆区总占地面积4000平方米，分为园林景观和故居两部分。园林景观占地面积2600平方米，由太湖石假山、人工湖、纪念亭和凉亭组成；故居占地面积1400平方米，由四组院落48间房屋组成，建筑均为传统砖木结构，呈"田"字型格局。故居内，李家当年生活的居所场景，如桐达钱庄、佛堂、起居

室、洋书房、中书房、意园等复原完好。

（二）纪念馆的工作使命

名人故居纪念馆肩负着文化构建与传承的责任和使命。作为人物类纪念馆，我们有责任对李叔同及相关人物的生平事迹、人文精神和卓越贡献进行突出展示和广泛传播。李叔同身上所蕴含的文化力量符合当今社会的需求。爱国奉献、执着进取、创新求索的品德是他生命的底色。他丰富多彩的一生中，淡泊名利，充满真善美的人格力量，这对当下社会有着毋容置疑的现实意义。

开馆至今，我们坚持通过接待服务、推出展览陈列、举办教育活动等方式，向观众传播和弘扬李叔同的人文精神，不断发挥着名人思想在当今社会中的作用，推动着名人思想的传承与进步。我们希望通过开展纪念馆的各项工作，尤其是通过举办陈列展览，使每一来访者皆在置身于纪念馆的同时，深度体会"弘一"文化的精神内质，使不同受众了解李叔同的生平事迹、文化贡献及人文精神，并由此使之受到感召，生发"爱国""敬业""勤勉""崇朴"等情怀，从而达到教化益世的目的。

三、如何利用陈列展览工作传播李叔同的文化思想

（一）纪念馆陈列展览工作概述

人物类纪念馆作为博物馆体系的重要组成部分，应发挥博物馆的收藏、研究、展示、教育的功能。陈列展览是纪念馆的工作重心，体现了纪念馆的专业水平。因此，李叔同故居纪念馆作为人物类纪念馆，始终坚持履行陈列展览职能，以推出陈列展览为工作的主要内容，展现纪念馆的文化深度和广度，传播李叔同的人文精神和思想内涵。

纪念馆的陈列展览由基本陈列和临时展览构成。基本陈列有《李叔同生平事迹展》《海河之子——李叔同与天津》，介绍李叔同生平事迹及其文化贡献。另外，纪念馆近年来加大学术研究的力度，深入挖掘李叔同人文精神要素，推出符合当前社会主旋律、凸显地域文化特点的原创性或合作性临时陈列展览，展现了李叔同的人文思想内涵和文化贡献

魅力。主要有以下几个类别的临时陈列展览:

一是介绍李叔同的生平事迹和人生轨迹:如《乡土·乡魂——李叔同生平泥人艺术展》《弘一大师的足迹》等展览。

二是展示李叔同的文化贡献:如《方寸之美——李叔同广告设计艺术展》《贤者为师——李叔同执教生涯展》《印魂——李叔同篆刻艺术展》《李叔同早年书法墨迹展》《寻找春柳社——纪念"春柳社"成立110周年展》等。

三是侧重展示李叔同的人文精神,体现社会主义核心价值观的展览:如《自律、创新、爱国——李叔同的人格精神》《秀蕴斯宅——京津冀近代文化名人故居风貌展》《海河之子——李叔同与天津》等。

四是介绍李叔同身边的文化名人:如《一代人师——严修生平展》《津沽名贤——赵元礼生平展》《难忘恩师情——中国现代著名音乐教育家刘质平生平展》等;

五是具有纪念馆工作特色、展示李叔同"美育"教育理念题材的展览:如《笔墨新蕊——李叔同故居纪念馆冬令营美育成果展》《李叔同在我心中——文昌宫民族小学美育成果展》《笔墨飞扬——青少年美育成果展》《童之梦——李叔同故居纪念馆"美育"体验成果展》等。

纪念馆或从李叔同的文化贡献,或从李叔同身边的文化名人,或从纪念馆美育工作成果等角度举办临时展览。特别是纪念馆通过深入挖掘李叔同的人文特质和精神内涵而推出的展览,向观众展现李叔同的人格魅力、文化特质,传播李叔同的人文精神,同时使纪念馆的文化辐射力和社会关注度得到提高。

(二)陈列展览《自律、创新、爱国——李叔同人格精神展》介绍

纪念馆业务人员在不断增强对李叔同及与之相关文化的研究基础上,继续挖掘李叔同的人文特质和文化内涵,以丰硕的展览成果的形式,使人们重新认识、了解李叔同,使李叔同在人们心中的形象重新"活"起来。在此,笔者着重介绍以李叔同的个人思想和人格特质为核心内容而举办的临时展览《自律、创新、爱国——李叔同人格精神展》。

2016年7月1日，为纪念建党95周年，天津博物馆和李叔同故居纪念馆联合举办的《自律、创新、爱国——李叔同的人格精神》展览，于"七一"党的生日当天，亮相天津博物馆。该展览是纪念馆业务人员在对李叔同的人物事迹和精神品质进行深入挖掘的基础上而适时推出的，力图通过其优秀的品格感染人、打动人。展览紧扣当今时代主题，从展现李叔同的精神品质入手，使观众透过平凡发现不平凡，感悟他灵魂深处折射出的人格魅力，使其形象可亲可感可学，使其人格精神得以更广泛地传播。

展览以李叔同的人生经历为主线，将其不同时期的言行、处事作以梳理，重点介绍其爱国爱乡、严谨自律的事迹以及在近代中国文化史上的多项成就，力求挖掘和提炼人物事迹背后的精神层面，使观众通过对展览的解读，重温李氏家族俭朴重礼的家风，感受李叔同人格精神的内涵。展览分为"承续家风"、"自律修身"、"锐意创新"、"矢志爱国"四个部分，选取展出的"李叔同早年课卷"、其不同时期与学生或友人往来的信札、自撰联语、文艺作品等，均高度契合展览立意，并真切反映了李叔同人格精神的闪光点，所传递出的人文精神与当今时代主旋律契合共融。此外，在展览期间，纪念馆还组织优秀讲解员赴机关、学校、社区开展演讲，将此展览的文化精髓辐射得更宽更广。

展览吸引了众多观众前来观看，一位年过七旬的老人在参观过后，感受颇多，他在接受记者采访时表示："李叔同是土生土长的天津人，对他人格品行的回顾和弘扬，是对我们的激励。尤其是青年人，应当践行李叔同的处事风范，让他的光辉形象在当今社会焕发无尽光彩。"

《自律、创新、爱国——李叔同的人格精神》展览从思想导向、文化内涵等角度，挖掘、阐发了李叔同人格精神尤其是与社会主义核心价值观相契合的因素，营造了良好社会风气，弘扬了社会主义核心价值观。通过临时展览的方式，纪念馆促进了名人思想在当今社会中作用的发挥，推动着名人思想的传承与进步，体现了李叔同的人文思想在当代社会的重要价值。

四、如何继续加强陈列展览工作，传播李叔同的人文思想

通过前文所述，纪念馆在运用陈列展览传播名人思想方面，已有些许成果和可取之处。基于此，笔者结合纪念馆工作实际和当代社会形势，就如何继续加强陈列展览工作，传播李叔同的人文思想，展现李叔同的思想在当代的重要价值，简要提出三个观点。

（一）转变陈列展览的工作思路

2017年4月，习近平总书记在广西考察工作时强调，"博物馆建设要注重特色"，"博物馆建设不要'千馆一面'，不要追求形式上的大而全，展出的内容要突出特色"。总书记的指示为我们的展览工作指明了方向。受其启发，笔者结合近些年展览工作经验及对观众的调查研究进行了深入思考，建议陈列展览不能一成不变。在新形式下，临时展览的选题内容要多样化，思想主旨要丰富、有内涵，表现手法应更具感染力和亲和力，同时要增强观众与展览的交流与互动，不能"高高在上"。通过转变展览工作思路，创新陈列展览方式，推出具有吸引力的展览，纪念馆不仅可以更好地吸引公众的目光，同时还可以达到对公众进行精神教育与思想启迪的目的。

展览主题上要扣住广大观众的思想和情感，只有与观众的思想感情产生共鸣而非简单认知的展览才是成功的展览。[1]以公众需求为导向的展览，选题立意以公众的兴趣为准，内容结构以公众的接受能力为准，形式设计以公众的视觉舒适为准，互动活动以公众的热情参与为准。由公众需求主导策划的展览，有一种天然的吸引力，可全方位提升博物馆的服务水平。[2]

纪念馆要及时转变展览工作思路，关注社会公众需求，让公众"点菜"，多向公众提供愿意听、愿意看的展览，提供思想性、艺术性、观赏性高的展览。这样才能提高展览水准，才能获得公众"点赞"。

（二）利用新媒体的传播优势

[1] 姚安：《博物馆策展实践》，科学出版社2010年版，第55-56页。
[2] 王文丽：《公众文化需求在博物馆展览策划中的导向应用——兼谈河北博物院的工作探索与实践》，《文博论坛》，2016年2月。

一个优秀的展览需要配以有效的宣传手段，将展览资讯及时、高效地传递到观众。新颖高效的宣传策划整合了传统媒介与新媒体的力量，形成综合视觉传播系统，达到了立体多元化的宣传效果。所有宣传活动分阶段展开，确保宣传在展览期间延续不断，效果层层递进，从而成为当时的文化热点，才能充分调动潜在的观众群体。[1]

在展览宣传过程中，笔者建议除坚持使用传统的报纸杂志、展览宣传册等方式，新时代的陈列展览工作，应多加强对新媒体手段的使用和推广，以展览能成为社会关注的热点和焦点。

这种媒体不同于传统媒体"上到下"的传播方式，而是一种"点到面"或"点对点"的对等传播方式，主要依靠平面化的社交网传播。在这样的大背景下，纪念馆也应成为其中一员，开设官网、微博、微信等，提高纪念馆的社会融合度。[2]在未来的展览工作中，纪念馆应更多地尝试利用新媒体的宣传方式，让"艺术与科技联姻"，实现对展览的宣传，对名人的宣传。此外，我们还可将展览向实景转化，推出网上展览的方式。观众运用纪念馆网站和微信平台等渠道，随时随地可用手机或电脑观看展览、进行分享，增强参观体验，最大限度地宣传展览。

（三）融合天津本土文化和李叔同的人文精神

天津作为历史文化名城和文化资源大市，孕育了大批历史文化名人，这是城市发展极其宝贵的财富。李叔同身上集结的爱国奉献、认真务实、开拓进取的人格精神，是城市重要的文化资源。善加继续利用不仅可以增加城市的文化内涵，还可以提高城市的综合竞争力。因此，我们要充分挖掘、整合、利用天津本土文化和李叔同的人文精神，使其思想精神、文化遗产薪火相传。

在展览工作策划中，笔者建议将李叔同的文化贡献和人文特质同天津文化内涵相结合，将其思想融入天津的文化内涵，使其成为近代天津历史文化名人形象。天津，这座有着六百年深厚文化积淀的城市，需要一个形象去展示其深邃的城市魅力和宽博的文化涵养，李叔同就是这样

---

[1] 姚安：《博物馆策展实践》，科学出版社2010年版，第293页。

[2] 高红清：《博物馆临时展览工作基础实务》，燕山出版社2016年版，第291页。

最好的代表，是近代中国历史、文化的一个缩影。

因此，纪念馆开展的陈列展览工作，充分利用这些天津"本土"资源，积极寻求李叔同人文精神和时代发展的结合点，开展与城市文化特色相契合的临时展览，以其个人事迹和人文精神突出城市文化发展特点，将展览工作上升到更高层次和领域。我们将继续推出各类展览，挖掘李叔同的历史文化价值和社会价值，借助李叔同的文化影响和人格魅力展现天津的底蕴和风采，从而也进一步提高李叔同的知名度和影响力。

结语

习近平总书记曾指出，"搞历史博物展览，为的是见证历史、以史鉴今、启迪后人。要在展览的同时高度重视修史修志，让文物说话、把历史智慧告诉人们，激发我们的民族自豪感和自信心，坚定全体人民振兴中华、实现中国梦的信心和决心"。作为传播名人思想和历史贡献的纪念馆，我们的工作使命和最终目的是使公众了解名人及其思想，弘扬民族精神，同时使观众自身受到教化，营造良好的社会风气，继续发挥好弘扬和培养名人精神的阵地作用。

（邱玥，天津李叔同故居纪念馆陈保部负责人、助理馆员）

博物馆名人思想传播路径初探

——以张氏帅府博物馆为中心的考察

李　婷

摘要：名人因其事迹受人敬仰，更因其思想品格流芳百世、教育后人。名人故居博物馆需要重视对名人的研究。只有加深对名人思想的研究，才能深入了解名人，为传播名人思想打下基础。科技发展的日新月异对博物馆带来了很大冲击与变革，创新传播途径，才能让名人思想发扬光大、展现当代价值。本文以张氏帅府博物馆的实践为例，对博物馆名人思想传播路径作一初步探析。

关键词：名人思想；张氏帅府；传播路径

"博物馆"（Museum）一词源于希腊文museion，本意为"祭祀缪斯的地方"。从Museum的来源上讲，博物馆是名人纪念馆的同义语。名人因其事迹受人敬仰，更因其思想品格流芳百世、教育后人。英国学者鲁金斯在其《博物馆之功能》中说："博物馆就是公众受教育的场所。"美国学者顾迪在《将来的博物馆》中也特别强调了博物馆"教育机构补充设施（校外教学园地）"的功能。因此，对名人思想进行探究与传播，是名人纪念馆的应有之义。创新传播路径，才能充分发挥名人纪念馆公众教育的功能。

张氏帅府又称"大帅府"或"少帅府"，是张作霖及其长子张学良将军的官邸和私宅，也是张学思将军的故居，始建于1914年，占地面积3.6万平方米，总建筑面积2.76万平方米，是迄今东北地区保存最为完好的名人故居。张氏帅府作为民国时期东北的政治中心，同时也是众多近代名人活动的舞台。可以说"游一座大帅府，观半部民国史"。张学良等相关名人思想不仅是我馆学术研究的重点，也是增加展陈、宣教深度与厚度的重要内容。本文以张氏帅府博物馆为例，对博物馆名人思想传播路径作一浅显的探析。

一、注重名人思想的学术研究

要探寻博物馆名人思想的传播路径，学术研究既是基础性的工作，也是必须长期坚持的工作。没有踏实严谨的学术研究，就无法充分、准确地挖掘名人思想的当代价值，谈传播就成了无源之水、无本之木。而且，名人的研究，归根结底是要研究名人的思想。不探究名人思想，则没有学术深度。然而，思想史研究需要专业的人才，需要扎实的学术素养。正如美国安克雷奇历史艺术博物馆前馆长曾指出的那样"仔细看一下很多家博物馆的职员表就会发现其中专业人士——数量少的惊人"。[1] 因此，既要夯实馆内科研力量，也要注重与馆外专家学者联合，借外力，练"内功"，联手合作深入研究名人思想。

张氏父子是近代史上重要的政治人物，他们在近代东北特殊的环境下，其对外思想与实践，建设近代东北的"惠工""东北新建设"等思想都是值得深入研究的近代史课题并为如今发展提供历史经验教训。尤其是张学良，还留下了丰富的口述史资料。近年来不断有张学良口述史料出版，值得深入研究。为此，我们多管齐下，加强研究。

首先，名人思想研究是张氏帅府博物馆科研人员的重点工作。如2015年，博物馆科研人员参与编撰的《中华道德楷模——近代卷》[2]，展现了张学良等50位近代名人的事迹和思想；目前博物馆正在撰写的《张学思评传》重点探讨了海军的好参谋长张学思将军抗日救国、建设

---

[1] RobertL·Shalkop，"ResearchandMuseum，"MuseumNews50，no.8（April1972），p.11。

[2] 白云涛主编，张侃侃编著：《中华道德楷模·近代卷》，四川人民出版社2015年6版。

海军的爱国思想。另外，2013年，博物馆编撰或者参与的《张作霖书信文电集》[1]《张氏帅府志》[2]《张学良口述历史（访谈实录）》][3]《大公报索引》（正在编辑）均是资料性书籍，为进一步研究、展示奉系人物的思想打下了基础。

其次，馆会合作，召开相关学术研讨会。张氏帅府博物馆与辽宁张学良暨东北军史研究会合作，举行"帅府论坛"学术研讨会，每年8月召开。一年一次的研讨，就张氏父子的思想和实践作了多角度深层次的剖析。如2007年，举行的"张作霖与日本关系国际学术研讨会"；2012年举行的"张氏父子与东北近代化学术研讨会"；2013年举行的"张氏父子与东北军事近代化学术研讨会"；2014年举行的"张学良与东北抗日义勇军学术研讨会"；2017年，召开的"第二次张学良口述历史暨冯庸教育救国思想国际学术研讨会"。这一系列研讨会，每年会吸引来自海内外高校、研究机构、博物馆的50—100位专家学者参与其中，并就张作霖的对日思想、张氏父子东北近代化的史实和思想、张氏父子军事近代化思想、张学良与义勇军、抗联一起抗日救国的史实和思想，进行多角度的探讨。会后精选参会论文，出版相关论文集，已连续出版《张作霖与日本关系》[4]《张氏父子与东北近代化》[5]《张氏父子与东北军事近代化》[6]《张学良与东北抗日义勇军》[7]等近10部论文集。这些研究成果，不仅代表了张氏父子思想研究的最新成果，为接下来进行展陈、宣教提供科研支撑，而且举办大型的研讨会本身也是博物馆宣传展示名人思想当代价值的重要的平台和手段。

另外，成立相关研究中心。张氏帅府博物馆于2008年成立"张学良研究中心"，从海内外的相关学者中聘请西村成雄、胡玉海、毕万闻等20余位高校、科研机构的专家学者为研究中心的顾问、特聘研究员，

[1]郭春修主编：《张作霖书信文电集》，万卷出版公司2013年版。
[2]沈阳市人民政府地方志办公室编：《张氏帅府志》，沈阳出版社2013年版。
[3]杨天石等主编：《张学良口述历史（访谈实录）》，当代中国出版社2013年版。
[4]郭俊胜主编：《张作霖与日本关系》，辽宁人民出版社2008年版。
[5]郭春修主编：《张氏父子与东北近代化》，辽宁人民出版社2013年版。
[6]郭春修主编：《张氏父子与东北军事近代化》，辽宁人民出版社2013年版。
[7]郭春修主编：《张学良与东北抗日义勇军》，白山出版社2015年版。

和馆内的研究人员一起组成一支研究队伍，共同研究张学良的生平事迹和思想。成立以来，研究中心每年定期举办年会、参与辽宁省科普周活动、指导馆内科研人员并发表相关论文、出版研究专著。如2011年，张学良研究中心特聘研究员焦润明发表的《张学良的平民观》[1]、特聘研究员王海晨发表的论文《张学良口述历史中的日本观》[2]《张学良谈"国民党为什么打不过共产党"》[3]等均为透过口述历史研究张学良思想的专题论文。2015年，特聘研究员王海晨撰写的《百年孤独——张学良的思想人生》[4]是研究张学良思想方面的最新成果。该书出版以来，在张氏帅府博物馆"毅荻书斋"以及各地书店、网店已累计销售10000多册，社会反响强烈。可以说，成立相关历史人物的研究中心，有利于集中研究力量传播名人思想。

二、名人思想在展览中的体现

作为博物馆，对名人思想最直接的展示莫过于在展览中进行了体现。反之，如果名人相关展览不能深刻体现出名人的思想，则该展览难免变得浅薄。

首先，主题陈列的改陈，充分注意名人思想的展现。了解张学良是许多人走进张氏帅府博物馆的重要目的。关于张学良的展览也一直是我馆的主题展览。近年来，博物馆在原有的"千古功臣张学良将军业绩展"基础上，改陈制作了"百年张学良"展览。"百年张学良"展览紧紧围绕着爱国主义这一主题，共分"随父征伐"、"主政东北"、"兵谏救国"、"幽禁岁月"四大部分。以张学良百年人生为主线，以时间为经，以重大历史事件为纬，以大量翔实的档案史料为基础，精选代表性的照片、文物，全面展现张学良这位世纪老人的历史足迹及其爱国主

[1]焦润明、张春艳：《张学良的平民观》，《东北大学学报》，2010年第4期。

[2]王海晨、李婷：《张学良口述历史中的日本观》，《东北大学学报》，2010年第4期。

[3]王海晨：《张学良谈"国民党为什么打不过共产党"》，《新华文摘》，2011年第12期。

[4]王海晨：《百年孤独——张学良的思想人生》，当代中国出版社2016年版。

义思想的发展历程。

此次改陈很重要的一点就是在内容设计上，摒弃了传统的脸谱化以及过度拔高的表现手法，更多地展现出他的思想发展轨迹。例如，注意表现他的对中国共产党的认识过程、联共抗日思想的产生与发展以及晚年对中国共产党的高度评价；张学良的对日思想经历了年轻时的恐惧与憎恨，到晚年强调"他们（指日本）把这10个人（指东条英机等甲级战犯）入靖国神社，可以看得出来，日本还是一个侵略国家"的警惕思想等。

其次，在临时展览中，注意名人思想的展示。

张学思将军是从张氏帅府走出的优秀共产党员，中国人民解放军的优秀将领，人民海军的创建者之一，曾被周恩来总理喻为"海军好参谋长"。2016年，在张学思将军诞辰100周年之际，博物馆精心策划了"怀念——张学思将军生平展"。展览分为五个部分，如第一到第三部分，"家庭的叛逆者""光明的追寻者""坚定的革命者"，主要展示在背负国难家仇的背景下，张学思参加抗日救亡运动中找到了真理——共产主义，找到了革命的领路人——中国共产党的思想历程。第四部分"海军的奠基者"，则注意且展示了这位我党优秀的海军将领建设人民海军的思想及贡献。

2017年，是全面抗战80周年，为铭记历史，缅怀先烈。张氏帅府博物馆策划了"教育救国和抗战十四年先驱——冯庸和他的冯庸大学"展览。该展览分为六个部分，用图片和文物展现了冯庸这位为做大事散尽家财的传奇的一生。虽出身于军人，但冯庸却因冯庸大学而彪炳史册。因此，冯庸教育救国思想是展览的重点。展览用图片、文字、文物将冯庸在近代救亡图存的背景下，结合办学实践，提出的冯庸教育理念，重视军事教育、体育教育、八德八正等思想进行了充分展现，对当前教育有着借鉴意义。

此外，它山之石可以攻玉，注意引进高质量展览。张氏父子作为民国政要与许多名人都有交往，百年大帅府也留下颇多名人的足迹。2015年，张氏帅府引进的"晏阳初史迹展"，展现了这位曾与张学良交往过的教育家的平民教育思想；2017年，引进的"陈云生平事迹展"则展现了这位曾在沈阳工作过的无产阶级革命家的爱国思想。将这些优秀的交流引进展览，丰富了张氏帅府博物馆的展示内容，增加了展览对名人思想探索的深广度，收到了良好的宣传效果。

三、互联网+视野下，名人思想传播的路径

根据国家网信办、中国互联网络信息中心（CNNIC）发布的第40次中国互联网络发展统计报告，截至2017年6月，中国网民规模达7.51亿，手机网民达7.24亿。这一庞大的网民群体显然不可小觑。如何让更多的人看到博物馆扎实的研究成果，仅仅依靠传统的展览陈列等，并不足以充分发挥博物馆的公众教育功能作用。"互联网+"视野下，官网、微博、微信等是博物馆从重视"观众"到重视"公众"这一重大改变的重要实现手段。

首先，官方网站注重与时俱进地改版升级。张氏帅府博物馆官网设计大气典雅，不仅注重订购纪念品等服务功能，更是我馆传播张氏父子等名人思想的重要网络阵地。例如，张氏帅府博物馆2009年创办了馆刊《帅府苑》。馆刊每三个月一期，除了刊登博物馆工作方面的消息，还十分注重名人思想与实践的研究。每期馆刊出版后，官网都会及时上传更新，及时披露本馆名人思想研究的最新成果。另外，及时跟进数字化展览。张氏帅府博物馆改陈后的基本陈列《百年张学良》在2016年完成了网上三维数字化展览，实现了直接登录官网看展览的功能。《百年张学良》网上三维数字化展览，利用虚拟现实、三维图形等技术，让观众足不出户感受张学良的思想人生，并可实现对展出文物的360度观赏。

其次，重视微博、微信的传播功能。

微博方兴未艾，微信异军突起。微博、微信刚面世不久，张氏帅府博物馆就及时跟进。目前，张氏帅府博物馆微博、微信公众号张氏帅府（微信号syzssf），运行良好，关注度持续上升。

张氏帅府博物馆微信分为服务、参观、教育三个板块。服务和参观板块，给游客带来了极大的便利。参观时，微信专业的语音导览，可以

实现一对一服务，解开了观众心中的谜团，使之在参观中更深刻的感受到张氏父子的思想和人生。而微信中专门设立的教育板块，设有人物介绍、帅府钩沉、文物精粹三个子项目，透过人物传记、钩沉文章和文物等深入展示张学良等名人的事迹和思想，是了解张氏父子的知识宝库。另外，张氏帅府博物馆微博、微信每日推送文章，除了工作消息等，还特别注意利用微博、微信推送名人思想研究的成果，研究论文、新书资讯、会议通知、讲座信息，等等。在方便、快捷方面，微博、微信确实效果明显。如2017年，张氏帅府博物馆的帅府讲堂系列讲座，除了电视、报纸的讲座通知，还利用微信通知讲座信息，信息发布更广更快速。不少没来现场的热心参与者，在微信留言中要求直播帅府讲堂，也被及时采纳。

四、请进来、走出去的传播路径

在网络空间开疆拓土是博物馆拥抱新时代的必然选择，正如欧美博物馆界的权威人士所言"三百年前，教堂是社区活动的中心，在不久的将来，博物馆将是社区的中心"。尤其是名人故居类博物馆，名人可能是城市的名片，名人的思想或许就是城市精神的象征。城市滋养着名人，名人则成就了城市的历史和传奇。有人说，要说沈阳的历史，不得不提的就是努尔哈赤父子和张氏父子。因此，张氏帅府积极倡议以帅府建筑群为中心打造民国历史文化园区。文化园区需要长期的努力。但只有请进来、走出去，让更多的人走进博物馆，让博物馆走向更远，才能让名人事迹发扬光大，让名人思想深入人心。

首先，请进来——来博物馆做志愿者、听讲座。

2014年，"张氏帅府（金融）博物馆志愿者服务基地"正式挂牌成立，改变了过去零散的志愿服务，志愿者更加系统化、规范化。志愿者主要是两类：一是具有一定文博知识的社会爱心人士，二是通过与高校、中小学合作选拔出来的大学生和中小学生志愿者。这些志愿者不仅增加了博物馆服务，方便了游客。大量的志愿者由原来的受众，转变为名人事迹思想的传播者，身份的转变，使人们与名人走得更近，跟博物馆的距离更小，名人的事迹思想也会传播得更深、更远。尤其是中小学生，做志愿者讲述名人的事迹思想的经历，将伴随他们的成长，影响他们的人生。

2016年，在辽宁省社科联、沈阳市社科联的领导与支持下，张氏帅府博物馆开启了"帅府讲堂"系列讲座。4月到6月连续12周，每周六上午在张氏帅府博物馆会议室举行。讲座嘉宾既有张氏帅府的研究员，也有高校和科研机构的专家。选题方面主要从帅府具有的历史人文特点出发，着重突出名人思想中的积极因素和当代价值，使之与社会主义核心价值观相衔接，让优秀传统文化和爱国精神在新的历史条件下发扬光大。帅府讲堂得到了辽宁省尤其是沈阳市广大市民的热情响应和积极参与。博物馆不仅仅是用来参观的，周末来博物馆听讲座成了许多人的一种生活方式。

其次，让流动博物馆走得更远。

张氏帅府博物馆充分挖掘自身的历史内涵和思想内涵，拓宽思路，精心设计出各种形式多样的教育活动，建立起"流动博物馆"。党员、讲解员送展览送资料深入到社区和学校。多年来的坚持，流动博物馆不仅坚持下来，而且走得更远，内容更加丰富多彩。从以前单纯的展板，到如今3D影像的综合运用，加上讲解员声情并茂的精彩讲述，这让听众仿佛走进大帅府，走近了张氏父子传奇的人生，更加深入了解了张学良等的爱国思想。

2017年，配合沈阳市教委的活动，张氏帅府博物馆的流动博物馆多次深入边远的农村学校。真正走进大山里、走进边远的村庄，才知道，那里的孩子来一趟博物馆非常不容易，他们所在城市的名人，也许在他们眼中也并非那么熟悉，听讲解员讲述名人的事迹和思想，是一件幸福而难忘的活动。因此，流动博物馆常态化，更深入基层，让博物馆从象牙塔走向社会，才能让名人的事迹和思想在当代更有价值和生命力。

最后，加强馆际交流与深度合作。

名人曾居住的住所就是名人故居。比如张学良，他的出生地今天的台安县有故居，在沈阳、西安、台湾、夏威夷也有故居，但每个故居都有自己独特的资源。整合资源，加强交流才能让名人思想体现出更大的价值。

张氏帅府博物馆一直以来重视馆际交流。"两岸三馆年会"就是由张氏帅府博物馆首倡，与西安事变纪念馆、台湾新竹张学良故居共同搭建的文化交流合作平台，从而建立了长期、稳定、全面的合作关系。通过开展对张学良的研究活动，弘扬张学良将军的爱国精神，促进两岸交流，这已成为两岸交流的品牌文化。

2016年9月22日，张氏帅府博物馆被授予东北首家"海峡两岸交流基地"，张氏帅府升级为深化两岸合作的国家级平台。一年多来，张氏帅府积极组织台湾大学生夏令营、为台湾大学生举办历史讲座等，既宣传了名人的思想，又拉近了两岸的距离。共同的名人，成了两岸合作的桥梁。

同日，还在博物馆挂牌成立"沈阳冯庸抗战文化交流中心"，这是致力于冯庸教育救国思想、弘扬抗战精神的社会组织。冯庸是奉系元老冯德麟之子，曾与张学良并称"东北二公子"，两人不仅是挚友，且都致力于兴办教育。张学良曾创办东北大学，而冯庸毁家纾难创办冯庸大学并组织义勇军奔赴抗日前线的经历，更是近代教育史上的一段佳话。交流中心成立后，积极组织冯庸教育救国的座谈会、研讨会、公益讲座并撰写《冯庸与冯庸大学》等。该中心的成立响应了习总书记呼吁两岸"共享史料、共写史书"的伟大号召。因此，弘扬冯庸的教育救国思想，对于推动两岸交流与合作有着积极的作用。

（李婷，张氏帅府博物馆研究室文博馆员）

风雨故园情

——从张氏帅府基本陈列看张学良的爱国主义思想

申 秋

摘要：名人故居具有深刻的历史价值和文化内涵，其功能主要是纪念，而纪念的目的是教育，教育的重点在于向公众进行爱国主义精神内涵的传播。博物馆的基本陈列是博物馆对外传播的重要载体和有效途径。本文以"百年张学良"展览为例，以确定主题思想、鲜活人物个性；完善内容设计，明确展览内涵；丰富形式设计，增强可观赏性等三个方面为切入点，来阐述张学良的爱国主义思想。

关键词：百年张学良；设计

名人故居博物馆是建立在名人曾经居住和工作过的地方，对与名人相关的历史文物和其他实物资料进行收藏保管、陈列宣传和学术研究的机构，其主要功能是对观众进行人文知识教育、传播历史知识，缅怀先贤精神。张氏帅府博物馆建立在张作霖及其长子张学良父子两代的官邸和私宅——大帅府基础之上。因此，无论是馆内的复原陈列，还是基本陈列，都紧密围绕着张氏父子展开。其中，张学良将军的"百年张学良"生平展更是整个博物馆的核心展览之一。

观众来帅府，在满足视觉享受的同时，主要是想了解张学良将军的传奇人生，想得到精神享受，想获得有关知识。为此，自建立以来，本馆即投入大量人力、物力，组织专门研究人员开展对张学良将军的研究，力争为观众呈现一个权威、有深刻教育意义的人物专题展览。20世纪80年代末伊始，张学良旧居陈列馆成立就推出了"千古功臣张学良将军业绩展览"，主要展示张学良将军在西安事变中的历史功绩，从而弘扬张学良将军的爱国主义精神。随着帅府展区的逐步扩大以及张学良将军获得自由，一些相关的资料也公布于世，此展览经过1992年、2002年两次改陈，2006年，正值张学良将军逝世五周年、西安事变七十周年，汲取多年馆内的研究成果，在原有展览基础上推出了"百年张学良"大型历史专题展览。该展览一经推出，即在社会引起广泛好评，赢得了领导和同行的一致肯定。

随着时间的推移，张学良研究成果的日益更新，张学良口述历史的渐次公开，史料、照片的不断发现，有的还原了历史，有的填补了历史空白。对于新的照片和史料需要充实到展览内容中；征集到一些新的相关的文物也需要在展览中展示出来。因此，对"百年张学良展览"进行调整、充实、修改势在必行。2012年，经过慎重考虑，多次论证，决定再次对"百年张学良"展览进行全面改陈，运用新史料、新照片、新成果，在大量藏品和研究的基础上，准确表达人物形象，与时俱进地解读张学良，帮助观众更深刻地理解张学良。展览面积270平方米，共展出历史照片208张，文物50件/套。展览主题明确，脉络清晰，展览内容全面客观，展览手段多样化，更加丰富了展览的内涵，提高了视觉观赏性。

一、确定主题思想，鲜活人物个性

名人故居博物馆主题，实质上是在藏品研究和大量学术资料研究基础上，经过高度概括、抽象和升华，提炼出的一个能"统领整个展览，个性鲜明，具有高度思想性"的人物定位。它要提纲契领，重点明确地将人物最为重要的部分表现出来，塑造人物形象，突出人物精神。

张学良是伟大的爱国者和卓越的民族英雄，他与20世纪同行，曾数次影响和推动中国近代历史的进程，爱国主义精神终其一生，"千古功臣""伟大爱国者"是对张学良最公正的评价。"百年张学良"展览就是紧紧围绕着爱国主义这一主题，再现张学良这位世纪老人从关东骄子到主政东北再到兵谏救国直至幽禁岁月的生命历程和传奇人生，展现他强烈的爱国主义精神和为国家为民族甘于牺牲的大无畏精神。紧密围绕主题的同时，摒弃了原有展览中那种脸谱化以及过度拔高的表现手法，在重点表现张学良在东北易帜、武装调停中原大战特别是西安事变等重大历史事件中所作出的突出贡献的同时，更多地展现出他的思想发展轨迹以及丰富多彩的人生画卷，增加了许多他晚年生活中鲜为人知的生活片断，使人物表现得更加真实，更加丰满。人们通过展览，既能了解到张学良将军伟大的爱国情怀，又能看到一个鲜活生动的张学良。

二、完善内容设计，明确展览内涵

全面、系统地反映张学良的生平史迹、思想变化以及重大历史事件所作出的突出贡献，以及晚年的鲜为人知的生活片段。广泛吸收新的史料和新的照片、新的学术成果、学术性与普及性相结合。改陈的"百年张学良"专题陈列展览紧紧围绕着爱国主义主题，采用编年史的体例，以张学良跌宕起伏的百年人生为主线，以时间为经，以重大历史事件为纬，以大量翔实的档案史料为基础，内容设计分为"关东骄子"、"主政东北"、"兵谏救国"和"幽禁岁月"四大部分十四个单元，以期全面展现张学良这位世纪老人的历史足迹、爱国主义思想的发展历程，以及丰富多彩、跌宕起伏的人生经历。

19世纪末的中国积贫积弱，西方列强以其坚船利炮打开中国国门，并掀起瓜分中国的狂潮。张学良的出生地东北沦为俄国的"势力范围"，后来日本势力逐渐上升，两国在东北展开利益角逐，并不顾中国主权，悍然在中国土地上发动战争，东北人民生灵涂炭，倍受摧残。张学良自出生起，就一直生活在东北这块饱受日俄蚕食的国土上，经常目睹日、俄强邻欺辱中国人民。在这样的时代背景下，张学良对"国破家亡"的感受尤其突出，青年时代即对当时的中国社会进行深刻的理性思考，并树立起了"立誓救中国"的人生观。在"西安兵谏"部分，在西安事变前日本侵华形势图的基础上，增加了全国各地报纸报道和抗议日本增兵华北的新闻，这些都既有利于观众了解当时的时代背景，也有利于更深刻地体现张学良爱国思想产生及变化的根源。

　　历史伟人、历史名人之所以被人们所敬仰和怀念，不仅因为其不凡的业绩，还因为他们的精神和品格。作为楷模，他们的精神和品格将会浸润人们的心田，并最终在人们的生活和实践中发挥作用。正因为如此，举办伟人、名人的陈列展览就不能只是平铺直叙地展现人物的生平业绩，还要注重从多角度、多侧面展示人物的精神世界和个性风姿，再现一个血肉丰满的人物形象。本着这一原则，展览注意了张学良思想发展的变化，他的对日观，对共产党的认识过程，联共抗日思想的产生过程，包括他晚年信奉基督教，研究明史等内心的变化都给予一定的体现。比如，增加了《二十一条》签订的内容及张学良对此事件的反应以及他首次赴日观秋操，目睹日本之强大所产生的强烈心理变化的内容，这些都是原来展览中所没有的，但对张学良后期能够促成国家统一，发动西安事变，起一个很好的铺垫作用，说明他的爱国统一思想不是突然产生的，早在青少年时期就萌芽了。通过参观展览，让观众不仅可以了解人物的人生经历和不凡业绩，而且能够触摸到他的内心世界，领略到他独特的人格魅力，从而受到最具感召力的人生启迪。

　　人物类陈列展览是博物馆丰富多彩的陈列展览中的一个重要类别，而人物是具有丰富性和复杂性的，我馆既表现人物的生平业绩，又关注与人物的心灵沟通，尤其注重强化观众与人物的情感联系，彰显其鲜明个性，立体全面地再现一个真实的人物形象，从而满足观众参观需求，获取广泛的认同感。这是此类展览有别于其他类型展览，同时也是避免同一类别的展览内容雷同化、模式化，增强展览的新鲜感和个性化，激发观众参观热情的内在需要。在我馆以往所制作的张学良人物专题展中，出于各种考虑及历史条件的局限，偏重于对人物歌颂式的体现，而忽略了对其人性化的全面展示。比如：冲破日本层层阻挠最终实现东北和平易帜、于危急关头毅然武装调停中原大战、在国家危亡之际发动西安事变并最终促成了事变的和平解决，这些都展现出了张学良伟大爱国者的风范，是围绕主题的不可或缺的核心部分。在深入浅出地传达张学良爱国者形象，剖析其爱国思想，宣扬精神观的同时，我馆加强了对张学良全方位的展示，如在吉林剿匪、两次直奉战争中的表现，让他成为当之无愧的军事家；在错综复杂的形势下，面临多重压力和考验的情况中，他顶住外部压力，稳定内部局势，展开有理有节的谈判，顺利实现东北易帜，这既是对他爱国统一思想的有力诠释，又展现了他的政治家风范。

三、丰富形式设计，增强可观赏性

陈列内容和陈列形式是一种相辅相成、不可分割的辩证关系，前者在于定位主题内容、引导形式设计、塑造展示差异；后者是表现内容的必要手段，展览的内容和形式统一，才能有效地传播展览信息，满足观众的多元需求，起到瞻仰、缅怀、激励的作用。将人物置身于历史之中，起到了"古为今用"的爱国主义教育作用。故居类建筑本身就有其独有的资源优势，具有不可移动性、不可再生性和不可替代性，依托旧址的地源优势，举办专题展览，使观众在身临其境的同时，更有全面、立体和生动之感。以帅府建筑为依托，全面挖掘与展示了帅府所承载的历史人文内涵。

1. 展览形式与人物生命色彩相统一

基调，是陈列、展览色彩设计的主要手段。因此，应首先确定色彩基调。人物的生平业绩展览的基本色调很重要。突出人物的人生脉络，起到强化观众与人物的情感联系作用，展览形式设计中的色彩语言围绕展览主题而进行，烘托展览氛围，彰显其鲜明个性。本展览是张学良人物的生平展，展览形式围绕大的时代特征，紧扣人物精神气质来诠释展览内容。形式上根据展览内容的实际需要，结合当时的历史背景和张学良的人生，通过色彩的变化进行区别对比展示，可以更好解读人物的生命历程。在展览主题上利用色彩的温度感特征进行表现，色彩的温度感是指色彩的表达在人们的心理产生的联想，生理上有冷暖之感。张学良生于晚清，成就于民国，同行于现代，民国时期这段历史对于国家民族与他个人都是很重要的。在"关东骄子"和"主政东北"展厅，主要展示张学良的成长历程和张学良主政东北时期的重大历史事件。在这部分采用青灰色的冷色调，主要突出表现历史的凝重、岁月的沧桑感以及张学良的强烈爱国主义思想，以期给观众带来强烈的视觉冲击和震撼，从而使人们心里产生庄重感，严肃感。在"兵谏救国"和"幽禁岁月"展厅，主要表现张学良从拥蒋"剿共"到联共抗日再到发动西安事变并促使西安事变和平解决的历史过程，和张学良辗转流迁于大陆、幽禁台湾和隐居美国的纷繁复杂的经历。这两部分主要采用桔黄暖色调，展示了张学良为中华民族所作出的巨大贡献和张学良政治生涯结束后真实的生活状态，肯定了张学良的千古功臣的历史地位，看到这位世纪老人真实平和的晚年生活，使人们心理上感到温暖。色彩的组合、变化，使观众在既受到美学的冲击，同时也因展线的增长而不断变化自己的思绪，解除疲劳。

2. 结合空间特点，展示手段相得益彰

故居建筑本身具有原址优势的同时，在展示空间上必然会有一定的局限。由于空间有限，展览不得不考虑空间的特点带来的制约性，观众的空间承受力和视知感受力，充分考虑陈列形式在处理展线和空间形态有效把握之间的平衡。展示空间为长20多米，宽6米多长方形空间，空间面积狭小，这使展览在表现形式上会有很多局限的地方，所以尽可能地不占用平面空间，采用了雕塑、场景、多媒体等多种丰富的现代化展示手段，以改善平面和立面效果，使展览动静交融提高整体艺术性。

本展览的空间为四合院的原建筑，利用正房的中厅为展览的序厅。序厅的总体构思，是在较为狭小的空间，以小见大，营造恢弘的张学良爱国精神场，突出纪念氛围。采用张学良年轻时期的身着戎装站立的雕像。这人物目光坚定，表情凝重，人们走进展厅，首先映入眼帘的是人物雕像，使人们肃然起敬，可以很好地达到时间、空间的转换效果，环绕中心雕塑的是镶嵌在四壁上、铜板镌刻的张学良语录的文字，后人通过这些文字可以与张学良对话，了解其内心的思想变化。周边文字的对话与中心雕塑的人物互相呼应，产生巨大的精神张力，有限的空间从而延伸出无限。从形式上看，张学良语录雕刻处理在仿铜板上，人物雕塑用青铜，同种材质在处理手法上强化出凝重的历史感，在最大限度上突出张学良的个性特色与民族风格融为一体，创造出博大恢弘的爱国主义

精神气度。展览的结束部分，大海、礁石在落日余晖映衬下，突出张学良这位世纪老人的绚烂人生归于平淡的平凡与恬静、空灵的意境，选择在东厢房的中厅位置，对展览主题起到了强化作用，石材运用使历史画面定格，人物永恒不朽，使观众驻足畅想。

场景复原比绘画更有空间感与立体感，比雕塑更有情节与实景的交融性，准确地交代出特定环境，并烘托周围气氛，起到更生动地再现历史和说明历史的作用。根据展览内容需要对于重大的历史事件，做到了重点突出。在重大历史事件的展示上充分运用了场景复原的形式，如张学良就职东北边防军司令长官典礼场景复原，此场景以东北政务委员会的所在地大青楼为背景，以主要的阁员张学良、方本仁、张作相、万福麟为原形精心设计和制作了与人同大的铜雕，人物的表情严峻、宁静且细腻生动，突出表现了东北易帜这个重大历史事件和张学良的强烈爱国主义思想。再如肤施会谈场景，1936年4月9日，张学良与周恩来在肤施（今延安）天主教堂举行秘密会谈，共商团结抗日的救国大计。设计上以教堂内局部为背景，人物采用硅胶蜡像材质，以两人交谈形式真实再现了历史原貌。多媒体与场景复原相结合。在展示西安事变历史事件时，复原了当时蒋介石被扣的兵谏亭，结合多媒体回放历史事件发展的全过程，使观众清楚直观地了解这段历史。场景复原使陈列内容直观、立体得呈现在观众面前。

在现代的陈列展览中，运用声、光、电等高科技手段已不可或缺，改陈后的展览恰到好处地运用声、光、电，适度增加科技含量，为突出主题内容发挥特殊的作用，增添了一些亮点。根据空间的特点，将多媒体和触摸屏立于墙面展示。张学良将军作为民国重要人物，历史遗留除了照片以外，还有大量的影音资料。在展览中运用多媒体播放张学良将军晚年口述历史的影音资料，通过原声原貌增强展览的真实性，可看性。大量影像资料的运用，使历史人物与我们处于同一环境，增强人物的鲜活感，将时代历史的印记诠释在展览中。触摸屏的优势在于：有视频，能显示图像和文字资料，而且容量大，可以根据陈列展览的需要储存大量图文资料，既能触摸、还能随时增减、更新。有关于张学良将军研究方面的论文，关于一些历史事件的资料很多，受空间与形式的制约只能展出其中重点文献资料，如东北新建设增加了多媒体触摸屏，观众可以任意地点击获得相关的文献资料，来进一步了解张学良是怎样在他在任的短短几年的时间里在东北发展经济、创办新学和富足民生的感人事迹。

当今的时代是大数据时代，博物馆的发展面临着前所未有的发展与挑战。随着新的史料挖掘、新的展陈方式的不断改变和推出，"百年张学良"展览作为张氏帅府博物馆的基本陈列展览需要持续不断地调整、改进，作为博物馆人，我们有责任、有义务，与时俱进，不断创新，做好展览，将张学良将军的爱国主义精神传扬下去。

（申秋，张氏帅府博物馆沈阳金融博物馆陈列部馆员）

历史名人遗迹的利用
和陈展方式创新初探

——以昼锦堂及韩琦遗迹的利用和展示构想为例

魏文萃　赵　娜

摘要：中华民族在历史长河中涌现出难以计数的历史名人，与之紧密相关的历史遗迹也历经无数风雨保留下来，对历史名人遗迹的保护和利用一直是我们关注的话题。本文拟就昼锦堂及韩琦庙如何创新陈展手段、合理利用、更大范围地扩展社会教育功能等方面，作了初步研究和构想，并以此为例，从细节着手，解决名人故居或历史名人遗迹遇到的一些困境，运用新颖的展示方式，使历史文物最大限度发挥社会效益，推动名人思想的传承与进步。

关键词：韩琦；遗迹；利用；展示

丰富的文化资源和众多的历史遗迹是我国的宝贵遗产和文化标志，是传承民族历史的重要实物，也是凝聚民族力量的主要载体之一，因此对历史遗迹的保护利用是我们义不容辞的责任和义务。河南安阳作为中国八大古都之一、国家级历史文化名城、甲骨文的故乡、周易的发祥地，是中华民族文明的重要组成部分。安阳在历史上产生过许多仁贤忠良之士，流传下来的与之相关的历史遗存保存状况基本良好，很多被公布为不同级别的文物保护单位，相关的可移动文物多数被文物部门收藏管理。这成为古城安阳历史文化的要素之一，正在不同程度地发挥着社会教育作用。

与其他地区的历史名人遗存类似，安阳的历史名人遗存也遇到了保护困难、资金缺乏、陈展手段单一、设施老化、利用不合理、参观人数稀少、社会效益发挥有限等诸多问题。本文拟就昼锦堂及韩琦庙如何创新陈展手段、如何合理利用、更大范围地扩展社会教育功能等方面，作了初步研究和构想，并以此为例，从细节着手，解决名人故居或历史名人遗迹遇到的一些困境，运用新颖的展示方式，吸引观众，使历史文物最大限度发挥社会效益。

一、韩琦文物遗迹资源梳理

（一）韩琦其人

韩琦字稚圭，北宋相州（今河南安阳）人。出身于官宦世家，其父韩国华曾任监察御史、兵部员外郎等职。韩琦自幼聪慧，才华横溢，20岁中进士，历任将作监丞、陕西安抚使、安抚招讨使，与范仲淹共同率兵抗击西夏，因功勋卓著，被任枢密副使。嘉祐三年（1058年），出任宰相。仁宗封其为仪国公，英宗进封卫国公、魏国公，韩琦逝后徽宗赠封魏郡王。韩琦一生，辅佐北宋仁宗、英宗和神宗三朝，亲身经历和参加了许多重大历史事件。有《安阳集》诗文五十卷，《全宋词》录其词四首。

（二）韩琦文物遗存

昼锦堂始建于北宋。宋仁宗时期，韩琦回乡知相州，在州署后院修建了园林——康乐园。并据《汉书·项籍传》"富贵不归故乡，如衣锦夜行"之句，反其意而用之，命名主要建筑为"昼锦堂"。另外还建有醉白堂，苏轼为其撰写了《醉白堂记》。在昼锦堂北面有忘机堂，左右是观鱼轩、狎鸥亭，还建有荣归堂、荣事堂、奎楼等建筑。明代移建现址，清代扩建后改为昼锦书院，民国之后一直作为学校。2005年由文物部门管理，成为安阳重要历史名人遗存之一。

韩琦庙是韩琦的生祠，紧邻昼锦堂西侧，是祭祀韩琦的纪念性建筑群。现保留有元代木构建筑大殿、清代建筑大门、仪门、厢房等。

昼锦堂内存有多块碑刻，昼锦堂记碑原为宋治平二年（1065年）刻立，损坏时间不详。现存之碑系元代重刻。碑由宋代大文豪欧阳修撰文，书法家蔡襄书丹，邵必篆额，世称"三绝碑"。碑文记述了韩琦建造昼锦堂之事。碑高2.73米，宽1.21米。碑阴刻有司马光撰写的《北京韩魏公祠堂记》。韩琦庙内还有与韩琦及韩氏相关的其他碑刻近20块，其中存有"醉白堂记"碑最为著名，将苏轼撰《醉白堂记》刻于碑阴，碑文记述了苏轼因已故魏国忠献公韩琦在自己府第池塘之上建造了一座厅堂，取名"醉白堂"，有感而发，颂扬韩琦的高尚品德。正面刻"醉白堂"三个大字。

韩琦家族墓共有9座大墓，是韩琦与夫人及其家人的墓葬。陵墓还有拜殿和照壁遗迹，其子韩忠彦是宋徽宗朝宰相，墓葬规模也十分宏大。墓葬中共出土了9块墓志，还有瓦当、铁器、瓷器、钱币等。墓志中有3块是巨型墓志，韩琦方形墓志边长155厘米，其两位孙辈的方形墓志边长156厘米。现存于水冶镇的神道碑是韩琦之父韩国华的神道碑，高6米，宽1.6米，碑文记述了韩国华生平事迹。

韩琦不仅是政治家，还是诗文大家，有《安阳集》传世，现在安阳博物馆保存有乾隆三十五年制作的《安阳集》木刻板和存放刻板的木柜，十分珍贵。

韩琦遗存文物十分丰富，我们将昼锦堂及韩琦庙的文化资源进行整合，充分利用现有遗存，借鉴博物馆行业的先进经验，做好了展示和利用规划。

（三）韩琦相关文物的保护历程

近十多年来，各级政府对昼锦堂、韩琦庙及相关文物的保护修缮十分重视，维修工作进行了多次：2002年修缮了韩王庙大殿，2004年修缮了韩琦庙大门和厢房，2007年整修院落和昼锦堂大门、二门，2012年曾建碑廊。2009—2010年配合南水北调水利工程，对韩琦家族墓地进行了发掘，整理了发掘文物。

二、韩琦文物遗迹的展示和利用

昼锦堂与韩琦庙紧邻，现在由文物部门管理，因对外开放较晚，展示内容单薄，与其他名人故居或遗迹管理单位同样存在门庭冷落现象。在深入分析了昼锦堂和韩琦庙现有资源后，我们梳理了展示和利用思路。

对韩琦的文物遗存作了初步汇总，针对实际情况，经过对观众进行调查，我们认为深入分析韩琦遗存特性、研究陈列内容、营造环境氛围、创新展示手段、谋划推介方式是打造好景点的必要因素，只有这样才能使其更具有特色和吸引力。

（一）作好展前调查是基础

为了制作观众喜闻乐见的展览，我们作了专家座谈和适当社会调查，避免出现专业人员自说自话的狭隘设计理念。调查结果显示，普通观众对历史名人和文物遗迹很感兴趣，到景点参观时，学习的目的性小，娱乐的成分多，观众希望看到的是参观环境温馨舒适、内容简单易懂、人物故事讲述亲切、互动形式多样的展览。在昼锦堂韩琦庙办展过程中，我们始终依据调查结果和观众的要求为准则，以便达到预期效果。

（二）展示内容构想是办展的重点

因昼锦堂和韩琦庙紧邻，且院内相通，我们将两个文物遗迹的展示内容进行统一规划，遵循主题明确，内容简明扼要的原则，避免主题不清、内容庞杂。按照韩琦文物遗迹的特点，主要有以下展示内容：韩琦庙厢房内做"韩琦生平陈列展"，昼锦堂碑廊内设置"相州碑刻拓本陈列展"，昼锦堂奎楼是两层面阔五间的古建筑，因昼锦堂在清代即为书院，因此在一楼展示"安阳教育发展史"展览。二楼展示"宋代文人文化展"，主要展示与韩琦交往甚密的宋代大文豪欧阳修、苏轼、司马光、范仲淹以及大书法家蔡襄、邵必等人的生平事迹和诗文、书法成就。

（三）营造良好的展示区环境氛围会给观众带来愉悦感

昼锦堂和韩王庙是古建筑群，室外环境为灰白色调，空间和建筑构型以长方形为主。为了与室内展示风格相呼应，丰富室外视觉效果，首先昼锦堂和韩琦庙室外的宣传展架被做成玉壶春瓶、经瓶（梅瓶）立面轮廓，美观且富有特色。附在墙面上的介绍版形状，以瓷器中碗、盘、罐、砚的外轮廓为基础，我们推出曲线、弧线较多的版面形式，古色古香，与古建筑交相辉映，也增加了室外的韵味。其次，将古典家具中鼓凳、座椅的元素融入展示区休息椅、坐凳的设计中，从细节处体现古韵风格。

在室外绿化方面,昼锦堂目前还留有韩琦在相州(安阳古称)生活时期种植的高大古槐树三棵,郁郁葱葱。为了更真实地再现当年的园林美景,我们有意规避了现今流行的从国外引进"洋花"和南方热带花草,尤其不用大面积的草坪。经查阅大量文献资料,从韩琦及其友人留下的咏颂昼锦堂诗词中,我们找到当时种植的植物和花卉,韩琦诗词中有"轻阴竹满窗间月,倒影莲开水天下""疏池育莲芰(菱角),表道植杨柳"、"池中所出粗可爱,芡盘菱角红白莲,芍药多名来江都,牡丹绝艳移洛川"等大量诗句,提到了桃、李、海棠、杨、柳、竹等,花卉以牡丹、芍药、红白莲花、菱角、浮萍、水仙为主,将这些植物和花卉错落有致地点缀在院落中或种植于房前屋后,与院墙附近成片的翠竹相映成趣,保证了展示区时令有花果、四季色不同。

场馆室外音乐方面,由韩琦诗词可知,古琴、笙是昼锦堂主人当年常用乐器,室外播放音乐采用古琴和笙演奏的古曲为主。古建筑群夜间亮化也是营造氛围的重要手段,我们将昼锦堂、韩琦庙建筑群进行亮化,夜间照明灯具采用古代常用的淡红和乳黄色纱灯形式。

(四)室内陈列展览色系构想是研究的主要内容之一

展览将在古建筑内进行,受昼锦堂和韩琦庙的原有建筑性质所限,我们必须遵守古建筑各方面的规定和要求,因此展览空间、风格、消防设施、电力设备、采光等诸多方面均受到限制。为了做好展览,我们主要研讨了室内展板风格、整体色调、展具和展托形式、灯光照射方式等因素,并提出初步构想。

在展览色系构思过程中,采取了以室外植物色彩为基础,选取室内展览色系的方法。昼锦堂是宋代著名园林,园中花卉曾有牡丹、芍药、红白莲花、水仙等。据此,室内陈列色彩应与室外色调相呼应。"韩琦生平陈列展"采用"牡丹红"色系,红色象征着意志坚强,自信忠诚,内涵积极向上,寓意韩琦一生的功绩是值得后人记颂的。在碑廊内展示"相州碑刻拓本陈列展",碑廊单面是零星镶有碑刻的墙面,为了防晒和通风,另一侧是卷帘,其展板采用白色系,透过青竹帘幕,遥望室外白莲花,情趣盎然,再现了当年韩琦"春来花气透帘栊"的景致。同时白色也寓意着碑拓领域由黑白两色构成，利于展板中对拓本的展示。位于奎楼一层的"安阳教育发展史"展览，采用"水仙绿"色系，另外在室内养殖一些水仙花，点缀于展览中，使展览显得愈加活泼，从而对中、小学生更具吸引力。二楼的"宋代文人文化展"，主要介绍欧阳修、苏轼、司马光、范仲淹以及蔡襄、邵必等人物，展板色系以"荷叶绿"为主，是一层"安阳教育发展史"展览色系的延伸，也与室外荷花呼应，"荷叶绿"为主色还寓意大文豪品格高洁、超凡脱俗。

（五）展览制作要整体优良，细节处精致

陈展用材应该规避昂贵装修材料，多引进廉价易换材料，如：合成木板、粗布、纱、纸质卷轴、磨砂亚克力等。展览中穿插有影像播放和手动触摸屏，丰富展览的表现形式，多角度调动参观者的感官。还有部分互动项目，例如诗词翻板和填词积木，采用自由组合的手动木质设施，少用电子设备，既可延长使用时间、降低成本，又利于日常维护。

另外，不得不提及文创产品展示销售区，其柜架设计风格和产品陈列形式要与展览相协调，避免生硬古板、突兀，使其既独立于展览，风格又与展览相一致，成为展示的一部分。

（六）丰富社教工作内容和形式将提高文物遗迹的知名度和社会效益

目前，历史名人故居或文物遗迹场馆社教工作的开展，较博物馆类普遍有较大差距，昼锦堂和韩琦庙的管理单位社教工作亦不例外，主要存在社教内容单一、形式古板且数量少等问题。我们在设计社教课题和活动项目时，应该结合韩琦遗存的文化特点，做以下项目：（1）制作简本"韩琦生平事迹"图版展。与其他活动项目一起，走出本单位，走进校园、社区、企业，带着文化走入社会。（2）宋代是我国诗词文化的另一个高潮时期，为了弘扬传统文化宋词，在学校或社区举办宋代诗词普及活动，宣传宋代文人文化。（3）组织学生到展览馆，开展与宋诗词文化和安阳教育史有关的知识讲座，其间增加互动项目，提高学生学习的趣味性。（4）与文物考古所联合，讲解韩琦墓及其他墓葬考古发掘过程，让观众现场近距离观摩文物，在专业人员的指导下，触摸文物，感知历史。（5）开展碑刻拓片制作学习班，培养文物爱好者的拓印技巧。（6）韩琦后代人口众多，分布在海南省和东南亚地区，我们可以利用韩氏宗亲祭祀场所，定期召开韩氏宗亲会，宣传安阳韩琦的功绩，增强民族凝聚力和自豪感，同时提高安阳的知名度。

三、结语

昼锦堂和韩琦庙等遗迹的展示和利用方式在一些方面作了尝试，通过开展宣传教育活动、举办展览陈列、实施文物保护、运用数字化手段等形式，使古老的文化遗产焕发了活力和生机，为观众提供了更舒适、更具吸引力的参观场所。另一方面也为名人故居和古遗迹的科学展示、合理利用提供了试探性思路。对昼锦堂和韩琦庙等遗迹的保护与展示，充分体现其肩负着的文化构建与传承责任和使命，不断提升着韩琦思想在当今社会中的作用，推动着韩琦思想的传承与进步。

（魏文萃，中国文字博物馆研究员；赵娜，中国文字博物馆馆员）

名人故居文化传播
与当代价值实现

——以人文安阳为例

刘伊丽

摘要：名人故居是一个城市独特的文化基因和人文积淀的重要载体。名人故居除作为观众旅游参观的景观外，同时也使观众探寻其背后的故事，并身临其境感受其传播的特色文化进而得到文化熏陶。本文以古都安阳地区的名人故居为例，其浅谈文化传播即在当代的价值体现。

关键词：名人故居；文化传播；价值

名人故居作为社会公认的、在某个领域对社会进步作出重要贡献和为人类造福的杰出人物的纪念地、它展示的多为著名思想家、政治家、科学家、艺术家等人物。这些人物本身就代表着他们所处时代的先进文化、先进思想。故其生活过的住所便成为诞生或孕育这些文化、思想的摇篮，我们在宣传名人经历、思想、社会活动和成就的同时，也在传播充满正能量的、中国元素的先进文化。

一、城市文化的标志

名人故居的存在，对于一座城市的意义，不仅提高了城市的知名度，是一种旅游资源，还是真实的历史记录。名人故居的存在，昭示着一座城市文化的厚度与精神的深度，是其城市文化软实力的重要体现。

安阳是中国八大古都之一、七朝建都地、甲骨文和易经的故乡、红旗渠的诞生地，以及中华文明的重要发祥地之一。在2.5万年前的旧石器时代晚期名为"小南海文化"发现于此，约公元前1300年商王盘庚迁都于此，中华民族最早使用的文字——甲骨文、世界上最大的青铜器——司母戊大方鼎也在这里出土。这里是流传着的大禹治水、文王演易、妇好请缨、苏秦拜相、西门豹治邺、岳母刺字、韩陵定国寺等名称的由来。自古这里人杰地灵历史文化积淀深厚，被誉为"文字之根、文化之根、人祖之根"。历经各代，安阳也留着不同时期的名人故居和文化精神。

二、文物背后的故事——名人故居文化传播

文物的功能不单单是简单地印证历史，文物还以其直观、形象的特点感动人，有效地昭示真理及其所蕴藏的精神力量，起到社会教育的作用。换言之，名人故居是文化传播中的具象载体。其背后的故事是教育的一种手段，发挥着不能代替的作用。对于观众来说，参观名人故居仅靠馆藏陈列是不够的，必须配合背后的故事，让物与人联系起来，观众才能体会到其文化内涵。

比如，位于河南省安阳市西部二十公里的西蒋村的马氏庄园，是清代广东巡抚、头品顶戴马丕瑶的府第。建于清光绪至民国初期，保存完好，占地面积20000多平方米，其中建筑面积5000多平方米，共有三区六路二十二个庭院，九门相照。被学者称为"中州大地绝无仅有的封建官僚府第建筑标本"，"中原第一官宅"。清末慈禧太后、光绪皇帝曾在这里下榻。这里曾是刘邓大军指挥所在地，马氏庄园的西院内保存了这一具有革命历史意义的遗址。马氏庄园是全国重点文物保护单位，国家AAAA级旅游景区，全国红色旅游经典景区，河南省廉政教育基地。

马氏庄园的建筑风格兼具三地建筑风格：既有北京四合院的宽敞明亮，山西晋商大院的规格齐整，同时又融合了中原地区"蓝砖蓝瓦、五脊六兽挂走廊"的建筑特色，是研究中原建筑艺术的活标本。除建筑风格外，马氏庄园最著名的是马氏家训和其子女的家国情怀。马家家训"一等人忠臣孝子，两件事读书耕田"把忠诚视为做官之座右铭，把孝道作为治家之根本，子孙要做忠孝两全的一等人。马丕瑶有四子三女，多远见卓

识，在中国近代史上不容忽视。长子马吉森，清廷翰林院侍诏，开办安阳六河沟煤矿，首创安阳广益纱厂，开创河南地方民族工业之先河，是一位著名的实业家；次子马吉樟，进士出身，历任翰林院编修、湖北按察使等职，深得朝廷器重。辛亥革命后，任袁世凯总统府内史、北洋政府总统府秘书等职。三子马吉梅官居山东候补知府，民国时期曾任安阳县议会议员。特别值得一提的是马丕瑶的三女儿马青霞，又名刘青霞，是我国著名的资产阶级民主革命家、教育家、社会活动家、辛亥革命女志士。

马氏庄园不仅是一座具有跨时代意义的廉政教育基地、红色教育基地，更是集儒学、建筑、书法、楹联等中国传统文化于一体。马氏庄园的建筑风格和规制，与儒家"修身、齐家、治国、平天下"的社会义务和理想格局是相吻合的。在中国古代，人们的理想人生模式是"修身、齐家、治国、平天下"。其中，修身是家庭教育的重要内容，而齐家则是家庭教育所要达到的理想目标。官员的一言一行，对国家、对社会都具有一定的影响力。正因为如此，官员们的教子之道会成为人们教育子女的重要参照模式。

再比如，吴家大院的主人叫吴培文，他的一生都与后母戊鼎相关。众所周知后母戊鼎（原称司母戊鼎）出土于安阳，铸造于三千年前，是世界上迄今发现最大最重的青铜器历史文物，制造工艺精湛，被称为青铜之冠，享有"镇国之宝"的美誉。

吴家大院是司母戊鼎的埋藏保护处，因抗日战争期间被用作司母戊鼎保护埋藏地而闻名。吴家大院距今已有四百余年历史，其建筑形制为中国传统式砖瓦木制建筑结构，三进九门相照院落，东西宽30米，南北宽100米，总面积约3000平方米。1939年春，吴培文在武官村西北岗的吴家柏树林整修祖坟时，发现了司母戊鼎，为免遭日本侵略者盗抢掠夺，吴培文带领众弟兄，于1939年3月19日晨将司母戊鼎挖掘出土，埋藏于吴家大院焚书坑内。后因汉奸告密，日军多次到吴家大院搜查，吴培文用中国人的民族骨气和智慧先后三次将大鼎转移到吴家大院西屋马棚、东屋草料房，用赝品铜器瞒过日军搜查。司母戊鼎在吴家大院东屋被埋藏保护历时8年之久，躲过了日寇掠夺，维护了民族尊严。1946年，国民政府第三十一集团军将大鼎挖出，作为蒋介石的寿礼运往南京，存放在前中央博物院筹备处。1959年大鼎被运往北京，安放在中国国家博物馆。2005年9月19日司母戊鼎回安阳"省亲"，鼎力支持殷墟2006年7月13日申遗。吴培文在相隔66年后与之相见，并被唯一特许抚摸大鼎。

吴老因保护国家文物的事迹，获河南省文物保护特殊贡献奖、著名爱国人士、"护鼎功臣"。吴家大院的特殊历史背景，赋予其重要的历史价值，2006年6月8日被公布为河南省第四批省级文物保护单位，并成为爱国主义教育基地。爱国主义教育是思想政治教育的重要内容。爱国主义具有强大号召力，是中华民族的优良传统。在经济高速发展的今天，进行爱国教育，传承优秀传统文化，让人们艰苦奋斗、辛勤劳动，可更好地推动祖国的繁荣和进步。

三、当今价值体现——精神激励后人

人文建筑，不仅仅是一个单纯的物质存在，它承载着特定的文化内涵，是名人们生命情感的寄寓之所，是具有精神感召力的人文空间。

2015年4月7日，《人民日报》在头版头条刊发文章《三十四年后的追寻——"四有"书记谷文昌》，记述了谷文昌这位一直让习近平总书记念念不忘、撰文称赞"在老百姓心中竖起了一座不朽丰碑"的县委书记的生平事迹。这位县委好书记谷文昌不仅是安阳人的骄傲，还是全国人民学习的楷模。谷文昌的故居位于林州市石板岩镇郭家庄村南湾自然村，背靠大山，面临露水河。由于依山而建，建筑以土、石、木结构取材，用石英砂岩砌墙。故居建于清朝同治年间，其祖上因家境贫寒，为求生计，从祖籍任村镇阳耳庄村迁徙南湾村。现存故居位于原故居之上，原居址为避山洪上移此地。故居呈四合院封闭式住宅，对外有一个院门，是典型的民国建筑，基本完好，主房总建筑面积约225平方米。林州石板岩镇民居的特色是石梯、石楼、石板房、石头墙。选用石材质地坚硬、纹理整齐。屋脊上是窄窄长长的小石板铺盖。墙的内壁分别用麦秸泥和白灰泥涂抹。这种房子不仅美观坚固，而且冬暖夏凉，深得山民喜爱。

谷文昌又名谷程拴，1915年5月出生于南湾村一户贫农家庭，在此居住长大。1944年3月加入中国共产党，是林州共产党早起党员和地方党组织领导人之一。1950年，谷文昌随部队南下至福建，在福建东山县担任县委书记10年期间，他带领东山人民苦战风沙，植下满岛木麻黄，把风沙肆虐的荒县变成了"绿"县。他逝世三十四年后，仍被当地民众深深怀念，"先祭谷公，后祭祖宗"，成为当地多年的习俗。心中有党、心中有民、心中有责、心中有戒，谷文昌堪称"四有"干部的楷模。他是我党感动新中国的100位人物之一。现在，谷文昌故居已改建为谷文昌纪念馆。

艰苦奋斗是中华民族的光荣传统，是我们党的立业之本、取胜之道、传家之宝，我们应学习和弘扬谷文昌同志不惧风险、艰苦创业、"敢教日月换新天"的奋斗精神。面对十分严重的自然灾害，知难而进、迎难而上，是当代党员干部的楷模。

刘文金是我国泰斗级作曲家和指挥家，一生创作了以《豫北叙事曲》《三门峡畅想曲》和《长城随想》为代表的400多首作品，为民族音乐创新提升与走向国际作出了不朽的贡献。他的《三门峡畅想曲》被誉为二胡与钢琴结合的典范，是二胡艺术发展史上的"里程碑"。

刘文金先生1937年出生在冀北唐山，幼年生活在古都安阳，高中在商都郑州就读，1956年考入中央音乐学院。刘文金童年成长的安阳县大寒屯，是豫北平原上一个极为普通的村子。"刘文金纪念馆位于其母校安阳县第二中学，是国内唯一得到刘文金家属授权之纪念馆。"该馆以大批珍贵实物与图片，展示了刘文金先生的艺术成就与辉煌人生。在提倡爱岗敬业的今天，我们要学习他无私奉献的高尚品格，干一行爱一行、专一行精一行的敬业精神，不计得失、踏踏实实做好本职工作。

名人故居作为区域文化的外在表征，蕴含着独特的思想教育价值，是开展当代思想政治教育的重要载体。名人故居文化传播，体现了思想政治教育的认同、精神育人和实践育人取向。

（刘伊丽，中国文字博物馆馆员）

人物研究

论毛泽东反腐倡廉的人民观

李　丽　阳国利

摘要：毛泽东一生高度重视反腐倡廉，探寻他反腐倡廉的历程，可以发现他的反腐倡廉紧紧围绕"人民"二字。为了人民，毛泽东以身作则，率先垂范，推行各项反腐倡廉措施，清除危害人民利益的腐败分子。同时，他充分发动和依靠人民，使人民成为反腐败的主力军。概而言之，为了人民，依靠人民，是毛泽东反腐倡廉的出发点、落脚点和根本方法，是对毛泽东反腐倡廉人民观的高度概括。

关键词：毛泽东；反腐倡廉；人民观

作为中国共产党和人民军队主要缔造者，作为共和国的开国领袖，毛泽东一生高度重视反腐倡廉，制订和推行严格的军纪条规，建设廉洁政府，深入开展惩腐肃贪，等等。我们探寻他一生反腐倡廉的历程，不难发现，毛泽东在反腐倡廉方面已经形成了自己的思想体系，这个思想体系的中心内容始终紧紧围绕"人民"二字。因为心系人民，他推行反腐倡廉，从而保障了人民的根本利益。在推行反腐倡廉各项举措时，他注重充分发挥和调动人民的积极性。可以说，为了人民，依靠人民，是毛泽东反腐倡廉的出发点、落脚点和根本方法，是对毛泽东反腐倡廉人民观的高度概括。

一、心系人民是毛泽东反腐倡廉的源动力

热爱人民，为了人民，是毛泽东一生始终抱有的深厚情怀；使人民

彻底摆脱压迫和奴役，使人民翻身做主人，拥有独立、自由与平等的权利，是他奋斗终身的理想。他倾其一生将"人民"二字装在心中，毛泽东曾在《论联合政府》的书面政治报告中指出："全心全意地为人民服务，一刻也不脱离群众，一切从人民的利益出发，而不是从个人或小集团的利益出发；向人民负责和向党的领导机关负责的一致性；这些就是我们的出发点。"[1]"这些就是我们的出发点"，从人民利益出发，正是毛泽东反腐倡廉的出发点。在毛泽东看来，人民是社会价值的创造者和享有者，是政治的主体和历史的"主人"，也应是社会价值的享有者，必须根除损害人民利益的贪腐，正是有这种源动力，他在艰苦卓绝的战争中，在食不果腹的境地下，还坚持反腐倡廉。

因为心系人民，毛泽东对损害人民利益的一切现象都十分痛恨，对贪污、奢侈现象无法容忍，毫不留情地惩处一切贪污腐败分子。生于农村，长于农村，与人民感情天然亲密的毛泽东深知腐败不清除，共产党就会失去威望和民心。他明确地指出：与贪污腐化作斗争，是我们共产党人的天职，谁也阻挡不了！战争年代，毛泽东拉开中国共产党第一次大规模反腐倡廉运动的帷幕，将中共反腐倡廉运动一次又一次推上高潮，严肃查处了谢步升、左祥云、熊仙璧、黄克功、肖玉璧等贪污分子和官僚主义分子。尽管他们是革命功臣，身上枪伤累累，但毛泽东决不因为革命年代人才稀缺就对他们姑息迁就，也拒绝采用古代皇帝惯用的做法让他们战死沙场，而是公正、公开地执行枪决，以此让人们知道共产党反腐的坚定决心，让党员干部消除侥幸心理，自重、自省、自警、自励。新中国刚刚成立，从战火硝烟中走过来的革命功臣刘青山、张子善面对灯红酒绿，对人民的感情动摇了、变质了。没有为人民着想的真挚感情，没有为人民服务的坚定信念，身居高位要职的他们旦夕之间就堕落、贪污腐化。与他们形成鲜明对比的是，最高领袖毛泽东一如既往地勤政为民，廉政为民。心怀人民的毛泽东一再反复强调："共产党员无论何时何地都不应以个人利益放在第一位，而应以个人利益服从于民

---

[1]《毛泽东选集》第三卷，人民出版社1991年版，第1094—1095页。

族的和人民群众的利益。"[1]他无法容忍刘青山、张子善等蠹虫凌驾于人民群众之上，损公肥私，面对众人求情，他毅然地打响了新中国反腐倡廉的第一枪。

因为心系人民，毛泽东以身作则，毕生保持着艰苦朴素、清廉如水、克己奉公、廉洁自律的作风。战争年代，连身边卫士都看不过去，他却节省如故，用同一条毛巾洗脸擦脚，用一条旧毛毯，屋内挂的是一床洗得发白的旧蚊帐，身上穿的是打满补丁的衣服。新中国成立后，他反复强调：我们的国家一要勤，二要俭，不要懒，不要豪华。[2]面对大家一而再再而三向他提出改善生活的建议，又眼看不少党员干部沉迷于物质生活，毛泽东意味深长地指出，没有条件讲究时不讲究，这个容易做到。有条件讲究时不讲究，这个难以做到。我们共产党人就是要做难以做到的事！他的一件睡衣打有73个补丁，一双皮拖鞋一穿就是二十年，变形缩水穿不了的内衣他提出来把它们拼大接长继续穿，破了的毛巾和小面巾留下来缝补毛巾被。手帕、鞋、衣，他用了一年又一年，补了一次又一次。毛泽东在种种生活细节上的艰苦朴素不一而足，他的生活账中关于修补衣物的记录比比皆是。作为一党、一国的领袖，即便条件艰苦、经济不发达，但要享受物质生活其实还是很容易的，但正因为毛泽东对人民有深厚的、决不动摇的感情，始终心念着广大人民群众，他才能够随时随地想到仍有人民在受苦，会在别人为他提供物质便利时表示拒绝，会觉得普通人眼中正常的物质条件都很奢华。源于对人民看法的重视，对人民利益的保护，毛泽东反对祝寿，反对劳民伤财为他铸铜像[3]，要求立即停止为他在家乡韶山建筑房屋和修公路，等等。

因为心系人民，毛泽东时刻站在人民的立场，反对特权主义的任何做法。他批评"北京医院医生多，病人少，是一个老爷医院，应当开放。"[4]并提出把医疗卫生工作的重点放到农村去。从人民的利益出

---

[1]《毛泽东选集》第二卷，人民出版社1991年版，第522页。

[2]《毛泽东著作专题摘编》（上），中央文献出版社2003年版，第953页。

[3] 1967年7月5日，毛泽东审阅中共中央办公厅秘书局信访处编印的《全国各地群众正在积极塑造毛主席巨像》后批示："此类事劳民伤财，无益有害。"

[4]《建国以来毛泽东文稿》第十一册，中央文献出版社1996年版，第125页。

发，毛泽东尤其严格要求亲友，不允许他们搞特殊化，也从不利用自己的地位和权力为亲友谋取任何私利，要求"一切按正常规矩办理"[1]。1937年11月27日，毛泽东在给表兄文运昌的回信中说："吾兄想来工作甚好，惟我们这里仅有衣穿饭吃，上自总司令下至火夫，待遇相同，因为我们的党专为国家民族劳苦民众做事，牺牲个人私利，故人人平等，并无薪水。"[2]毛泽东表明"专为国家民族劳苦民众做事"的立场，拒绝了对文运昌的特殊照顾，无独有偶，新中国成立后文运昌再次请求推荐工作，毛泽东拒绝后，在给另一个表兄文南松的信中又说："运昌兄的工作，不宜由我推荐，宜由他自己在人民中有所表现"。[3]信中"人民"二字深刻地反映了毛泽东心系人民，不忘人民。而对于文运昌写信请求照顾解决文家15人的工作或学习问题，毛泽东批示："许多人介绍工作，不能办，人们会要说话的。"[4]为了彻底打消文家搞特殊化的想法，毛泽东在1954年4月29日专程致信文家所在的湘乡县石城乡党支部、乡政府，要求对他的文家亲戚要同乡里众人一样。他诚恳地说明："我的态度是：第一、因为他们是劳动人民，又是我的亲戚，我是爱他们的。第二、因为我爱他们，我就希望他们进步，勤耕守法，参加互助合作组织，完全和众人一样，不能有任何特殊。"[5]从"劳动人民"、"众人"的角度出发，毛泽东对亲友严格要求，严加约束。他对亲友的态度概括而言，可以说是恋亲，但不为亲徇私；念旧，但不为旧谋利；济亲，但不以公济私。

二、为了人民是毛泽东反腐倡廉的落脚点

为中国人民谋幸福，为中华民族谋复兴，这是以毛泽东为首的中国共产党人的初心。从为人民谋幸福出发，归根结底就是要切切实实保障群众的利益。毛泽东严明军队纪律，使共产党领导的军队牢记"三大纪

---

[1]《毛泽东书信选集》，中央文献出版社2003年版，第316页。
[2]《毛泽东书信选集》，中央文献出版社2003年版，第105页。
[3]《毛泽东书信选集》，中央文献出版社2003年版，第339页。
[4]见韶山毛泽东同志纪念馆馆藏文物手迹。
[5]《毛泽东书信选集》，中央文献出版社2003年版，第443页。

律八项注意"，使得保障群众利益成为军队纪律的重头戏。他整顿党的作风，树立"全心全意为人民服务"的宗旨，使得广大党员干部真心实意为群众谋取福利。他建设廉洁政府，完善廉政制度，最终在新中国成立后形成了一个比较完整的国家廉政制度体系，使人民反腐制度化、正规化。毛泽东通过一系列反腐倡廉的举措，证明了为了人民就是反腐倡廉的落脚点。他反腐倡廉为人民有三个鲜明特征：

第一，他从党章党纲、法律法规上明确了"全心全意为人民服务"的宗旨，指明了腐败与人民利益相对的严重性质，使反腐倡廉为人民有法可依。在中国共产党之前，中国历史上出过不少狠抓贪腐的政权首脑，也不乏清正廉洁的官吏。然而，在封建政权下，反腐只是王朝延续的需要，所以才有"和珅跌倒，嘉庆吃饱"的说法。国民党的财富和权利被四大家族垄断，正如毛泽东形容的："利用抗战发国难财，官吏即商人，贪污成风，廉耻扫地，这是国民党区域的特色之一。"[1]

在中国共产党内，毛泽东是真正旗帜鲜明、言简意赅地打出"全心全意为人民服务"旗号的第一人。上井冈山前，他首次提出三大纪律，要求部队不拿工人农民一点东西，指出红军是为了人民而存在。从这里开始，毛泽东打出人民群众这个旗号，并致力于将它刻入到中共队伍的灵魂中。到他主持召开党的七大时，正式把"为人民服务"的思想写进党章，第一次明确了"全心全意为人民服务"是中国共产党的根本宗旨。

1949年9月，中国人民政治协商会议第一届全体会议讨论和通过了《中国人民政治协商会议共同纲领》等，反腐倡廉为人民以法律条文的形式被写入新中国的临时宪法《共同纲领》中，它明确指出："中华人民共和国的一切国家机关，必须厉行廉洁的、朴素的、为人民服务的革命工作作风，严惩贪污，禁止浪费，反对脱离人民群众的官僚主义作风。"新中国成立后，毛泽东领导起草《中华人民共和国宪法草案》。起草过程中，他一再强调："文字要尽量通俗易懂，便于群众了解和

---

[1]《毛泽东选集》第三卷，人民出版社1991年版，第1048页。

掌握。"[1] 宪法第十八条：一切国家机关工作人员必须效忠人民民主制度，服从宪法和法律，努力为人民服务。这部宪法正式将"为人民服务"载入国家根本大法。毛泽东还领导制定了《关于处理贪污、浪费及克服官僚主义错误的若干规定》、《关于追缴贪污分子赃款赃物的规定》等一系列条例和规定，比较系统地规定了贪污贿赂的罪名和量刑标准等，从而使反腐斗争经常化、制度化和法规化。他态度鲜明地指明："大贪污犯是人民的敌人，他们已经不是我们的同志或朋友，故应坚决彻底干净全部地将他们肃清，而不应有丝毫的留恋或同情。"[2] 毛泽东通过一系列法制化建设，明确了反腐倡廉为人民的必要性和重要性，使反腐倡廉为人民才有实施的可行性。

第二，教育党员干部牢记"为人民服务"是毛泽东反腐倡廉的关键。腐败的产生首先是思想的堕落，只有思想上真正认同"全心全意为人民服务"宗旨的正确性、必要性，思想上清醒认识到追求奢华、贪图享受、堕落腐化等损害人民利益的本质，才能根除贪腐、奢华滋生的土壤。毛泽东十分重视思想教育，大力加强政治思想工作，多次领导整顿党的作风，纠正党内的错误思想，肃清非无产阶级思想，对不做群众工作、享乐主义、消极怠工、贪污腐化等现象提出严厉批评，并加以整顿，为全党全军筑起抵制各种腐蚀思想侵蚀的"长城"。

毛泽东一再向全体党员干部强调：我们的权力是人民赋予的，人民赋予我们权力，是要我们为人民谋利益。他提出并创办了大批学校，亲自给党员干部上课，以培养和造就一大批忠诚于马克思主义、忠诚于人民的干部队伍。他具体勾勒出政府工作人员应有的形象，鲜明地描绘着"共产党员在政府工作中，应该是十分廉洁、不用私人、多做工作、少取报酬的模范"，并表明："自私自利，消极怠工，贪污腐化，风头主义等等，是最可鄙的；而大公无私，积极努力，克己奉公，埋头苦干的

[1] 张湘忆：《新中国第一部宪法的诞生》，http://www.mod.gov.cn/pic/2014-12/05/content_4555575.htm，访问日期2014年12月5日。
[2]《毛泽东文集》第六卷，人民出版社1999年版，第195页。

精神，才是可尊敬的。"[1]他还树立了很多代表人物，赞扬了很多典型事例。他号召大家以鲁迅为榜样"做无产阶级和人民大众的'牛'，鞠躬尽瘁，死而后已"，赞扬吴玉章艰苦奋斗、为国为民的精神风范，勉励大家学习白求恩毫不利己专门利人的精神，在张思德追悼会上宣扬"为人民利益而死，就比泰山还重"，阐述为人民服务的思想……通过树形象，树典型，为党员干部提供了进步的方向，学习的榜样。毛泽东在党员干部心中树立起全心全意为人民服务的公仆意识，由此为贪腐堕落等与公仆责任背道而驰的做法树起了思想防线。

第三，反官僚主义，密切联系人民群众是毛泽东反腐倡廉的重要内容。毛泽东一直教育全党和政府工作人员要密切联系群众，反对官僚主义、形式主义等脱离群众的做法。他认为这些是搞特权、贪污腐化等问题的症结所在，必须予以清除。

他在各个历史时期都坚决反对并强调必须要克服官僚主义，强调必须走群众路线，他曾把共产党人比作种子，人民比作土地，把党群关系比喻为鱼水关系，要求党员干部摒除旧式官僚习气，深植于人民。为引起全党全军和政府工作人员的注意，他还将"脱离领导、脱离群众的官僚主义"，"自私自利的官僚主义"等官僚主义的20类表现刻画得淋漓尽致，在各类会议和文件中一再号召大家对照检查。

在毛泽东带领和倡导下，广大政府工作人员和党员关心群众生活，解决群众生活实际困难。他还开创出与民同劳动这个反官僚主义的新形式。他专门起草了一个《关于整风和党政主要干部参加劳动的指示》，规定干部要参加体力劳动，认为这样党和群众打成一片，可以减少官僚主义。在各类运动中，共产党领导的军队和政府亲民、爱民，"我们共产党人区别于其他任何政党的又一个显著的标志，就是和最广大的人民群众取得最密切的联系。"[2]

---

[1]《毛泽东选集》第二卷，人民出版社1991年版，第522页。
[2]《毛泽东选集》第三卷，人民出版社1991年版，第1094页。

三、依靠人民是毛泽东反腐倡廉的根本方法

毛泽东认为，人民是创造世界历史的动力，是真正的英雄，一切贪污浪费问题损害的都是人民群众的利益，将为他们所痛恨。因此，人民是反腐倡廉斗争坚定的支持者，最有积极性、最有能力反抗贪腐的也是人民。依靠人民是毛泽东反腐倡廉的根本方法，它有三个主要方面：

第一是建立防腐拒变的制度，它包括民主监督制度、信访制度，等等。这些制度的中心思想是依靠人民对政府和党员干部进行监督。

1945年7月，民主人士黄炎培访问延安，他被共产党的廉洁政风、艰苦奋斗的精神所感动，有一次他与毛泽东聊天，亲眼见到国民党从革命党逐步腐败、颓废，他坦率地对毛泽东说出了关于历史兴亡周期的疑虑。对此，毛泽东自信地回答："只有让人民来监督政府，政府才不敢松懈；只有人人起来负责，才不会人亡政息。"[1]

如何让人民监督政府？在苏区时期，毛泽东领导建立了中央巡视组，他还要求吸收群众参与成立突击队和轻骑队等监察队伍。新中国成立后他又开辟了人民代表大会制、信访制等多种途径。为及时了解群众要求，发现党和政府存在的问题，防止腐败，毛泽东十分重视群众来信来访，要求一切政府机构和人员慎重对待群众意见，鼓励群众揭发问题。1951年5月在转发中央办公厅关于处理人民来信的报告时，他指出："必须重视人民的通信，要给人民来信以恰当的处理，满足群众的正当要求"。[2]根据他的相关指示精神，信访制度迅速建立，大行政区、省、自治区和市设置了处理人民来信来访的专门机构，配备了专职干部。据不完全统计，从1951年7月到1954年6月，中央人民政府各部委和中直机关也有12个部门设立了接待室、人民信件组等专门机构，其他许多部门配备了专职信访干部。还有全国人大常委会办公厅设置了人民接待室，国务院成立了秘书厅人民接待室。1952年8月19日，政务院发出《关于加强人民通讯员和人民检举接待室的指示》，要求各地方政府设

---

[1]《毛泽东年谱（1938—1949）》（修订本）中卷，中央文献出版社2013年版，第611页。

[2]《建国以来毛泽东文稿》第二册，中央文献出版社1988年版，第310页。

立人民检举箱和人民检举接待室。信访制度是人民监督政府的一种很好的渠道和方式，为反对官僚主义，防止新生政权腐败堕落增加了成效。

第二是充分利用报纸刊物来监督党和政府的工作。1950年4月19日，中共中央发出《关于在报纸上开展批评与自我批评的决定》。当晚，有人向毛泽东反映各地有压制批评，拒见记者的事，毛泽东说：谁叫记者反省就要他自己反省，谁拒绝接见就撤换谁！有许多人写信给我们，不管他是什么人，是很有好处的。[1]在毛泽东的指导下，政府充分发挥新闻的监督作用，让广大人民群众通过新闻来监督政府的工作，以此来减少并遏制腐败。

发动广大人民群众，充分运用群众力量，就一定能无往而不胜，这是毛泽东通过革命实践建立的巨大信心。"共产党基本的一条，就是直接依靠广大人民群众。"[2]"依靠民众则一切困难能够克服，任何强敌能够战胜，离开民众则将一事无成。"[3]

第三是亲自领导开展大规模的群众性运动，动员人民群众揭露腐败和浪费。在毛泽东的推动下，人民成为反腐败的主力军。在"三反"运动中，毛泽东多次强调要发动"最广大群众"包括民主党派及社会民主人士大张旗鼓地、雷厉风行地检查和惩治贪污人员。他还指出"我们不怕贪污人数多，款数大，只怕不能发动群众斗争，不能把大中小各类贪污分子全部弄清楚。"[4]为了避免各级政府拖延，毛泽东在很多反贪污斗争的报告中规定了发动群众"至迟在一个月内"，并要求县委以上均要向中央作相关报告。"凡不作报告者，以违纪论。"[5]在毛泽东的督促和亲自狠抓下，各级都十分注意宣传发动群众，并做到言者无罪，告者不究，压制民主者必办。广大群众或口头或书面积极揭发浪费和官僚主义问题，大胆检举贪污分子。

[1]《毛泽东年谱》（1949—1976）第一卷，中央文献出版社2013年版，第119页。

[2]《建国以来毛泽东文稿》第十二册，中央文献出版社1998年版，第581页。

[3]《毛泽东军事文集》第二卷，军事科学出版社、中央文献出版社1993年版，第381页。

[4]《建国以来毛泽东文稿》第三册，中央文献出版社1989年版，第58页。

[5]《建国以来毛泽东文稿》第二册，中央文献出版社1988年版，第543页。

四、毛泽东反腐倡廉人民观的现实启示

反腐倡廉是一个永恒的话题，是所有政权和人们高度关注的重大课题，是关系党和政权生死存亡，关系人们生活幸福安康的不可逾越的关卡。毛泽东反腐倡廉的人民观创造性地解决了反腐倡廉的路线和方法问题，使反腐倡廉与中国革命的性质、任务、动力密切联系在一起。毛泽东是领导中国人民彻底改变自己命运和国家面貌的一代伟人，涤荡了旧社会的污泥浊水。正如习近平总书记在毛泽东诞辰120周年座谈会上的讲话，毛泽东"创造性地解决了团结全民族最大多数人共同奋斗的革命统一战线的一系列重大问题，为党和人民事业凝聚了一支最广大的同盟军"。当前社会，党面临的"赶考"远未结束，心系人民，为了人民，依靠人民，毛泽东反腐倡廉的人民观仍具有重大现实意义，对如何永葆党的先进性和纯洁性等有着重要现实启示。

首先，坚持人民主体地位，充分调动人民积极性，推进反腐倡廉，始终是我们党立于不败之地的强大根基。当前，中央开通举报网站，自觉让人民监督权力，加强纪委和党的基层组织的建设，深入推进反腐败斗争，使社会风气焕然一新。

其次，注重党员干部的思想教育为党和军队永葆先进性和纯洁性指明了方向，提供了方法。重树理想旗帜，加强思想教育，切实整顿作风，从根源上解决拜金主义、享乐主义和极端个人主义等思想。习近平总书记在访问西柏坡和在古田召开全军政治工作会议等多种场合反复强调要保持党的先进性和纯洁性，要正风肃纪，惩治腐败。他深刻地指出贪腐等各类问题要从思想方面，从政治工作的角度，进行反思，强调全党要牢记毛泽东提出的"我们决不当李自成"的深刻警示，牢记"两个务必"。

再者，依靠人民必须与法制建设相结合。革命经验使毛泽东对人民群众的力量深信不疑，但历史的经验告诉我们，依靠人民必须与法制建设相结合，在法治的前提下，充分调动人民的积极性，增强人民的政治参与度。

习近平总书记指出："全心全意为人民服务，是我们党一切行动的根本出发点和落脚点。"这表明毛泽东所倡导的"一切为了人民"永远是我们党和政府的价值追求，一切依靠人民是事业制胜的法宝。毛泽东反腐倡廉的人民观在新的时代得以继承和发扬，当下中国人民正在描绘反腐倡廉宏伟的蓝图。

（李丽，韶山毛泽东同志纪念馆副研究馆员；阳国利，韶山毛泽东同志纪念馆党总支书记、馆长，副研究馆员）

浅论平津战役中
毛泽东的战略思想

祁雅楠

摘要：1948年11月29日至1949年1月31日，解放军对平津作战，在战略上已经具有绝对优势。以毛泽东的雄才大略，高屋建瓴，及时制定了立足军事斗争、争取和平谈判的总体方略，坚持边打边谈、以战促和的方法，把武装斗争与非武装斗争有机结合在一起，有针对性地瓦解敌人营垒，展示出高超的军事指挥艺术，丰富发展了马克思主义军事理论。

关键词：毛泽东;平津战役;军事创新

一、平津战役发起的背景和概况

1945年抗日战争胜利后，中华民族面临着又一次抉择。中国共产党希望通过和平的途径，建设一个独立、民主、富强的新民主主义中国，而国民党统治集团企图用内战的方式消灭共产党，抢夺抗战胜利果实，1946年，国民党在完成内战准备后，悍然向解放区发动全面进攻，扬言要在三五个月内消灭我人民解放军。一场关系中国前途、命运的大决战摆在国共两党的面前，辽沈、淮海、平津三大战役就是在这种大背景下爆发的。

平津战役发起于1948年11月29日至1949年1月31日，是中国人民解放军东北野战军和华北军区第二、第三兵团及地方武装一部在北平、天津、张家口地区，对国民党军进行的战略性决战，是中国人民解放战争中具有决定意义的三大战役之一。平津战役历时64天，人民解放军取得了歼灭和改编国民党军1个剿匪总司令部、1个警备司令部、3个兵团部、13个军部、50个整师及非正规军4个师，共52万余人的巨大胜利，国共损失比为13.3：1。基本上解放了京津地区。使古都文物完整地保存下来。平津战役的胜利，连同辽沈和淮海战役的胜利，使国民党军的精锐部队丧失殆尽。从此，中国人民革命战争在全国胜利的局面已经基本确定。

二、"围而不打，隔而不围"是最重要的作战方针

平津战役中，毛泽东的军事思想，特别是战役决战思想理论的实施是确保平津战役胜利的关键所在。"决战阶段的斗争，是全战争或全战役中最激烈、最复杂、最变化多端的，也是最困难、最艰苦的，在指挥上说来，是最不容易的时节。"[1]战役发起前，远在西柏坡的人民解放军最高统帅毛泽东主席，高度重视天津战役的准备工作。据记载：对于天津战役，毛泽东主席发出的电报有12份，有的还在一天之内发了两份。计：天津战役打响之前，调兵遣将分割包围天津有3次电报；天津战役开始后，确定作战方针和为天津调配干部有4次电报；天津战役发动前，对战斗中的重大问题发电报有5次之多。

在攻打天津时，毛泽东就洞悉蒋、傅二人的心理，指出："敌人总是对我军的积极性估计不足，对于自己力量总是估计过高。"在对进行中的平津战役的形势进行通盘分析后，12月11日上午9时，毛泽东亲自起草电报。电报指出："我们的真正目的不是首先包围北平，而是首先包围天津、塘沽、芦台、唐山诸点。""从本日起的两星期内，基本原则是围而不打（例如对张家口、新保安），有些则是隔而不围（即只作战略包围，隔断诸敌联系，而不作战役包围，例如对平、津、通州），以待部署完成之后各个歼敌。尤其不可将张家口、新保安、南口诸敌都打掉，这将迫使南口以东诸敌迅速决策狂跑。1948年10月31日，毛主席决定分割包围天津。11月16日，毛主席电示林彪和东北野战军，早日进

---

[1]《毛泽东选集》第一卷，人民出版社1991年版，第215页。

关包围天津、塘沽、唐山。29日开始了平津战役，当日，毛主席复电林彪、刘亚楼，放弃攻击两沽（塘沽、大沽）计划，集中5个纵队夺取天津。同时，毛主席给刘少奇、朱德、周恩来等人写信，提出北平、天津、唐山、张家口解放在即，急需准备接管干部及党政机构的配备，并要求在一个月至一个半月内完成。

11月29日，平津战役首先从西线打响。当夜，华北第三兵团对柴沟堡等地发起攻击，迅速完成了对张家口、新保安的包围，造成东北野战军主力可以切断平津、津塘之间联系的有利形势。毛泽东欣慰地说：此种形势"对于大局极为有利"。

1949年1月12日毛主席致电给林彪、聂荣臻，指出：天津之敌如能接受你们所提限时缴械之条件，你们即可不经攻击而占领天津；如该敌不能接受你们所提条件，则你们应于适当时间内攻占天津。如何进行天津战役，毛主席曾多次发电报具体指示。1月3日曾给林彪电报：请令刘亚楼研究在攻击天津时是否有办法使工业区避免破坏或减少破坏的程度。毛主席提出这一问题后一直在关注着，6日又两次发电报具体部署，当天3时给林彪电示：我们所顾虑的是工厂区，如果敌人占据工厂顽抗，我军必须歼灭该敌，即使工厂有所破坏也不要顾惜。但是如果天津其他区域的敌军均已解决，则应试图采用劝降方法，以便减少破坏。同日17时给林彪电报指出：攻天津时除注意工厂区外还应注意学校。1月14日发起总攻前毛主席再次发电给攻城所有部队：在战斗中要尽量设法使工厂、学校和主要建筑少受炮火和炸药的破坏。1949年1月14日10时，天津前线总指挥刘亚楼司令员发布总攻命令。"担任西线第一主攻方向的我1纵、2纵，向西营门发起攻击；担任东线第二主攻方向的我7纵、8纵，在炮火支援下，从东局子、民权门地区突破城垣；担任助攻的我9纵在南线黑牛城、尖山方向发起攻击。"仅仅40分钟，天津重要城防全面崩溃。战役的进展是激烈的，从发起总攻到15日午夜1时，5个主攻军从津西、津东和津南三个方向，经16个半小时的爆破、架桥、冲击和反复争夺，在守军城防上冲开了10个突破口，进入市区纵深穿插，与守军展开激烈的逐街、逐屋争夺的巷战。到1月15日凌晨5时半，历经整整18个小时的战斗，我军东西两个方向的主攻部队在金汤桥胜利会师，完成了打通东西要道，摧毁守军整个防御体系的任务，开始分割市区南北守军，向核心阵地进击以扩大战果。血染过的金汤桥至今巍然屹立，它是这一历史的见证。15日10时，我军攻入天津警备司令部，生俘天津警备司令陈长捷。中午，我军占领敌天津市政府。下午，敌人最后一个据点——耀华中学被攻下。此后，困守天津城北的敌军陷入绝境，不战而降。

战斗的成果是辉煌的。从发起总攻到15日下午3时，解放军浴血奋战整29个小时，以伤亡2.3万余人的代价，全歼国民党守军13万余人，解放了海河两岸200多万人民。华北第一大工商业城市——天津，解放了。

正是由于毛泽东主席的运筹帷幄，得以使天津战役顺利实施，充分体现了他高超的指挥艺术。

三、"纵横捭阖，攻心为上"是最正确的作战方针

孙子曰："不战而屈人之兵，善之善者也。"

北平是历史悠久的文化古都，以拥有大量名胜古迹而享誉海内外，同时它也是当时华北第一大城市。1949年1月15日天津解放后，北平的国民党守军陷入了"欲逃无路，欲守不能，欲战无力"的窘迫境地。为了使这座著名的文化古城免遭战争破坏，中央军委一面调集兵力，在北平周围集结80万大军，对北平的25万守敌实施包围；一面命令平津战役总前委与傅作义进行谈判，力争以和平的方式解放北平。""执行有利决战，避免不利决战[1]，这是毛泽东军事思想中关于决战的原则。

1. 布局——围而不攻，加紧政治军事攻势

我军仅用了29个小时解放了天津，全歼天津守军13万多人，活捉了陈长捷。至此，在人民解放军即将完成战役包围之时，傅作义才感到华北的局势已经十分严重，遂于1948年12月15日派其亲信《平明日报》社长兼总编崔载之和中共地下党员李炳泉一起，携带一部电台出城与人民解放军代表进行第一次谈判。对于这次谈判，傅作义没有做具体指示，

[1]《毛泽东选集》第二卷，人民出版社，1991年版第509页。

只要求崔、李二人表达其愿意和谈的诚意，并了解人民解放军的态度和条件，然后再视情况确定。为此，中共方面明确表示，只有以完全解决华北国民党军队这一基本原则为基础，才有可能进行谈判。谈判无具体结果。崔于26日返平，李和所携电台留下，以便联系。

因为此时双方达成协议的条件尚不具备。从傅作义方面讲，尽管已被解放军分割包围，但实力还未受损伤，自认为还有讨价还价的资本，不愿轻易放弃武力，主要是取试探观察态度。从解放军方面来说，"毛主席认为傅氏所取态度不实际。"对于傅方不战而求和，派出的代表又非决策人物，亦无具体可行方案，怀疑其是缓兵之计。中央军委指示东野："你们仍可不断与傅作义电台联系，以利侦查傅之动向。"

新保安、张家口解放后，傅作义于1949年1月7日派代表偕同民主同盟北平负责人、燕京大学教授张东荪到平津前线司令部进行了第二次和谈。傅作义的代表在谈判中提出要参加联合政府、双方协商起义和人民解放军停止战斗、双方谈判解决问题等条件，并无新的内容。平津前线解放军代表表示无法接受，其态度十分明确，就是要傅作义集团放下武器，然后可以考虑宽大处理。根据中央军委的指示，人民解放军北平前线部队参谋长刘亚楼接见傅作义的代表，讲清当时的政治局势和中共的政策，双方讨论的中心问题是如何解决国民党中央军。刘亚楼提议，给傅作义留两个军的力量，用以解决中央军师以上的军官，然后宣布全体起义，并希望傅作义在谈判上要有诚意，认清形势并及早做出决定。第二次谈判结束后，崔载之把谈判结果报给傅作义。傅作义得知谈判结果后，什么话也没说，不断踱步，唉声叹气，犹豫不决，斗争激烈。傅作义一面召集军事会议，布置防务，在城内修筑环城马路，在东单修建机场，表示要"与城共存亡"；同时，又深感大军压境，兵临城下，部队战无斗志，守无信心，濒临绝境；走和平道路，又担心控制不住城内蒋系部队。根据傅作义的态度，中央军委为争取和平解放北平这座古城，决定耐心等待，围而不攻，同时加紧政治攻势。针对傅作义的"五怕"心理（怕得不到共产党谅解，怕和谈机密泄露被蒋处死，怕控制不住蒋介石嫡系部队，怕被人看作叛道"不忠"，怕对不起部属），耐心细致地陈述利弊，晓以大义，指明出路；同时还尊重和照顾到他的思想感情和为难处境，规定正确的和谈方针政策，解除他的心病，提出"和平改编"的方式。这些政治宣传方面的心战工作，对和平解放北平起到了重要作用。

2. 造势——舆论宣传，促成和谈局面到来

第三次和谈是1949年1月14日在通县城西北五里桥，傅作义派其"剿总"副司令兼晋陕绥边区总司令邓宝珊和周北峰为代表。这时淮海战役已于1月10日胜利结束。1月15日，天津解放，守敌陈长捷等被俘。天津的解放，对傅作义是沉重的打击，打破了傅作义在和谈中讨价还价的幻想。

兵法有云：攻心为上，攻城为下。为了加快实现北平和平解放，在和平谈判期间，中共北平地下党组织通过多种形式和渠道，积极做傅作义及其周围人员的工作，及时掌握了傅作义的情况与动态。北平市人民，包括工人、学生、市民和各阶层人士渴望和平；一些进步人士，纷纷劝说傅作义走和平道路。北平城内的一些报纸也起到了重要且有效的舆论导向作用，尤其是《平明日报》和《新民报·北平日刊》，对和谈气氛的营造，确实发挥了重要作用。这些，都对傅作义产生了积极影响。

《平明日报》是抗日战争胜利后由傅作义在北京创办，崔载之任社长，李炳泉任采访部主任。他们二人既是双方和谈的秘密使者，又是社会和谈气氛的营造者。《平明日报》的舆论导向自然以和谈为主基调，对有利于促进和谈的社会现象，积极报道。因为他们清楚地知道，如果社会让"效忠"风气占主流，则傅作义的和谈决心很难形成。于是这份报纸对社会和谈运动积极报道。《平明日报》自1月19日起，通篇报道的都是呼吁和平的声音及和平代表出城与解放军代表谈判的消息。当时和谈空气弥漫全国，在北平社会各阶层强烈呼吁和谈的同时，其他省市包括南京政府也都企盼和平局面的到来。

经过中共中央和毛泽东主席及地下党、开明人士的说服以及社会舆论的压力下，1月17日，傅作义最终接受了和谈条件，并指定华北"剿

总"政工处处长王克俊，崔载之，机要秘书阎又文与人民解放军代表苏静具体商谈和平解放北平的实施方案。1月19日，拟定出《关于和平解决北平问题的协议》。1月21日，苏静和王克俊、崔载之分别代表双方在《协议》上签字。同日，傅作义召集军长以上军官开会，宣布北平城内国民党军接受和平改编，从1月22日起正式履行《协议》规定。1月25日，傅作义部25万人马，开始按协议制定地点，陆续开出城外。1月31日东北野战军第四纵队进入北平接管防务，古都北平宣告和平解放。由毛泽东亲自指挥的平津战役胜利结束。

北平的和平解放，被毛泽东主席总结为"北平方式"，毛泽东把军事打击与政治争取紧密结合起来，它是战与和、破与立、新与旧的转折点。它是中共中央、中央军委将政治斗争和军事斗争结合起来解决国民党军队的一项创举。它的成功运用，既消灭了国民党在华北的重兵集团，又保护了北平的文物古迹，并减少了人民生命财产的损失。

四、"有志者善其后"是保证战役胜利的法宝

人民战争思想，是毛泽东军事思想的核心内容，是人民解放军克敌制胜的法宝。平津战役中，人民战争思想得到了充分的体现。毛泽东指出："战争的伟力之最深厚的根源存在于民众之中。"

平津战役的胜利是东北、华北广大人民群众积极支援的结果，是毛泽东人民战争思想的伟大胜利。

平津战役期间，党领导下广大人民群众，在"一切为了前线胜利"思想的指导下，全方位地支援战争，为夺取战役的胜利立下了汗马功劳。

俗话说："兵马未动，粮草先行"。平津战役是我军参战兵力多、支前民工众、持续时间长的一场大战役，所需各种物资数量庞大，支前工作和后勤保障任务十分艰巨。为了保证百万参战大军生活给养和作战物资的及时供给，中共中央、中央军委多次发出指示，进行统一部署。

在历时64天的平津战役中，东北、华北两区广大人民群众，以巨大的人力、物力、财力，为战役的胜利做出了重要的贡献。据统计，当年

共投入支前民工154万人（比参战兵力多出54万余人，相当于3名民工支援2名战士），运输粮食1.5亿公斤，修路7000余公里，架桥372座。人民群众的大力支援，有力地保证了百万大军的需要，正像毛泽东同志所指出的那样："革命战争是群众的战争，只有动员群众才能进行战争，只有依靠群众才能进行战争。"[1]平津战役的胜利雄辩地证明了毛泽东主席的光辉论断："兵民是胜利之本！"

　　平津战役以前，我军坚持十大军事原则，始终以消灭敌人的有生力量为主要目标，斗争手段一直以军事打击为主、政治争取为辅。与以往重大战役相比较，平津战役最突出的特点，就是从战争初期即表现出军事解决与和平谈判两种截然不同的倾向。毛泽东没有简单地采取选择的方法，而是提出：军事斗争与和平谈判并举，稳定傅作义，消灭中央军。战争是政治的继续，又是实力与智慧的较量。战争手段的多样化总是随着战争双方政治、经济和军事实力的强弱变化不断发展。毛泽东曾指出："战争就是两军指挥员以军力财力等项物质基础作地盘，互争优势和主动的主观能力的竞赛。"

　　平津战役的胜利是毛泽东战略决战思想的胜利；是广大指战员英勇作战，东北、华北两区人民全力支援，中共平津地下组织积极配合，以及其他战场人民解放军密切协同的结果。平津战役连同辽沈、淮海等战役的胜利，确立了解放战争在全国胜利的局面。平津战役的胜利，谱写了解放战争的辉煌篇章，在伟大的人民战争史上竖起了一座威武壮丽的丰碑。平津战役的胜利，推动了中国革命的历史进程，为中华人民共和国的诞生奏出了一部气势恢宏的交响曲。

　　　　　　　　（祁雅楠，天津平津战役纪念馆业务发展部副主任）

---

[1]《毛泽东选集》第一卷，人民出版社1991年版，第136页。

论刘少奇的历史观
及其当代价值

刘新庆

摘要：刘少奇在长期的革命和建设实践中形成了以历史唯物主义为基础的历史观，主要的是重视民众在历史发展中的作用；强调历史是理论的重要源泉；注重历史遗产在实践中的运用。他的历史观体现了人民性、教育性、实践性的特征。其当代价值主要在于：植根人民性，以增进人民福祉为目标践行群众路线；注重教育性，以加强历史教育为举措反对虚无主义；把握实践性，以借鉴历史遗产为基石开创美好未来。

关键词：刘少奇；历史观；价值

刘少奇同志是伟大的马克思主义者，伟大的无产阶级革命家、政治家、理论家，党和国家主要领导人之一，中华人民共和国开国元勋，是以毛泽东同志为核心的党的第一代中央领导集体的重要成员。学术界对于刘少奇思想生平的各个方面均有或多或少的研究，但对于刘少奇的历史观，目前未见著述。所谓历史观，是指人们对人类社会历史发展进程的一般看法，是指导人们观察社会历史的基本指导思想，也指观察和研究社会历史现象的基本的方法论。在长期革命和建设实践中，刘少奇运用马克思主义基本原理与中国具体实践相结合，形成了以历史唯物主义为基础的历史观。他的历史观丰富了毛泽东思想的资源宝库，对于推进当前的中国特色社会主义事业、实现中华民族伟大复兴依然具有重要的时代价值。

一、刘少奇历史观的主要内容

（一）重视民众在历史发展中的作用："人类社会的历史是生产者的历史"

刘少奇的历史观是在与毛泽东等老一辈无产阶级革命家一同领导中国人民进行革命的过程中形成的，是马克思主义普遍原理与中国革命实际相结合的产物。因此其历史观必然以历史唯物主义为基础。

马克思主义唯物史观认为，人民群众是历史的创造者。人民群众是人类历史的主体，是历史进步的主导力量。以此为基础，刘少奇作过注解，他指出："人类社会的历史，归根结底，是生产的历史，是生产者的历史。"[1]他认为生产是不断变动发展的，新的生产技术不断替代旧的。随着生产技术不断提高，人类社会就能不断取得进步。在这一群体中，一部分先进的生产者发挥了更为重要的作用。因此，他进一步强调，先进生产者是人类经济生活向前发展的先驱，也是人类社会历史向前发展的先驱。[2]

刘少奇在指出生产者这一群体在人类社会历史发展中作用的同时，强调先进生产者的先驱作用，既符合历史唯物主义的原则，也体现了他的辩证唯物主义思维。

（二）强调历史是理论的重要源泉：不学历史就"理论不起来"

刘少奇将学好历史视为提升理论素养的重要内容，因此他认为历史知识的学习是党员干部教育的重要内容。

他曾非常直白地告诫即将走上执政岗位的领导干部们：不学地理、历史，你就"理论不起来"[3]，强调历史是理论的重要源泉。

新中国成立后，有些领导干部不能全面理解中国共产党领导人民取得革命胜利的深层次原因，简单地认为是自己这么一批人打下了天下，因而居功自傲，产生了"打天下坐江山"的封建官僚思想。对此，刘少奇提出要用世界革命和中国革命的历史"教育这些同志，以便扩大他们

---

[1] 刘少奇：《刘少奇选集》下卷，人民出版社1985年版，第195页。
[2] 刘少奇：《刘少奇选集》下卷，人民出版社1985年版，第195页。
[3] 刘少奇：《刘少奇选集》上卷，人民出版社1981年版，第417页。

的眼界，纠正他们自大的观点以及其他错误的观点"。[1]用历史加以教育，纠正其不正观点，其实就是提升这些干部分析看待事物的理论水平和认识水平。

理论是实践的先导，科学的理论才能指导科学的实践。提升党员干部理论水平的历史教育，刘少奇认为其内容既要包括中国历史，也要包括外国历史；学西方历史是为了读懂马列主义，学习外国革命的经验、世界各国的革命经验。这样既"有中国经验，又有外国经验，才有实现正确指导的可能"。偏废其中之一，都会是"跛足的马克思主义者"，[2]容易在党和人民的事业中迷失方向。

马克思主义辩证唯物主义要求全面地、联系地、发展地看问题。刘少奇同样提出："我们要用马克思主义的观点来分析历史现象。"[3]他指出，党员干部的学习，不仅要联系中国的实际，而且要联系外国的实际；不但要研究现在的实际，而且要联系历史的实际。通过运用马克思主义理论思维分析历史问题来实现理论水平的提升。

（三）注重历史遗产在实践中的运用："历史里边也有普遍真理"

历史的遗产既包括成功的经验，也包括失败的教训。借鉴历史经验可以让后人少走弯路，汲取历史的教训则可以让后人不走错路。刘少奇在青少年时期，就非常注重汲取历史经验和教训，这对他在领导新民主主义革命和建设中重视历史遗产产生了重要作用。

刘少奇早年读过的《资治通鉴》，书页上留下来许多眉批。他读《资治通鉴》，关注最多的是经济问题，他认为经济斗争不容忽视。[4]这同他新民主主义革命和社会主义建设过程中非常关注经济问题具有一致性。

---

[1]中共中央文献研究室编：《刘少奇年谱》下卷，中央文献出版社1998年版，第282页。

[2]刘少奇：《刘少奇选集》上卷，人民出版社1981年版，第416页。

[3]刘少奇：《刘少奇选集》上卷，人民出版社1981年版，第417页。

[4]于俊道、张鹏：《老一代革命家的读书生活》，中央文献出版社2001年版，第183页。

　　他曾在对马列学院第一班学员的讲话中指出，"历史里边也有普遍真理"[1]，要求学员们认真学习，通过提升本领为国家作贡献。同时，他还具体分析了历史上关于团结干部的经验和教训来阐明党团结干部的政策。他指出，历史上如刘邦、曹操、刘备等人能团结干部会笼络人，所以都能发展壮大；而项羽等不团结人不宽以待人的最终都不能成功。他认为现在的情况虽已不同，党的团结干部的政策与封建时代也完全不同，但是这类经验教训仍需注意。他告诫党的这批干部们，要"善与人同"，通过团结干部在党内建立威信，完成工作任务。[2]

　　这一时期，正是中国共产党领导的人民革命事业如火如荼，即将取得胜利之时。因此他还与学员们探讨了"创业难还是守成难"的问题。他告诫学员们："唐太宗曾与魏徵争论过一个问题：创业难呢，还是守成难呢？历史上从来有这个问题。得了天下，要能守住，不容易。"他指出，以后要管理全中国，事情更艰难了。未得天下时可以艰苦奋斗，那么得了天下后呢？是否会同国民党一样腐化？他尖锐地指出，胜利后，一定会有人腐化、官僚化。他汲取国民党迅速腐化导致失败的教训，提出解决这一问题的办法，即加强思想教育，提高纪律性。[3]他的这一观点为新中国成立后的党风廉政建设增加了宝贵的思想资源。

　　从青少年时代，到革命时期，再到领导社会主义建设时期，刘少奇都非常注重把历史遗产运用到实践当中，为少走弯路、不走错路提供有益帮助。

二、刘少奇的历史观的基本特征

（一）深切的人民性

　　刘少奇在《论共产党员的修养》一文中指出，我们共产党员，是近代历史上最先进的革命者，是改造社会、改造世界的现代担当者和推动

　　[1]刘少奇：《刘少奇选集》上卷，人民出版社1981年版，第417页。
　　[2]刘少奇：《刘少奇论党的建设》，中央文献出版社1991年版，第343–344页。
　　[3]刘少奇：《刘少奇选集》上卷，人民出版社1981年版，第413页。

者。[1]中国共产党以全心全意为人民服务为宗旨，其改造社会、改造世界的目的在于实现国家独立、民族解放和人民富强，最终落脚点都在于实现人民福祉。作为伟大的马克思主义者，刘少奇的历史观充满了强烈的人民性。

刘少奇在讨论共产党员的修养问题时提出，加强党员修养必须投身于密切联系人民群众的革命斗争中，并"结合这种斗争去总结、学习和运用历史上的革命经验"。这种修养和锻炼的目的是"为了人民，为了革命的实践"。[2]不论是党员修养，还是革命斗争，都是从为人民始，到为人民终。这种浸润在历史观中强烈的人民性，正是中国共产党的宗旨和任务使然，也是中国共产党人的使命感和责任感使然。

（二）深刻的教育性

刘少奇的历史观强调了历史的教育功用。根据党员干部的水平层次的不同，他认为对党员干部进行历史教育的目标也是不尽相同的。

纠正不正确的观点观念、树立正确的三观是基本要求。新中国成立前的一些领导干部以忠于革命事业见长，但存在文化水平偏低、甚至有封建习气残留等问题。如何纠正这方面的问题，刘少奇认为应该深化这些同志对中国革命、世界革命历史的认知，在提升文化水平的同时，以史为鉴正衣冠，最终让他们树立正确的世界观、人生观和价值观。

用历史教育党员干部，提升其理论水平、实现领导水平的提高是更高层次的目的。刘少奇坚决反对党员在历史学习上的教条主义。他教育党员干部："历史从来不重复，死板地照着历史上的前例做，是很危险的。"他以张国焘等用列宁不服从第二国际、组织第三国际作为借口，来反对中央和破坏党的统一为例，论证了这种危险性。[3]因为这种陷入本本主义和机械唯物主义的情况，远远偏离了历史教育的目的。用历史教育干部是使之能有效运用历史思维，提升理论水平和综合素养。

（三）深厚的实践性

---

[1] 刘少奇：《论共产党员的修养》，人民出版社1997年版，第3页。
[2] 刘少奇：《论共产党员的修养》，人民出版社1997年版，第17页。
[3] 刘少奇：《刘少奇论党的建设》，中央文献出版社1991年版，第332页。

实践性是马克思主义的显著特征。刘少奇在《论共产党员的修养》一文中指出："革命者要改造和提高自己，必须参加革命的实践，绝不能离开革命的实践；同时，也离不开自己在实践中的主观努力。"[1]无论是改造客观世界还是改造主观世界，都离不开实践的巨大作用。

正因为"历史里边也有普遍真理"，所以刘少奇善于把历史的遗产运用到革命的实践之中，以促进理性思考，借鉴历史经验，汲取历史教训，带领革命队伍实现走正确道路、少走弯路错路的目标。他通过对历史上刘邦和项羽的对比来说明团结干部的重要性，由之总结的经验就是：党的领导者对同志"凶恶、挖苦、刻薄"是不好的，"应当对干部宽大，帮助他们"，并要学会容纳各种各样的人才，选用各种各样的人才，这样才能干好革命的实践。[2]

从另一层面来说，历史里边的"普遍真理"如何得到验证？当然也是"通过实践而证实真理和发展真理"[3]。因此，这两方面都决定了刘少奇历史观的深厚实践性。

三、刘少奇的历史观的当代价值

（一）植根人民性，以增进人民福祉为目标践行群众路线

习近平同志指出："人民是历史的创造者，群众是真正的英雄。人民群众是我们力量的源泉。"[4]在历史上，魏徵劝诫李世民的"水能载舟，亦能覆舟"之论，以及"民为邦本，本固邦宁"的古训，都印证了习近平同志论述的真理性。

中国共产党为人民而生、靠人民而兴、因人民而强。只有坚持人民至上、人民利益至上，不断实现好、维护好、发展好最广大人民的根本利益，才能获得克服任何艰难险阻的法宝、始终立于不败之地。"人民对美好生活的向往，就是我们的奋斗目标"[5]，一句质朴真诚的话语，

---

[1]刘少奇：《论共产党员的修养》，人民出版社1997年版，第4页。

[2]刘少奇：《刘少奇论党的建设》，中央文献出版社1991年版，第344页。

[3]毛泽东：《毛泽东选集》第一卷，人民出版社1991年版，第296页。

[4]习近平：《习近平谈治国理政》，外文出版社2014年版，第5页。

[5]习近平：《习近平谈治国理政》，外文出版社2014年版，第4页。

体现了习近平同志深切的爱民情怀，也昭示了中国共产党以人民为中心的执政追求。正是中国共产党的人民性，才会有一代又一代的中国共产党人为了增进人民福祉而不懈奋斗、执着追求。

实现共产主义是伟大而长期的事业。我国仍处于并将长期处于社会主义初级阶段，实现中华民族伟大复兴中国梦，"任重而道远"。因此，全体党员干部都应该更加自觉地践行党的群众路线，倾听人民呼声，回应人民期待，努力把"人民群众对美好生活的向往"这一奋斗目标一步步地变为现实。

（二）注重教育性，以加强历史教育为举措反对虚无主义

习近平同志指出：中国共产党的历史是一部丰富生动的教科书。用党的历史教育党员、教育干部、教育群众尤其是教育青少年，是党史工作服务党和国家大局的重要内容。[1]

在新形势下，更加注重在国民教育中，加强历史教育尤其是党史国史教育的比重，是非常有必要的。

从令人汗颜的抗日神剧到年轻人身穿日军制服在上海"四行仓库"拍照炫耀[2]，可见历史虚无主义的危害，也深刻地反映国人历史文化常识的缺位。中国共产党从成立到发展壮大，到取得抗日战争、解放战争的胜利，带领人民实现当家作主，这一步步是怎么走的，是一种何等的艰辛，多少人为之抛头颅、洒热血，中国共产党的历史，是一部"丰富生动的教科书"，应该为中华民族所熟知。"忘记历史就意味着背叛"，中国共产党带领全国各族人民走到今天取得的辉煌，与过去经历的苦难是分不开的。对于人民也好，对于党员干部也好，辉煌应当深知，苦难更应牢记。

反对历史虚无主义，必须正本清源，以马克思的历史观反对历史虚无主义，坚持"实事求是"的态度，用"史实"教育人民，让人民了解

---

[1]《习近平在全国党史工作会议上作重要讲话》，中国共产党历史网，http://www.zgdsw.org.cn/GB/218985/14785476.html。

[2]《四男子穿日军制服在上海四行仓库拍照引众怒》，央视网，http://news.cctv.com/2017/08/17/ARTIFNkQib162K7zkXuEaHRr170817.shtml。

史实的"然"和"所以然"。同时也要讲好"史实",用人们喜闻乐见的方式或通俗的语言来展现历史,避免历史的高冷化。

(三)把握实践性,以借鉴历史遗产为基石开创美好未来

习近平同志认为,"历史的经验值得注意,历史的教训更应引以为戒"。[1]他非常明确地指出,"历史的启迪和教训是人类的共同精神财富","只有正确认识历史,才能更好开创未来"。[2]

历史馈赠给后人的遗产是丰厚的,不论是成功经验还是失败教训,都是散落在历史长河中的珍珠,有待后人开掘。刘少奇富于实践性的历史观对于当前运用历史遗产服务于治国理政与开创未来具有重要意义。

以史为鉴,从更加宏观、更加宽广的视野来看,要鉴的就是治国理政的基本问题:如何造福苍生赢得人心?如何治国安邦实现长治久安?围绕这些基本问题,"鉴前世之兴衰,考当今之得失",前人的足迹为当前的治国理政和今后的开创未来提供了丰富的真知灼见。鉴往知来,中国近代的屈辱史,让今天的中国更加坚定不移地走和平发展道路,同世界各国一道维护世界和平,以中华民族伟大复兴的中国梦的实现来成就世界梦的实现。

借鉴历史上治国理政的经验,要克服刘少奇所说的"死板地照着历史上的前例做",要"对有益的东西、好的东西予以继承和发扬,对负面的、不好的东西加以抵御和克服,取其精华、去其糟粕,而不能采取全盘接受或者全盘抛弃的绝对主义态度"。并且还要以包容开放的恢宏气度,以高度的文化自信推进人类"文明交流互鉴",有效推进国家治理体系和治理能力现代化,为治国理政提供有益借鉴,努力开创中国人民和世界人民更加美好的未来。

(刘新庆,刘少奇同志纪念馆研究室副主任、文博馆员)

---

[1] 习近平:《习近平谈治国理政》,外文出版社,2014年版,第390页。

[2] 习近平:《牢记历史的启迪和教训》,新华每日电讯,http://news.xinhuanet.com/mrdx/2015-09/04/c_134589516.htm。

试析刘少奇修养理论
对当前党建的启示

唐　芳

摘要：名人思想特别是杰出政治家的思想对现当代的政治建设具有重要的启示意义。本文以刘少奇《论共产党员的修养》为主要范本，从其为当前政党建设提供理论基础、为加强党员个人修养提供方法论、警示政党建设中可能出现的问题等三个方面剖析刘少奇修养理论对当前政党建设的重要意义。

关键词：刘少奇；修养；党建

刘少奇是伟大的无产阶级革命家、政治家、理论家，他的《论共产党员的修养》、《论党内斗争》、《关于修改党的章程的报告》等一系列著作在中国党建史上占有重要位置，至今仍闪耀着马克思主义理论的光辉。作为中国共产党历史上第一部系统论述共产党员党性锻炼和修养的著作，《论共产党员的修养》面世的时间虽然已经过去了近八十年，但它依然是党员教育的重要读本，对当前的政党建设仍有重要的借鉴、指导作用。本文以《论共产党员的修养》（以下简称《修养》）为主要研究范本，试分析刘少奇以修养理论为核心的党建思想对当前政党建设的启示意义。

一、《修养》为党员加强党性修养提供理论依据

我国在中国特色社会主义道路上取得了辉煌成就，但新形势下我党仍然需要"不忘初心，继续前行"。党中央实施和开展全面从严治党、加强

作风建设、"三严三实"、"两学一做"等一系列举措和活动，要求每位共产党员从思想上提升自我，加强自我修养。要加强思想修养，首先要解决为什么要进行修养的问题。刘少奇在《修养》中从人的本性和社会发展的需要、无产阶级性质两方面回答了党员为什么要加强修养的问题，这对当前党员进行自我思想净化，实现自我提升提供了理论依据。

（一）人的本性和社会发展的需要决定了人需要在历史发展的进程中改造自己

人类本身及社会，是一种历史发展的进程，当人类社会发展到一定的历史阶段，就产生了阶级斗争。不同地位、利益、思想意识、社会组织方式决定了人类在历史发展的进程中不断地进行阶级斗争，改造自然，改造社会，也改造自己。从奴隶社会到封建社会、资本主义社会、社会主义社会，人的思想认识、道德水平在不断完善进步。刘少奇在《修养》中引用孔子和孟子关于修养的论述指出，没有天生的"圣人"，个体需要通过艰苦的修养的锻炼才能不断完善。[1]他指出，"不要把自己看作是不变的、完美的、神圣的、不可能改造的"，作为社会个体的个人，需要根据时代的变化，不断地改造自己，创造社会精神文明，"是社会发展的客观规律的要求"。[2]在我国经济社会高速发展、物质生活飞跃改善的今天，也伴随着出现了一些信仰缺失、诚信危机、享乐主义、拜金主义、道德感不强的社会现象。因此，为推动国家和社会向前健康发展，作为社会肌体细胞的个人需要在社会发展过程中不断地改造自己，加强自我修养，使整个社会的精神文明与物质文明相符合。

（二）无产阶级政党性质要求共产党员不断加强修养，保持先进性和纯洁性

中国共产党作为一个无产阶级政党，是中国工人阶级的先锋队，是"近代历史上最先进的革命者，是改造社会、改造世界的现代担当者和推动者"[3]，因而，其应在社会中发挥先锋模范作用，以高尚的道德情

---

［1］刘少奇：《论共产党员的修养》，人民出版社2000年版，第6页。
［2］刘少奇：《论共产党员的修养》，人民出版社2000年版，第3页。
［3］刘少奇：《论共产党员的修养》，人民出版社2000年版，第3页。

操引领社会风尚，并不断推动先进生产力、先进文化建设，维护人民利益。一是无产阶级必须加强革命意志，深入实践，与以往的社会陋习、旧社会思想残余以及自身不全面的认识作斗争，来达到加强个人修养的目的。刘少奇在深入理解马列主义原理基础上，指出人类社会的进步要求无产阶级在阶级斗争上不断地改造自己，"革命之所以必需，不仅是因为没有任何其他的办法能推翻统治阶级，而且还因为推翻统治阶级的那个阶级，只有在革命中才能抛掉自己身上一切陈旧的肮脏东西，成为社会的新基础"。[1]共产党员除了学习历史上的革命经验，还要亲自参加到革命实践中，发挥主观能动性，加紧学习和修养，只有这样，他"才能够逐渐深刻地体验和认识社会发展和革命斗争的规律性，才能深刻地认识敌人和自己，才能发现自己原来不正确的思想、习惯、成见，加以改正，从而提高自己的觉悟，培养革命的品质，改善革命的方法等"。[2]二是无产阶级政党队伍参差不齐的素质要求共产党员加强个人教育，增强自我修养。在相同社会背景下，由于个人的出身、位置、教育背景、认知方式等不一样，他们对待革命实践的态度和认识就不一样。不同的品质，不同的经验，不同的主观努力和修养，加上个人所处小环境的感染，个人可能获得不同甚至相反的结果。为了保持无产阶级先锋队的性质，每个党员都必须从各方面加强和锻炼自己的修养。

二、《修养》为党员加强个人修养提供方法论，有着重要指导作用

刘少奇指出，共产党员"要有马克思列宁主义理论的修养，要有运用马克思列宁主义的立场、观点和方法去研究和处理各种问题的修养；要有无产阶级的革命战略、战术的修养；要有无产阶级的思想意识和道德品质的修养；要有坚持党内团结、进行批评和自我批评、遵守纪律的修养；要有艰苦奋斗的工作作风的修养；要有善于联系群众的修养，以

---

[1]刘少奇：《论共产党员的修养》，人民出版社2000年版，第2页。
[2]刘少奇：《论共产党员的修养》，人民出版社2000年版，第4页。

及各种科学知识的修养等"。[1]这些修养的习得与提高，则需要通过一些具体的途径。

（一）深入学习马克思列宁主义，以科学的世界观指导实践

列宁曾指出："只有以先进理论为指导的党，才能实现先进战士的作用。"[2]共产党员要有坚定的理想信念和共产主义世界观，一是要学习马克思列宁主义的理论和方法。通过学习这些理论与方法，掌握马列主义精神和实质，把马列主义的普遍真理和本国革命的具体实践结合起来。马克思列宁主义的理论，"是我们观察一切现象，处理一切问题的武器，特别是观察一切社会现象、处理一切社会问题的武器"，如果不能运用且掌握马列主义的武器，就有"迷失方向、背离革命立场的危险"。[3]要从马克思列宁主义的理论学习和革命斗争的实践中，建立自己的共产主义世界观和无产阶级的坚定立场；以马列主义方法，"身体力行，活泼地指导一切的革命斗争，改造现实，同时改造他们自己"。二是学习马克思、恩格斯、列宁等伟大无产阶级革命家的伟大人格和品质。通过学习采用正确的态度、适当的方式，去和党内以及个人各种不正确的思想意识进行斗争，"在革命斗争中认真地去进行自我修养，去检查自己处事、处人、处己是否符合马克思列宁主义精神"。[4]

（二）实现理论学习与思想意识修养的统一，在革命实践中不断改造思想意识

共产党员必须把马克思列宁主义的理论和方法的学习，同思想意识的修养和锻炼，这两者密切地联系起来。所谓思想意识的修养，就是通过思想上的斗争，用无产阶级的意识克服以至于肃清各种非无产阶级的意识，树立共产主义的世界观，做到党员个人利益无条件地服从党的利益[5]，指的是明确的无产阶级立场。"一个共产党员要有比较好的马克思列宁主

---

[1]刘少奇：《论共产党员的修养》，人民出版社2000年版，第16页。

[2]列宁：《列宁选集》第一卷，人民出版社1972年版，第242页。

[3]刘少奇：《论共产党员的修养》，人民出版社2000年版，第26页。

[4]刘少奇：《论共产党员的修养》，人民出版社2000年版，第14页。

[5]文岩：《提高党修养是党的建设的永久性课题——重温〈刘少奇论共产党员的修养〉》，《人民日报》2015年7月9日，第9版。

义的理论修养，就必须有崇高的无产阶级的立场。"一个党员如果不用马列主义指导自己的思想和行动，"他要在一切革命斗争中坚持无产阶级的立场，体现无产阶级的思想意识，这也是不可能的"。[1]如何实现二者的统一和融合，就是通过革命实践。《修养》指出，学习马列主义立场、观点、方法、品质，"并运用到自己的实践当中，运用到自己的生活、言论、行动和工作中去，不断地改正、清洗自己思想意识中的一切与此相反的东西，增强自己无产阶级的意识和品质"。[2]历史与现实中很多错误都是由于理论学习、思想意识修养、革命实践三者不能统一融合造成的。缺乏理论学习，就没有明确方向指标，会犯左倾、右倾、机会主义等宗旨意识缺失错误；缺乏思想意识修养，就没有自省、自持的能力，会犯享乐主义、奢靡之风、徇私枉法、官僚主义等错误；缺乏革命实践，就容易纸上谈兵，犯形式主义、教条主义等错误。近几年来，我党开展"群众路线教育实践活动"、"两学一做"学习教育等活动，就旨在解决党员理论与实践脱离的问题，把"学"和"做"结合起来加强个人修养。

（三）坚持严格的组织纪律观，做守纪律讲规矩的共产党员

如果说理论学习是个人修养的法宝，那么组织纪律观就是戒尺，为党员为人行事提供基本准线。坚持组织纪律观，首先要做到党员个人利益无条件服从党的利益。刘少奇在《修养》中指出："党的利益高于一切，这是我们党员思想和行动的最高原则。"一个党员，在任何时候、任何问题上，都首先要考虑到党的整体利益。为党的、无产阶级、民族解放和人类解放的事业牺牲个人利益，这是一种"党性"，是"共产主义道德的最高表现"，是"无产阶级政党原则性的最高表现"，是"无产阶级意识纯洁的最高表现"。只有真正大公无私的人，才能够有很好的共产主义道德，才能"最好地学习到马克思列宁主义的理论和方法"，对待同志和党内矛盾才可能"最诚恳、坦白和愉快"，有"最高尚的自尊心、自爱心"。[3]现阶段，我党提出要牢固树立"四个意识"

---

[1] 刘少奇：《论共产党员的修养》，人民出版社2000年版，第25页。
[2] 刘少奇：《论共产党员的修养》，人民出版社2000年版，第18页。
[3] 刘少奇：《论共产党员的修养》，人民出版社2000年版，第44-45页。

（政治意识、大局意识、核心意识、看齐意识），要求全党自觉在思想上政治上行动上同党中央保持高度一致，与刘少奇提出的这一点有着深刻的一致性。其次，坚持严格的组织纪律观，要做到以马克思列宁主义的态度来对待党内斗争。要正确认识和辨别党内各种现象、各种思想意识、各种意见和主张；要"学习、提倡并发扬党内一切好的模样和正气"；"不采取自由主义态度"，积极面对党内斗争；不抱机械主义态度；在党内斗争中维护党的团结，纯洁党的思想，巩固党的组织。[1]共产党员要以马列主义态度，按照如上要求开展正式的、严肃的、对党有益的批评和自我批评。新时期，全党更加注重严肃党内政治生活，如制定民主生活会制度，并明确规定党员领导干部必须参加民主生活会，这些都在党员经受严格的党内生活锻炼，进而发现问题提升修养上，发挥了重要作用。

三、《修养》剖析政党建设中存在的问题，具有警示意义

刘少奇在《修养》中对党员队伍中存在和可能出现的问题以及问题的根源进行了论述，对当前政党建设有一定警示意义。他在"党内各种错误思想意识的举例"[2]中指出，党内存在一些不正确的思想意识，如：信仰不坚定不明确、自私自利的个人主义（享乐主义）、个人英雄主义、剥削阶级思想、缺乏大局意识等。党的信念是单一和坚定的，但涉及党员个人修养又是复杂的。对此，刘少奇有着清醒的认识：尽管我们党是代表伟大的、坚强的、无产阶级共产主义的思想意识的，但"在一些同志的头脑中，还或多或少反映着社会上各种非无产阶级的以至没落的剥削阶级的思想意识"。这些思想可能是潜在的，也可能在小问题上暴露出来，对于党员个人来说，有的时候，"不正确的思想意识潜伏着，被克服着"，但有时候"不正确的意识又可能发展起来，以至支配他的行动"。因此，要建设好一个先进和纯洁的队伍，除了制度强制规范外，更需要党员个人自省、自持，"要自觉地以无产阶级的思想意识、共产主义的世界观，去克

[1]刘少奇：《论共产党员的修养》，人民出版社2000年版，第76—77页。
[2]刘少奇：《论共产党员的修养》，人民出版社2000年版，第52页。

服和肃清各种不正确的非无产阶级的思想意识"。[1]

2013年6月18日，习近平在北京召开中国共产党的群众路线教育实践活动工作会议上强调，要"集中解决形式主义、官僚主义、享乐主义和奢靡之风这'四风'问题"，"'四风'是违背党的性质和宗旨的，是当前群众深恶痛绝、反映最强烈的问题，也是损害党群干群关系的重要根源。"[2]当前，以习近平同志为核心的党中央意识到在改革开放的冲击下党内出现了思想滑坡甚至贪污腐化现象。围绕这一重大课题，近几年党中央陆续开展了党的群众路线教育实践活动，"三严三实""两学一做"专题教育活动，都旨在通过加强党员思想教育，使党员通过反思自身存在的问题来提高党性修养，保持我党的先进性和纯洁性。

提高党员修养是党的建设的永久性课题。十八大以来，习近平总书记就如何加强新形势下党的作风建设、提高党员修养，作了许多重要论述。他在中共中央政治局第五次集体学习时的讲话指出："要抓好思想理论建设、抓好党性教育和党性修养、抓好道德建设，教育引导广大党员、干部认真学习和实践马克思列宁主义、毛泽东思想、中国特色社会主义理论体系，牢固树立正确的世界观、权力观、事业观，模范践行社会主义荣辱观，以理论上的坚定保证行动上的坚定，以思想上的清醒保证用权上的清醒，不断增强宗旨意识，始终保持共产党人的高尚品格和廉洁操守。"[3]习近平总书记还在学习贯彻党的十九大精神研讨班开班式上提出"五个过硬"，这也应该成为全体共产党员加强党性修养的努力方向。读史可以使人明智，鉴以往可以知未来。七十九年后的今天，重温《修养》，有助于我们更加深刻地理解党中央关于全面从严治党、加强党的作风建设等一系列要求和举措，更加有力地深入开展党员教育活动，永葆党的先进性、纯洁性。

（唐芳，刘少奇同志纪念馆文博馆员）

[1]刘少奇：《论共产党员的修养》，人民出版社2000年版，第66页。
[2]习近平：《习近平谈治国理政》，外文出版社2014版，第374页。
[3]习近平：《习近平谈治国理政》，外文出版社2014版，第391页。

论新中国成立后刘少奇农村经济建设思想及当代启示

李桂芳

摘要：新中国成立后，刘少奇非常重视农村经济建设，并提出了很多富有创见性的切合农村经济建设实际的思想观点。他的关于发展以农业为基础的国民经济、发展农村供销合作社、实行农业生产责任制、改造农业生产技术等具有远见卓识的思想，为十一届三中全会后中国农村改革和发展奠定了基础，当今对于我们思考解决中国农村的经济问题，建设社会主义新农村仍然具有重要的启示意义。

关键词：刘少奇；农村经济建设；启示

中国是一个以农为本的国家。农业、农村、农民问题，历来是关系国家经济发展和社会稳定的重大问题。新中国成立后，党和国家领导人始终把农村经济建设放在党的工作中的重要地位。刘少奇作为中国共产党第一代领导集体的重要成员，也非常重视农村经济建设。他立足我国的农村情况，进行不懈的探索，提出了很多富有创见性的切合农村经济建设的思想观点。他的关于发展以农业为基础的国民经济、发展农村供销合作社、实行农业生产责任制、改造农业生产技术等具有远见卓识的思想，为十一届三中全会后中国农村改革和发展奠定了基础；对于我们当今思考解决中国农村的经济建设与发展问题，建设社会主义新农村仍然具有重要的启示意义。

一、刘少奇关于农村经济建设的主要思想

刘少奇农村经济建设思想的产生，不是凭空的，有一定的理论渊源和时代背景。主要有：一是中国古代的农本思想；二是马克思主义经典作家关于农村经济建设问题的相关思想；三是新中国农业国情。

新中国成立后，刘少奇作为党的第一代领导集体的重要成员，非常重视农业、农村和农民问题，对新中国农村经济的发展与稳定倾注了极大心血。他立足于我国农业国情，坚持深入实际进行调查研究，将马克思主义基本原理与我国实际相结合，形成了自己系统而完整的农村经济建设思想。主要表现在以下几个方面：

1. 主张发展以农业为基础的国民经济

刘少奇认为在社会主义经济建设中，必须高度重视农业在国民经济和社会发展中的重要战略地位和基础性作用。他提出必须把发展农业生产放在特别重要的位置。"在恢复中国的经济并尽可能发挥已有的生产能力之后，第一步发展经济的计划，应以发展农业和轻工业为重心。因为只有农业的发展，才能供给工业以足够的原料和粮食，并为工业的发展扩大市场。""同时，在农业和轻工业发展的基础上，也可以把劳动人民迫切需要提高的十分低下的生活水平提高一步，这对于改进人民的健康状况，在政治上进一步团结全体人民，也是非常需要的。"[1] 1962年1月，刘少奇代表党中央在七千人大会上全面总结了1958年以来的经验教训，提出"以农业为基础来发展我国国民经济，是我们的一个根本方针"。[2]

十一届三中全会以来，我国广大农村面貌焕然一新，农业生产成倍增长，乡镇企业蓬勃发展，农民生活水平明显提高，这正是我党领导人在新的形势下，注重农业的结果。在农村经济发展的前提下，国民经济的其他各方面都迅速地发展起来。实践证明了刘少奇"以农业为基础来发展国民经济"的理论的正确性，在我们这个农民占80%的大国进行经济建设，必须把农业放在首位。

---

[1] 刘少奇：《刘少奇选集》下卷，人民出版社1985年版，第5页。
[2] 刘少奇：《刘少奇选集》下卷，人民出版社1985年版，第361页。

2. 实行合作社经济，引导农民走社会主义道路

农民土地问题解决之后，怎样把他们组织起来走上社会主义道路，从根本上解决小农经济落后、分散、生产率低下的问题，是一个需要探索并正确解决的大问题。

刘少奇主张通过农村合作社，紧紧抓住流通环节，使广大分散的农民与社会主义集体经济联系起来。新中国成立初期，小农经济在我国占优势。刘少奇认为，社会主义农业不能长期地建立在小农经济的基础之上，"必须普遍地建立合作社经济，并使合作社经济与国营经济密切结合起来，扶助独立的小生产者并使之逐渐地向合作社方向发展"。[1] "合作社这一个组织形式，是无产阶级及其所领导的国家去帮助、教育、组织与改造千千万万的小生产者最主要的形式"[2]。引导农民走社会主义道路，巩固和发展集体经济，是社会主义农村的出路。

当时，在各种合作社中，刘少奇特别重视发展农村供销合作社。他主张，在土地改革以后的一段时期里，可以在农民私有制的基础上，积极组织供销合作社，让农民休养生息若干年，经过物质上思想上的充分准备后，再建立生产合作社，实现农业集体化亦即完成农业的社会主义改造。在刘少奇的推动下，合作社在全国范围内迅速发展。刘少奇试图通过农村供销合作社把商品经济引入中国农村经济，引入中国农业生产过程的思想，在实践上已经证明并将继续证明是正确的。

刘少奇关于农村合作社的论述曾指导农村社会主义经济迅速发展。在商品经济日益发展的今天，如何把农民组织起来，完善农村服务体系，探索农村经济发展的新模式，加强社会主义新农村建设等，无疑具有重要的价值。

3. 改革农村经济管理体制，推广农业生产责任制。

刘少奇认为所有制是生产关系的决定环节，它的变革要同生产力的发展水平相适应。如果"违反了客观可能的条件和农民的自愿，要过早

---

[1] 刘少奇：《刘少奇选集》上卷，人民出版社1985年版，第428页。
[2] 中共中央文献研究室编：《刘少奇论合作社经济》，中央财政经济出版社1987年版，第11页。

过急地把集体所有制改变为全民所有制，就会犯剥夺农民的错误，就会损害以致破坏工农联盟"。[1]

中国农村应采取什么样的生产关系以适应生产力的发展？刘少奇对此进行了深刻的思考，提出了"必须实行责任制"的思想。1957年2月28日，他在河南新乡视察时，对新乡地区实行的包工包产到队、固定三年不变、超产奖励的办法予以了充分肯定，称"这也是生产关系的一种调整"[2]。刘少奇主张农村经济组织的规模要与农村现有生产力发展水平、干部管理水平、群众觉悟程度相适应。"生产力只是那么个水平，就适宜于生产单位小一点，特别是分配单位小一点好，太大了则生产关系超过了生产力。"[3]他指出，"和工业一样，农业也可以实行个人负责制"。[4]这是最早提出在我国社会主义农村实行责任制的问题。但是1958年以后，这种很有见地的思想萌芽，因大办人民公社、实行政社合一的管理体制、平均主义的分配方式而中断。对此，刘少奇曾指出，"生产关系跑到生产力的前头，没有基础了，就会破坏生产力"。[5]20世纪60年代初，在农业生产大幅度萎缩的情况下，农村极少数地区实行"包产到户"和"责任田"，刘少奇对此积极支持，认为这是恢复我国农村经济的一个重要方法。1961年，他在湖南农村蹲点调查期间，对公共食堂、供给制、分配等问题提出了许多宝贵意见。他说，"恐怕还是以产量计算好，以产定包，包产到组，产的粮食多，包工即多，打破平均主义，不要把平均主义当成共产主义"。[6]1962年7月18日，刘少奇在同中央机关派往主要产粮区加强地县委领导工作的人员谈话中，再次强调必须实行生产责任制。"我看实行责任制，一户包一块，或者一个组包一片，那是完全可以的。问题是如何使责任制跟产量联系起

---

[1] 刘少奇：《刘少奇选集》下卷，人民出版社1985年版，第362页。
[2] 刘崇文等主编：《刘少奇年谱》下卷，中央文献出版社1996年版，第388页。
[3] 刘崇文等主编：《刘少奇年谱》下卷，中央文献出版社1996年版，第388页。
[4] 刘崇文等主编：《刘少奇年谱》下卷，中央文献出版社1996年版，第388页。
[5] 刘崇文等主编：《刘少奇年谱》下卷，中央文献出版社1996年版，第469页。
[6] 荣开明：《刘少奇探索我国社会主义建设道路的历程与贡献》，《中南民族大学学报（人文社科）》1994年第2期。

来。"[1]但刘少奇认为这种办法还不足以完全激发农民的积极性，农活的质量还是不如自留地的质量好。如何把责任制搞得更好，还值得深入研究。在这里，刘少奇所说的以户为单位的包产到户的生产责任制与我们今天农村中实行的家庭联产承包责任制本质上是一样的。

农业责任制在一些地区的及时实施，对缓解农村困难、恢复经济起到了重要作用。遗憾的是，这一制度在当时并未能得到普遍推广。改革开放以来，我国农村由于实行家庭联产承包责任制使经济获取了飞速发展。今天我们实行的有些农村经济政策实际上就是对刘少奇当年探索的继承和发展。

4. 鼓励农村搞多种经营，大力发展农村工业

刘少奇主张多种经营，发展农村商品经济。刘少奇根据我国农业中自然经济占统治地位的国情，认为在农村不单是只搞种植业，而且要鼓励农民发展各种专业生产和从事多种经营活动，以粮食生产为基础，全面发展农村经济。他指出，"保证粮食和棉花的增产，是一项非常重要的任务。同时保证其他经济作物、畜牧业和副业产品的增产，也是一项重要任务"，[2]他特别强调"农业的多种经营对于农民的收入有极大的重要性"，"对于轻工业、人民副食品和出口贸易有极大的意义。"所以农业多种经营"非大力发展不可"。[3]因此，为了丰富农村商品经济，他要求"各个地方的党组织、政府和它的农业部门必须切实加强对于经济作物、畜牧业和副业的领导，应当按照本地方和国家的需要，在中央和地方的计划指导之下，帮助每个农业生产合作社制定适合于自己情况的发展粮食生产、经济作物生产、畜牧业生产、副业生产的全面计划"。[4]刘少奇主张发展多种经营的目的在于促进农村商品经济的发展。

同时，刘少奇主张大力发展农村工业。由于工业经济在我国国民经

---

[1] 刘少奇：《刘少奇选集》下卷，人民出版社1985年版，第463页。
[2] 刘少奇：《刘少奇选集》下卷，人民出版社1985年版，第234页。
[3] 刘少奇：《刘少奇选集》下卷，人民出版社1985年版，第235页。
[4] 刘少奇：《刘少奇选集》下卷，人民出版社1985年版，第235页。

济中所占比重还很小，工业生产还远不能满足社会生产和人民生活的需要，而一些农村又拥有资源、传统工艺和劳动力的优势，所以在农村除了搞农业生产外，"还可以开办一些工厂和作坊"[1]。开办工厂的途径可以是城市把一部分工厂搬到农村建，也可以是农村自己办工厂。1958年5月，刘少奇在中共八大二次会议上说，要使全国的县城和很多乡镇都能有自己的工业，使全国各省、自治区以至大多数专区和县的工业产值都超过农业产值。1961年刘少奇在湖南调查中，针对一些传统的家庭手工业或乡村手工业工厂被挤掉、压缩或得不到重视的现象，指出这些半农半工、农闲开工、农忙停工的手工业生产，并不妨碍农业，而且还供应城乡人民生产生活所需的必需品，所以应该办下去。为迅速恢复和发展城乡手工业生产，刘少奇还主持制定了手工业30条政策。1964年8月，刘少奇又在广西的一个干部会议上提出农村办工厂的问题。他指出，我国农村里有很多剩余劳动力，他们副业生产也不多，开个工厂在那里，他们就有事做了。他强调："搞家庭副业、自留地，这是经济民主。"[2]发展多种经营，产品丰富了，农民就把多余的产品拿到市场上交换，这样就促进了农村商品经济的发展。

5. 改进农业生产技术，依靠科技发展农业生产

科学技术是农村经济发展的重要推动力。刘少奇对改进农业生产技术、依靠科技发展生产十分重视。他曾指出："要发展农业生产就必须对农业进行社会改革和技术改革。"[3]"搞好中国的农村，办好集体经济，实现农业的技术改造，这是我们党的一项光荣的、伟大的任务。"[4]

如何进行农业的技术改革呢？刘少奇认为，首先，需要有掌握先进科学技术知识的人才。因为各种农业新技术的实际应用，最终都要通过农业劳动者来实施。为了尽快地提高农民的科学文化水平，刘少奇提出

[1] 刘少奇：《刘少奇论新中国经济建设》，中央文献出版社1993年版，第2页。
[2] 刘崇文等主编：《刘少奇年谱》下卷，中央文献出版社1996年版，第508页。
[3] 刘少奇：《刘少奇选集》下卷，人民出版社1985年版，第28页。
[4] 刘少奇：《刘少奇选集》下卷，人民出版社1985年版，第464页。

了他的设想，即在农村中创办半农半读学校，半日读书、半日种地，起初办农业初中，以后再办农业高中、农业大学。目的就是为了让更多的农村青年有机会提高科学文化水平，以期从他们当中广泛地造就农业科技人才，使农业的技术改革能够进行得更快更好。其次，必须高度重视先进的农业技术并大力推广。刘少奇指出："在任何时代，在任何生产部门中，总是有少数比较先进的生产者，他们采用着比较先进的生产技术。""要认真地研究先进生产者的经验，认真推广这些经验。"[1]他号召每一位普通生产者都要向先进生产者学习看齐，学会他们的技术。刘少奇在党的八大政治报告中提出了实现农业增产的主要方法，即"采用兴修水利、增施肥料、改良土壤、改良品种、推广新式农具、提高复种指数、改进耕作方法、防治病虫害等措施，来提高单位面的产量"。他强调："依靠这些措施实现农业增产的潜力是巨大的"。[2]另外，国家的援助、工业的支持都是必不可少的条件。

刘少奇的这些思想包含了农业现代化思想和科技兴农思想的萌芽。邓小平提出的农业发展的根本出路在于"一靠政策，二靠科学"，正是对刘少奇的这一思想的发展。

此外，刘少奇还提出了改革旧的土地制度，解放农村生产力；长期保存富农经济，发展农村个体经济；不断增加农民收入，改善农民生活；调动农民生产积极性，促进农村经济发展，等等，也都和今天农村正在实行的某些基本政策有着内在的联系，在深化农村改革上给我们以启示。

二、当代启示

刘少奇在新中国成立后借鉴世界各国经验，并结合中国农村实际情况，所提出的中国农村经济建设思想，反映了中国历史发展的客观趋势及亿万农民的渴望。它不仅符合中国当时社会生产力发展的客观要求，也表达了刘少奇对中国农村经济建设的独特见解，在当时的历史条件

---

[1] 刘少奇：《刘少奇选集》下卷，人民出版社1985年版，第287页。
[2] 刘少奇：《刘少奇选集》下卷，人民出版社1985年版，第234页。

下，对我国农村经济的发展，起到了较大的促进作用。许多内容成为以后我国农村工作政策的重要来源。党的十一届三中全会以来，我国实行家庭联产承包责任制、推行科技兴农战略、大力发展农业多种经营，等等，都是刘少奇农村经济建设思想在新时期的丰富和发展。在当今中国新农村的经济建设中，刘少奇的这些思想仍有重要的启示。

1. 要高度重视农业的基础地位

无论是中国的古代经济思想还是马克思主义的经济理论，都指出了农业的重要性。马克思指出，农民的支持是无产阶级取得革命胜利的关键。中国共产党成立之后，更是发掘出了中国农民身上改造社会的伟大力量。毛泽东认识到了农民在中国革命中的重要作用，因此提出中国必须走农村包围城市、武装夺取政权的革命道路。同时指出，中国要实现社会主义就要解决农民的土地问题，发展农业，把广大农民引领到社会主义道路上来。刘少奇丰富了毛泽东的理论，指出在中国，农业的基础地位不能动摇，主张发展以农业为基础的国民经济，对当前农业、农村、农民问题的解决提供了可借鉴的理论。

进入21世纪，农村经济建设问题越来越被中央领导所重视，且把它作为全党工作的重中之重，加大了投入力度，出台了一系列的惠农政策，尤为注重的是要保障粮食等主要农产品的供给。半个世纪前刘少奇就提出过粮食生产的重要性。当前国际范围的粮食危机都提醒我们要重视农业生产，保障粮食供给。改革开放四十年来，随着新技术、新机器的采用，我国农业得到了迅速发展，农民的生活水平也有很大提高。但是我们不应忘记我国的国情现实，我们是用世界7%的耕地来养活世界22%的人口，粮食生产任重而道远。总之，农业是关系国家经济持续快速发展和社会稳定繁荣的基础，我们依然要大力发展农业，重视其基础地位，不断推进农业的现代化发展。

2. 社会主义生产关系的变革必须适应生产力的发展要求

根据生产关系一定要适应生产力发展要求这一马克思主义基本原理，刘少奇认为，不能过早动摇农民的私有制，而应当在新民主主义时期通过商品经济发展生产力，引导农民从个体小生产向社会化大生产、由小土地私有制向集体所有制方向发展。

过早地把集体所有制改变为全民所有制，就会犯剥夺农民的错误。刘少奇在湖南农村蹲点调查时，目睹了人民公社、瞎指挥、共产风等带来的严重危害。在七千人大会上，他在总结社会经济发展的经验教训时指出，在农村人民公社的实际工作中，许多地区，在一个时期内曾经混淆集体所有制和全民所有制的界线，曾经对集体所有制的内部关系进行不适当的、过多过急的变动，这样，就违反了按劳分配和等价交换的原则，犯了刮"共产风"和其他平均主义的错误。1960年10月，在审改《关于农村人民公社当前政策问题的紧急指示信》时，在第二条中，刘少奇增写了以下内容："一切干部和群众都必须了解，公有制是生产关系的决定环节。目前我们所规定的以生产队为基础的公社三级所有制，必须在一定的时期内固定下来，绝不容许对它存在侵犯，特别是从上面来的侵犯。已侵犯了的必须赔偿，否则就要破坏生产力，破坏群众的生产积极性。"[1]指示信以中央名义下发后，各地煞住了"共产风"和"一平二调"风，农业生产开始有了恢复。

3. 要逐步扩大农业经营规模，增加政府对农业的投入

要逐步扩大农业经营规模。小农经营是一种落后的生产方式，它不可能在较大的程度上促进农村经济的发展，并且土地分割过于零散所带来的消极后果一年比一年明显地困扰着我国农业的发展。这种小农经营的生产方式如不加以改变，我国农业机械化、现代化就无从谈起。因此，我们必须在进一步完善家庭联产承包责任制和双层经营体制的基础上，在有条件的地方逐步向规模经营方向发展，加快种养加、产供销、贸工农一体化的产业化进程，从而使我国农业的整体效益和农业的比较利益有较大的提高。

要不断增加政府对农业的有效投入。众所周知，我国农业投入比较薄弱。工农产品价格剪刀差长期存在，严重地挫伤了农民从事农业生产的积极性。这种情况不改变，农村经济难以有较大的发展。要改变这种局

---

[1] 刘少奇：《刘少奇选集》下卷，人民出版社1985年版，第285-286页。

面关键在于降低农业生产成本，提高农业生产的比较利益，调动农民从事农业生产的积极性。这就要求国家大力支援农业。一方面要增加政府对农业的有效投入，进一步改善农业生产的环境和条件，完善农田水利基础设施建设，提高农业机械化水平；另一方面要切实减轻农民负担，缩小工农产品价格剪刀差，给农业发展提供一个宽松的社会环境。习近平同志在十九大报告中指出，"实施乡村振兴战略，农业农村农民问题是关系国计民生的根本性问题，必须始终把解决好'三农'问题作为全党工作重中之重。"只有这样，才能保证我国农村经济的稳定持续发展。

4. 要维护农民的根本利益，重视科技兴农

农民是中国最广大的群体，刘少奇提出在农村合作社组织中就要忠实维护农民的经济利益、政治权利。要加强农村的教育事业、提高农民的素质，使农民能够在生产中运用科学技术、使用先进的农业机械来提高劳动生产率从而实现增收，最终使农民的生活水平有大幅度的提高。

当前，我国农村不少青壮年农民进城务工，造成很多土地闲置。土地规模化经营、实行农业机械化是农村必然的趋势。对此，我们既要从政策和法规上加以引导，搞好适度规模经营，又要将农业机械化同良种、良法结合起来，促进农村经济的发展。同时要兴办农业技术学校，让年轻一代学习农业技术知识，补充农业生产劳动力，培养新一代知识型农民。

近年来，我国在农村中大力普及九年制义务教育，目的就是要提高国民素质；为农民提供各种优惠政策，鼓励农业新技术在生产中的推广和应用。同时，为农村待业青年积极提供就业培训和就业信息；废除城乡户籍差别；在农村推行合作医疗和养老保险等。这些措施的实行都体现了刘少奇关注农村、关心农民的思想，也是当前党和政府切实为农民群众服务的体现。

农民群众是建设有中国特色的社会主义事业的主体，我们要不断提高他们的素质，科技兴农，维护他们的权益，增加他们的收入，这样才能够充分调动农民的劳动积极性和创造性，建设社会主义新农村。

（李桂芳，刘少奇同志纪念馆研究馆员）

心底无私廉自显
廉政建设应为先

——朱德廉政思想的当代价值

高炯森

摘要：一个政党必须坚持廉政，才能真正做到执政为民，古今中外，概莫能外。中国共产党历来坚持"反腐倡廉"，一直把"反腐倡廉"作为党风廉政建设的行动纲领。这就需要进一步研究、发展和继承老一辈无产阶级革命家的廉政思想。朱德经历了旧民主主义革命、新民主主义革命和社会主义革命。有着良好的家庭环境、教育背景和丰富的革命、建设实践，从朱德廉政思想形成的条件、内容，结合我国当代的形势要求，亟待我们去解决的，就是廉政建设；朱德不但严格要求自身清廉，而且重视党风廉政教育，以身作则，为党的廉政建设作出了巨大贡献。朱德廉政思想对指导新的实践工作有积极借鉴作用。我们更应该以身作则，创新廉政理念，加强法纪建设与思想教育相结合，建设一个廉洁高效的政府和营造全社会的节约勤俭新风尚。

关键词：以身作则；清廉；勤俭

所谓廉政，"廉"即廉洁，"政"即国家政权机关及其公务活动，廉政即"廉洁的政治"，它包含四个要素：一是"廉正"，指政府及其官员在履行公务、处理问题的过程中廉洁而公正、廉洁而正直，不贪污、不受贿、不枉法；二是"廉朴"，指政府及其官员取之于民者少而用之于民者多；三是"廉节"，指政府及其官员，在国家管理活动和处理与社会公共事务有关的活动中，具有清廉无私的品德，也称廉德；四是"廉制"，即有关廉政的制度。

　　探求朱德的廉政思想对当今廉政建设有积极借鉴作用，值得我们研究、发展和继承，以身作则，创新廉政理念，加强法纪建设与思想教育相结合，以建设一个廉洁高效的政府和营造全社会的节约、勤俭新风尚，这是一个新的历史课题。

一、没有私心，才能真正清廉，心底无私廉自显

　　朱德经常说："我是一个普通的共产党员，没有什么特殊。如果搞特殊，就会脱离群众。"

　　20世纪50年代初，朱德对搞环境卫生的身边工作人员说："每个人都要锻炼能吃苦，要有朴素作风。人们都是'从俭入奢易，由奢入俭难'。有些人本来出身很苦，但进城以后就变了，不俭朴了。我们党是真正马克思主义的，只有我们才能用这么大的力量和时间来改造社会，不但要改造经济，而且还要改造思想意识和道德风尚。旧习气不可能一下子除掉，沾染旧习气也很容易。如果不养成朴素、节约的习惯，生产无论怎样发展，人们的欲望也是难于满足的。"

　　曾经给朱德做过厨师的邓林回忆："一般人以为朱老总是中央领导，吃饭是特灶，标准一定很高。可实际上，从进北京到1971年我生病离开中南海，老总、康大姐和我三个人加起来的伙食费平均每月都不过四五十元，就是按当时的标准，也只是一般中层干部的水平。"朱德一家平时用餐，康克清在机关吃食堂，只有朱德在家里吃特灶：几乎每顿都是一小碗米饭、三小盘菜（一盘素菜，一盘半荤半素的菜，一盘是他亲手腌制的泡菜）、一个汤（一碗普通的菜汤或鸡蛋汤），几乎天天如此。来客了，朱德就会特意嘱咐添一两个简单的菜，不够再上一点泡菜，从不铺张。50年代中期，有一回，机关供应站来了一批对虾，邓师傅知道朱老总爱吃鲜鱼虾，就买了几个，精心烹制好，端到饭桌上。朱德一见，立即问是从哪里来的？多少钱一斤？然后语重心长地说："老邓啊，对虾是好吃，可你知道吗？一吨对虾拿到国外就能换回好多钢材哟！我们国家穷，缺钢材，对虾少吃一口有啥关系？进口钢材更要

紧。以后记住，再有对虾你就不要给我买了，买了我也不吃。"邓师傅说："您是国家领导人，就是顿顿吃对虾能吃多少？"朱德说："国家领导人就更要想着国家，能节约一点就节约一点，反正以后不要吃就是了。"

1960年他回四川老家，一到家乡就特意说明只吃家乡饭，其他通通不要；在南充，他吃了清明菜和米粉做成的馍馍；在成都，他吃烤红薯，服务人员见他不剥皮就吃，关心地说："连皮吃不好消化。"他说："不要紧，我消化得了。"

朱德卧室里的家具，都是用了多年的，十分简单。床，是一张旧棕绷床，床单、被子、褥子，也是用了二三十年，打了补丁的。他坐的一个沙发很旧，也很矮。年纪大了，坐下去，再站起来很吃力。工作人员早就提出要换个新的，他坚持不让换。为了起坐方便，他让人用四根木头把沙发腿接高了一截，照样使用，还风趣地称这个沙发是"土洋结合"。

他的房子并不宽绰，住了二十多年，管理部门曾经多次提出要修一修，他一直不答应，总是说："这房子很好嘛，有钱应当多给老百姓盖点新房子。"

二、清廉必须以身作则，才能服人；不能正己，焉能正人

孔子在《论语·子路篇》中说："其身正，不令而行；其身不正，虽令不从。"

有一年，江西的同志来京，顺便给朱德捎来几大筐冬笋。朱德知道了，就说："下面的同志往中央送东西，这个风不好，不能提倡。咱们不能白吃下面同志送来的东西。这些冬笋都要送到机关供应站去，让大家按市价买，谁吃谁掏钱。我们要吃，也拿钱去买，把收的钱交给江西的同志。"这样，几大筐冬笋，就送到机关供应站了，朱德没有白吃白拿一个。

朱德到各地视察时，也从不接受特意为他准备的礼物。

有一年朱德去山东视察，适逢水果收获。当地有同志知道朱德喜

欢吃莱阳梨，就装了两筐，想让他带回去吃，担心当面给不会收，就在朱德离开时悄悄抬到火车上。火车开动后，两筐梨被朱德发现了。他马上把随行的工作人员叫来："我们下来是工作的，不是来搜刮的，怎么能随便收下面的礼呢？今后订下一条，下来工作，不许接受礼物；谁接受了，就让谁原封送回去。"接着，他又吩咐："这两筐梨一个都不能动，到下一站火车停住，就把梨抬下车，派人送回去。"工作人员只好照他的意见办。

当人们想给他一些特殊照顾时，他总是拒绝。他到各处视察，从不让组织群众欢迎，不让多跟车。他视察克拉玛依油田时，矿务局组织群众列队迎接，他见了说："你们组织大家欢迎我，这一方面耽误了工作，同时又违反了中央的规定。"希望今后不要这样做。

1963年，朱德到四川乐山地区视察，到了峨眉山下。当地群众听说朱委员长要上山，特意给他准备了一副"滑竿"。朱德坚决不坐，说坐"滑竿"上山，就失去爬山的意义了。别人劝他说："您已是近80岁的老人了，又不常来，偶尔坐一次不算过分。"他说："偶尔坐一次也不好。"还是坚持不坐，和其他人一道，沿着陡峭逼仄的山间小路，一步一步攀登到万年寺。在山上稍稍休息之后，又一步一步返回原地。

朱德对身边的工作人员，总是平等相待。据给朱德做过保健医生的顾英奇回忆："在近10年的接触中，我深深体会到总司令既没有官气，也不摆老资格，甚至年龄上的老资格也不摆。"顾大夫后来住院，朱德和康克清就来到病床边探望他，安慰他好好养病。这使病房的医生、护士和病友们都十分惊讶、感动。

三、由己及人，廉政建设是一种长效机制，应常抓不懈

朱德无论是革命时期还是社会主义建设时期都非常重视党和军队的党风廉政建设，尤其重视思想上建党强军，重视对党和军队进行党风廉政教育。朱德任中纪委书记期间高度重视党风廉政建设工作，对新中国党的纪律检查工作作出了重大贡献，朱德对党风廉政建设的许多方面都有重要论述，形成了丰富的党风廉政教育思想，至今对我们的党风廉政

教育工作都有积极的意义。

朱德长外孙（朱敏长子）刘建口述：从1959年开始，国家遇到连续三年的经济困难。爷爷与全国人民同甘共苦，餐桌上从此没有了荤腥。当时，在中南海工作的机关干部开始重新定量，先由个人报数，再由群众公议评定。爷爷把自己的定量缩减到26斤，在副食品匮乏而且全部要凭票供应的年代，这个定量标准就是爷爷一个人吃都不算宽裕，更何况家里还有二十来口人，又都是年轻人。但爷爷却胸有成竹。在战争年代，只要环境允许，他便在房前屋后开荒种菜，这已成为他长期的习惯。艰苦的生活，锻炼了爷爷识别野菜的本领，长征中他还教会了很多指战员如何识别野菜。于是在困难时期，爷爷带领身边的工作人员和孙辈们，在中南海住所空地上开出一片菜园，茄子、白菜、辣椒这些都种过。爷爷还很会用地，中间种些什么，边上种些什么。奶奶在工作之余不但帮助爷爷管理菜地，还带领我们采摘野菜，如荠菜、苦菜、榆钱叶等，和粮食拌在一起做成菜窝窝吃。

1960年，朱德住金牛宾馆，衣着简朴，秘书说："总司令只有两身较好的服装，也只是接见外宾、参加大的国事活动时才穿，一回到家里就换上旧衣服。"服务员杜永昭见他的衣服破了，就趁换洗时进行缝补。朱德看见后很客气地对他说："谢谢你呀，小杜。"小杜过意不去："总司令，看嘛，这衣服太烂了，该换得了。"总司令很谦和但又很认真地说："新三年，旧三年，缝缝补补又三年，这是我们的老传统。我这次回仪陇老家，就觉得我比他们穿得好多了，我们的人民还穷啊，要把艰苦奋斗的作风保持下去。"他说："毛主席爱吃杂粮饭，我也爱吃，杂粮饭又香又经饿，而且有丰富的营养。"他还说："我到四川来，是回了老家。泡咸菜、泡海椒、花生、胡豆、碗豆尖都是好菜。这次回来，我还要找几次野菜来吃。"

1926年8月4日，党中央发出了《关于坚决清洗贪污腐化分子的通告》，指出投机腐败分子混进党内来"不仅丧失革命者的道德，且亦为普通社会道德所不容"，"使党腐化，且败坏党在群众中的威望"，各级党组织务必不容情地把贪污腐化分子清洗出党。1929年12月，《古田会议决议》指出，"红军党内最迫切的问题，要算是教育的问题"，1931年7月，朱德在《怎样创造铁的红军》一文中指出：政治训练是创造铁的红军的六个基本条件之一。

1942年7月1日，朱德在《纪念党的二十一周年》一文指出："要完成打胜敌人的任务，我们全党就必须深入目前党所号召的整顿三风的工作，扫除这些残余的恶劣作风，建设党的新风格，改造干部和党员（的）思想和工作作风。"1947年11月，朱德在对冀中各经济部门负责同志谈话时说："冀中的经济部门包括工商局、银行、商店等，都要建立监察制度，监督贯彻执行党的政策的情况，监督、教育所有人员好好工作，保证不贪污，不浪费，不造假帐，不作假报告。"

全心全意为人民服务，是党的根本立场和唯一宗旨。1947年9月25日，朱德对中共中央工委机关全体工作人员说，每个党员"都要把思想弄通，要一心一意为工农服务，这样才能够纯洁我们的队伍，建成一个有组织、有纪律、有训练的战斗的党"。

1950年5月6日，朱德在《加强党的纪律检查工作》的讲话中说："过去整风时期，主要是靠教育，主要是改造思想。"1953年8月15日，朱德主持召开中央纪律检查委员会会议："防止和反对城乡资本主义思想对党的侵蚀，巩固和纯洁党的组织"，"保证党的集中统一领导。在发扬民主，开展批评与自我批评，发扬正气，打击邪气的原则下加强党内的团结，加强纪律教育，保证党的政策、决议的正确实现"。

"实事求是、理论联系实际、密切联系群众、批评与自我批评"是我们党在长期革命斗争中，形成的一整套优良传统和作风。1953年朱德在《过渡时期党的纪律检查工作的任务》一文中曾说："在保证党的集中统一领导的同时，应在发扬民主、开展批评与自我批评"的基础上，"只要我们谦虚谨慎，坚持原则，实事求是，联系群众，不断地努力提高总结的思想水平、政治水平"，党的纪律检查工作就会取得成绩。

新中国成立后，朱德多次指出应该加强对军队及地方各行各业党员干部进行党的政策、党纪党规和国法的教育。1950年7月17日，朱德致函毛泽东："建议全党应加强对党员干部的政策教育和纪律教育，抓紧对执行政策和遵守纪律情况的检查，发现问题，及时处理。"

1953年11月，朱德在党的第二次全国纪检工作会议上指出："党的集中统一领导的原则，是党中央和毛泽东同志历来所强调和坚持的原则。经验证明：这是克服无政府、无组织、无纪律的错误倾向，防止党的个别组织和党员向党闹独立性，防止分散主义，减少或避免各项工作中可能发生的错误的重要环节。"朱德历来主张党内教育要坚持毛泽东倡导的"惩前毖后、治病救人"的方针。

党风廉政教育的目的是为了筑牢党员干部的思想防线，防患于未然，因而在教育中就要遵循教育规律，要和风细雨、以理服人，动之以情晓之以理，而不是以势压人，更不是整人害人。1962年2月，在党的"七千人大会"上，朱德指出："解决党内问题还是要和风细雨，正确地开展批评和自我批评。"

朱德一生高度重视党内军内的党风廉政教育，在党风廉政教育方面形成了具有创造性、前瞻性的思想，也积累了一定的经验，对新时期加强党风廉政教育工作具有重要的指导意义。

反腐倡廉，任重道远，廉政建设是一种长效机制，应常抓不懈。要建立思想道德和党纪政纪两道防线，党风廉政建设主要是立足教育，着眼于防范。党风廉政教育在规范性和有效性方面还有许多不适应社会形势的发展变化和任务需要的地方，朱德当年关于廉政建设的思想值得我们深思。

（高炯森，朱德故居管理局文物科干部）

参考文献：

1，中共成都市金牛区委党史研究室整理的《红色历程·云水襟怀留青史》；

2，吴殿尧：《朱德的清廉：位高不矜平等待人衣食住行自奉俭朴》，《中国经济网》2007年9月29日。

3，周海滨：《国家之子：我如何访问红二代》。

浅谈陈云同志实事求是思想的内涵与实践

严　玮

摘要：陈云是中国革命和新中国建设杰出的领导人之一，陈云以其独到的经济思想和出色的领导才能闻名于世。一贯坚持实事求是的思想路线，极力倡导并率先垂范辩证唯物主义的领导原则和工作方法。研究陈云的实事求是思想，对于我们今天的社会主义建设具有重要的借鉴意义。

关键词：陈云；实事求是；思想

一、实事求是的思想内涵

陈云根据自己丰富的实践经验，深刻领会马克思主义的理论精髓，长期思考后创造性地总结出了"不唯上、不唯书、只唯实，交换、比较、反复"的思想路线，前九个字强调的是敢于实事求是的问题，是唯物论；而后六个字，回答的是如何实事求是的问题，是辩证法。总的说起来就是唯物辩证法。

1. "不唯上、不唯书、只唯实"

陈云说："不唯上，并不是上边的话不要听。不唯书，也不是说文件、书都不要读。只唯实，就是只从实际出发，实事求是地研究处理问题，这是最靠得住的。"[1]不唯上，指的是正确对待上级领导、上

---

[1]《陈云文选》第3卷，人民出版社1995年版，第371页。

级文件，不迷信领导或权威；不唯书，指的是不对书上的话深信不疑，尽信书不如无书，反对本本主义和教条主义；只唯实，就是一切从实际出发，实践是检验真理的唯一标准。对待上级的指示，对待马列主义经典著作都要坚持"只唯实"的原则，都要根据实际情况进行检验、丰富和发展。他认为，要做到"只唯实"，首先必须从实际出发，这是认识世界和改造世界的出发点。因为只有从实际出发，弄清楚实际情况，根据调查研究所得的结果，保持主观与客观的一致性，把握客观事物的规律性，按客观规律办事，才能拿出正确的决策，在实践中达到预期的目的。

2. "交换、比较、反复"

为了真正做到实事求是，陈云在提倡要坚持"不唯上，不唯书，只唯实"的科学态度之外，还提出了"交换、比较、反复"的科学方法。

1947年，陈云同志在《怎样才能少犯错误》的讲话中，提出了"交换、比较、反复"，并进行了解释：交换是带头的，交换，就是交换正反两方面的意见，以求了解事物的全面情况，交换实质上就是要求看问题要全面，要从各个侧面来考虑问题，并且研究各种条件和可能性，使自己对事物的认识更加完整。然后是比较，就是上下、左右进行比较，不经过比较就看不清事物发展到什么程度，它的要害和本质是什么，一经比较，就能够对事物认识更深刻，头脑更清醒。比较是为了更好地判断实际的性质，是在全面地认识一个事物的基础上，研究问题、制定政策和决定计划的一个重要方法。在研究问题、制定政策、决定计划的时候，要进行多方面的比较，要把考虑中的方案和其他各种方案进行比较，不但和现行的比较，和过去的比较，还要和外国的比较，这样才可以把情况弄得更清楚，判断得更准确。所有正确的分析，都是进行比较的，这是试金石的方法，通过比较，可以弄清楚事物的本质。陈云指出，作了比较之后，不要匆忙作出决定，要留一个反复考虑的时间。比较仍然是认识的过程，反复则既是认识的过程，也是实践的过程。反复，首先要在决定了对策之后，再找反对的意见攻一攻，使认识更正确。而最要紧的，是在实践过程中反复认识。凡是正确的，就坚持和发展。如果发现缺点就加以弥补，发现错误就立即改正。总之，判断，行动，再认识，修正之，这样就可以不犯大的错误。只有经过反复的认识过程，最终才能认识事物的全面，把握事物的本质，在工作中减少失误，少走弯路，把事情办得更好。这六个字是做到实事求是的基本途径。

这里，陈云同志用通俗简明的语言，从辩证法的角度，提出了只有运用"交换、比较、反复"的方法，才能获得正确的认识。

这十五个字是他一生工作经验的总结，是他辩证唯物论思想的集中体现。坚持"不唯上、不唯书、只唯实"的科学态度和"交换、比较、反复"的科学方法，是陈云同志对马克思主义理论的创造性发展，充分体现了陈云的哲学思想。

二、实事求是的行动践行

1. "用百分之九十以上的时间去弄清情况，用不到百分之十的时间来决定政策。"[1]

陈云认为，为了认识客观实际情况，把握事物本质，必须深入进行调查研究。调查研究是科学地制定政策的基础，"所有正确的政策，都是根据对实际情况的科学分析而来的。"[2]只有调查研究，才能把握客观情况，做到主观与客观一致，制定出正确的政策。

调查研究是搞清实际情况的基本途径，是坚持实事求是的前提和基础。领导干部要把调查研究作为基本的工作方式。不调查研究就不能认清国情以及本地区、本单位的实际情况，就不能做出正确的决策，工作也就不能搞好。陈云在处理每一个问题的时候，总要进行认真的、周密的调查研究。所有正确的政策，都是根据对实际情况的科学分析得来的。而有的同志却相反，天天忙于决定这个，决定那个，很少调查研究实际情况。陈云认为，这种工作方法势必犯错误。"要看到，片面性总是来自忙于决定政策而不研究实际情况。"陈云要求各级领导干部要吃透两头，一方面对政治路线要有正确的了解，另一方面对具体情况要有

---

[1]《陈云文选》第3卷，人民出版社1995年版，第34页。
[2]《陈云文选》第3卷，人民出版社1995年版，第34页。

切实的了解。而对具体情况要有切实的了解，就必须重视调查研究，使我们的计划和决策"建立在客观可能的基础上"，"做到主观与客观的一致"。陈云认为，作为领导者，如果只谈路线，不了解具体情况，是空谈；而只谈具体情况，不了解路线，是盲目。要克服上级只谈路线，下级只谈具体工作的缺点。搞调查，贵在深入实际。许多事情的真相并不是一目了然的，有的甚至难以发现，因此，调查一定要专心致志，深入实际，深入群众，掌握第一手的真实情况。陈云同志不仅是这样说的，也是这样做的。

1961年六七月间，陈云第四次回到家乡青浦县小蒸公社，住在农家15天，听了公社党委两次汇报，召开了10次专题座谈会，进行了农村调查，回京后形成了《母猪应该也下放给农民私养》、《种双季稻不如种蚕豆和单季稻》、《按中央规定留足自留地》三篇调查报告，对落实调整农村政策，调动农民积极性，解决农业困难，产生了积极影响。为什么选在自己的家乡？陈云说："这里是他1927年搞过农民运动的地方，解放后也常有联系，情况比较熟悉。工作组中有两位同志也是当年和我在此地做过农民运动的。农民知道我们，所以敢于讲话。"[1]

在长期的革命和建设实践中，陈云同志做了大量深入的调查研究，除了青浦农村调查以外，还有关于落实钢铁指标问题的调查、关于发展氮肥工业的调查、关于煤炭工业的调查、关于国民经济全局和总体的调查，等等。正是靠这种"用百分之九十以上的时间去弄清情况"的做法，陈云掌握了大量基层的实际情况，才为我国的经济建设提出了许多好的建议，为我们党制定正确的政策、以及纠正错误的政策，作出了杰出的贡献，在经济建设上取得了一个又一个的胜利。

2.要"讲真理，不要讲面子"[2]

坚持实事求是，真正做到"不唯上、不唯书，只唯实"，也是非常不容易的。1945年5月，陈云在党的"七大"发言中说："我们要讲真理，不要讲面子。是什么就是什么，应该怎样就怎样。""把面子丢

---

[1]《陈云年谱》下卷，中央文献出版社2000年版，第91页。
[2]《陈云文选》第1卷，人民出版社1995年版，第291页。

开，讲真理，怎样对老百姓有利，怎样对于革命有利，就怎样办。"[1]
他认为，如果不讲真理，讲面子，一切从自己的面子出发，看问题以个
人得失为标准，对问题就不会看得清楚，当然也就不能实事求是地解决
问题。陈云的这种实事求是思想，始终贯穿在他的一生的革命和建设过
程中，形成了他特定的领导作风。

1962年2月16日，陈云在国务院各部、委党组成员会议上的讲话，就
实事求是地提出了目前我们财政经济的情况，当前形势所面临的经济困
难，认为要承认现实，正确地面对困难，决不能"逢人只说三分话"，
见面打"官腔"，不互相交心，这种情况继续下去，革命是会失败的。
我们干革命的人，应该要讲真话，有问题就提出，有意见就发表，认真
地进行讨论。[2]

三、实事求是思想的现实意义

"不唯上、不唯书、只唯实，交换、比较、反复"这十五个字，是
陈云同志倡导坚持实事求是的原则和严谨的科学态度，他善于倾听不同
意见，具有注重实践、调查研究、踏实细致、多谋善断的工作作风，只
有在工作中采取求真务实的工作方法才能做到按经济规律办事，做到实
事求是。这是陈云同志留给我们年轻一代的宝贵精神财富，对当代年轻
干部仍有巨大的启发教育意义，应当成为我们共产党员、永远学习实践
的方法论，他的务实思想必将继续指导我们。

在大力弘扬求真务实精神，大兴求真务实之风的新的历史阶段，我
们重温陈云的"不唯上、不唯书、只唯实，交换、比较、反复"，就是
要学习他坚持实事求是的正确态度，学习他坚持实事求是的科学方法。
学习，宣传、实践陈云同志实事求是的精神和作风，并运用到改革开放
的社会主义现代化建设事业，是我们对陈云同志最好的怀念！

（严玮，陈云纪念馆馆员）

---

[1]《陈云文选》第1卷，人民出版社1995年版，第291、296页。
[2]《陈云文选》第3卷，人民出版社1995年版，第199页。

陈云的意识形态建设思想
及其当代价值

陶 蕾

摘要：作为伟大的无产阶级革命家、政治家、杰出的马克思主义者，陈云对意识形态建设有许多丰富的思想和深刻的阐述。陈云分别从坚定共产主义理想和信念是意识形态思想建设的宗旨、"十五字诀"是意识形态建设的思想精髓、注重党内学习是意识形态思想建设的核心、加强党的作风建设是意识形态思想建设的关键这四个方面来建构意识形态思想理论的。陈云的意识形态建设思想对坚持和巩固马克思主义指导地位，掌握意识形态中国话语领导权；加强社会主义核心价值观教育，引领社会思潮；夯实党的意识形态工作的群众基础都具有重要的当代价值。

关键词：意识形态建设；党的建设；马克思主义；党群关系

习近平总书记在2013年全国宣传思想工作会议上强调指出，"意识形态工作是党的一项极端重要的工作"，"历史和现实反复证明，能否做好意识形态工作，事关党的前途命运，事关国家长治久安，事关民族凝聚力和向心力"。[1]做好意识形态工作，不仅仅要宣传好意识形态思想，最重要的是建设好意识形态思想。陈云作为党的第一代和第二代领导集体的核心成员，对意识形态建设作出了卓越的贡献。

意识形态反映一定社会阶级或团体为维护和巩固其统治地位而建构

---

[1] 习近平：《胸怀大局把握大势着眼大事努力把宣传思想工作做得更好》，《光明日报》2013年8月21日。

的价值、观念和思想体系，其实质就是一种"制度化的思想体系"。作为伟大的无产阶级革命家、政治家、杰出的马克思主义者，陈云对意识形态建设有许多丰富的思想和深刻的阐述。当前中国正处于改革开放的深化阶段，面对社会转型和市场经济所带来的各种不良因素的影响，重新审视和吸收陈云有关意识形态的建设思想，对于批判和抵制国内外各种错误思想和思潮，同样具有重要的现实意义。

一、陈云意识形态建设的思想

（一）坚定共产主义理想和信念是陈云意识形态思想建设的宗旨

习近平总书记在十八大报告中指出，"共产党人必须坚定理想信念，坚守共产党人精神追求。对马克思主义的信仰，对社会主义和共产主义的信念，是共产党人的政治灵魂，是共产党人经受住任何考验的精神支柱。""理想信念就是共产党人精神上的'钙'，没有理想信念，理想信念不坚定，精神上就会'缺钙'，就会得'软骨病'。"[1]共产党人只有坚定自己的理想信念，才能在政治上站稳自己的立场，抵挡住各种敌对意识形态的宣传，攻坚克难，砥砺前行，也唯有此，才能做好意识形态的宣传工作。

毫不动摇，坚定共产主义理想和信念是陈云意识形态思想建设的宗旨。在70年的革命生涯中，陈云始终强调："（共产党员）不仅应该为党在各个时期的具体任务而奋斗，而且应该确定自己为共产主义的实现而奋斗到底的革命的人生观"。"谁要是放弃了革命的和党的立场，谁就丧失了共产党员的资格。"[2]

长期担任陈云同志秘书的朱佳木回忆，有一次，陈云对他说，"共产主义遥遥无期""这个观点是不对的，应当说，共产主义遥遥有期，社会主义就是共产主义的第一阶段嘛"。针对当时海外有的人要求我们党改名的问题，陈云对他说："共产党的名字表明了她的奋斗目标，改

---

[1]习近平：《胸怀大局把握大势着眼大事努力把宣传思想工作做得更好》，《光明日报》2013年8月21日。

[2]《陈云文选》第1卷，人民出版社1995年版，第137、142页。

名字怎么能行！延安时期就有人提过让共产党改名的建议，毛主席说：'什么名字好?我看国民党的名字最好!可惜人家已经用了。'改革开放后，一些同志出国转了几天，回来便鼓吹中国不如外国，社会主义不如资本主义。对于这种现象，陈云同志十分重视，在1983年准备党的十二届二中全会发言稿里写上'资本主义必然要被社会主义所代替'最后要高呼'社会主义万岁!共产主义万岁!'"[1]

　　纵观陈云的一生，无论身处顺境还是逆境，他始终坚守马克思主义思想不动摇、共产主义信仰不动摇。"在1985年党的全国代表会议上，他还针对一些党员忘记社会主义和共产主义理想、丢掉为人民服务的宗旨、为私利'一切向钱看'的现象提出：'应当把共产主义思想的教育、四项基本原则的宣传，作为思想政治工作的中心内容。这种宣传教育不能有丝毫减弱，还要大大加强。'"[2]他还说："我们相信，马克思主义、共产主义的真理，一定会战胜资本主义腐朽思想和作风的侵蚀"[3]。

（二）"十五字诀"是陈云意识形态建设的思想精髓

　　"不唯上、不唯书、只唯实，交换、比较、反复"这一"十五字诀"，是陈云对我党革命和建设实践经验的深刻总结和精辟概括，也是对我党实事求是思想路线的原则性贯彻与创造性发挥的集中体现。1990年1月24日，陈云在《不唯上、不唯书、只唯实，交换、比较、反复》一文中指出："当我全部读了毛主席起草的文件、电报之后，感到里面贯穿着一个基本指导思想，就是实事求是。"[4]他说："实事求是，这不是一个普通的作风问题，这是马克思主义唯物主义的根本思想路线问题。"[5]因此，实事求是就是"十五字诀"的核心思想。改革开放后，面对改革开放的新形势以及"左"和右的思潮，陈云同样反复强调坚持实事求是的思想原则。他说："建国以后，我们一些工作发生失误，原因还是离开了实

---

[1] 朱佳木：《论陈云》，中央文献出版社2010年版，第6页。

[2] 朱佳木：《陈云党建思想对全面从严治党的现实意义》，《党的文献》2016年第5期，第74页。

[3] 朱佳木：《论陈云》，中央文献出版社2010年版，第7页。

[4] 《陈云文选》第3卷，人民出版社1995年版，第371页。

[5] 《陈云文集》第3卷，中央文献出版社2005年版，第441页。

事求是的原则。"[1] "工作要做好,一定要实事求是。"[2]

回顾陈云的革命生涯,无论是在戎马生涯中建立的卓越功勋,还是新中国成立后兢兢业业为党建事业和财政工作作出的伟大业绩,都无可争辩地诠释着"十五字诀"的思想魅力。陈云认为:"这十五个字,前九个字是唯物论,后六个字是辩证法,总起来就是唯物辩证法。"[3]陈云的这一思想和工作方法是对马列主义和毛泽东思想的理论总结,是对我党实事求是、与时俱进思想路线的继承和发展,也是陈云关于意识形态建设的思想精髓。

我党无论在任何时候,都要始终坚持陈云的"十五字诀"方针。尤其在新的历史条件下,信息量空前"大爆炸"、各种学说思潮五花八门、敌对意识形态宣传更是无孔不入。在这个信息化、碎片化、断裂化的时代,我党更需要陈云的"不唯上、不唯书、只唯实"的实事求是的精神,遵守"交换、比较、反复"的工作原则,在大量的虚假的信息中,坚守自己的党性原则,不被敌对的意识形态思想所蒙蔽。

(三)注重党内学习是陈云意识形态思想建设的核心

陈云认为,"学习是共产党人的责任"[4],是合格党员的基本标准。在《学习是共产党员的责任》一文中,他强调:"一天到晚工作而不读书,不把工作和学习联系起来,工作的意义就不完整,工作也不能得到不断改进。"[5]面对风起云涌的国内外形势,共产党人必须学习革命理论,学习马克思主义的哲学理论。他多次引用列宁的名言,"没有革命的理论,就不会有革命的运动"[6],更没有社会主义新中国。

陈云非常重视在党内学习哲学,他是党内第一个在全党范围内大力提倡学习哲学的人,对学习哲学强调得如此之多,在党内也不多见。他说:"希望能够组织政治局、书记处、国务院的同志都来学习哲学,并

---

[1]《陈云文选》第3卷,人民出版社1995年版,第285页。
[2]《陈云文选》第3卷,人民出版社1995年版,第285页。
[3]《陈云文选》第3卷,人民出版社1995年版,第372页。
[4]《陈云文选》第1卷,人民出版社1995年版,第187页。
[5]《陈云文选》第1卷,人民出版社1995年版,第187—188页。
[6]《列宁全集》第6卷,人民出版社1986年版,第23页。

把这个学习看成是工作的一部分，也是自己的一项重要责任。"[1]改革开放之后，百废待举，陈云指出："现在我们在新的形势下，全党仍然面临着学会运用马列主义、毛泽东思想的立场、观点、方法分析和解决问题这项最迫切的任务。"[2]他认为学习的意义重大，"学习哲学，可以使人开窍"。"学好哲学，终身受用"。[3]并且"在党内，在干部中，在青年中，提倡学哲学，有根本的意义"。[4]其根本意义就在于，"要把我们的党和国家领导好，最要紧的，是要使领导干部的思想方法搞对头，这就要学习马克思主义哲学"。[5]

之所以高度重视党员学习马克思主义哲学，因为陈云认为学习马克思主义哲学是加强党的思想建设的基础，是推进马克思主义中国化的前提，是党的正确领导方向的根本保证。只有认真学习马克思主义哲学，才能保证把社会主义意识形态的领导权真正掌握在共产党手中，才能保持它本身所具有的无产阶级属性和社会主义性质，才能保持国家经济制度和政治制度的社会主义性质。所以说注重党内学习是陈云意识形态思想建设的核心。

（四）加强党的作风建设是陈云意识形态思想建设的关键

陈云长期领导党的组织工作和纪律检查工作，非常注重党风建设。加强党的作风建设是陈云意识形态思想建设的关键，对他来说，党风事关执政党的前途命运，他认为"执政党的党风问题是有关党的生死存亡的问题"[6]。在1985年6月29日的全国端正党风工作经验交流会上的书面讲话中，他严肃指出："抓社会主义精神文明建设，关键是搞好执政党的党风，提高共产党员的党性觉悟，坚定地保持共产主义的纯洁性。要同一切违反共产主义理想的错误言行，进行坚决斗争。"[7]

搞好党风建设首先要"保持党的纯洁性"。关于如何保持党的纯

[1]《陈云文选》第3卷，人民出版社1995年版，第362页。
[2]《陈云文选》第3卷，人民出版社1995年版，第362页。
[3]《陈云文选》第3卷，人民出版社1995年版，第362页。
[4]《陈云文选》第3卷，人民出版社1995年版，第285页。
[5]《陈云文选》第3卷，人民出版社1995年版，第360页。
[6]《陈云文选》第3卷，人民出版社1995年版，第273页。
[7]《陈云文选》第3卷，人民出版社1995年版，第348页。

洁性，陈云同志提出过许多观点，诸如加强教育，尤其是党性教育；加强党内民主集中制建设；坚持党纪，领导做表率并以身作则；纠正不正之风、依法严厉打击各种违法犯罪行为等具体措施来加强党风建设。其中反腐倡廉是重中之重，早在延安时期陈云就从党性的高度强调要严肃党的纪律，惩治党的腐败，认为如果不这样，"那就是毛主席讲的六个字：'亡党亡国亡头'，就一定不可避免"。[1]新中国成立后陈云也就反腐倡廉、保持党的纯洁性发表过多次讲话。比如，在1954年党的七届四中全会上，他就告诫全党："有人就只想做官，不想革命了，把革命忘光了。在胜利了的国家里头，有电影，有照片……送鲜花，夹道欢呼。物质享受是很具备的，很可以腐化。从前在瑞金、延安时，想腐化也很难，现在腐化很容易。"[2]他还说："对于利用职权谋私利的人，如果不给以严厉的打击，对这股歪风如果不加制止，或制止不力，就会败坏党的风气、使党丧失民心。"[3]

陈云非常注重党群关系，他认为这是衡量党风建设的标准。他说"共产党及其领导的人民政府，是真正代表大家，为大家'当差'的，是遵循工人、农民和其他人民群众的意见办事的"。[4]他十分重视对党的三大优良作风的培养，要求以这些作风规范全体党员的言行。他说："党员无论在何时何地的一举一动，都必须给非党群众一种好的影响，使他们更加信仰我党，更加敬重我党。"[5]

他还说党风问题事关改革成败，"没有好的党风，改革是搞不好的"。[6]特别是在市场经济条件下，有些领导干部受各种"自由主义"和"拜金主义"迷惑，导致纪律观念涣散，党性意识淡薄，官僚主义、享乐主义、奢靡之风泛滥成灾，严重影响了党和政府的形象，这些都很不利于党的意识形态宣传，不利于党的改革开放。

---

[1]《陈云文选》第1卷，人民出版社1995年版，第275页。
[2]《陈云文选》第3卷，人民出版社1995年版，第231页。
[3]《陈云文选》第3卷，人民出版社1995年版，第332页。
[4]《陈云文选》第1卷，人民出版社1995年版，第380页。
[5]《陈云文选》第1卷，人民出版社1995年版，第141页。
[6]《陈云文选》第3卷，人民出版社1995年版，第331页。

二、陈云意识形态建设思想的当代价值

陈云的意识形态建设思想是在继承了马克思列宁主义、毛泽东思想精髓的基础上，并结合中国的具体国情，来进行理论建构的。它捍卫和加强了马克思主义在我国的意识形态统治地位，为我党加强意识形态宣传工作奠定了扎实的理论基础，使之具有现实的可操作性和务实性。陈云意识形态建设思想对坚持和巩固马克思主义指导地位，掌握意识形态中国话语领导权；加强社会主义核心价值观教育，引领社会思潮；夯实党的意识形态工作的群众基础，引导人们全面客观地认识中国与世界都具有重要的当代价值。

（一）有利于坚持马克思主义的指导地位，掌握意识形态的话语领导权

中国共产党自诞生之日起就把马克思主义作为我们党的指导思想，并始终坚持马克思主义在我国意识形态领域的指导思想地位，这反映的是我国长期以来革命和社会主义建设历史的选择与实践的呼唤。

十八大以来，习近平多次强调要加强意识形态工作，要把马克思主义作为我们党的唯一指导思想，并以此引领社会思潮，弘扬社会主义核心价值观。他说：“要巩固马克思主义在意识形态领域的指导地位，巩固全党全国人民团结奋斗的共同思想基础”[1]。

陈云的意识形态理论的当代价值就在于，它要求我们在意识形态问题上要有清醒的头脑和自觉的意识，在世界社会主义运动遇到严重挫折的情况下仍要坚定对马克思主义的信仰。“他特别提醒全党：必须充分看到对外开放后带来的问题。对外开放，充分利用外国有用的东西加快国内建设，这是完全正确的。对外开放时，我们也讲了要充分注意对外开放中带来有些人看见外国的摩天大厦、高速公路等等，以为中国就不如外国，社会主义就不如资本主义，马克思主义就不灵了。对于这些人，我们要进行批评教育；对其中做意识形态工作的同志，经过教育不改的，要调动他们的工作。……中国现在还很穷，但我们是社会主义国

---

[1] 习近平：《胸怀大局把握大势着眼大事努力把宣传思想工作做得更好》，《光明日报》2013年8月21日。

家，我们的根本制度比资本主义优越得多。资本主义必然要被共产主义所代替，这是无可改变的法则。我们可以充满信心，高呼：'社会主义万岁！共产主义万岁！'"[1]

陈云关于意识形态的理论有着很强的批判性，我们要学习这种批判精神，因为在现实生活中仍然存在着否定马克思主义指导地位的错误思潮，存在着腐朽思想文化对人们的侵袭，存在着对西方思潮不分析、不鉴别而盲目崇拜的倾向。他的"不唯上、不唯书、只唯实，交换、比较、反复"这"十五字诀"，就是要求运用马克思主义的实事求是的思想路线和唯物辩证法的工作方法，来仔细甄别意识形态的各种假象。也就是说，在意识形态领域中，既不能太"左"，又不能犯右倾路线的错误，这就要求实事求是的原则和"交换、比较、反复"的工作方法。也唯有此，在面对各种错误思潮时，才能坚守马克思主义的指导地位不动摇，才能守护意识形态的话语权和领导权。

（二）有利于关注意识形态领域新变化发挥社会主义核心价值观，引领社会思潮

进入新世纪以来，随着商品主义的全球化和大众文化下的消费主义的兴起，商品的本质把使用价值转变为交换价值，完全抹去物质层面上的差异性。导致个别人主体地位的丧失，缺乏深度感，沉迷于感官的享乐，失去对现实社会的批判能力，从而走向道德和精神上的荒芜。

精神世界的荒芜必然会带来价值观的混乱，如果任其发展必将对我国社会主流意识形态的主体地位构成侵烛。陈云对此非常关心，他说："'竞争中可能出现某些消极现象和违法行为'，这句话在文件里提一下很必要。什么是消极现象？大吃大喝，送贵重的礼品，以及种种为谋取小公和个人利益而损害国家利益的不正当手段，就是消极现象。对这些现象，不必大惊小怪。但也要看到，如果不注意这个问题，不进行必要的管理和教育，这些现象就有可能泛滥成灾，败坏我们的党风和社会风气。因此，在抓物质文明建设的同时，必须抓精神文明建设，两个文

---

[1]《陈云传》（下），中央文献出版社2005年版，第1729页。

明一起抓。我国是社会主义国家，既要有高度的物质文明，也要有高度的社会主义精神文明，这是我们永远要坚持的奋斗方向。"[1]因此"（他）要加强思想政治工作，维护党的思想政治工作部门的权威。他说：'我们党是执政党，目前又处在新的发展时期，如何有效地进行思想建设和组织建设，事关重大。'他愤慨地提出：'现在有些人，包括一些共产党员，忘记了社会主义和共产主义的理想，丢掉了为人民服务的宗旨。他们为了私利，一切向钱看，不顾国家和群众的利益，甚至违法乱纪。'"[2]"他首先指出：现在忽视精神文明建设的现象，相当普遍。这不是一个小问题。而忽视精神文明建设，忽视思想政治工作，就不可能有好的党风，也就不可能有好的社会风气。"[3]

为此，陈云非常重视党的精神文明建设，这就需要加强党的思想政治工作，而思想政治工作的目的就是要向人民传播和灌输我们国家的主流意识形态，促进社会成员政治意识的社会化，向全国各族人民转播正能量，发挥社会主义核心价值观，引领社会思潮。他还反复叮嘱道："忽视社会主义精神文明建设，我们的整个事业就可能偏离马克思主义，偏离社会主义道路。"[4]

（三）有利于夯实党意识形态工作的群众基础，体现党性与人民性的高度一致和统一

在意识形态建设领域，陈云始终坚持广大人民群众是推动我国社会历史发展的根本力量，坚持以人民的根本利益为最高准则的立场。这就要求共产党员必须严格要求自己，坚持立党为公、立党为民，自觉发扬三大作风的优良传统，"从严治党"，严守党的纪律。正如陈云所说："如果党不是有铁的纪律的队伍，就不能去团结最大多数的人民群众。因此破坏党纪，实质上就是破坏革命，我们必须与任何破坏纪律的倾向作斗争。"[5]

---

[1]《陈云传》（下），中央文献出版社2005年版，第1732页。
[2]《陈云传》（下），中央文献出版社2005年版，第1738页。
[3]《陈云传》（下），中央文献出版社2005年版，第1737页。
[4]《陈云传》（下），中央文献出版社2005年版，第1739页。
[5]《陈云文选》第1卷，人民出版社1995年版，第127页。

因此，陈云非常注重党的廉政建设和党的作风建设。他认为党风问题，是事关党的生死存亡和改革开放事业兴衰成败的大问题。怎样建设好党的作风建设，这不仅要求党员要充分发挥自觉主动性，搞好党的廉政建设，从严治党，党要管党，更重要的还需要发动广大群众的监督作用。正如《党章》要求的那样："每个党员，不论职务高低，都必须'参加党的组织生活，接受党内外群众的监督'"，"不允许有任何不参加党的组织生活、不接受党内外群众监督的特殊党员"。只有经得住群众监督的政党，才是全心全意为民的政党。也唯有如此，广大人民群众才能全心全意地接受共产党的领导，紧密地团结在党中央周围。

通过以上论述可以看出，陈云对意识形态理论的论述有着高屋建瓴的通透。他深知意识形态作为一种特殊的社会意识，从国家的层面上，就是一种政治文化，它代表党和政府的形象，是国家的一张"名片"；从个人角度来说，它是每个公民对自己国家的认同感、自豪感和自信度的最本质体现。因此，构建好国家的意识形态理论的建设非常重要。他的意识形态理论始终强调意识形态工作者必须坚持做到马克思主义理论与中国实际相结合，坚决维护好"马克思主义指导思想"这面大旗，这是加强中国意识形态建设的核心所在。不能因为我们在社会主义建设中出现的某些问题，就归咎于社会制度的本身，归结于马克思主义的失败。

陈云的这些理论同样也适用于今天。随着改革开放的不断深入，我们难免会遇到各种各样的问题，不能因为一些腐朽的资本主义思想的影响，就否定社会主义事业，就否定改革开放的成果。用他的话说："对外开放，引进国外先进技术和管理经验，为我国社会主义建设所用，是完全正确的，必须毫不动摇地坚持。同时要看到，对外开放，不可避免地会带来资本主义腐朽思想和作风侵入。这对我们社会主义事业会造成直接的危害。"[1]这或许就是今天我们研究陈云意识形态建设思想的最大价值所在。

（陶蕾，陈云纪念馆馆员）

---

[1]《陈云传》（下），中央文献出版社2005年版，第1739-1740页。

品味陈云人格魅力
传承伟人精神风范

郭金雨

摘要：陈云之所以受到党和人民的爱戴与尊敬，除了他为党、为国家、为人民建立的不朽功勋，为党和人民事业不懈奋斗的光辉业绩外，还与其崇高的人格和精神风范有着密不可分的关系。陈云身上所具有的坚定不移的理想信念、坚强的党性原则、求真务实的作风、一心为民的博大胸襟、勤奋好学的优良学风、名利如水的淡泊人生、谦逊低调的高尚品格、简洁明了的朴实文风等人格风范永远值得我们学习。在全面从严治党的今天，全面推进"两学一做"学习教育常态化制度化的当下，学习陈云的人格风范，对于提高广大党员、干部的党性修养，思想境界和道德情操具有重要的意义。

关键词：陈云；人格魅力；精神风范

2015年6月13日，习近平总书记在陈云诞辰110周年座谈会上指出："在20世纪中国苦难而辉煌的历史进程中，涌现出一大批用特殊材料制成的优秀共产党人。陈云同志身上表现出来的坚定理想信念、坚强党性原则、求真务实作风、朴素公仆情怀、勤奋学习精神，永远值得我们学习。"[1]在70年的革命生涯中，陈云以其光辉的业绩和不朽的风范，特别是其崇高的人格，赢得了党和人民的爱戴与尊敬。

---

[1]习近平：《在纪念陈云同志诞辰110周年座谈会上的讲话》，《人民日报》2015年6月13日。

在深入贯彻开展"两学一做"的今天，研究学习陈云的人格风范，继承发扬陈云五种精神，对于坚持社会主义核心价值观，发扬党的优良传统作风，造就大批具有高尚道德人格的合格党员，有着重要的现实意义。

一、坚定不移的理想信念

陈云同志是党的第一代、第二代中央领导集体的重要成员，具有坚定不移的政治信念，伟大的共产主义理想。他的"一生是坚贞不渝的共产主义者的一生"。

1. 为共产主义奋斗到"翘辫子"

1925年八九月间，陈云加入中国共产党，从此走上了职业革命家的道路。直到1995年去世，其间，无论处于顺境还是逆境，陈云同志始终坚守对马克思主义、共产主义的信仰不动摇。他认为，做一个革命者，就要准备为革命奋斗到底。什么叫到底？就是到人死的时候，上海话叫"翘辫子"的时候。[1]他还将"终身为共产主义奋斗"列为一名党员的首要标准。并指出：一个愿意献身共产主义事业的共产党员，不仅应该为党在各个时期的具体任务而奋斗，而且应该确定自己为共产主义的实现而奋斗到底的革命人生观。同时，他反对"共产主义遥遥无期"的观点，明确指出，这个观点是不对的，应当说，共产主义遥遥有期，社会主义就是共产主义的第一阶段。"马克思主义、共产主义的真理，一定会战胜资本主义腐朽思想和作风的侵蚀。"[2]

2. 坚持原则，维护真理

陈云历来提倡共产党员在信仰面前要坚持原则，敢讲真话，敢于顶不正确的意见。他最欣赏在原则问题上"能顶"的干部，称赞这些人"头皮硬"；最瞧不起那些见风使舵的人，把这种人称之为"风派"。[3]十二大之前，陈云审阅十二大报告稿时，指出："目前在我

---

[1]《陈云传》（上），中央文献出版社2005年版，第241—242页。

[2]《陈云文选》第3卷，人民出版社1995年版，第355页。

[3] 朱佳木：《陈云同志给我的印象》，《百年潮》2014年第1期。

们的党风中，以至在整个社会风气中，有一个很大的问题，就是是非不分，有些同志在是非面前不敢坚持原则，和稀泥，做老好人，而坚持原则的人受孤立……对于这个问题……应该把它提到全党思想建设和组织建设的高度。"[1]

陈云一生小心谨慎，但不缺乏强硬的一面，他认为："原则问题，该顶必顶，现在不顶，今后检讨。"[2]1977年中央工作会议上，陈云顶着"两个凡是"的口号，顶着巨大压力，提出了给"天安门事件"平反和恢复邓小平同志工作这两件大事。1978年年底的中央工作会议上，陈云也是顶的，讲了彭德怀的问题，超出了当时关于平反冤假错案不得超出"文化大革命"时期的界限。后来，在"两案"审理过程中，许多同志主张江青判死刑，但陈云却说不能杀，指出同"四人帮"的斗争终究是一次党内斗争。党内斗争不能开杀戒，否则后代不好办。[3]

二、坚强的党性原则

自1925年入党以来，陈云始终坚持党性原则。中央政治局原常委宋平曾指出："陈云同志在党内原来是守纪律的模范、坚持党性原则的模范，也是实行民主集中制的模范，这些大家都是承认的。"[4]

1. 党性坚强，守纪律

陈云十分重视加强党员的党性修养，特别强调：坚持党性修养关键在遵守党的纪律，严守党的秘密。他认为："严格地遵守党的纪律为所有党员及各级党部之最高责任。""因此，共产党员要同一切破坏党规党纪的倾向作斗争，尤其要与自己的错误倾向作斗争，只有这样才能成为遵守纪律的模范。"[5]

改革开放时期，陈云担任中央纪委第一书记，领导纪检工作，针对社会上"两菜一汤，生意跑光，四菜一汤，生意平常，六菜一汤，生

---

[1]《陈云文选》第3卷，人民出版社1995年版，第274页。
[2]朱佳木：《论陈云》，中央文献出版社2010年版，第15页。
[3]张曙：《陈云与审理林彪、江青两个集团案》，《党史博采》2015年第6期。
[4]张曙：《中央纪委第一书记陈云》，中国方正出版社2015年版，第11页。
[5]《陈云论党的建设》，中央文献出版社1995年版，第110页。

意兴旺，八菜一汤，独霸一方"等铺张浪费现象，以及经济要搞活，纪律要松绑，否则就会束缚经济的发展等错误思想。陈云指出："党性原则和党的纪律不存在'松绑'的问题，没有好的党风，改革是搞不好的。"[1]

针对党内不正之风，党风意识认识不足等问题，陈云指出："党风问题是有关党的生死存亡的问题。因此，党风问题必须抓紧搞，永远搞。"[2]

针对沿海一些城市经济领域违法犯罪等行为，陈云认为："严办几个，杀几个，判刑几个，并且登报，否则党风无法整顿。"[3]

2. 言行一致，讲规矩

陈云坚信"共产党员是言行一致的党，共产党员必须言行一致"[4]，否则就是违反党纪。无论是工作上，还是日常生活中，陈云都始终如一，言行一致，讲规矩。

对于延安时期，陈云为六人学习小组立下的"学习小组讨论每个人都要如实汇报是否精读了规定章节，谁也不能借工作忙，没有读完规定的章段的学习规律"[5]；新中国成立初期，他自己制定了11月15日供暖等规定，以及为自己立下"不收礼，不吃请；不迎不送，不请不到"的规矩，陈云一直坚守，从没有逾越。

周恩来的卫士成元功对陈云这样评价：陈云对于党和国家的有关规定，从来是严格遵守，不打折扣的，充分体现了一个老共产党员的人格风范。[6]

3. 严于律己，树典范

习近平总书记就曾指出，为"官"者必须以"君子检身，常若有

[1]《陈云传》（下），中央文献出版社2005年版，第1732页。
[2]《陈云文选》第3卷，人民出版社2015年版，第273页。
[3]《陈云文选》第3卷，人民出版社2015年版，第273—274页。
[4]《陈云文选》第1卷，人民出版社2015年版，第201页。
[5]王鹤寿：《沉痛悼念陈云同志》，《人民日报》1995年7月21日。
[6]吴振兴：《陈云是全党守纪律讲规矩的楷模》，《大江南北》2015年第6期。

过"的态度，不断提高道德修养，时刻注意以德修身、以德立威、以德服众，在道德修养方面成为民众的表率。而陈云同志即是这样的为官者。

陈云在70年的革命生涯中，大多数时间都在与经济打交道，经手的钱财数以万计，但他却始终以身作则，简朴自律。他拒绝了主管后勤的陈清泉为其领的新军装，认为这是搞特殊化，不按制度办事；拒绝了家乡青浦代表送来一份精美的文房四宝，拒绝了为还没有得到正式批准的一家公司题词，认为他的题词会影响主管部门的决定。

4. 谆谆教诲，育后人

陈云对家人一向要求严格。他提出："希望所有党的高级领导人员，在教育子女的问题上，给全党带好头。绝不允许他们依仗亲属关系，谋权谋利，成为特殊人物。"[1]陈云是这样说的，也是身体力行这样做的。他制订了"三不准"家规，同时，为了教育好下一代，陈云还特别向夫人于若木交代，要让自己的子女从小就像普通家庭的子女一样生活和学习，不搞任何特殊化。他对子女的教育原则就是：读好书，做好人。教育方法是：一行无言之教，二抓问题，并且抓结果。

同时，陈云对党内的烈士子女也给予很大的关心，并勉励这些子女，要像他们的父亲一样，为共产主义而奋斗，千万不要以革命烈士功臣的子女自居。

三、求真务实的作风

延安时期，在同毛泽东同志反复探讨怎样才能少犯错误这个话题之后，陈云提炼出"不唯上、不唯书、只唯实，交换、比较、反复"这样一个带有鲜明特点的"十五字诀"。这15个字，前面9个字是唯物论，后面6个字是辩证法，总结起来就是唯物辩证法。

对于这"十五字诀"，陈云还给予了明确的解释。他指出：

不唯上——强调的是下级在执行上级的指示、决议时，要结合本地

---

[1]《陈云传》（下），中央文献出版社2005年版，第1738页。

区、本部门的实际情况进行，要充分地发挥自己的主动性和创造性，制定出行之有效的方案、计划，使得工作能够顺利地开展下去。

不唯书——不是不读书，不读文件，而是反对把马克思主义教条化，一切从本本出发，而不是从实际出发。比如1950年的7月，国家要发行第二套的人民币时，通过翻阅苏联当时货币改革的书籍和文件，结合我们国家的实际情况，陈云就放弃了苏联1947年发行新币时采取的货币贬值的兑换方法，提出了等价划一的兑换方式，既避免了物价大幅度波动，又避免了国家金融市场的混乱，维护人民群众生活稳定。

只唯实——就是从实际出发。

交换——"就是要互相交换正反两面的意见，以求了解事物的全面情况。

比较——就是对比地研究事物的异同。一汽汽车制造厂选址在长春，是陈云经过反复比较的结果。当时，有几种说法，一种说选在首都，也就是北京，一种说选在太原，还有一种说选在西安。经过详细调查研究，陈云认为北京钢铁需求供应不上，太原电力供应不足，西安木头供应不足，交通也不方便。后来经过反复比较，陈云将汽车选址，选在吉林长春。因为当时的东北有钢、有电、有木头。而且东北的交通较为完善。据材料可知：1943年时，东北生产了占全中国49.4%的煤，87.7%的生铁，93%的钢材，93.3%的电，66%的水泥，95%的机械。[1]所以，几个方面比较下来，当时的一汽制造厂只能放在长春。

反复——并非反复无常、朝令夕改的意思，而是指决定问题不要太匆忙，要留一个反复考虑的时间。

依靠调查研究作决策，是陈云同志坚持实事求是的思想方法和工作方法。陈云在处理任何问题和作出每项决策之前，总是亲自调查研究，掌握第一手材料，弄清楚各方面事实，通过充分地比较、研究与思考后，才提出解决问题的办法。他强调："我们做工作，要用百分之九十以上的时间研究情况，用不到百分之十的时间决定政策。所有正确的政

---

[1]傅颐：《二十世纪五六十年代中央对东北工业基地的经略和建设》，《中共党史研究》2004年第5期。

策，都是根据对实际情况的科学分析而来的。"[1]并且总结出调查研究的两种有效方法："一种是亲自率工作组或派工作组下乡、下厂;另一种是每个高中级领导干部都要有敢讲真话的知心朋友和身边工作人员，通过他们可以经常听到基层干部、群众的呼声。而后一种调查研究，有'真、快、广'的特点。"[2]

四、一心为民的博大胸襟

陈云同志始终重视党同人民群众的关系。他曾经说过，"一个人最愉快的事，就是参加革命，为人民的利益而斗争。"[3]

1. 为人民的长远利益而谋划。

陈云同志是较早地注意到环境保护的领导人，他认为："治理污染、保护环境，是我国的一项大的国策，要当作一件非常重要的事情来抓。"[4]针对1982年上海下了十多场酸性雨的问题，陈云批示：治理费要放在前面。否则后患无穷。陈云还提倡节约用水，保护水资源。指出：我们要从战略的角度看待水资源，节约用水，且一定不能让水资源受到污染。

2. 为人民的吃饭穿衣而操劳。

陈云在长期主持全国财经工作的过程中，经常说两句话："民以食为天，食以粮为主"和"开门七件事——柴米油盐酱醋茶。"

由于长期主管全国财经工作，陈云对北京的冬贮白菜供应工作总是装在心里，挂在嘴边。1979年秋末，陈云因病住院。当他从收音机里听到将有雨雪天气时，不顾自身病痛，急切地询问了：菜农抢收大白菜和北京市民购买大白菜的情况。当听到"现在机关食堂和市民们正在选购大白菜准备储存"的回答后，陈云满意地点了点头。1982年10月，在大白菜即将上市之际，陈云又强调："北京、天津烂菜问题是一个多次

[1]《陈云传》（下），中央文献出版社2005年版，第922页。
[2]《陈云论党的建设》，中央文献出版社1995年版，第315-316页。
[3]《陈云文选》第2卷，人民出版社1995年版，第27页。
[4]《陈云文选》第3卷，人民出版社1995年版，第364页。

发生过的事情。霜降已过，十一月八日'立冬'，今年必须避免烂菜。因此，生产、流通、消费这三个环节必须立即组织好。因为菜'烂与不烂'，只有几个小时的关键时刻。大白菜是北京市民当家菜类，因此必须安排在前。"[1]在相关部门的努力下，冬贮白菜供应工作就提前顺利结束。

3. 为人民的琐事而牵挂。

陈云同志不仅为老百姓的吃饭穿衣着想，而且为人民的一些琐事而牵挂，比如首都少年儿童看戏难的问题。1982年5月下旬的一天，陈云同志在《人民日报》第八版的一角，看到有一篇题为《首都少年儿童看戏难》的文章，反映北京儿童剧场濒危停用，首都百万儿童无处看戏。他随即给中央和国务院领导写了一封信，建议在"六一"儿童节这一天，全国城镇所有影剧院、机关企业的所有礼堂，免费向孩子们开放。由于时间已临近"六一"，他在信封上还亲笔批写了"特急件"三个字。同时，他还关心中年知识分子与教师生活、工作负担重，工资低、健康水平下降等问题。

五、勤奋好学的优良学风

陈云只有高小文化程度，但是，无论在国内，还是在国外，陈云都是公认的伟大的无产阶级革命家、政治家，杰出的马克思主义者，这一巨大的飞跃，与其一贯重视学习、勤于学习、善于学习是密不可分的。

"挤时间来读书"。陈云认为："学习是共产党员的责任"，是做好工作的一个条件，而且是一个必不可少的条件。因此，无论工作怎样繁忙，斗争环境多么险恶，陈云都能想尽一切办法"挤"出时间坚持读书学习。比如延安时期，陈云担任中央组织部部长，又一度兼任中央党校校长。他认为，一天抽两小时读书的做法，比一天到晚地埋头工作，不去读书的做法更有利于党，为此，除上级任务或特殊任务需要紧急处理之外，陈云每周至少用一个完整上午时间来学习，风雨无阻，不轻易

---

[1]《陈云传》（下），中央文献出版社2005年版，第1657页。

改变。

学习要有正确的方法。陈云一直坚信，每个人的文化程度不同，所处环境不同，学习应该采取不同的方法。他一生热爱学习，对学习的原则和方法有过深入的思考，并做了系统的总结。他认为：学习理论一定要联系实际；读书要精读；读书要做笔记；读书要有计划，要与懒惰作斗争；读书要分小组，以便集体研讨。[1]

"活到老，学到老"。陈云一生热爱学习，努力学习，并且始终坚守"活到老，学到老"的信念，是坚持学习、终身学习的楷模。即使到了晚年，陈云动作慢了，收听时间赶不上，他也要求身边工作人员给他录音，这样他就方便很多，想什么时候听，就可以什么时候听。有时没有听清楚某条新闻，他会反复听好几遍录音，直到听清楚为止。后来，他的听力无法跟上广播员播音的速度，于是他要求身边工作人员每天把新闻稿借来讲给他听，但他在听讲以前，自己仍然坚持先听一遍新闻录音。

1994年5月，陈云住院期间，每天醒来的第一件事，就是请身边工作人员打开收音机听新闻，并要秘书每天给他讲讲国内外大事。有时白天因发烧昏睡，但当晚上退烧清醒时，也会把秘书找去讲讲当天新闻。

六、名利如水的淡泊人生

陈云的一生是淡泊名利，为党的事业鞠躬尽瘁的一生。"个人名利淡如水，党的事业重如山"是其淡泊人生真实的写照。

1. 立大"志"，不存大"己"

在回忆自己的入党动机时，陈云写道："我自觉入党时经过考虑，而且入党以后，自己觉得此身已非昔比，今后不是做成家立业的一套，而是要干革命。"同时，陈云指出："那时确了解了必须要改造社会，才能解放人类。"[2]

1927年九十月间，陈云被派往青浦练塘去搞农民运动。在离别时，

---

[1]《陈云文选》第1卷，人民出版社1995年版，第188—189页。
[2]《陈云传》（上），中央文献出版社2005年版，第36页。

陈云深沉而又坚毅地对朝夕相处的商务工友说："我要走了。""我此去一不做官，二不要钱，三不妥协，只为了要跟反动派坚决斗争到底，求工人的解放。"[1]

回到家乡后，面对舅父舅母的哭诉，陈云思考了三天三夜，但最后毅然决然地选择继续投身革命。他认为："不推翻现在制度，个人及家庭没有出路，只有到了革命成功时每个人都可以劳动而得食时，人人家庭都可解放了，我的家庭也就解放了。"[2]

2. 重事业，不重权位

陈云向来在意的是革命的需要、人民的需要，而不在意个人的地位升迁和名利得失。1944年3月，陈云离开中组部部长的位置，担任了西北财经办事处副主任一职务，陈云同志坚持以事业为重，积极投身到主持陕甘宁边区的财经工作中。

粉碎"四人帮"后，陈云同志为了中国革命和中国共产党的需要，多次提出让邓小平重新回到党的领导工作。他明确提出："听说中央有些同志提出让邓小平同志重新参加党中央的领导工作，是完全正确、完全必要的，我完全拥护。"[3]十一届三中全会后，陈云坚决拥护"以邓小平为核心的党中央"，与邓小平默契配合，全心全意支持和帮助邓小平工作，共同推动改革开放事业向前发展。

3. 重务实，不求名利

1990年家乡青浦县和练塘镇的人民怀着对陈云的崇敬心情，决定在陈云旧居基础上建立"陈云同志革命历史陈列馆"。陈云得知后，专门带信给当地有关部门，要求不要搞个人的革命业绩陈列馆。他说："任何人离开了人民，离开了党，一件事也做不出来。"[4]陈云总是讲，决不要把功劳记在个人的账上。他认为功劳"头一条是人民，第二条是党，第三才是个人"[5]。并且反复强调这三者的次序是不能颠倒的。同

---

[1]《陈云传》（上），中央文献出版社2005年版，第36页。

[2]《陈云传》（上），中央文献出版社2005年版，第36页。

[3]《陈云传》（下），中央文献出版社2005年版，第1448页。

[4]《陈云文选》第1卷，人民出版社1995年版，第295页。

[5]《陈云论党的建设》，中央文献出版社1995年版，第93页。

时，陈云指出："我们是党员，在党的领导下，适合老百姓的要求，做了一点事，如此而已，一点不能骄傲。"[1]

七、谦逊低调的高尚品格

在长达70年的革命生涯中，陈云同志为新中国的成立、为社会主义基本经济制度和政治制度的确立、为改革开放和社会主义现代化建设建立的功勋。但他从不张扬，姿态低调，总是很谦逊。最突出的就是他反对过分突出和宣传个人。八大之后，《红旗飘飘》丛书要给每位中央政治局常委都登一个小传，陈云却始终不同意登他的小传。凡是宣传他的文章，只要报到他那里，毫无例外地都要被他"枪毙"。

20世纪60年代初，陈云在杭州休养，时常爱去书场与群众一起听评弹，他总是以一个普通听众的身份出入书场的。每次去书场，只有一部车、一至两人跟随。进场不惊动群众，退场不影响群众听书。

1983年，中央决定编辑出版《陈云文选》。在第一卷发行前，他听说宣传的规格和《邓小平文选（1975-1982年）》发行时一样，便让秘书转告中央宣传部领导，说他的书在宣传规格上要比小平同志的书略低一些，小平同志应当比他高一些。

在领导同志排名问题上，他也采取同样的态度。党的十一届三中全会时，陈云同志被补选为中央政治局常委。李先念同志指出，他的名字应当放在陈云同志之后。陈云同志不同意，他说李先念同志在党的十一届一中全会已经是常委，在粉碎"四人帮"问题上发挥过重要作用，他的名字放在自己前面是合适的。

八、简洁明了的朴实文风

陈云是有着深刻思想和独到见解的领导人，言如其人，是其真实人格的客观反映。他的语言风格朴实率真，说话干净利落，不绕弯子，一针见血，简练通俗，绝不拖泥带水。

---

[1]《陈云传》（上），中央文献出版社2005年版，第398页。

　　他的报告、讲话、文稿所写内容从不拘泥于文体格式的要求，一切皆根据实际需要而定，篇幅可长可短。所用语言是群众性的口语式的，通俗晓达。所用材料具体周详，说服力强。

　　在谈到一些较难理解的问题时，陈云善用比喻，使抽象的概念或陌生的道理讲得如日常生活经验那样，浅显易懂。比如东北时期，陈云将东北的敌人比作一头牛，用牛头、牛尾巴、牛身子，形象生动地说明了坚持南满的重要性。1982年，陈云把市场活动比作"鸟"，把国家计划比作"笼子"，指出："这就像鸟和笼子的关系一样，鸟不能捏在手里，捏在手里会死，要让它飞，但只能让它在笼子里飞。没有笼子，它就飞跑了。如果说鸟是搞活经济的话，那么，笼子就是国家计划。当然，'笼子'大小要适当，该多大就多大。"[1]这段比喻的运用很好地说明了国家计划与市场活动的关系。可以说，陈云同志语言形象、生动、耐人寻味。

　　伟人已逝，风范长存。陈云身上所表现出来的人格风范是我们党极其宝贵的精神财富。在全面从严治党的新时期，全面推进"两学一做"学习教育常态化制度化的当下，加强党的先进性和纯洁性建设，增强党的凝聚力和战斗力，更要学习陈云的人格风范，提高广大党员、干部的党性修养，思想境界和道德情操，更好地为立党为公、执政为民。

（郭金雨，陈云纪念馆馆员）

---

　　[1]《陈云传》（下），中央文献出版社2005年版，第1448页。

陈云正确使用干部的思想及其当代价值

俞剑英

摘要：延安时期，陈云曾担任中央组织部部长长达七年之久，提出"了解人，气量大，用得好，爱护人"十二字干部政策。对党如何使用干部有诸多论述，如干部政策即用人之道、要量才使用、按需使用、合理地经济地使用干部等。改革开放时期，他又关注党的干部队伍建设，提出使用干部要五湖四海，要成千上万地提拔中青年干部，以缓解干部队伍青黄不接的状况，为党的干部队伍建设作出了重大贡献。

关键词：陈云；干部政策；干部使用方法；原则

如何正确使用干部，既是一门领导艺术，又是党的干部队伍建设的重要组成部分。陈云在1938年就提出了"干部政策即用人之道"[1]的观点。他在长期的革命实践中，总结提出了一系列干部队伍建设的理论，并在实践中培养和使用了大批的优秀干部，促进了党的建设的理论和实践的充实和发展，为党的干部队伍建设注入了新鲜血液，使党的干部队伍稳定健康地发展，为党的事业蓬勃发展作了奠基。

一、正确制定和贯彻党的干部政策和原则

掌握用人之道是一门领导艺术。毛泽东曾指出："领导者的责任，

---

[1]《陈云文集》第1卷，中央文献出版社2005年版，第89页。

归结起来，主要是出主意、用干部两件事情。一切计划、决议、命令、指示等等，都属于'出主意'一类。使这一切主意见之实行，必须团结干部，推动他们去做，属于'用干部'一类。"[1]也就是说，如何使用干部，要解决的问题实质就是如何使人做事，如何使人主动地、积极地发挥主观能动性去做事。领导干部，不光要会用人，而且要用得好，这才是关键问题。对于使用干部，一方面，陈云提出要"了解人，气量大，用得好，爱护人"的十二字干部政策；另一方面，他强调使用干部要"量才使用"，才能充分发挥各类人才的作用。

第一，使用干部时坚持正确的干部政策。毛泽东认为使用干部要"任人唯贤"。陈云认为："干部政策，拿俗话来讲，就是用人之道。"对于用人之道，陈云有更深的理解，他认为不仅要了解人，还要气量大，更要用得好，还要爱护人，也就是他总结概括出的十二字干部政策。一是了解人，前面我们已经讲到，是使用干部的前提。了解人要彻底，要用马克思主义的唯物历史观来考察干部，总的来说是要坚持实事求是的原则。二是用人要气量大，我们要有使用人才的大气量，善于使用各类人才，"我们也必须善于用人，只要这个人有一技之长，就要用，只有这样，才能成大事业"，因为"单枪匹马，革命到底是干不成功的"。[2]三是要用得好。陈云提出了要"使干部高兴地安心地工作"，那么就要知人善任，使人发挥所长；领导要信任下级，促进下级要相互信任，增强相互之间信任感；要创造使人"敢于说话，敢于做事"的条件，"只有这样，才能提高干部的积极性，使干部很安心地工作"。[3]四要爱护人。爱护干部要像父母爱护子女一样，更要爱护干部的政治生命。"当着解决一个干部的问题，关系到他的政治生命的时候，要很郑重、很谨慎、很细心地去处理它。"[4]要从多方面支持、帮助和爱护新干部，帮助他们解决困难，帮助他们改正错误，帮助他们

---

[1]《毛泽东选集》第2卷，人民出版社1991年版，第527页。
[2]《陈云文选》第1卷，人民出版社1995年版，第113页。
[3]《陈云文选》第1卷，人民出版社1995年版，第119页。
[4]《陈云文选》第1卷，人民出版社1995年版，第120页。

更好地提高和发展，这才是用人之道。"得人"，更要"得心"。领导干部要有识才的慧眼、用才的气度、爱才的胸怀、聚才的方法，知人善任，确保干部队伍建设的健康、可持续发展。

第二，使用干部时坚持量才使用和按需使用的原则。对干部要用得好，必须坚持正确的原则，充分发挥干部的积极性和创造性。陈云认为使用干部的原则，一是"按照才干，按照需要，同时兼顾。量才为主，应急也不可免"。这就指出了干部资源配备的首要原则：同时兼顾才干和需要。在不应急的时候，量才为主，把才分配到合适的位置，根据不同时期党的需要，按照才干分配干部资源能更好地实现资源效益最大化。二是"量才的原则是用其长，不是用其短"。陈云认为，发挥长处是克服短处的最好方法。"用人就是用他的长处，使他的长处得到发展，短处得到克服。"[1]使用干部要扬长避短，充分发挥其长处，避免其短处，这就是人尽其才的道理。三是"使用干部到当时当地最需要的环节上，而不是平铺分配"。使用干部的第三个原则就是要考虑当时当地的需要。陈云充分运用马克思主义唯物辩证法有关矛盾论的观点，得出既要考虑个人才干和特长，又要考虑党的工作需要；既要考虑分配合理问题，又要考虑和解决主要矛盾的问题的结论。针对有些党员干部曲解量才使用的原则，陈云特别在刘立功不服从党的分配工作事件中指出："不能只讲干部政策'量才使用'的一个原则，而不讲干部政策的另一个原则，而且是主要的原则，这就是党的工作的需要。"[2]要量才使用，"兴趣与工作需要必须服从工作需要"。[3]

第三，使用干部坚持"德才兼备，以德为主"、"人事两宜"的原则，坚持"五湖四海"的方针。随着改革开放的步伐不断前进，陈云提出干部队伍建设中，今后的干部政策大方针应该是"革命化、年轻化、知识化、专业化、制度化"[4]的，同时老干部必须担负起挑选德才兼

---

[1]《陈云文选》第1卷，人民出版社1995年版，第111页。
[2]《陈云文选》第1卷，人民出版社1995年版，第124页。
[3]《陈云文集》第1卷，中央文献出版社2005年版，第355页。
[4]《陈云文选》第3卷，人民出版社1995年版，第281页。

备的年轻干部的重任。使用干部，要注意"德"，那怎么看干部的德？我们要看他是否有共产主义信仰，是否坚定不移地走无产阶级专政的道路，是否支持改革开放基本路线和方针政策，是否有为人民服务的心。陈云多次强调，使用干部，要坚持德才兼备，以德为主。德才兼备，才干固然重要，但德还是第一。他说："我们用干部，要五湖四海，平常不熟悉的干部也要用。就地取材是很重要的一条原则。五湖四海，再加一个德才兼备，这是我们提拔干部的大方针。"[1]使用干部多样性，既要有地方的土生土长的，也要有外地的，这样更能保证党的干部队伍建设的均衡性，保证党的事业生机盎然。

二、使用干部要运用恰当的方式方法

陈云无论在革命还是建设时期，无论是在搞党的建设还是经济建设，他都非常注重针对不同的问题使用不同的方式方法来处理。他非常注重把马克思主义哲学的思想方法论运用到具体的工作中，解决和处理党出现的一个个棘手的问题。在党的干部队伍建设中，陈云根据当时出现的多种问题，对于如何正确使用干部采取了多种方法。他采取的措施和方法正对矛盾及要害，解决了许多普遍存在的问题。

陈云认为使用干部的方法，第一，要"放手使用，同时要经常地适时地检查和帮助"[2]。一方面用人要放开手脚，另一方面又要是当地检查，发现问题给予帮助。由于上级领导干部常常会因为责任心的关系，对下级抠得太紧，管得太死，事无巨细都要亲自过问和决定，结果造成下级的主动性和积极性都培养不出来。所以，他告诉做工作的同志要认识到下级干部犯错误是不可避免的，新干部的成绩一时是不会很大的。"故不要怕犯错误，要大胆让他们去做工作，不要什么都去过问。"[3]要给予干部成长的空间，要"反对家长式的对待干部，同时反对放任干

---

[1]《陈云文选》第3卷，人民出版社1995年版，第359页。
[2]《陈云文选》第1卷，人民出版社1995年版，第216页。
[3]《陈云文集》第1卷，中央文献出版社2005年版，第91页。

部的错误"。[1]

第二，要适当分配，并保持队伍稳定性。马克思主义唯物辩证法认为，量变和质变是统一的矛盾体，量变是质变的必要前提和准备，质变是量变的必然结果。同理，干部要发展要突破，为党的事业作出更大的贡献，他首先要有量地积累。陈云提出："适当分配，并保持相对稳定，不轻易调换，以造就人才，积累经验。"[2]他认为，适当分配干部并保持干部队伍的稳定性，有利于干部积累经验，有利于干部的发展。更深层次的是远见，即有利于党的事业的长足发展。因为"有了远见，才能对事件的认识更加尖锐。远见就是马列主义。"[3]

第三，"领导机关要有本地干部"[4]。这是针对当时使用干部的缺点提出来的。很多干部都轻视行政工作。一方面是做党的工作的同志不把好干部分配到政权机关，另一方面是干部不愿意到政权机关，总认为前线更需要人，更重要些，况且政权机关是做决策的机关，有些人也没有信心和勇气过来。陈云分析这是由于大家对政权机关工作的作用认识不足造成的。要避免这种情况，每个地方的领导机关，不仅仅要使用中央派出的干部，还要使用本地的干部。因为本地干部对当地的情况最为熟悉，与当地的人群群众联系最为密切，群众基础好，所以使用当地的干部是有利于党的工作的开展的。

第四，有计划地分配模范干部到各个地区做党的工作。陈云认为："对于模范干部，要有计划地逐渐分配到各区去，特别是落后地区。"[5]模范干部是有党的工作经验的，对于如何开展敌后根据地群众工作和对敌工作是有丰富的成功经验的，有计划地把他们分配到各个地区，一方面有利于指导和开展工作，另一方面加强各地区干部的交流，有利于总结经验。党一直延续这一使用干部的方法，实现干部交流，优化党的内部系统运作，促进干部队伍的健康发展，更促进中西部地区的社会的

[1]《陈云文选》第1卷，人民出版社1995年版，第217页。
[2]《陈云文选》第1卷，人民出版社1995年版，第216页。
[3]《陈云文集》第1卷，中央文献出版社2005年版，第89页。
[4]《陈云文选》第1卷，人民出版社1995年版，第216页。
[5]《陈云文选》第1卷，人民出版社1995年版，第216页。

全面进步和发展。

第五，"合理地经济地使用干部"。干部资源是党的宝贵财富。只有依靠成千上万的好干部，革命的方针和办法才能执行，革命才能取得胜利。因此，陈云认为，使用干部应遵循经济原则，合理地使用干部。他说，我们应该"合理地经济地使用干部，由工作来决定组织形式，而不是相反"。[1]马克思主义唯物辩证法认为，内容是事物存在的基础，而形式则是事物存在的条件，内容决定形式，形式又反作用于内容。因此，工作内容决定组织形式，反对用形式套内容，限制干部的才干发挥。"党的一切组织形式均随工作的需要和适应与否来变更的，但组式之适应与否也对于工作其作用。"[2]陈云的这一理论正是岗位与职位的相互关系，要因事设岗，合理地配备干部。而不是因职设岗填充干部，使干部才干得不到充分使用和发挥而造成人才资源的浪费，这是不经济的。

此外，根据党的需要以及时局的变化，陈云还提出了几种干部配备的方针，主要是，一是缺乏实际经验的应到实际工作中；二是部分工作的学习全面工作；三是政权工作的主要干部应不下于副书记；四是部分地适当地进行军队与地方干部的交换；五是秘密党干部学习根据地经验；六是留必需的秘党干部。[3]

三、以加强党内团结为中心，掌握用人之道

无论我们制定出什么样的干部政策，采取什么样的方式方法，运用什么样的使用干部原则，处理干部之间的问题，归结起来一个目的就是要加强党内干部团结，使干部安心、尽心、忠心地为党工作，为人民群众服务，为夺取新民主主义革命的胜利、为实现民族独立解放、为实现共产主义理想而奋斗。那么，要加强党内干部团结，如何团结法呢？从如何使用干部角度来讲，从用人方面来讲，陈云认为，要处理好以下几

---

[1]《陈云文选》第1卷，人民出版社1995年版，第216页。
[2]《陈云文集》第1卷，中央文献出版社2005年版，第314页。
[3]《陈云文集》第1卷，中央文献出版社2005年版，第356页。

个方面的关系问题。

第一，要处理好新干部与老干部之间的关系问题。干部之间不团结，以新老干部的不团结为最多最久。陈云认为："新老干部不团结的实质，是土地革命时期的农民干部与新参加革命队伍的知识分子干部之间的关系问题。"老干部看不起新干部，认为他们年纪轻、党龄短，毫无经验。而新干部认为老干部虽然资格老，有经验，但他们没知识没文化，所以相互看不上。陈云认为，干部闹不团结的原因，既有个人的经历、工作能力强弱不同的客观原因，又有个人主义、本位主义、宗派主义等主观原因，不以党的利益为重。"新老干部不团结，主要责任在老干部"，"鼓励干部互相了解、互相学习、互相尊重。两方闹不团结，领导人各自作自我批评，这有决定意义。……该批评的必须批评，该支持的必须支持。这是加强干部团结的正确办法。"[1]老干部通过传帮带的方法，帮助新干部成长，务必使党的事业后继有人。

第二，要处理好军队干部与地方干部之间的关系问题。陈云认为，关于干部团结问题，"必须使所有干部认识到一个基本问题，不论新干部和老干部，军队干部和地方干部，外来干部和本地干部，都必须在维护党的利益的原则基础上团结起来"。[2]这是处理使用干部与干部团结问题之间的一个根本原则。抗日战争时期，为巩固军队，扩大军队，并建立党的根据地，方便领导地方指挥，地方干部与军队干部融汇重复交换到一起，这时军队干部与地方干部的不协调与矛盾也就随之出现了。主要是"地方党干部的民主作风与军队军事作风之矛盾"，"地方主义的组军与扩大八路的矛盾——本位主义矛盾"，"轻视土包子，个别贪污、浪漫不肖分子，与反又轻视知识分子，轻视书生（不会打仗），轻视地方党干部（新旧党）"，"理想与现实的矛盾（地方党想到八路干部是圣人）"。[3]这些问题的存在是阻碍党的军队扩大，阻碍军队的巩固的。因此，他提出了一一切实的解决办法。一是军队要多注意民主，

[1]《陈云文选》第1卷，人民出版社1995年版，第218页。
[2]《陈云文选》第1卷，人民出版社1995年版，第218页。
[3]《陈云文集》第1卷，中央文献出版社2005年版，第309-310页。

地方也要了解军队的作风，二是地方干部要以大局为重，不拘于自建部队，军队帮助地方队伍，相互配合作战。三是纠正两方的轻视，包子虽土，长期奋斗，知识分子未经战争，必无经验。四是要解释理想的不客观性，八路不是圣人，他们也是人。最后，陈云还是强调，双方要相互了解，互相帮助，互相学习"使地方党成为领导与指挥军队作战的党。使军队成为能够领导地方党、取得党帮助之军队"。[1]

第三，要处理好公开干部与秘密党的干部之间的关系问题。陈云认为，公开工作与秘密工作是缺一不可的，在某些统战区公开工作占有掩护秘密工作的地位。但是在实际工作中，这两种干部是有矛盾的。一是"形式与内容的矛盾。秘工者说公开者右，公开者说秘密者'左'"。二是"干部能力上的矛盾。公开者能力强些（大多数，甚至党由其建立，看不起地方党）。"三是"公开职务上上下级的矛盾（工作中）"。[2]解决这些问题，陈云提出首先要弄清原则，即公开工作可以掩护党的工作，公开工作必须为了党的工作。其次要相互帮助和监督，再次要解决能力上强弱的问题，要提高自己，教育别人；在工作中相互帮助；纠正公开干部看不起地方党干部的倾向；同时也要纠正地方党同志的不客观与认为公开党干部官僚作风的看法。上下级的矛盾，陈云指出要相互信任，上级领导用人时要有大气量，要多看下级的优点，要爱护干部，不能提上来又打下去，更不能抬轿子，要解决干部的日常问题，使干部安心，不怕麻烦，要有责任感，教育干部时要有耐心，处罚时要留有余地。

第四，要处理好党员干部与非党员干部之间的关系问题。陈云指出："不团结非党干部，就不能团结全国人民，革命就不能胜利。"[3]党使用的干部，绝大部分为党员干部，而非党员干部是很少数的一部分。陈云认为，这是宗派主义在作怪。有些做党的工作的同志往往不确认非党员干部的地位，不接近他们，甚至看不起他们，把非党员同志边

---

[1]《陈云文集》第1卷，中央文献出版社2005年版，第311页。
[2]《陈云文集》第1卷，中央文献出版社2005年版，第312-313页。
[3]《陈云文选》第1卷，人民出版社1995年版，第218页。

缘化。党员干部"以成见看待非党干部，对他们要求过高"。党员干部与非党员干部闹不团结，陈云认为党员干部应负主要责任。要改变党员干部缺乏大众的民主的作风，用各种方法团结非党员干部，要用坦白、诚恳、直爽的态度对待非党员干部，把他们团结到党内，充实党的力量。

此外还要处理好外来干部与本地干部之间的关系问题，还要处理好同类干部之间，如军队与军队、地方与地方、部门与部门等之间关系。总之要处理好不同干部之间的关系，这是使用干部的根本之道，也是团结党的干部队伍、促进党的事业蓬勃发展的重要保证。

新时期，习近平总书记强调，要全面正确地执行党的干部路线和干部政策，坚持德才兼备、以德为先的用人导向，坚持五湖四海、任人唯贤，切实把政治坚定、实绩突出、作风过硬、群众公认的干部选拔上来。还要注意选拔经过锻炼和重大考验的优秀干部，注意选拔埋头苦干、不事张扬的优秀干部。还要注意两类干部的使用，一是本土的"永久牌"，另一类是流动的"飞鸽牌"，建立本地干部与外地干部相结合的科学的选人用人机制，为使用干部提供制度保障。习近平总书记的选人用人思想，与陈云的干部使用思想是一脉相承、融会贯通的。因此，陈云提出的干部使用思想对于今天党使用干部、选拔干部仍有借鉴意义。

（俞剑英，陈云纪念馆馆员）

陈云的功劳观及其现实启示

张秋震

摘要：陈云在革命、建设、改革过程中屡建大功，却从来都把功劳归于党和人民。对于功劳，他指出：头一个是人民的力量，第二是党的领导，第三才轮到个人。他强调不能将功劳记在自己一个人账上。他告诫干部子弟不能以革命功臣子弟自居。陈云的功劳观体现了一心为民的公仆情怀。陈云的功劳观对于领导干部和党员要摆正党和人民在心中的位置，树立"功成不必在我"的观念，牢固树立正确的功劳观；对于领导干部增强忧患意识，保持谦虚谨慎、不骄不躁、艰苦奋斗的工作作风都具有重要启示意义。

关键词：陈云；功劳观；现实启示

"陈云在70年的革命生涯中，执着追求真理、忠于党和人民，坚持实事求是、敢于坚持真理，善于总结经验、崇尚真抓实干，一贯谦虚谨慎、始终淡泊名利，为民族独立和人民解放事业的开展和成功，为社会主义制度的建立和巩固，为社会主义改革开放和现代化建设事业的开创和发展，奉献了毕生精力，建立了不朽功勋。"[1]陈云向来在意的是革命的需要、人民的需要，而不在意个人的地位升迁和名利得失。陈云提出要正确看待功劳，不要把功劳算到自己一个人账上。他主张要正确看

---

[1] 胡锦涛：在纪念陈云诞辰100周年座谈会上的讲话，《人民日报》，2005年6月13日。

待个人的作用，反对过分突出个人和宣传个人。他从不喜欢抛头露面，对各种公开活动、场面活动，只要可以不参加，他都不参加不出席。有关宣传他的材料，只要报到他那里几乎都被拿了下来。

在当前全面从严治党的新形势下，陈云正确对待功劳的态度，一心为民的公仆情怀，密切联系群众的作风，值得我们每个共产党员学习。

一、陈云的功劳观

陈云在中国革命、建设、改革的各个历史时期都作出了突出的贡献，但是他一生恪守"个人名利淡如水、党的事业重如山"的信条，把一切功劳都归功于党和人民。他在中共七大上的讲话中提出了共产党人应具有的功劳观，这其实就是陈云的功劳观。他的一生也都在践行着这个功劳观。

（一）看待功劳，头一个是人民的力量，第二是党的领导，第三才轮到个人

延安时期，陈云曾指出部分党员干部存在着"一股骄傲之气"，存在"喜欢人家说他好，不喜欢人家说他坏。只能升官，不能降级，有功必居，有过必避"[1]的情形。造成这种现象的主要原因是这部分干部不能正确地看待功劳，喜欢将功劳归于个人并且自认为个人功劳很大，不能摆正个人在组织中的位置。陈云在发言中讲到应该怎样正确对待功劳，"假设你在党的领导下做一点工作，做得还不错，对这个功劳怎样看法？我说这里有三个因素：头一个是人民的力量，第二是党的领导，第三才轮到个人，可不可以把次序倒转一下，第一是个人，第二是党，第三是老百姓？我说不能这样看"。[2]并且陈云还阐述了不能这样看待功劳的原因。"我们的功劳是哪里来的？头一件，老百姓要革命。我们是党员，在党的领导下，适合老百姓的要求，做了一点事，如此而已，一点不能骄傲。"[3]在陈云看来，没有人民群众的支持和拥护，没有党

---

[1]《陈云文选》第1卷，人民出版社1995年版，第291页。
[2]《陈云文选》第1卷，人民出版社1995年版，第293页。
[3]《陈云文选》第1卷，人民出版社1995年版，第296页。

的正确领导，就没有个人的成绩。"任何人离开了人民，离开了党，一件事也做不出来。"[1]

陈云对功劳的看法中，强调了党和人民的力量是主要的，但也没有否认个人的作用。他说"个人有作用，有时还有很大的作用，但根本的东西是老百姓、是共产党"。[2]在陈云看来，那些以为个人了不起，以为个人功劳很大，革命离了他不行的人，会产生骄傲情绪。而这种骄傲的情绪就会使人逐渐丧失进取心，就会使人逐渐脱离人民群众，不利于个人的成长。陈云在七届四中全会上的讲话中也指出："一九四五年七大到现在，跌了大筋斗的几个主要的领导同志，哪一个同志不是因为骄傲。"[3]毛泽东也讲过：在党的历史上，"曾经有过几次表现了大的骄傲，都是吃了亏的"。[4]

（二）不能把功劳记在自己一个人的账上

陈云主张要正确看待个人的作用，反对过分突出个人和宣传个人，不能将功劳记在自己一个人帐上。"新中国成立后，陈云同志已是党中央的五大书记[5]之一，但他始终要求有关部门在待遇上、宣传上不能把他和毛主席、刘少奇同志、周总理、朱老总并列。苏联政府赠送汽车，给五大书记一人一辆，陈云同志坚持把自己的那辆车退回。党的八大之后，《红旗飘飘》丛书要给每个政治局常委都登一个小传，陈云同志始终不同意登他的传。"[6]"但是，当遇到关系党和人民利益的事情时，他却从不退缩，挺身而出；而遭受到打击时，他又能遇变不惊，泰然处之。"[7]

1982年在编辑《陈云文稿》时，"陈云特别嘱咐，在后记中一定要说明，他在主持中央财经委员会工作期间，所有的重大决策，都是在经过调查研究，经过集体讨论并报请党中央批准的。他强调指出，同志们

[1]《陈云文选》第1卷，人民出版社1995年版，第295页。
[2]《陈云文选》第1卷，人民出版社1995年版，第294页。
[3]《陈云文选》第2卷，人民出版社1995年版，第233页。
[4]《毛泽东选集》第3卷，人民出版社1991年版，第947页。
[5]1950年10月，任弼时逝世后，陈云正式递补为中共中央书记处书记。
[6]《陈云家风》，浙江人民美术出版社2015年版，第13页。
[7]《安阳日报》2014年2月25日，第6版。

在阅读这卷文稿的时候，如果觉得哪一段工作还有成功之处，决不要把功劳记在他一个人的账上。"[1]

1984年陈云在和他女儿陈伟兰的一次谈话中，也谈到关于功劳的问题。"他问，如果你工作中有了一点儿别人认为做得不错的地方，你怎么办？我说我就谦虚谨慎啊。他说你怎么才能谦虚谨慎？我说我时时记着，一定要在思想上保持警惕，谦虚谨慎。他说我告诉你，最重要的一条是你要摆正你的位置，工作是大家一起做的，是群众和领导一起做的，你不能把成绩算到自己的账上，要算到组织和群众的账上。"[2]

陈云之所以提出不能把功劳记在自己一个人账上，缘于他对自己既不是功臣更不是"大官"的定位，缘于他淡泊名利的品格。

（三）干部子弟不能以功臣子弟自居

陈云在1949年6月给陆铨生的儿子陆恺悌的回信中讲到："我以父兄的责任，还要叮嘱你一件事，而且你可以把这一段信上所说的抄给霓云[3]要他也注意，就是你和霓云千万不可以革命功臣的子弟自居，切不要在家乡人面前有什么架子或者有越轨违法行动，这是决不允许的，你们必须记得共产党人在国家法律面前是与老百姓平等的，而且是守法的模范。革命党人的行动仅仅是为人民服务，决不想有任何酬报，谁要想有酬报，谁就没有当共产党员的资格。我与你父亲既不是功臣，你们更不是功臣子弟。这一点你们要切记切记。要记得真正革命功臣是全国老百姓，只有他们反对反动派，拥护解放军，解放军才能顺利地解放全中国。你们必须安分守己，束身自爱，丝毫不得有违法行为。我第一次与你通信，就写了这一篇，似乎不客气，但我深觉我有责任告诫你们。"[4]从信中我们可以看出陈云反对特权，反对搞特殊化，对自己的家人、身边工作人员要求十分严格，他十分重视对子女和身边人员的教育。同时也看出陈云对功劳及功臣的看法，在陈云看来，功劳属于人民，真正

---

[1]《陈云文稿选编（一九四九——一九五六年）》，人民出版社1982年版，第328页。

[2]《陈云家风》，浙江人民美术出版社2015年版，第77—78页。

[3]霓云就是廖霓云，陈云的表弟。

[4]《陈云文选》第1卷，人民出版社1995年版，第396页。

的革命功臣是人民群众。革命党人不是功臣，干部子弟也就不是功臣子弟，干部子弟不能以革命功臣子弟自居。

二、陈云的功劳观体现了他一心为民的公仆情怀

陈云在中共七大上的讲话阐述了怎样用历史唯物主义的观点看待个人的功劳和错误。马克思主义唯物史观认为：人民群众是历史的创造者，是真正的英雄。人民群众的活动是历史前进的真正动力。革命也好、建设也好、改革也好，最深厚的伟力都是存在于人民群众之中。人民群众的支持、拥护始终是取得胜利的决定性因素。人民立场是党的根本政治立场，人民群众是党的力量源泉。陈云深知我们党来自人民，失去人民拥护和支持，党就会失去根基。因此陈云始终心存敬畏之心，始终站在人民群众的立场考虑问题，他经常深入到人民群众中间去了解情况，进行调查研究。习近平总书记在纪念陈云诞辰110周年座谈会上的讲话中指出："我们纪念陈云同志，就要学习他一心为民的精神。党同人民群众的关系，是陈云同志始终高度重视的问题。"[1]陈云曾说："当权的党容易只是向群众要东西，而忘记也要给群众很多的东西。如果真是那样，群众就会把我们看成强迫摊派的命令机关。所以，我们不应该只知道向群众要东西，更应该时刻注意为群众谋福利。"[2]"党脱离了群众，就成了光杆子的党，这样的党也是不能存在的。"[3]

陈云认为人民是天，唯此为大；人民是地，唯此为本。陈云深知权力来自于人民，必须服务于人民。既然手中握有人民群众赋予的权力，就要肩负起为民谋利的责任。延安时期，陈云指出："共产党要处处依靠群众，先了解群众，帮助群众，群众才能帮助我们。"[4]解放战争时期，东北进行土地改革，刚开始时农民处于旁观地位，形势对共产党不利。陈云到北满后很快发现并认识到解决农民问题特别是雇农土地问

---

[1] 习近平：在纪念陈云诞辰110周年座谈会上的讲话，《人民日报》2015年6月13日。

[2]《陈云文选》第1卷，人民出版社1995年版，第173页。

[3]《陈云文选》第1卷，人民出版社1995年版，第171页。

[4]《陈云文选》第1卷，人民出版社1995年版，第213页。

题非常重要，陈云提出："从使基本群众得到益处去争取群众。"他认为："这个问题非常重要，其大等于天！"[1]后来，正是通过解决农民特别是雇农的土地问题，赢得了广大农民的支持，使共产党在北满乃至整个东北站稳了脚跟，并最终赢得了东北解放战争的胜利。

陈云认为，经济工作应该"首先考虑民生"。他说："如果我们不能解决人民的吃饭穿衣问题，我们的社会主义建设事业便站不稳。"[2]他坚持"经济建设和人民生活必须兼顾，必须平衡"[3]的原则，强调"一要吃饭，二要建设"，"无农不稳"、"无粮则乱"。

新中国成立后，陈云主持全国财政经济工作，将党为人民服务的宗旨落实到财经工作上，提出"真正为人民谋福利。"他认为为人民服务是具体的，"解决这些实际问题就是为人民服务，不解决实际问题谈为人民服务，则是空话一句。"[4]针对财政工作，他提出要为人民管好钱，用好钱，"钱是老百姓的，我们不能拿老百姓的钱开玩笑。"[5]他曾一度兼任商业部部长，强调商业工作要有群众观点，"商业工作天天同人民群众打交道，管吃、穿、用，管油、盐、柴、米。不要看不起这些，这是人民的大事。我们共产党必须天天关心人民群众的切身利益"。[6]

三、陈云功劳观的现实启示

（一）领导干部和党员要摆正党和人民在心中的位置，树立"功成不必在我"的观念，脚踏实地为人民服务

中国共产党全心全意为人民服务的宗旨决定了党的干部不是为了贪图享乐，而是人民的勤务员，是给老百姓"跑腿的"。习近平总书记曾

　　[1]《陈云文集》第1卷，中央文献出版社2005年版，第508页。
　　[2]《陈云文选》第3卷，人民出版社1995年版，第85页。
　　[3]《陈云文选》第3卷，人民出版社1995年版，第29页。
　　[4]《陈云文选》第2卷，人民出版社1995年版，第128页。
　　[5]《陈云文选》第2卷，人民出版社1995年版，第132页。
　　[6]《陈云文选》第3卷，人民出版社1995年版，第33页。

说过："人民对美好生活的向往就是我们的奋斗目标。"[1]领导干部和党员要做到心中有党不忘恩、心中有民不忘本、心中有责不懈怠、心中有戒不妄为。

在实际工作中有一种人在崭露头角的时分，雄心壮志，励精图治，的确做出了一些成果。可在鲜花和掌声中，赞扬、吹嘘的话听多了，思想便不怎么清醒了，对个人的功劳看得过重，对个人的本领看得过大，躺在功劳簿上自我沉醉，最终由正面典型走向反面典型，功劳反成了"英雄冢"。这深刻警示我们：党员干部和党员务必自重、自省、自警、自励，要向陈云那样树立正确的功劳观，始终保持清醒的头脑，始终怀着一颗感恩之心，勤于政事、踏实干事，为群众多办好事、实事，用出色的成绩让组织放心，让群众满意。另外还要树立"功成不必在我"的观念，不贪一时之功、不图一时之名，要立足发展大局，科学谋划、谨慎施策，真抓实干、敢于担当，脚踏实地开展工作，力争作出经得起检验的业绩。

习近平总书记指出："着力从思想上正本清源、立根固本。对党员干部来说，世界观、人生观、价值观这个'总开关'没拧紧，不能正确处理公私关系，缺乏正确的是非观、义利观、权力观、事业观，各种出轨越界、跑冒滴漏就在所难免了。"[2]陈云为党和国家作出了卓越贡献，但他不居功、不自恃，始终把自己看成一名普通党员，始终不渝地把自己置于组织之中，始终将党和人民摆在心中最高位置，他为党员干部树立正确的功劳观做出了榜样。作为党员，只有认准党的"力量源泉"，自觉把政治智慧的增长、执政本领的增强深深植根于人民的创造性实践之中，永不自满、永不懈怠，才会获得更大的执政能量，拥有施展个人才干的更大舞台，并做出有益于人民事业的更大成就。

陈云的功劳观启示我们要正确看待人民、党、个人三者的关系，要

---

[1]《习近平总书记系列重要讲话读本（2016年版）》，人民出版社2016年版，第212页。

[2]《习近平总书记系列重要讲话读本（2016年版）》，人民出版社2016年版，第113页。

把党和人民的利益放在首位，要兢兢业业、脚踏实地为党和人民的事业作贡献。首先，党的事业需要人民群众的拥护和支持。"我们的党来自人民、根植人民、服务人民，党的根基在人民、血脉在人民、力量在人民。失去了人民拥护和支持，党的事业和工作就无从谈起。"[1]因此，党要继续经受住执政考验、改革开放考验、市场经济考验、外部环境考验，就必须始终密切联系群众，必须全心全意为人民服务。其次，党员干部的成长离不开人民的养育，离不开党的教导和组织的培养。作为党员，为人民所做的一切工作、取得的一切成绩，都应是分内之事，本质上都是对人民的反哺，对党和人民要心存感恩之情。作为人民的儿子，多做事、做出成绩回报人民是应该的，不做事、不出成绩则是渎职。一个真正的共产党员，总是把报人民养育之恩视为本能，把为群众干实事、办好事，视为义不容辞，而不是看作父母官的"恩典"，更不会"出了一点力，就觉得了不起"，索取什么回报。这里既有中华民族传统美德的文化积淀，更闪现着共产党人公仆之心的本质特征。

（二）领导干部和党员要增强忧患意识，在成绩面前，要保持清醒头脑，始终保持谦虚谨慎、不骄不躁、艰苦奋斗的工作作风

陈云一生对党和国家作出了卓越的贡献，但他却将一切功劳归功于党和人民。他说，我们是党员，在党的领导下，适合老百姓的要求，做了一点事，如此而已，一点不能骄傲。陈云在功劳和成绩面前，始终保持谦虚谨慎的态度，为我们树立了榜样。

毛泽东在中共七届二中全会讲话中指出："因为胜利，党内的骄傲情绪，以功臣自居的情绪，停顿起来不求进步的情绪，贪图享乐不愿再过艰苦生活的情绪，可能生长……中国的革命是伟大的，但革命以后的路程更长，工作更伟大，更艰苦。这一点现在就必须向党内讲明白，务必使同志们继续地保持谦虚、谨慎、不骄、不躁的作风，务必使同志们继续地保持艰苦奋斗的作风。"[2]

当前一些党员干部因为忘却了"两个务必"工作作风，以至于严

---

[1]习近平：《习近平谈治国理政》，外文出版社2014年版，第367页。
[2]《毛泽东选集》第4卷，人民出版社1991年版，第1438—1439页。

重脱离群众。因为脱离群众，看不到群众疾苦，精神懈怠，忘却了责任和奉献，忘却了党的宗旨，所以和群众变得生分，也无法和群众有效沟通，更无能力开展工作；因为没有了艰苦奋斗作风，功劳观、价值观和利益观发生扭曲，走上贪污腐败的道路，结果落得身败名裂的下场；因为骄傲自满，所以听不进群众意见，形式主义、官僚主义、享乐主义、奢靡之风才会侵蚀灵魂。

因此，广大党员干部要增强忧患意识，始终牢记全心全意为人民服务的宗旨，树立"功成不必在我"的观念，牢固树立正确的功劳观；广大党员干部要始终保持谦虚谨慎、不骄不躁、艰苦奋斗的工作作风，决不能有了一点功劳就沾沾自喜，绝不能停留在过去的功劳簿上；广大党员干部要不忘初心，牢记使命，继续前进，立足本职工作，做出经得起历史检验、经得起人民检验的实绩，为实现中华民族伟大复兴的中国梦而努力奋斗！

（张秋震，陈云纪念馆助理馆员）

陈云林业建设思想的当代价值

江　丹

摘要：陈云除了在促进我国经济建设与发展上功勋卓著，还十分关心我国的生态环境问题。他曾长期领导和主持中国的林业工作，先后提出一系列重要的理论和政策，本文主要从重视林业资源对工农业生产和群众生活的重要作用，林业发展的根本出路在于坚持正确的造林护林方针，主持发展我国天然橡胶事业，促进林业建设的科学化和制度化等四个方面阐述陈云林业建设思想的主要内容。他的林业建设思想具有重要的理论和实践价值，在新形势下对推进我国林业改革、实施以生态建设为主体的林业建设具有重要的指导意义。

关键词：陈云；林业建设；橡胶

陈云是中共历史上一位德高望重的领导人，关于陈云的研究一直是党史研究的热点。近些年来，他的党建、经济、领导方法等思想理论受到了国内外众多学者的关注，研究成果十分丰富。翻阅《陈云传》等有关资料，我们不难发现，陈云主持并参与了我国林业建设方面的许多决策，为新中国林业建设的发展作出了不可磨灭的贡献，他在如何进行林业建设方面的很多思考见解独到、内涵深刻。但学术界围绕陈云林业建设思想的研究相对匮乏，本文试图采用历史与逻辑相统一的方法，来挖掘陈云的林业建设思想，并结合时代背景阐述对当下我国林业建设的一些启示。

一、陈云林业建设思想的主要内容

1. 重视林业资源对工农业生产和群众生活的重要作用

我国东北地区森林分布广，林业资源丰富，拥有得天独厚的自然环境。可是随着自然因素加上人们过度采伐森林和不合理的利用，东北地区的林业资源和生态结构逐渐遭到了破坏。到了20世纪30年代初期，东北地区的林业资源呈现逐步减少的趋势，给东北地区的经济发展和生产生活造成了重要影响。1948年，陈云出席中共中央东北局常委会议，在讨论林业问题时，他指出：东北的粮食由于国内需要量增大，出口将会减少。可以用来弥补粮食出口不足的只有煤炭、木材和盐这三项。因此，东北的林业很重要。[1]

新中国成立后不久，陈云任政务院副总理财政经济委员会主任，我国林业工作由陈云负责，他十分重视我国林业建设和发展。陈云认为，在整个经济建设中林业与农业有着密切的关系。1957年9月13日，陈云会见南斯拉夫联邦执行委员会副主席斯·伏克曼诺维奇时说，把兴修水利、大量造林作为解决农业问题的办法。同年9月18日，陈云在修改《中共中央、国务院关于今冬明春大规模地开展兴修农田水利和积肥运动的决定》稿时批注："开展造林运动对于水土保持和保护农田水利关系甚为密切。各地务须抓紧季节，采取必要步骤，在同时保证数量和质量的条件下，做好今冬明春的造林工作。"1961年9月27日，陈云在主持中共中央工业支援农业小组会议的讲话中指出：造林是国家百年大计。它既与农业增产有关，又与工业建设有关，工农业生产都离不开它。[2] 1961年陈云主持冶金工业座谈会时，在听完高扬文副部长汇报完矿山问题后，他说铁矿和煤矿的发展都需要木材，造林既可以提供工业所需材料，"还可以改变气候"。[3]

林业问题与人民群众的生活息息相关。新中国成立初期我国的基本国情是人口多、底子薄，当时的根本任务是解放和发展生产力，解决人民

---

[1]《陈云年谱（修订本）》上卷，中央文献出版社2015年版，第641页。
[2]《陈云年谱》下卷，中共中央文献研究室2015年版，第107页。
[3]《陈云传》（下），中共中央文献研究室2015年版，第1283页。

群众日益增长的物质文化需要。随着我国经济发展和人民生活水平不断提高，城乡人民购买力不断增加，再加上森林火灾对木材造成的损失，导致木材的需求量急剧增加，陈云认为在每年编制计划的时候要考虑到木材的进口问题，减小供需缺口。木材供需矛盾问题一定要引起重视。他认为，首先国家要全面统筹木材的供应，基本生活资料所需的木材，国家要保证有计划的供应，生产资料所用的木材也应当尽可能的满足，然后再来考虑经济建设，木材供应的紧张问题通过研究利用可代替木材的竹浆等造纸，根本上是要通过植树造林、禁止滥伐、节约木材等途径来解决。

陈云不仅关心、鼓励植树造林，还以身作则。1987年4月4日，陈云已83岁高龄，他来到杭州云栖，同浙江省和杭州市党政负责人谈话。结束后，与他们一起参加植树活动，在那里亲手种下了一棵香樟树。

2. 林业发展的根本出路在于坚持正确的造林护林方针

1949年中华人民共和国成立，根据中央人民政府组织法设立了"林垦部"。在新中国林业怎么走的问题上，陈云进行过多次深入的思考，他说造林是国家百年大计，并提出了许多富有见地、实施性强的决策建议。1950年4月1日，陈云同薄一波致电毛泽东并中共中央，作关于全国林业会议情况的报告，他指出：林业工作方针，应以普遍护林为主；其次，在风沙水旱灾害严重地区选择重点造林。同时，在各森林区制定合理的采伐计划。[1]1957年，以陈云为组长的中央经济工作五人组成立。要解决当时生活资料供不应求的矛盾，要靠发展农业、轻工业，特别是发展农业。他从来不凭主观设想来做任何决定，在造林问题上也是如此。同年，在致毛泽东的信中他写道："究竟有多少丘陵地可以种作物和造林，拟在今年派小组与地方研究一下。"[2]1957年7月17日，陈云出席国务院常务会议，在会议讨论国有林区实行"以林养林"的财务制度时，他在发言中指出，林业是个大问题，根据我国情况，解决林业问题，个体造林、合作造林、国家造林的方法都可以用。[3]陈云还根据山

[1]《陈云年谱》中卷，中央文献出版社2015年版，第44页。
[2]《陈云传》（下），中央文献出版社2005年版，第1098页。
[3]《陈云年谱》中卷，中央文献出版社2015年版，第392页。

区的特殊性，研究了山区经济的发展道路，他指出山区经济的发展要结合国家的需要和人民生活的情况，一定要节约木材，多种树造林，这样气候也可以改观，还要"种茶油、桐油、核桃、木瓜子等"。[1]陈云从实际出发倡导，造林不仅仅是国家或者林业部的事情，既要靠国家，也要依靠广大的人民群众。

陈云富有前瞻性的认识到林业教育的重要性。林垦部成立后不久，首先要解决的突出问题就是干部问题，从中央到地方的林业机构都面临人才紧缺的情况，给林业工作的开展造成影响。当时林垦部的领导人梁希、李范五认为需要设立专门的林业院校，长期从事林业教育工作经验的梁希，拟出一个方案：准备合并一些院校的森林系，在北京、南京和东北成立3所林学院。梁希先后多次去找陈云商谈。陈云认为林垦部提出的办学方案很好，在他等的大力支持下，1952年7月经教育部批准，北京、南京、东北三所林学院成立起来了。可以说，陈云推动了我国林业教育的开展，为我国林业人才的培养创造了有利条件。

3. 主持发展我国天然橡胶事业

新中国成立初期，橡胶是重要的战略物资，由于帝国主义实行封锁，中国要想实现经济发展必须依靠本国解决橡胶问题。斯大林表示，愿意在发展天然橡胶的事业上给予我们帮助，提供物资和技术上的支持。当时陈云主持中央财经委的工作，受中央委托他担当了发展我国橡胶事业的重任。陈云在工作中历来重视调查研究的重要性，为了摸清我国橡胶的基本情况，开始了调查研究工作。1950年，陈云组织了专家学者到广东调查研究，根据研究情况和座谈交流得到了初步的结论，他认为我国华南地区具备大量种植橡胶的基本条件。1951年5月16日，他指出："橡胶是战略物资，从朝鲜战争以来就不能进口了。海南岛可以种橡胶，但数量有限。中国别的地方也有宜于种橡胶的，产量虽然不像南洋群岛那样高，但是比没有强。我们是非常需要橡胶的，今后要尽可能多种。"[2]在研究过程中，陈云通过各种途径了解到华南、西南、西北

[1]《陈云传》（下），中央文献出版社2005年版，第1100页。
[2]《陈云文稿选编（一九四九—一九五六）》，人民出版社1982年版，第129页。

地区产胶植物、当地气候等资料，还询问了中外林业专家的意见，为橡胶种植作了大量前期的准备。

1951年8月，陈云主持中财委和林垦部关于橡胶工作的会议，研究种植橡胶的初步计划。之后，陈云同薄一波致电毛泽东并中共中央作了报告，报告称我国有三类地区可以种植橡胶，考虑到国际形势，必须自种橡胶，会议还讨论制定了详细的橡胶种植种类和数量。之后，毛泽东向苏联方面汇报了我国橡胶的发展计划。1951年通过了《关于扩大培植橡胶树的决定》。在明确我国橡胶事业的工作方针之后，陈云作出组织机构、加强干部培训等一系列的工作部署。1951年，陈云、叶剑英在广州主持召开华南垦殖局筹建工作会议，在陈云的指导下，垦殖局先后在广州、湛江、海南等地试种了印度橡胶。到1953年，我国的橡胶事业取得了很大的成绩，逐步走上了稳步发展的轨道。

除了组织筹备和开展大规模的橡胶垦殖工作，陈云还强调垦殖橡胶是个技术性的事业，要重视橡胶的科学研究。为了解决当时橡胶科研人员缺乏的问题，陈云提出可以调集相近专业的人员参加橡胶垦殖工作。1952年，在中财委为中央起草的致叶剑英并告邓子恢的送给周恩来的电报中强调"林业部与教育部已决定让中山大学、广西大学的林业专修科学生改上橡胶课"。[1]此外，他提出和实施了一系列重大措施：如建立橡胶基地，组建橡胶垦殖队伍等，为新中国橡胶事业的发展作出了巨大的贡献。

4. 促进林业建设的科学化和制度化

在林业建设问题上，除了倡导坚持正确的方针政策、实行多样化的造林方式以外，还强调林业建设制度化的重要作用。早在1950年，通过对中苏森林造林情况的分析之后，就造林问题发言时，他强调造林工作要有一个详细的法令，对造林工作的方针任务、工作任务、组织机构等应该作出规定。1955年时甘肃省在发展农业生产的规划中并没有注意到林业建设规划的问题，11月陈云签发了《关于农业增产规划的报告》，

---

[1]《陈云年谱》中卷，中央文献出版社2015年版，第191页。

报告中指出希望甘肃及各级省委要将造林育林的问题放到规划中。

陈云认为推行林业建设的科学化和制度化要做到以下几点：（1）在干部和群众中进行林业方面的宣传教育。干部们普遍存在对林业的重要性以及林业建设的方针政策了解不够的现象，要在干部中多宣传，使干部充分认识到农业与林业的紧密关系，充分利用报纸"大量、迅速、正确"的特点，把合作造林、节省伐木的事情等林业方面的重要问题向干部以及群众们交代解释清楚；（2）造林护林应当有奖惩分明的法令。对造林育林方面的基本法规、条例、方针、目标、管理措施，都应该有明确的规定，最好由林垦部制定，让政务院来颁布。由于林业工作是全国性的，对在林业建设方面出现的乱砍乱伐、浪费木材等现象应当予以及时的批评，这样对保护林业资源也起到了警示和宣传的作用；（3）林业建设需要有长远的规划。造林并不是一蹴而就的事情，而是五十年、一百年的问题，林业建设应该从长远出发，从大处着眼，需要有长远的计划。姚依林是陈云在20世纪50年代领导经济工作时的重要助手，1981年陈云在评价姚任国家计委主任之后的工作时强调，像植树造林、治理江河等都必须有百年或几十年的计划。[1]

二、陈云林业建设思想的当代价值

森林是陆地生态系统的主体和重要资源，在全球生态平衡中和人类生存发展过程中起着不可替代的作用。如今林业问题已经上升到国家战略的高度。党的十八大以来，习近平总书记多次强调，建设生态文明是关系人民福祉、关系民族未来的大计。他在多个场合反复强调，绿水青山就是金山银山。山水林田湖是一个生命共同体，人的命脉在田，田的命脉在水，水的命脉在山，山的命脉在土，土的命脉在树。因此，抓好林业建设，对我国生态文明建设具有至关重要的意义。在梳理完老一辈无产阶级革命家陈云的林业建设思想后，我们发现其中一些思想对于我们今天林业建设与发展依然有借鉴价值。

---

[1]《陈云文集》第三卷，中央文献出版社1995年版，第486页。

1. 林业建设需要坚持绿色发展的理念

新中国建设时期，我国木材资源匮乏，陈云一直十分重视植树造林和对木材的开发利用，协调平衡了经济发展和林业建设之间的关系。新中国成立我国准备发展自己的汽车工业，但在选址问题上领导人意见分歧很大。在经过实地考察之后陈云提出把汽车工厂设在东北，一方面保证了汽车工业生产的木材需求，另一方面避免西北山上的木材被使用殆尽。绿色发展是以效率、和谐、持续为目标的经济增长和社会发展方式，生态林业建设必须要贯彻落实绿色发展的生态理念。我国虽然林业资源相对丰富，森林面积逐步扩大，生态环境逐步改善，但是依然有一部森林存在着粗放式经营、利用率低、发展模式单一的现象，再加上我国森林残次林较多，导致了低产值、微效益的状态产生，某种程度上会加剧我国森林资源的消耗。因此，从中央到地方在发展林业时必须要建立绿色发展的理念，坚持植树造林与节约木材双管齐下，摒弃牺牲自然资源和生态环境的传统发展方式，优化林业产业结构，加强科技与林业产业相结合，协调规划好林业发展的总体趋势。

2. 将"以人为本"作为林业建设的出发点和落脚点

我国过去林业经营中走过一段以牺牲林业的生态价值来换取木材生产、工业发展这种以物为本的发展方式，目的是为了追求国民生产总值。随着可持续发展思潮的升温并在世界范围内得到认同，发展可持续的生态林业逐渐成为各国林业建设的共识，20世纪90年代，我国的林业发展完成了重要的转变，林业建设开始成为一项社会公益事业。2003年通过了《中共中央国务院关于加快林业发展的决定》，确立了林业发展的指导思想、基本方针和主要任务。可持续发展的最终目的是要实现人与自然的和谐，因此林业建设的出发点和落脚点必须放在满足人民群众的利益上。林业部门要本着为民服务的原则，各项政策措施的制定要先考虑人民群众的利益，实现好、维护好、发展好群众多方的林业需求，以多种树、管好树、护好树为具体措施，加强林业的监督，建立完善畅通的群众诉求机制，维护林农的合法利益，引导更多的老百姓投入到林业建设中去。

3. 加强和完善林业制度化建设

新中国成立以来，我国林业建设经历了曲折的发展历程。其中不稳定的原因之一就是林业制度体系不完善。十一届三中全会以后，党和国家把工作重心转移到经济建设上来，林业的法制化建设开始起步，1979年通过了《中华人民共和国森林法（试行）》，随后，我国在林业方面制定了很多法律法规和管理条例，有力地保障了我国林业的可持续发展。现代林业发展要在坚持生态效益为主导的前提下，实现森林资源多功能利用。因此，需要进一步加大森林保护立法进程，明确各项行为规范，进一步加强林业执法力度，尽快完善用途管制措施，使得我国林业制度体系日臻完善。此外，还要加强对各级林业干部和群众林业法制教育和生态意识教育，提高全民环保意识和法制观念，依法打击各种开采破坏森林、浪费木材等违法犯罪行为，营造良好的护林造林的社会风气。

三、小结

陈云经历了我国革命、建设、改革的重要时期，他实事求是的工作作风贯穿他整个革命生涯。陈云始终强调林业发展对我国工农业生产以及群众生活的重要作用，他主持我国林业工作期间"不唯书，不唯上"，坚持从我国国情出发，将国家的经济发展与人民的生活相结合，将林业资源的开发利用保护与控制人口、治理环境污染等综合起来妥善规划和部署。在他的指导下，解决了我国木材供给不足的问题，不遗余力地推动了我国橡胶事业的起步和发展，扩大我国造林、育林的规模和速度。陈云对林业问题的思考以及他提出的一系列重要的举措具有民本性、前瞻性、务实性等特点，对我国林业发展作出了突出贡献，毋庸置疑，他是新中国林业发展的奠基者和推动者。习近平主席强调，发展林业是全面建成小康社会的重要内容，是生态文明建设的重要举措。探讨、继承和发扬陈云等老一辈领导人的林业思想，对于梳理我国林业发展的历史以及指导现代林业的发展具有重要意义，应结合当前的新问题新矛盾以及人民群众的诉求不断改革创新，推动我国的林业产业建设和生态文明建设。

（江丹，陈云纪念馆陈列编研部助理馆员）

李达的马克思主义中国化思想
及其现实启示

陈汝财

摘要：李达是中国系统传播马克思主义第一人。他不仅较早地提出并探讨了马克思主义中国化问题，实际上成为马克思主义中国化的主要开拓者，而且为毛泽东思想的形成、发展作出了巨大贡献，有力地推动了马克思主义中国化。李达关注中国问题，探索运用马克思主义系统研究中国哲学社会科学的方法，对今天我们继续推进马克思主义中国化，具有重大而深刻的启示。

关键词：李达；马克思主义中国化；启示

李达是中国共产党的主要创建者和早期领导人之一[1]，也是中国系统传播马克思主义第一人，是杰出的马克思主义理论家、宣传家、教育家。他以高度的社会责任感和历史使命感，主动担负起在中国半殖民地半封建社会白色恐怖状态下研究和传播马克思主义的历史任务。在研究、传播马克思主义过程中，李达较早地提出了"马克思学说与中国"的论题，主张并坚持运用马克思主义理论系统阐释、综合分析并指导中国革命的实践。在中国马克思主义传播史上，李达不仅较早地提出并探讨了马克思主义中国化问题，实际上成为马克思主义中国化的主要开拓者，而且为毛泽东思想的形成、发展作出了巨大贡献，有力地推动了马克思主义中国化。李达关注中国问题，探索运用马克思主义系统研究中

---

[1] 汪信砚：《"理论界的鲁迅"李达》，《光明日报》，2017年9月17日。

国哲学社会科学的方法，对今天我们继续推进马克思主义中国化，具有重大而深刻的启示。

一、李达在推进马克思主义学界多个学科的中国化方面提出了许多开拓性的思想

李达是近代中国马克思主义传播渠道中"日本渠道"的主要开辟者和"苏俄渠道"的重要参与者。他运用自己精通多国外语的语言优势，研究、宣传和传播马克思主义，并运用马克思主义哲学科学的世界观和方法论，系统研究马克思主义的经济学、社会学、法学、政治学和历史学等相关学科，为推进马克思主义学界多个学科的中国化，提出了许多开拓性的思想，作出了奠基性的贡献。

在马克思主义哲学中国化方面，李达独立地提出了中国化的马克思主义新哲学体系，准确系统地介绍了马克思主义理论的三个主要组成部分，较早从学术角度界定马克思主义哲学的"实践"品质，对辩证的唯物论、唯物论的辩证法、马克思主义哲学的性质等都有过具体而深入的研究。首先，他以学习和掌握科学社会主义理论为介绍、宣传马克思主义的切入点。早在日本留学期间，李达先后翻译《马克思经济学说》《社会问题总览》《唯物史观解说》等国外介绍马克思主义的通俗著作，对当时国内学习和了解马克思主义的三大理论马克思主义哲学、马克思主义政治经济学、科学社会主义产生了重要影响。1920年回国前，李达已成为马克思主义理论的笃信者和宣传者。李达先后投身于"社会主义论战"、"无政府主义论战"以及批判第二国际修正主义、第四国际"左"倾思潮等思想运动中，并与同仁共同创建中国共产党，撰写了《什么叫社会主义？》《社会主义的目的》《社会革命底商榷》《马克思还原》等系列文章，有力回击了当时的反社会主义思潮，澄清了思想理论界对社会主义的各种误读，向世人表明了马克思主义的"科学性"，在近代中国社会起到了理论先导作用。针对社会主义实现的问题，李达重点介绍了马克思恩格斯关于社会革命的原理。李达指出，马克思所述的社会革命的目的，就是"推倒有产阶级有特权的旧社会，组

织无阶级无特权的新社会"[1]，它根源于生产力与生产关系之间的矛盾，"发生于现社会的经济状态之变动"[2]，因此，探求其原因不能在"哲学中探求而得"[3]，而必须从社会的生产力与生产关系的矛盾运动中来理解和把握。李达阐述的无产阶级专政理论，为中国革命指明了前进的方向。在论述了无产阶级专政必要性与合理性的基础上，李达着重阐述了无产阶级专政的本质、职能和形式。无产阶级专政的国家"是一阶级压迫他一阶级的机关"，实行无产阶级专政的国家实质上是"劳动者的国家"，"马克思社会主义的性质，是革命的，是非妥协的，是国际的，是主张劳动专政的"[4]。1923年李达离开党中央机关后，继续坚持马克思主义理论的研究与宣传工作，其研究视野由科学社会主义、唯物史观等逐渐扩展到马克思主义经济学、货币学以及辩证唯物主义等方面。到20世纪三四十年代，伴随着学术思想的成熟，李达以唯物辩证法等马克思主义哲学理论为指导，以苏俄的社会主义实践为研究参照物，进一步深化了对马克思科学社会主义的理解与认识，其研究已由社会革命理论延伸到经济、政治、文化等社会主义国家建设方面。这对于无产阶级政党取得政权之后在新的历史起点上探索社会主义建设等问题具有重要的理论意义和现实意义。其次，以唯物史观作为研究和宣传马克思主义哲学的重点。在中国共产党主要创始人中，与李大钊、陈独秀相比，李达对马克思主义理论的研究与宣传更为深刻与系统，这与他在日本专门研读马克思主义理论的经历有关。李达在五四新文化运动期间，撰写文章宣传科学社会主义和唯物史观；建党后，通过创办学校、刊物等方式初步将唯物史观、科学社会主义等理论与中国具体实际相结合；大革命时期，系统研究唯物史观以适应革命形势的需要。李达不仅运用唯物史观阐述了社会革命的目的、性质、手段和方式，而且根据唯物史观初步分析了中国社会的实际情况。根据几年的教学研究心

---

［1］李达：《李达全集（第1卷）》，人民出版社2016年版，第47页。
［2］李达：《李达文集（第1卷）》，人民出版社1980年版，第47页。
［3］李达：《李达文集（第1卷）》，人民出版社1980年版，第47页。
［4］李达：《李达全集（第1卷）》，人民出版社2016年版，第59页。

得，他专门撰写了《现代社会学》等书详细论述了唯物史观、科学社会主义等理论，突出了唯物史观在科学社会主义中的基础地位，进一步增强了社会主义价值目标的理论说服力，回答了人们所关心的革命道路的性质问题，具有深刻的理论性和系统性。第三，以政治经济学的介绍和研究来论证马克思主义理论的科学性。经济学与哲学相结合的学术研究思路使得李达取得经济学和哲学研究的双丰收，成了"经济学和社会学名教授"。《中国产业革命概观》及其后发表的《中国现代经济史之序幕》《中国现代经济史概观》三本研究中国近现代社会经济的著作，是李达运用新的研究范式在经济学研究方面所取得的理论成果，从而开创了运用经济方法研究哲学问题的新传统。《经济学大纲》全面而准确地阐释了马克思主义经济学原理，明确了经济学的研究对象、任务和范围，提出了广义经济学和狭义经济学的概念，重视研究中国经济问题、经济现象，真正运用马克思主义哲学方法论分析中国的经济事实，从而得出科学论断。李达的经济学研究，一贯为"促进中国经济的发展才研究经济学"[1]，通过大量经济事实的数据分析和理论推理，科学界定了中国的社会性质和革命性质，为中国革命实践提供了重要的理论资源；重视总结理论研究的规律，李达通过经济学研究，纠正中国传播马克思主义初期对马克思主义哲学的理解和对社会主义的把握不准确、对中国社会性质和发展道路的认识不完整等局限性；坚持以马克思主义哲学为经济学研究的方法论，提出应该从经济基础出发研究中国的社会形态，批驳了从上层建筑入手研究社会的方法。第四，李达较早从学术角度界定马克思主义哲学的性质，强调马克思主义哲学是"实践的唯物论"，认为马克思主义哲学是"人类认识史的综合"。李达所主张的马克思主义哲学的实践精神，以马克思主义结合中国国情来探寻中国出路的思维取向，以及必须继承人类认识史积极成果的方法论原则，在21世纪中国马克思主义哲学中国化发展中仍然闪耀着不可磨灭的理论光辉，启示着中国马克思主义新哲学在新的世纪与时俱进、继往开来。第五，李达独

---

[1] 李达：《经济学大纲》，武汉大学出版社2007年版，第16页。

立提出，并初步构建了马克思主义哲学中国化的理论体系。经过十多年的系统研究，李达到20世纪30年代，借鉴苏联哲学教科书《唯物辩证法教程》和德文版《1844年经济学哲学手稿》，同时吸收国际马克思主义最新研究成果，结合中国社会实际，撰写了被毛泽东誉为"中国人自己写的第一本马克思主义哲学教科书"——《社会学大纲》。他将马克思主义哲学提炼为"唯物辩证法"；认为马克思主义哲学包括两大内容：辩证法的唯物论与唯物论的辩证法；提出，作为世界观，马克思主义哲学是"科学的历史观与科学的自然观的有机统一，统一的基础是社会的——生产的实践"。[1]

在马克思主义经济学中国化方面，李达结合中国具体实际对马克思主义政治经济学的独特阐发，不仅在中国较早系统宣传了马克思主义的政治经济学理论，而且对中国实行社会主义进行了深刻的经济学论证，科学地分析了中国革命与中国产业革命的关系，准确地回答了中国向何处去等问题。首先，李达系统考察中国产业革命，科学界定了中国社会的性质。李达经过建党前后的理论争鸣和学术批判，意识到要解救水深火热之中的中华民族，资本主义是行不通的，中国只能走社会主义道路。在《马克思学说与中国》一文中，李达探讨了中国无产阶级掌握政权后可能采取的政策。大革命失败后，围绕革命的前途等问题李达开始系统学习马克思主义经济学理论并运用于中国社会实际，以期能为中国革命进行充分的经济学论证。他参与"中国社会性质论战"，重视社会性质的经济学论证，撰写了《中国产业革命概观》，围绕近代中国革命这一主题，聚焦中国近代产业革命，寻求对于社会性质、革命前途等现实问题的正确解答，通过援引当时国内外有关中国经济的大量资料和数据，科学地界定了中国社会的性质——半殖民地半封建社会，详细分析了近代中国经济状况及产业革命发展的趋势等，进一步探讨了社会的改造，从而明确了产业革命的目的、作用和途径等。李达在该书最后一章得出结论："打倒帝国主义的侵略，廓清封建势力和封建制度，是中

---

[1] 李达：《社会学大纲》，武汉大学出版社2007年版，第41页。

国革命的唯一对象，同时又是发展产业的唯一前提。"[1]；要在中国发展产业，"必须打倒帝国主义的侵略，廓清封建势力和封建制度，树立民众政权，发展国家资本，解决土地问题"。[2]对照后来毛泽东在《中国革命与中国共产党》和《新民主主义论》等著作中所阐述的新民主主义革命理论，联系毛泽东与李达二人的密切交往，李达的结论显然是毛泽东思想的重要理论渊源之一。其次，李达在《中国现代经济史之序幕》和《中国现代经济史概观》两部著作中梳理了现代经济史脉络，凝练和勾勒了现代经济史的概貌。第三，李达开创了马克思主义经济学中国化的传统，取得卓有成效的研究成果。他撰写的《经济学大纲》参照了《资本论》德译本结合中国经济社会现实，积极吸收《资本论》前三卷和列宁的《帝国主义是资本主义的最高阶段》里的优秀成果，提出了许多精辟的见解。李达从《中国产业革命概观》到《经济学大纲》、《货币学概论》，不仅将唯物史观的基本原理运用于对中国近代经济史的宏观分析，而且还将之运用于对各种经济关系和经济要素的微观考察之中，开创了崭新的经济学研究范式。他将正确理解近代中国经济史的线索归纳为三条：帝国主义、封建主义和民族资本主义，并从总体上勾勒出三者之间的矛盾运动及势力消长的过程。李达还运用马克思主义经济学理论剖析近代中国社会，取得重要突破。第四，李达研究货币学理论，拓展了马克思主义经济学中国化的新领域。他撰写《货币学概论》系统阐释马克思主义货币学理论，批判和揭露西方其他货币学说错误之根源，科学分析资本主义货币体制，从经济学的角度进一步暴露了资本主义危机的根源，为中国革命进一步提供了经济学方面的理论依据。

在马克思主义史学中国化方面，李达系统钻研唯物史观，奠定了马克思主义史学中国化的理论基础；高度关注社会史论战，深刻阐释"中国社会史"论战的焦点问题，在中国社会性质、中国历史是否经过奴隶制阶段、亚细亚生产方式、中国的封建社会特征及断限、商业资本等问题上提出了自己的创见；重视社会经济形态理论，尝试构建马克思主义

---

[1] 李达：《李达文集（第1卷）》，人民出版社1980年版，第488页。
[2] 李达：《李达文集（第1卷）》，人民出版社1980年版，第495页。

史学的世界史体系。他的《现代社会学》《社会进化史》《社会之基础知识》等著作闪耀着唯物史观的光辉。

在马克思主义法学中国化方面，李达坚持以马克思主义理论为指导，树立科学的法律观，传播科学社会主义学说、科学的国家观，在科学国家观的基本理论框架内，展开了其法律观；运用唯物辩证法阐释法学，确立法学研究的科学方法，依据唯物辩证法对其他各派法理学研究方法一一加以分析评判；以国家与法律的关系为切入点，尝试构建中国马克思主义法理学的理论框架；科学阐释宪法理论，促进宪法知识的宣传和普及。其系列著作《法理学大纲》《谈宪法》《中华人民共和国宪法讲话》等，运用马克思主义观点，以通俗易懂的语言深入浅出地阐释了马克思主义法理学和宪法理论。

二、李达为马克思主义中国化理论成果毛泽东思想的形成和发展提供了思想养料

李达等早期领导人对马克思主义中国化理论的研究，为毛泽东思想的形成与发展作出了极其重要的贡献。一是李达早年翻译马克思主义哲学、政治经济学和科学社会主义的通俗著作，并主持创办《共产党》月刊及创办人民出版社、与毛泽东合办《新时代》等理论宣传活动，直接促成了早期党组织成员理论水平的提高，影响了一批先进知识分子自觉选择了马克思主义的人生道路。二是李达在《中国产业革命概观》中对近代中国基本国情的准确分析为毛泽东解决中国革命基本问题提供了理论依据。三是李达哲学著译《唯物辩证法教程》《社会学大纲》等为毛泽东哲学思想的形成提供了丰富的思想养料。毛泽东于1936年11月到1937年4月，仔细阅读了《唯物辩证法教程》，写了近一万三千字的批语。毛泽东对书中关于认识论和辩证法的相关内容，都融入了他的《实践论》中。他对第三章"辩证法的根本法则——由质到量及由量到质的转变法则"十分重视，批注达3万多字，将有关主要矛盾与非主要矛盾的关系、不同性质矛盾解决的不同办法、矛盾双方的辩证关系、对均衡论的批判等观点和内容被《矛盾论》作为观点或材料直接采用并予以深

化。毛泽东1938年1—3月对《社会学大纲》的密圈批画和多达3500余字的批语，充分展示了李达哲学思想与毛泽东在碰撞中产生的思想火花。

马克思主义传入中国之后，不仅使得中国政治、经济、社会生活发生了翻天覆地的变化，而且为社会科学研究提供了彻底的唯物辩证法的研究方法，为毛泽东思想的形成提供了土壤。李达同志致力于运用马克思主义系统研究哲学社会科学，其传播的马克思主义科学方法论汲取以往哲学、社会科学和实践的优秀成果和最新成就所构建起来的唯物辩证的科学研究方法，不仅研究了最一般的哲学问题，而且还总结了许多社会科学研究的具体方法，如观察、实验、数学、假说、分类、比较、归纳和演绎、分析和综合、抽象和具体、历史和逻辑等等。李达是马克思主义研究史上不可多得的多方面的学者，是马克思主义中国化理论多学科的奠基人，他开创了马克思主义学术中国化的先河，为马克思主义学科的建设作出了突出的特殊重要的贡献，为毛泽东思想在多个领域的发展提供了思想养料和可能性。

三、李达推进马克思主义中国化的理论创新，对今天继续推进中国特色社会主义具有重大的启示和借鉴意义

一是树立坚定的马克思主义信念和社会主义四个自信。崇高而坚定的马克思主义信念，自始至终贯穿于李达马克思主义中国化活动的始终。正是在这一崇高信念的指引下，李达学成归国后立即投入到中国革命的社会实践中去，积极参与、主持中国共产党的筹建工作、主持《共产党》月刊、创办人民出版社、创办上海平民女学等。李达一生的传奇经历，既反映了判断是否属于马克思主义者的标准，不仅仅看他组织上是否参与共产党组织，更重要的是看他是否树立了马克思主义的坚定信念，能否在思想上和行动上严格按照马克思主义的立场来严格要求自己，也反映了马克思主义中国化的客观要求至少应包括理论创新与实践创新两方面。这对于我们提高党员素质、在中国特色社会主义新时代起点上推进党的建设新的伟大工程、永葆共产党员先进性和纯洁性，树立社会主义道路自信、理论自信、制度自信和文化自信，具有重要的启示

和借鉴。

二是坚持以马克思主义的态度对待马克思主义。马克思主义是科学的世界观，它要求人们必须以科学的而非宗教的或神化的眼光来看待马克思主义的基本原理和基本观点，坚持从社会实践和人们的现实生活来认识社会、认识世界，以勇于追求真理，探求真理的科学精神，根据历史条件的变化，对实践中遇到的一些重大问题给予符合实际的科学回答。把马克思主义看作科学的方法论，最根本的就是要用唯物辩证法看问题，就是要坚持理论联系实际的方法。要以实践的观点对待马克思主义。马克思主义的全部理论都是实践的产物，需要在实践中不断接受检验、修正、补充和不断创新。我们今天学习的经典著作，实际上是作者对当时实践的反映，而不是对今天和今后的实践与现实的反映。它有科学预测和预见，但不可能对今天和未来的实践提供完整的正确答案。"文化大革命"时的"顶峰论"和粉碎"四人帮"后出现的"两个凡是"的观点，把毛泽东思想凝固化、绝对化了，是不可取的。当然，我们既要反对以马克思主义的变化、发展来否定其基本原理的普遍性、理论体系的科学性的倾向，又要投身新实践，发现新情况，解决新问题，总结新经验，反对教条主义和经验主义。既要坚持马克思主义，又要发展马克思主义，做到在坚持中发展，在发展中坚持，做到坚持和发展的统一，积极推动马克思主义中国化，运用马克思主义中国化的科学方法，为人类社会的发展、为发展中国家建设社会主义、为治国理政，提供中国方案、展现中国智慧。

三是重视从大众化的角度拓展马克思主义中国化的研究视野。马克思主义中国化要求大众化，马克思主义大众化以中国化为前提。李达以其一生的理论活动及其对马克思主义中国化的重大贡献向我们昭示，以大众化的角度拓展马克思主义中国化的研究视野尤为重要。要使马克思主义理论真正能够"掌握群众"并通过人民群众的社会实践转化为现实的物质力量，推进主体必须深入研究马克思主义中国化理论体系向教育体系、传播体系的转化途径和方式，以让人民群众知道通过何种途径和方式知道、了解并运用马克思主义于社会实践，深入研究如何凝练马克思主义理论的主要内容并以人民群众喜闻乐见的方式宣传马克思主义以使人民群众真正掌握马克思主义理论。党的十九大后，以中国语言，展示中国智慧，提供社会主义发展的中国方案，不断推进马克思主义中国化的理论创新，提出新的概括，具有十分重大的意义。

（陈汝财，湖南省永州市李达故居管理处副主任）

试述林枫同志为我国文教事业发展作出的卓越贡献

邱宏伟

摘要：林枫同志是杰出的无产阶级革命家和教育家，虽然他离开我们40年了，而他对文教事业倾注的大量心血，为我国文教事业发展作出的卓越贡献，今天依然影响着我们。近几年，在林枫同志子女的推动下，林枫文教事业不断发展壮大，为传承红色文化，弘扬晋绥精神，继承前辈忠于党、忠诚祖国，全心全意为人民服务的精神和对文教事业的耿耿热忱，为家乡望奎、革命老区、中西部贫困地区培养建设人才，推广先进的教育理念和教育方式，推动贫困地区的教育事业发展贡献着自己力量。

关键词：林枫；文教事业

林枫同志是中国共产党优秀党员，伟大的共产主义战士、马克思主义者，杰出的无产阶级革命家和教育家，中国共产党第七、第八届中央委员，第二、第三届全国人大常委会副委员长。[1]

林枫同志1906年9月30日出生在黑龙江省望奎县，1923年离开家乡赴天津求学，开始接触马克思主义，1927年3月在天津南开中学加入中国共产党，1977年9月29日在北京逝世。在五十余年的革命生涯中，他积极投身于我们党领导的新民主主义革命、社会主义改造和社会主义建设。

---

[1] 王兆国：《在纪念林枫同志诞辰100周年座谈会上的讲话》，2006年9月29日。

在林枫同志工作的各时期，都十分重视文教工作，特别是到中央工作以后，更是对教育工作倾注了大量心血，为祖国文教事业的发展作出了不可磨灭的卓越贡献。

一、林枫同志各时期的工作经历

1. 革命初期（1923~1936年）

林枫同志在青年时期就怀着改造社会、振兴中华的远大志向，看到旧中国满目疮痍、民不聊生的景象，他日夜忧愤、上下求索，热切追寻救国救民的真理。1924年夏，他考入天津南开中学后，在同学中广泛开展进步思想宣传活动，用实际行动向党组织靠近。1925年，在中共组织领导下，林枫同志以学生会会长的身份向同学们报告了"五卅惨案"的经过，控诉帝国主义和反动政府的罪行。这一时期，按照党组织指示，林枫同志在天津南开中学创办了平民夜校，他既做校长，又兼教员，不论严寒酷暑或狂风暴雨，他都准时前往上课，还经常到工人和贫民住处进行访问，了解困苦，鼓励他们起来斗争。1933年，任中共北平市委书记，他是北平学生运动的主要领导人和党在北方地区重要负责人之一，在那个风雷激荡的年代里，林枫同志积极领导学生爱国运动。1935年12月，"一二·九"运动爆发，在他的直接领导下，北平学生运动深入开展，继而又进行了"一二·一六"运动，运动很快扩展为全国规模的群众运动，有力地推动了全国抗日救亡运动的高涨。1936年2月，林枫同志调任中共天津市委书记。5月，任中共中央驻北方代表、中共北方局书记刘少奇同志的秘书。在此期间，他全力协助刘少奇同志开展华北地区党的工作，摆脱了"左"、右倾的干扰，积极贯彻党的抗日民族统一战线政策，党的主张得到了群众的支持和拥护，使群众更加紧密地团结在党的周围。

2. 抗日战争时期（1937~1945年）

"卢沟桥事变"后，林枫同志前往山西工作，他是晋绥抗日根据地的主要创始人之一。曾先后担任中共山西省工委副书记，中共北方局组织部部长，中共晋西南省委（后称晋西南区党委）书记兼八路军115师晋西支队政委，晋西区党委书记，中共中央晋绥分局副书记、代书记，陕甘宁晋绥联防军副政委，晋绥军区副政委、政委，晋西北临时参议会议长等职务。

1937年11月，周恩来、刘少奇和中共中央北方局、山西省委、八路军驻太原办事处转移到临汾，临汾古城实际上成为北方抗日战争的中心，山西前线成为中外瞩目的战场。在此期间，周恩来亲自向山西省委提出"20天扩军3000人"的任务，林枫同志亲自安排部署，在他的积极引导下，山西省委提前5天完成这项紧急任务。在粉碎阎锡山策划的晋西事变的斗争中，他临危不乱，沉着应对，坚持有理、有利、有节的斗争原则，积极组织八路军晋西支队和新军各部自卫反击，成功地保存了我党领导的晋西南新军和八路军的有生力量，终使顽固派以惨败而告终。在此期间，他协同贺龙、关向应发动群众、发展党员、培养干部、建立民主政权、恢复和发展生产，全力支援延安的财政经济；建立和发展人民武装、坚持敌后游击战争，积极贯彻毛泽东同志"把敌人挤出去"的方针，不断扩大根据地，为延安的坚实屏障；积极稳妥地建立了和各根据地之间的秘密交通线，在这些方面，同贺龙、关向应一起为党所领导的革命军民打败日本帝国主义，为推翻国民党的统治积蓄重要力量，建立了不朽的功勋。

1938年，在北方局和省委驻地临汾期间，针对当时形势发展的紧迫需要，林枫同志负责创办了4期"北方局党员训练班"，每期学员十几人到几十人，时间为一周至半月，由刘少奇、林枫等负责同志亲自讲课，经短暂学习，学员在思想上、党的基本知识和基本政策上，都有不小的进步。晋西南区党委成立不久后，又在孝义禅房头办起了党校[1]，林枫同志兼任校长，张友清任副校长，郭明秋、林月琴等任教员。在禅房头村大槐树下的王家大院就是学员们上课的教室，这个教室没有黑板、没有桌凳，上课时只有站在大槐树下讲课的"老师"和席地而坐听课的

---

[1] 1938年秋，晋西南区党委成立党校，位于今山西省吕梁市禅房头村曾经的王家大院。因村头建有玉泉寺，寺又称禅房，故更村名为禅房头村，王家大院在新农村建设中被拆迁。

学员。根据当时形势发展的需要，党校设半月班、一月班、三月班，全区党员基本轮训一遍。通过学习，党员干部在政治思想和政治水平上都有一定程度的提高，成为县、区、行政村级党、政、群工作的骨干，为开展晋西南工作、创建晋西南抗日根据地培养了大批干部。林枫同志还领导相继创建了抗大七分校[1]、鲁艺晋西北分院等干校，训练了大批军事、政治、经济、文化干部，恢复和新办各类学校及多种社会教育组织。

3．东北建政时期（1945～1954年）

在林枫同志诞生、成长的黑龙江和整个东北，是沙俄和日本帝国主义最早侵入的地区，经中日甲午战争和日俄战争以后，侵略者的魔爪更是时刻妄图吞并这块富饶的土地，"九一八"事变使我国东北沦陷。

1945年，林枫同志当选为中共七大中央委员。会议期间，中央召开了几次东北籍代表座谈会，提出了争取东北的战略方针。9月，党中央、毛主席委派林枫前往东北工作，他率一大批中高级干部从延安迅速到达东北，为创建东北根据地赢得了宝贵的时间。林枫同志在东北工作期间，历任中共中央东北局委员、组织部长，东满分局书记和军区政委，东北行政委员会主席，东北局常委、东北人民政府副主席，东北局第一副书记、代书记。他为东北民主建政、恢复生产、发展工农业、恢复文化教育及支援解放战争和抗美援朝战争都作出了突出贡献。

伪满统治期间，侵略者在东北推行殖民地愚民政策，实行法西斯奴化教育，使东北学校教育受到极大摧残。在教育内容上，开"建国精神"课，灌输"日中亲善"、"王道乐土"、"同文同种"、"同存共荣"、"惟神之道"的殖民思想，以摧残中国人民的民族意识。[2]与此同时，对具有民族意识的爱国进步知识分子进行残酷迫害，还使用鸦片政策，麻醉、残害中国人民。为了扭转这种局面，1946年元旦，林

---

[1] 中国人民抗日军政大学第七分校，位于现山西省华池县。抗大七分校学员积极响应党中央"自己动手、丰衣足食"的号召，一边学习，一边生产，创造了丰厚的物质和精神财富。校部旧址背依东华池砖塔，面临"花池水"，被誉为"陇上小延安"。
[2] 麻服俐、尹文杰，《日伪统治时期东北殖民地文化教育》，《黑龙江档案》1999年第4期。

枫同志在《东北日报》发表《阐明共产党对于东北时局的具体主张》，以唤醒东北人民多年以来被麻痹的思想。文中指出：我们东北人民已从日本法西斯强盗的奴役下解救出来了，现在东北人民应成为东北的主人翁了。文中对实行民主自治，组建东北人民自治军，男女平等、停止内战、繁荣经济、改善民生，迅速安定社会秩序，建设一个和平、团结、民主、幸福的新东北，以保障东北人民之人权、政权、财权、地权及尊重少数民族文化信仰和合理保护侨居东北的外籍人口等进行了观点阐明。文中还提出"废除法西斯的奴化教育，发展新民主主义的文化教育，实行免费的普及教育，反对学校当局对学生的专制，实行学生自治"的举措，开创了东北新文化教育的先河。林枫同志当选为东北行政委员会主席后，主持制定的《东北各省市（特别市）民主政府共同施政纲领》，对彻底废除长达14年的日伪统治和推翻国民党的"党化教育"起到了积极作用。他还十分重视对历史文化遗产的抢救保护，使张择端《清明上河图》、周防《簪花仕女图》、蒲松龄《聊斋志异》半部手稿等一部分珍贵的历史文物、古籍善本及字画得以保存至今，并创建了东北博物馆和东北图书馆，极大地推动了新中国文博图事业的发展。[1]他还创办了多所大学院校并亲自担任东北行政学院院长（即吉林大学前身），他为改造旧教育，发展新教育倾注了大量心血，对肃清东北地区青年中的盲目正统观念，提高东北青年和人民政治思想觉悟、文化水平，吸引知识青年参加革命工作，为革命和建设事业培养干部和专门人才作出了巨大贡献，并积累了丰富的经验。

4. 中央工作时期（1954~1968年）

1954年底，林枫调中央工作。历任中共中央东北地区工作部部长、中共中央副秘书长、国务院第二（文教）办公室主任，中共中央文教小组成员，第二届全国人大常委会副委员长，国务院业余教育委员会主任，中共中央高级党校校长、校委书记，第三届全国人大常委会副委员长等职。

---

[1] 邱宏伟：《林枫同志对新中国文化遗产保护的卓越贡献》，《经济研究导刊》2009年23期，第193页。

这一时期，林枫同志将全部精力放在文教工作方面，他协助总理管理全国教育、文化、卫生、新闻、广播等部门的工作。在教育工作方面，他不仅对普通教育、职工教育、高等教育十分关心，而且对成人教育、业余教育倾注了更多的心血。主持制定"高教六十条"[1]等教育工作条例，研究、推行教育改革，对我国教育事业发展产生了重大而深远的影响。同时，他把业余教育办学原则归纳为16个字：结合生产，统筹安排，灵活多样，因材施教。为了巩固业余教育已取得的初步成果，1958年秋至1959年春，在林枫同志的推动下，陆续在天津、哈尔滨、福建等地召开现场会议，介绍办学与教学经验，讨论继续发展和巩固提高工农业余教育问题，对工作的规划和规章制度问题进行了研究。林枫同志在天津职工教育座谈会上讲到："办职工教育，搞文化革命，是一个大规模的群众运动。必须在党的领导下，充分发动群众，通过群众的自觉行动，使他们真正成为文化的主人。"1960年6月，全国教育和文化、卫生、体育、新闻方面社会主义建设先进单位和先进工作者代表大会在北京召开，刘少奇、周恩来、朱德、宋庆龄、董必武、邓小平等出席开幕式。林枫同志作了题为《大搞文化革命，实现工农群众知识化，知识分子劳动化》的工作报告，强调知识分子努力学习毛主席著作，加强思想改造，走与工农相结合的道路，为社会主义建设作出更大贡献。

林枫同志1963年初至"文化大革命"在中央高级党校工作，为党校事业的发展倾注了大量心血，为党的干部教育事业作出了重要贡献。林枫同志十分重视中央提出"重新教育干部"的重要任务，对我党有实践经验的中层干部进行着重培养。当时党校设有培养省、部级干部研究班、轮训司级干部的普通班、培养理论工作和宣传工作骨干的理论班。在他的领导下，1963年9月至1964年10月，还举办了一期较大规模的轮训干部的普通班，共有学员520人，绝大部分是党龄在20年以上的中层干部。林枫同志认为，他们有一定的实践经验和政治水平，加强培养，可以成为党的事业发展的坚强接班人。林枫同志还十分重视党的青年理论

---

[1] 1961年9月，庐山中央工作会议上获得通过，全称《教育部直属高等学校暂行工作条例（草案）》，因共分十章、六十条，故被简称为"高教六十条"。

队伍和党校师资队伍建设。他从党的事业长远发展出发，作出了有计划地培养青年理论干部的部署，并提出了党校要贯彻学习理论、调查研究和实践锻炼三结合的原则，主张培养能够解决实际问题的马列主义理论工作者，反对关门办党校，要求教师和学员与群众生活在一起，与群众保持经常的联系，在实际工作中，锻炼和提高自己解决实际问题的思想水平和工作能力，这些举措为党校事业培养了一支老中青相结合，既懂得马列主义，又能够解决实际问题的师资队伍，为党校事业的发展提供了重要保障。

二、望奎县林枫文教事业的发展

林枫同志是从黑土地走出来的唯一一位亲历新民主主义革命、社会主义改造和社会主义建设时期的老一辈无产阶级革命家。同时，也是黑龙江民主政权的奠基人之一，黑龙江恢复发展农业生产的直接组织者和黑龙江新文化教育事业的拓荒人，他毕生献身于无产阶级革命斗争和社会主义建设事业，作出了重要贡献。[1]

林枫故居坐落于黑龙江省望奎县，建于1918年。1992年，经省委、省政府批准对林枫故居进行维修，并于1994年7月26日成立林枫同志故居纪念馆。纪念馆占地面积6000平方米，建筑面积1800平方米，建筑由仿古门楼、影壁墙、正房、东西厢房、东西耳房等构成，系典型东北民居四合院建筑风格。现为省级文物保护单位、省级爱国主义教育基地，省级国防教育基地，省军区革命传统教育基地，国家AAA级旅游景点。现有藏品千余件，其中林枫同志珍贵遗物58件/套。《林枫生平事迹》陈列通过"追求真理　进关求学"、"领导学运　抗日救亡"、"晋绥抗战　斗日驱阎"、"东北建政　鞠躬尽瘁"、"改造教育　呕心沥血"、"伟人长逝　风范永存"六个单元对林枫同志的生平事迹做了简短、详尽、全面的概括，谱写了林枫同志平凡而伟大的一生，表现了林枫同志职业革命家形象，极大地推动了爱国主义教育、革命传统教育在社会主义精神文

---

[1] 刘东辉《在纪念林枫同志诞辰100周年座谈会上的发言》，2006年9月29日。

明建设和社会主义经济发展建设中的独特作用和影响，现已接待游客近百万。[1]同时，《寄情斋》、《郑家实业再现》等附属陈列相继对外开放和"前进中的望奎"、"望奎县摄影展"、"望奎县工艺美术展"、"馆藏书画展"、"望奎县荣誉展"等临时展览的举办，更是集中展现了望奎县政治、经济、文化的发展状况与时代变迁，对提高望奎县文化发展起到了极大的推动作用。在配合开展爱国主义教育和革命传统教育方面也发挥了积极作用，现已成为望奎县及周边市、县开展政治学习及缅怀老一辈无产阶级革命家的重要场所，特别是在配合广大青少年进行社会教育活动、配合广大党员干部积极开展保持党员先进性教育、学习实践科学发展观、党的群众路线教育实践活动中发挥了重要作用。

多年来，望奎县深入实施"文化兴县"、"科教强县"发展战略，大力繁荣发展特色文化，全力推进素质教育，全县文化教育事业得到了长足健康发展。在林枫同志子女的推动下，2007年12月，成立望奎县林枫研究会，会刊《林枫研究》已印发15期，研究文章二百余篇，望奎县林枫研究会已跻身于全国老一辈无产阶级革命家的研究行列。2012年9月，望奎一中挂牌林枫中学，学校以传承林枫教育思想为内容，在教职员工和学生中开展"讲林枫光辉业绩、学林枫精神活动"，定期组织学生参观林枫纪念馆，充分利用现代化教学资源，提高教学水平和学习质量，充分发挥林枫教育基金的激励作用，全面调动教师教学敬业和学生自觉学习的积极性。2013年10月14日，望奎县林枫文教事业发展促进会（望奎县林枫教育基金会）成立，标志着望奎县林枫文教事业进入了一个崭新阶段，不仅有利于进一步传承和发扬林枫的伟大精神，更为推动全县文教事业快速发展提供了新的机遇、搭建了新的平台，这对于培养更多的优秀人才、加快和谐望奎建设必将产生重要而深远的影响。同时，也充分表达了林枫同志子女秉承父亲遗愿、传承林枫精神、关爱家乡父老的情愫、关心家乡经济社会发展的意愿以及关怀家乡文教事业的心境。

---

[1] 邱宏伟：《林中千年树 枫叶万代红》，黑龙江省博物馆馆刊《博物馆》2015年第3期，第11页。

三、全国林枫文教事业的发展

近几年，为传承先辈遗志助力教育发展，在林枫同志子女的推动下，林枫文教事业不断发展壮大。2011年10月18日，山西省汾阳二中（现为第五高级中学）挂牌"林枫中学"；2014年10月21日，为传承红色文化，弘扬紧随精神，在山西省吕梁市兴县成立"山西省晋绥文化教育发展基金会"；2015年6月3日，河南省方城县厚德学校挂牌"林枫中学"；2016年12月8日，在河南省郑州市成立"林枫教育基金会"并资助郑大附中教育集团设立的"林枫班"和"林枫奖学金"；2015年10月29日，在张家口成立"张家口林枫·郭明秋教育奖励基金会"；2017年4月26日，广西壮族自治区都安瑶族自治县高级中学挂牌林枫中学、林枫教育基金会广西分会。

林枫教育基金会的成立和林枫中学的挂牌是通过自建、联建、联办等多种方式，在林枫的家乡、革命老区、中西部贫困地区，以推广先进的教育理念和教育方式，全面推动贫困地区的教育事业发展，为家乡望奎、革命老区、中西部贫困地区培养建设人才。同时，也是为了完成前辈愿望，缅怀父辈在战争年代的卓越贡献，继承他们忠于党、忠于祖国，全心全意为人民服务的精神和对教育事业的耿耿热忱，更是为祖国文化教育事业的发展贡献着力量。

在林枫同志逝世40周年之际，让我们深刻缅怀为祖国文教事业发展作出卓越贡献的老一辈无产阶级革命家、教育家林枫同志。

（邱宏伟，黑龙江省绥化市望奎县林枫同志故居纪念馆副研究馆员）

"根据人民的最大利益"： 宋庆龄发展思想研究

杭　垚

摘要："发展研究"是第二次世界大战后兴起的新的研究领域，旨在为第三世界国家提供政治、经济、社会、文化等领域的理论指导和实践方案。然而，发展研究作为一门学科越来越受到来自不同方面的挑战。围绕着如何实现发展形成了不同的理念和实践，中国领导人为此付出了不懈努力和长期探索。其中宋庆龄的思想也蕴含着深刻的发展理念，一方面，其理念不仅是经济发展，同时也包括政治、社会等多个领域；另一方面，其发展理念更多地从中国国情出发，是符合中国实际的发展观。

关键词：发展研究；宋庆龄；宋庆龄思想

"发展研究"（Development Studies）是第二次世界大战后兴起的新的研究领域，缘起于发展经济学这一针对殖民地经济的经济学分支，并在20世纪60年代后成为社会科学界的跨学科热点议题，其基本目标在于为在非殖民化和民族民主运动中获得独立的第三世界国家提供完善政治、经济、社会、文化等领域的理论指导和实践方案。[1]尽管作为学术术语的"发展"成为国际话语的重要概念尚不足百年，但"发展"的概念古已有之，自法国大革命开始向全球传布，现代意义上的"发展"肇始于美国总统哈里·杜鲁门（Harry S. Truman）在1949年就职演说中提到的"第四点计划"（Point Four），"全世界超过半数的人口居住在濒于窘迫的境况

---

[1] Uma Kothari, ed., A Radical History of Development Studies: Individuals, Institutions and Ideologies, London: Zed Books, 2005, pp. 3-7.

里，食物不足，疾病困扰……其贫困对于他们自己和发达地区都是障碍和威胁"。[1]当代"发展"来源于这样的理念，即社会经济条件可以而且应该被改善，并应该实施专门的政策来实现这种改善；同时"发展"也是一个极富争议的概念，其所具有的建构色彩也一再被人指出。[2]但对当代世界大部分国家、尤其是发展中国家而言，"发展"意味着经济进步、社会完善和政治稳定，是其从世界体系边缘跃入核心的有效路径；对于第三世界国家的领导人，"发展"更是实现其理想抱负和政治意图的绝佳手段，其正当性与合法性毋庸置疑。

因此，围绕着如何实现发展形成了不同的理念和实践，中国领导人为此付出了不懈努力和长期探索，并取得了卓越成就。有着深切爱国主义情怀和社会实践经验的宋庆龄也对"发展"进行了探索，在国家建设、社会福利、人民民主和统一战线等多个层面形成了自己的思想，取得了一定成效。目前，国内学术界对宋庆龄思想的研究大多以革命与建设、战争与民生、女性与儿童划线，将其思想分别融入上述几个领域进行纵向研究，对于不同领域之间的横向联系则关注较少；[3]有鉴于此，

[1] "Inaugural Address of Harry S. Truman," http://avalon.law.yale.edu/20th_century/truman.asp

[2] 比如阿图诺·埃斯科瓦尔认为，"发展"的实质是高收入国家的一种霸权政策。以"发展"之名形成的国际格局体现了诸国权力的不平等，代表着那些使国际格局得以发挥效力的国家的利益，见Arturo Escobar, Encountering Development: The Making and Unmaking of the Third World, Princeton: Princeton University Press, 2014. 吉尔伯特·里斯特追溯了"发展"概念的起源和变化，呼吁人们注意这一现象：尽管几十年的"发展"旨在缩小差距，但是世界各地的经济不平等在持续扩大，见Gilbert Rist, The History of Development: From Western Origins to Global Faith, London: Zed Books, 2013。

[3] 代表成果主要有王保清、吴传煌：《论宋庆龄的爱国主义》，《兰州大学学报》1988年第4期；吴淑珍：《论宋庆龄的民权观的形成》，《中山大学学报》1992年第2期；彭承福、山水：《论宋庆龄政治思想的转变》，《西南师范大学学报》1993年第1期；宋士堂：《孙中山宋庆龄社会主义思想论》，红旗出版社1994年版；吴传煌：《宋庆龄的现代化思想刍论》，《甘肃社会科学》1996年第2期；肖际唐：《略论宋庆龄的妇女解放思想》，《华南师范大学学报》1997年第4期；吴淑珍：《略论宋庆龄的妇女解放思想》，《中山大学学报》1997年第5期；张良才：《宋庆龄的儿童教育思想及现代意义》，《华东师范大学学报》1998年第2期；霞光：《宋庆龄女性主体意识及其对现代女性的启示》，《深圳大学学报》2002年第5期；朱玖琳：《宋庆龄基督教思想之演变》，《探索与争鸣》，2004年第7期；李雪英：《宋庆龄思想纲要》，中共中央党校博士学位论文，2008年。

本文以"发展"为主题，试图勾勒出宋庆龄对于新中国如何发展的回答和实践，在丰富宋庆龄思想研究的同时回归当下，在国际格局巨变的年代里寻求对于中国发展的意义。

一、发展研究及其争议

现代发展研究早已超越经济学的藩篱，而是综合使用经济学、政治学、社会学、历史学等学科的研究方法，力图对战后新独立国家的发展问题提供理论分析和政策建议，并由此深入，对15世纪以来深刻影响人类历史的现代化进程进行了一系列考察。从发展研究出现伊始，针对主流发展思潮的批判就一直没有停止过，但发展理论所坚持的将在西方社会、经济和政治体系发展方面的经验普世化这一使命一直主导着发展的理论和实践，围绕"发展"的主要争议并非应不应该发展，而是究竟何为"发展"以及如何发展。

发展是错综繁复的，工业革命产生的现代性赋予了西欧无可比拟的优势，使得西欧率先突破了传统的发展模式。这种现代性奠定了整个世界发展的方向，"后发外生型"的现代化国家或多或少遵循了西欧发展的轨迹，直接或间接地与之产生交互。

20世纪50年代出现于美国的"现代化理论"可谓发展研究的先声。这一学派一开始就将现代化与"理性化"、"西化"、"工业化"混同起来，强调"传统"与"现代"的两极对立，并力图为现代化确立量化的统计标准。社会学家艾森斯塔德明确宣称，发展是一个"朝着欧美型的社会、经济和政治系统演变的过程"。[1]随着现代化发展理论越发背离发展中国家的实际，修正学派于60年代逐渐兴起，在对发展中国家进行个案研究的基础上，对"传统"与"现代"的二元分立进行批评，同时认为，发展不再仅仅是经济发展，更不能等同于国民总产值的增长，因此社会发展和政治发展开始被提上议事日程。与此同时，边缘群体争取权利的社会正义运动在西方发达国家兴起，推动发展研究进一步走向

---

[1] 转引自丁建弘：《发达国家的现代化道路》，北京大学出版社1999年版，第2页。

激进。尽管激进发展研究充满了新左派的战斗精神和对发展中国家的同情，但80年代以后拉美和东亚新兴工业国家的崛起却打破了理论中的依附关系，激进学者提出的观点无法解释全球化时代的这一新现象。

20世纪80年代中期以后，有关发展的纯理论著作逐渐减少，发展研究似乎逐渐步入了以地区性个案研究为主的实证阶段。进入90年代，全球化取代"发展"成为学界关注的热点问题。从整体来看，发展研究内部最根本的理论矛盾，既不是传统和现代的关系问题，也不是发达和不发达的关系问题，而是发展价值观自身内部目的和手段的关系问题。在不断深入的研究中，学者们逐渐认识到，发展不仅仅是一国的经济发展，而应当是全方位、国际性、可持续的发展。另一方面，发展研究的理论流变受到西方发达国家社会背景的强烈影响，却与发展中国家现实若即若离，从而构成了发展研究外部理论与实际的严重脱节。发展学者们所制订的发展政策，50年代还在新独立国家中颇受欢迎，六七十年代就只能通过国际组织的援助计划来落实，80年代以后几乎完全沦为理论探讨而无法付诸实践。

然而，发展毕竟要以经济的发展为基础，发展中国家的发展也必须从其自身的基本国情出发。因此如何处理经济发展与政治、社会、生态等领域的发展成为发展研究无法回避却又争议不断的重要话题，如何结合发展中国家的实际，也是发展研究始终需要回答的问题。作为政治家和爱国者的宋庆龄，毕生致力于民族民主革命、新中国建设和人民福利事业，对于中国如何发展进行了自己的思考和回答：一方面，宋庆龄的思想蕴含着发展的思路和取向；另一方面，宋庆龄对于发展的思考并未停止，在人生的不同阶段有着不同的探索和观点。

二、从民生到人民：中国的经济发展

作为一个关心中华民族命运与前途的政治家，中国经济如何发展始终是宋庆龄关注的重点问题。作为民主革命先行者孙中山先生的夫人，宋庆龄的经济思想深受孙中山民生主义的影响。民生主义作为三民主义的一环，是孙中山经济发展方案的核心。孙中山在香港接受教育并在美国生活多年，深受19世纪后期美国经济学的影响，尤其是亨利·乔治的学说，即以土地税为单一税的观点。在此基础上，孙中山主张核定全国地价、平均地权、土地价值增长归国家所有，并要求"节制资本"，以限制私人资本无限膨胀给国家和社会带来的恶果。对于上述观点，宋庆龄深表拥护并一以贯之。

1928年12月东北易帜标志着南京国民政府在形式上统一全国，但国家统一并未结束党派之争和武装冲突。从1930年12月开始，蒋介石征调大量军队围剿中国共产党和红军，江西、湖南、福建各省饱经战火，民生建设让位于内战需求，财政收入被用于战争，直到西安事变和平解决，中国内战才基本结束。随后，在1937年2月召开的国民党五届三中全会上，宋庆龄即提出发展经济的主张，积极呼吁国民政府开展民生建设，保护社会弱势群体，"几年来，铁道和公路建设虽然有一些进展，但人民的生活状况依然没有改进。这是国民党执政以来的最大问题。乡村中是一片贫困、疾苦和灾难的景象。我们的农民仍受尚未废除的封建残余势力的搜括，以及苛捐杂税的痛苦。而农民是中国经济的骨干。城市中的失业问题正影响着劳苦大众。不仅工人的处境十分凄惨，青年知识分子也找不到工作"。解决这一问题的办法就是发展经济、改善人民生活，因此她明确指出，"改善人民的生活是任何中国政府的主要任务"。在这篇题为"实行孙中山的遗嘱"的演说中，宋庆龄把经济发展作为中国战胜日本侵略者的重要手段，而将民生主义作为经济发展的指南，即"发扬群众对建设的主动性和热情。只有这样，民生主义才能实现"。[1]随后宋庆龄在1937年4月发表的文章《儒教与现代中国》中引用孙中山的话说，民生就是社会一切活动中的原动力。因为民生不遂，所以社会的文明不能发达，经济的组织不能改良，道德退步，种种不平的事情，像阶级战争和对工人的残酷行为以及其他形式的压迫，都要发生，都是由于民生不遂的问题没有解决。所以社会中的各种变态都是

---

[1]《实行孙中山的遗嘱——在国民党三中全会上的演词》，《宋庆龄选集》（上卷），人民出版社1992年版，第165—170页。

果，民生问题才是因。[1]

即使在抗日战争爆发后，民生主义仍然是宋庆龄经济发展的中心思想。抗战一周年之际，宋庆龄指出，战时经济建设不仅将为战争胜利奠定基础，更重要的是可以改善人民生活。"经济建设以军事为中心，同时注意改善人民生活，奖励海内外人民投资，扩大战时生产"，并呼吁开发云、贵、川等西南内陆地区，而"改善人民生计，非空言足以取信人民，须立即求其实施"。[2]为此，宋庆龄积极参与斯诺夫妇与路易·艾黎发起的中国工业合作运动，该运动生产了大量军工品和日用品，丰富了日益匮乏的国内市场，一定程度上解决了后方工人和难民的生活问题。安顿流亡人口、进行生产自救是工合运动的重要目标，宋庆龄呼吁，"我们希望以工业合作社来吸收大批的难民"，"利用一切的失业工人，使我们的士兵获得衣食，并且免除饥荒，以及别种的经济不稳"。[3]

但随着中国时局的变化尤其是社会主义新中国的建立，宋庆龄的经济思想逐渐与社会主义建设结合起来，超越了民生主义的范畴。

一方面，宋庆龄不再空泛地谈论改善民生，而是重视工业化对改善民生的基础性意义。她在讲话中不断说明工业化的重要意义。首先，工业化将直接改善人民生活，提升民生水平，因为只有强大的工业力量才能推动农业发展，"捍卫我们的新生活"，"工业化对中国来说，其重要性犹如心脏对人一样。"[4]其次，对于百废待兴的新中国而言，工业的重要性是无可比拟的，一定时期内超过农业和民生。新中国的工业化导向政策不可避免地对农业和民生生活产生了不利影响，对此宋庆龄指出，"人民生活的改善必须跟着工业化的进展而相应地发展。我们国家在大规模进行工业化的期间，还不能把太多资金用在改进生活福利方

[1]《儒教与现代中国》，《宋庆龄选集》上卷，第179页。

[2]《抗战的一周年》，《宋庆龄选集》上卷，人民出版社1992年版，第236-237页。

[3]《孙夫人宋庆龄女士向美国世界青年大会播音演讲词》，《新华日报（汉口版）》，1938年8月24日。

[4]《走向工业化的道路》，《宋庆龄选集》下卷，人民出版社1992年版，第31-38页。

面。应该在发展的基础之上分清轻重缓急，根据可能的条件，来适当地解决人民的需要"。[1]

另一方面，在经济发展中将对外开放与主权独立自主结合起来，更多强调依靠中国人民自己的力量。福利和救济工作是宋庆龄长期思考和实践的领域，抗战期间以宋庆龄为首的爱国民主人士在香港发起成立的保卫中国同盟（简称"保盟"），在宋庆龄主持保盟工作期间，她向海内外呼吁支援中国抗战，在世界各地发起募捐。1939年11月，保盟收到了大量医疗物资，有"新西兰左派图书俱乐部的1000条毯子、一些药品、含糖炼乳；美国医疗援华会的10捆毯子和9箱医疗用品；加拿大维多利亚医疗援华会的40箱毯子、绷带和衣物；香港C.S.橡胶出口公司的50打外科橡胶手套。[2]但保盟接受援助并非没有前提，即抗日目标不能受到任何制约。

这也是宋庆龄对待外国援助和对外开放的基本态度，即"欢迎而不拒绝善意的国际援助，并准备在任何可能的地点和时间，帮助国际友人"，[3]也就是说，立足于中国自己的资源和服务于中国需要，欢迎善意的国际援助，但抵制敌对势力以援助为手段的渗透。建国后宋庆龄的儿童福利事业体现了这一思想，尽管面临着房舍和物资的紧张，宋庆龄对于国际援助仍没有不加考虑的接受。[4]对于新中国的经济发展，宋庆龄同样持有此一主张，更强调发动工农群众的力量。新中国成立后在农村推进社会主义改造，由农业互助组向更高阶段的农业合作社，宋庆龄对此给予高度肯定，"以志愿参加为原则的合作社组织形式则将使整个农村得到利益。手工业也将朝着合作化的道路发展。私营工商业在一个相当长的时期内，将首先向着国家资本主义道路，最终向着社会主义企

---

[1]《为了社会主义，为了和平》，《宋庆龄选集》下卷，人民出版社1992年版，第120页。

[2] 华伟：《"保盟"对敌后抗日战场医疗工作的贡献》，《军事历史研究》2009年第4期，第35页。

[3]《中国人民救济代表会议闭幕词》，《宋庆龄选集》下卷，人民出版社1992年版，第519页。

[4] 徐锋华：《中国福利会与新中国成立初期的上海儿童福利事业》，《史林》2015年第4期，第157-169页。

业的方向进行改造。"[1]

三、从革命到建设：中国的政治发展

在中国近现代史上，宋庆龄是个具有特殊身份的政治人物，她既是国民党的元老，又与共产党有着密不可分的渊源。她与中共长期合作，直至为统一抗战促成第二次国共合作，才接受共产党建议重返国民党。随着宋庆龄对中共的理解加深，她几次提出入党请求，却由于工作需要未被批准，直到1981年逝世前才被特批入党。[2]

宋庆龄与中共的深度合作来源于其对后者政治理念和革命道路的高度认同，可以说，宋庆龄关于政治发展的理念在中共的道路实践中得到了最大化的体现。

宋庆龄继承孙中山的革命遗志，从孙中山思想的价值核心出发，维护工农阶级的利益，这是与国民党右派产生分歧并导致决裂的关键。[3]对于何为革命和革命的目的，宋庆龄认为，革命的目的就是提高人类和群众的物质享受。假若这个目的没有达到，那就等于没有革命。[4]抗战开始后，她则告诫国民党，"国民党同志应该谨记着：要是不顾先总理遗教，抛弃了工农大众利益，将成为民族罪人，等于国民党的自杀。"[5]与中共相似的是，宋庆龄同样认为革命的伟力在于人民群众，"中国共产党无疑是中国内部革命力量中最大的动力"。[6]

宋庆龄关于政治发展的思想更多体现在她新中国政治体制的思考中。首先，她认可中国共产党是代表最广大人民利益的政党，1951年赴东北考察后，宋庆龄总结到，"帝国主义、官僚资本、军阀割据、国民

---

[1]《走向工业化的道路》，《宋庆龄选集》下卷，人民出版社1992年版，第32页。

[2]肖学信：《宋庆龄永远和中国共产党在一起》，《社会科学》1991年第7期；徐锋华：《"党外之党员"：宋庆龄与国共两党关系新论》，《史林》2012年第3期；杨奎松：《宋庆龄何时加入共产党》，《书摘》2014年第6期。

[3]李雪英：《宋庆龄思想纲要》，第47页。

[4]《儒教与现代中国》，第180页。

[5]《国共合作之感言》，《宋庆龄选集》上卷，人民出版社1992年版，第206页。

[6]《赴莫斯科前的声明》，《宋庆龄选集》上卷，人民出版社1992年版，第50页。

党的腐败政权都已经完全摧毁了。代之而起的，是一个真正的人民政权"。[1]其次，拥护社会主义制度。宋庆龄认为，社会主义"不会牺牲人家的利益来牟利，只会给予人民更多的照顾，使他们家庭享受更多的廉价食物并使每个人的前途有充分发展和提供贡献的保障"；[2]社会主义"把人看成最为宝贵。在社会主义社会，国家负责为每一个人提供进行有益活动的场所和收入"。[3]第三，肯定社会主义民主的价值和意义。1951年，她在《第一个五年》一文中指出，宪法"这一重要文件反映了我国过去五年内的变化，确定了新的国家机器，详细地规定了我国过渡到社会主义社会时期公民的权利与义务"。[4]对于新中国的民主道路，宋庆龄同样给予高度评价。与西方相比，中国的民主政治走的是以经济为基础的复合型道路，农村基层民主也是中国独特的政治实践。[5]宋庆龄在赴东北考察后，对新中国农村的民主运作作出了肯定，"土地改革改变了基本的经济情况，因而给东北农村的农民改变整个政治环境和政治机构铺平道路"，民众的政治权力"比起生产上的进展，不仅并不逊色，而且与它有不可分解的联带关系"。[6]

四、社会全面发展

随着发展研究的深入，学术界越发意识到，发展不仅是经济和政治发展，还是社会的全面发展。在这一方面，宋庆龄很早就意识到社会全面发展的重要性，在福利、保险、优抚和救济等领域进行了思考。

妇女问题在任何时候都是人类社会发展过程中不可忽视的一个重要问题，恩格斯曾说，"在任何社会，妇女解放的程度是衡量普遍解放的

　　[1]《新中国向前迈进——东北旅行印象记》，《宋庆龄选集》上卷，人民出版社1992年版，第638页。
　　[2]《在亚洲妇女代表会议上的讲话》，《宋庆龄选集》上卷，人民出版社1992年版，第494页。
　　[3]《福利工作和社会主义》，《宋庆龄选集》下卷，人民出版社1992年版，第310页。
　　[4]《第一个五年》，《宋庆龄选集》（下卷），人民出版社1992年版，第73页。
　　[5]杨龙主编：《发展政治学》，高等教育出版社2006年版，第329—330页。
　　[6]《新中国向前迈进——东北旅行印象记》，《宋庆龄选集》上卷，人民出版社1992年版，第612—613页。

天然尺度"。中国妇女解放运动是在中华民族危机空前严重的背景下，作为中国知识分子探索救亡图存道路的一部分而兴起的，宋庆龄在其中扮演了重要角色。在长期的革命战争中，宋庆龄指出妇女参加革命是获得自身解放的主要途径之一。新中国成立后，造成中国妇女受压迫、剥削的政治经济基础已不复存在，由此中国妇女获得了前所未有的解放。她进一步分析了造成这一现象的主要原因，认为第一个原因是诸如男尊女卑等封建传统思想观念依然深深地印在人民的头脑中并在行动上表现出来，第二个原因是中国妇女深受琐碎而繁重的家务劳动的束缚。为此宋庆龄将妇女参加社会生产、提高教育水平、实现和保护妇女的特殊权益等，作为推动中国妇女进一步解放的途径。[1] 她指出，"除非中国的妇女大量参加工、农和文化工作，把人口中的一半劳动力完全解放出来，就不容易按照必需和可能的速度推动我们国家的前进。妇女能够而且必须成为技师、经理、教员、拖拉机手、工程师、科学家和各种熟练的工人。"[2]

同时，保卫儿童、关心少年儿童身心的健康成长，重视少年儿童教育工作是她一生思想和活动的重要组成部分。宋庆龄在1981年5月2日的《人民日报》上发表题为《更好地为下一代着想》文章，文中表示"我的一生是同少年儿童工作联系在一起的，"要"不断地关心和培育年轻一代成长"。宋庆龄还从历史规律的高度提出"给儿童以更高的生活水平。"早在20世纪50年代她就指出，"一切工作和努力的结果，归根结底，应该使儿童的健康和福利得到改善，这是适用于每一个地方每一个人的生活的一条规律。从无法记忆的时代起，这就已经成为推动世界前进的原动力之一，那就是要给儿童以更高的生活水平，让他们得到比他们双亲所得到的更多生命的欢乐，使他们有条件能够成长和独立起来，创造一个适合他们的要求的世界。" [3] 在实践中，宋庆龄在新中国建立

　　[1] 郑建平：《宋庆龄妇女解放思想研究》，大连理工大学硕士学位论文，2016年。

　　[2]《给全国妇女代表大会的贺词》，《宋庆龄选集》下卷，人民出版社1992年版，第4页。

　　[3]《我们为儿童与和平而建设——为〈人民中国〉而作》，《宋庆龄选集》（下卷），人民出版社1992年版，第6页。

后一直致力于儿童福利事业。上海解放初期，宋庆龄看到许多女战士、女干部存在着抚育幼儿与继续革命之间的矛盾，就在中福会率先建立起托儿所和幼儿园，1949年7月24日，中国福利基金会托儿所在上海市西摩路（今陕西北路）369号宋氏老宅设立，这是上海解放后第一所新型托儿所。[1]

此外，教育作为社会全面发展的动力，也受到宋庆龄的高度关注，并且她将教育与儿童福利工作结合起来，致力于用全面教育培养社会主义接班人。她告诫儿童，你不能赤手空拳地开始你的行程，你必须用知识把自己武装起来；[2]她还特别重视思想教育，"培养儿童的过程中，物质条件是重要的……但是对孩子来说，思想教育比之物质更为重要得多"。[3]只有这样，才能"使他们具有正确的世界观，确立明辨是和非、正义和非正义、真理和谬误的标准"。[4]"小先生制"是宋庆龄为此设计的行动方案。它的工作宗旨是，"动员工人阶级的儿童，教育他们认识群众力量的价值和作用，并以这个力量做基础，把革命的真理贯输到这整个人群中去。"中国福利会迅速地在上海贫民窟的每个角落开办了识字班，由觉悟了的儿童们主持。[5]

结语：宋庆龄发展思想的当代意义

近些年来，关于发展理论的问题，一直是学术界和社会各界关注的热点。但是相较于其它学术热点，发展理论不是传统意义上的单一学科，而实际上涵盖了整个学科群。随着发展理论研究的深入，西方发展理论自身的局限性不断暴露出来，而马克思主义发展理论也受到越来越多的重视。从某种意义上说，新式发展研究范式正在孕育之中。这一新

[1] 徐锋华：《中国福利会与新中国成立初期的上海儿童福利事业》，《史林》2015年第4期。

[2] 《什么是幸福》，《宋庆龄选集》下卷，人民出版社1992年版，第45页。

[3] 《为培养共产主义接班人而努力》，《宋庆龄选集》下卷，人民出版社1992年版，第410页。

[4] 《缔造未来》，《宋庆龄选集》下册，人民出版社1992年版，第403页。

[5] 《解放斗争中的中国儿童——为莫斯科〈少年先锋报〉作》，《宋庆龄选集》上册，人民出版社1992年版，第532页。

的理论主要是基于对结构主义、新自由主义和传统主义的批判和对单一实践方案的否定。

当代发展方式之所以不能有效地运用于发展中国家，很大程度上在于其发展知识构建的路径问题。主流发展知识是西方知识体系中的一个组成部分，这个知识的形成既是西方自身历史经验和发展实践的总结，也是西方与非西方之间长期政治、经济、社会历史性建构的结果。基于此，西方从自身经验出发，总结出了一整套发展理念和实践方案，但这些理念方案既不适应发展中国家的特殊国情，又不适应全球化时代的现实状况。因此对于发展中国家而言，实现发展亟待从自身历史文化和国情出发而形成的发展理念。

宋庆龄思想涵盖政治、经济、文化、社会、文化和哲学各领域，其基本主线则是对中国如何发展的深刻思考。通过对宋庆龄经济发展、政治发展和社会全面发展理念的梳理，不难发现其发展理念，一方面不仅仅局限在经济领域，而是广泛涉及政治、边缘群体、教育等不同领域；同时，宋庆龄虽然接受西方教育，但其发展理念却更多地从中国本土出发，是以中国为基础的发展观。

（杭垚，上海宋庆龄故居纪念馆宣教部副主任、助理馆员）

弘扬宋庆龄精神
为实现中国梦努力奋斗

郑培燕

摘要：宋庆龄是伟大的爱国者，一生始终保持昂扬的爱国热情和强烈的民族自信，始终坚持自我更新与时俱进，始终相信和依靠人民，以人民的幸福为最终奋斗目标，并将爱国主义与拥护中国共产党的领导、走社会主义道路相统一，朝着实现人民美好生活的目标努力奋进。作为中国精神的杰出代表，宋庆龄以爱国主义为主线的思想和实践，对于实现中华民族伟大复兴的中国梦具有重要的指导意义。

关键词：宋庆龄；中国精神；中国梦

2012年11月29日，习近平总书记在参观展览《复兴之路》时指出：“实现中华民族的伟大复兴，是中华民族近代以来最大的梦想。”[1]中华民族伟大复兴的中国梦，预示着国家富强、民族振兴、人民幸福的美好前景，凝聚着亿万人民对美好生活的期盼。自近代以来，无数仁人志士为了实现这一梦想而不懈奋斗，伟大的爱国主义、民主主义、国际主义、共产主义战士宋庆龄，便是他们中的杰出代表。

宋庆龄的一生，经历了旧民主主义、新民主主义和社会主义三个历史时期，毕生为了创立和建设新中国，为了实现民族独立和人民解放，为了实现国家富强和人民幸福，为了中华民族的伟大复兴而奋斗。她以

---

[1]《习近平谈治国理政》，外文出版社2014年版，第36页。

爱国主义为主线的一系列光辉思想，不断地自我革新、与时俱进的时代精神，给我们留下了珍贵的精神遗产；她一生顽强奋斗的革命实践活动，为我们提供了宝贵的经验借鉴。在我们为实现中华民族伟大复兴中国梦的新征程中，回顾和总结她的奋斗历程，学习和弘扬她的光辉思想和精神，无疑对我们实现中国梦的实践具有重要的指导意义。

一、宋庆龄是"中国精神"的杰出代表

2013年3月17日，习近平总书记在第十二届全国人民代表大会第一次会议上指出："实现中国梦必须弘扬中国精神。这就是以爱国主义为核心的民族精神和以改革创新为核心的时代精神。"[1]诚然，民族精神和时代精神是凝聚中华儿女团结奋斗、开拓进取的强大精神力量，是中华民族之魂。自古历代圣贤在各自的传世经典中对中国精神的内涵都有精辟的阐释。而宋庆龄，以她七十余年的奋斗生涯，证明了她无愧为"中国精神"的杰出代表。

（一）"爱国主义是她坚强而永生的根"

宋庆龄是伟大的爱国主义者，爱国主义思想是她一生思想和革命实践的起点和原动力，也是支持她为了实现理想奋斗不息的精神力量。

自青年时代起，宋庆龄便显示出对祖国的炽热情感，显示出对悠久的中华文明和灿烂的中华文化的热爱，显示出对中华民族强烈的自信心和责任感。她在美国威斯里安女子学院读书期间，中国正处于积贫积弱的境地，社会危机严重，人民苦难深重。她时刻关心祖国的前途和命运，并立下了复兴中华的雄心壮志。当辛亥革命取得胜利的消息传来，宋庆龄热情洋溢地写下了《二十世纪最伟大的事件》一文，指出"中国在推动人类向上的事业中不可能不具有影响力"，并引用拿破仑的话说"一旦中国醒来，她将推动整个世界"[2]。文章洋溢着浓郁的民族自豪感和充沛的爱国热情，相信中国必将对人类进步与世界和平作出巨大贡献。

---

［1］《习近平谈治国理政》，外文出版社2014年版，第40页。

［2］《宋庆龄选集》上卷，人民出版社1992年版，第3页。

这种强烈的爱国主义情感，始终贯穿于宋庆龄一生的革命与实践活动。在中国民主革命处于极度低潮的时期，宋庆龄毅然选择献身革命事业，成为孙中山的伴侣、学生、助手和战友，用实际行动表明了自己爱国并愿努力救国的志向。她曾说："回国后的所见所闻使我很悲伤，但我坚信真理永存，并且坚信我们终究会看到中国重新得到和平与繁荣，为人类作出她自己的贡献"[1]。此后，她追随孙中山先后进行护法运动、护国运动，并在陈炯明叛变事件中为掩护孙中山脱险而置生死于度外，因为她坚信孙中山是拯救中国的希望，充分展示了为国家复兴不惜牺牲自己的强烈爱国主义精神。也正是这种炽热的爱国主义情感，支持她协助孙中山改组国民党，制定三大政策，推动第一次国共合作，她在孙中山逝世以后，继承孙中山"和平、奋斗、救中国"的遗志，捍卫孙中山的思想和未竟的事业。

抗战时期，宋庆龄始终高举爱国主义的旗帜，坚决支持中国共产党关于建立抗日民族统一战线的主张，以中华民族不屈的爱国主义精神，鼓舞中国人民团结起来，一致抵抗日本侵略者，为促进国共第二次合作，建立抗日民族统一战线做了大量工作。她在《中国是不可征服的》一文中表示，"高度的爱国主义起来代替了军事割据，使国家有了精诚团结的希望"[2]，日本帝国主义加紧对中国的侵略，将更大地激发中国民族精神的显著成长，"保卫绥远的胜利就是中国民族主义发展的最有意义的证明。为了使爱国主义的火焰继续增长，绥远抗战的事迹必须予以宣扬"[3]。事实上，宋庆龄也是这么做的。她倡议中国妇女组建抗敌后援会，呼吁华侨"俱有国家观念，勇于抗战救国"[4]，组建保卫中国同盟争取国际援助，不仅通过各种渠道开展抗战宣传，还募集大批医药物资和款项支援抗战军民，特别是八路军新四军领导的抗日根据地，为争取抗战的胜利作出了不可磨灭的贡献。

---

[1]《宋庆龄选集》上卷，人民出版社1992年版，第11页。
[2]《宋庆龄选集》上卷，人民出版社1992年版，第192页。
[3]《宋庆龄选集》上卷，人民出版社1992年版，第176—177页。
[4]《宋庆龄选集》上卷，人民出版社1992年版，第252页。

新中国成立后，在进行社会主义建设的新征程中，宋庆龄以一如既往的爱国主义热情，投身于国家的各项建设，忘我工作，无怨无悔地为国家和人民服务。

炽热的爱国主义情感，始终是宋庆龄前进的精神动力。正如宋庆龄的好友爱泼斯坦所言，"她无比热爱和尊敬自己的国家和人民，这是她坚强和永生的根"[1]。

（二）"跟随着历史的脚步不断前进"

邓颖超曾经在文章中写道："宋庆龄这个名字，象征着自辛亥革命以来七十年革命的历程"[2]。在这七十年奋斗生涯中，宋庆龄始终站在时代的前列，以爱国主义为起点，跟随着历史的脚步不断前进，并将爱国主义与民主主义、国际主义、共产主义相结合，实现了从伟大的革命民主主义者成为伟大的共产主义者的转变。

宋庆龄在美国读书时期的第一篇政论文章《受外国教育的留学生对中国的影响》中即认为留学生到外国去的目的，是要把"一切有价值的、好的东西学到手"，带回去"解决中国当前存在的各种重大问题"[3]。

在与孙中山共同奋斗的革命实践中，宋庆龄不仅继承了孙中山的三民主义思想，而且深得孙中山自我更新精神的精髓。宋庆龄曾经这样描述："他坚持不懈地进行自我教育，他不停地从理论和实践中进行探索，寻找引向革命胜利、中国获得解放以及使中国在国际上取得平等地位、人民得到自由的道路"[4]。"寻求中国革命的关键时，他严格地要求自我革新……愿意从生活的事实和失败中吸取教训。如果这些事实要求改变他的思想，他就善于和勇于使自己抛弃陈旧的观念，制定从新观念中产生的原则。就是这种自我更新的要求使孙中山在他亲历的中国革

[1]肖英：《与人生握手——中外杰出人物访谈录》，解放军出版社1999年版，第89页。

[2]邓颖超：《向宋庆龄同志致崇高的敬礼！》，《人民日报》1981年5月29日，第1版。

[3]尚明轩主编：《宋庆龄年谱长编》上（1893-1948），社会科学文献出版社2009年版，第46页。

[4]《宋庆龄选集》下卷，人民出版社1992年版，第495页。

命的每一个阶段中总是站在进步方面。他吸取着在他的时代里世界上最前进的思想，反映了中国人民自由和进步的愿望；他真诚地追求自我更新，这样使他能够更好地了解国家所面临的每一个新的任务"[1]，"他总是这样，一旦看清楚了真理，就立即行动起来"[2]。也正是这种自我更新精神指引着宋庆龄在寻求中国革命前途的关键时刻，在空前严峻的考验面前，在历史发展的每一个重要阶段，都能够始终站在时代的前列，勇于接受新思想和新理论，自我革新，永不言弃。

在孙中山逝世后，宋庆龄不仅是孙中山事业的忠实继承者和坚决捍卫者，而且丰富和发展了孙中山的新三民主义，始终将"联俄、联共、扶助农工"的三大政策作为推动革命的行动纲领。30年代初期，宋庆龄明确表示拥护中国共产党的新民主主义革命纲领和路线，与中国共产党紧密合作，并在继孙中山民主革命的目标实现之后，踏上了为共产主义奋斗的征程。

可以说，自献身革命起，宋庆龄的思想便随着时代和形势的发展而不断前进，她从爱国主义的立场出发，始终坚持真理，在革命实践中不断反思、不断探索，不断地实现自我超越，显示了鲜明的与时俱进的时代精神。

二、"人民对美好生活的向往"是宋庆龄毕生奋斗的终极目标

宋庆龄的好友爱泼斯坦曾这样描述："对于宋庆龄而言，国家就是人民，就是广大的劳动大众"[3]。爱祖国是宋庆龄献身革命的起点，实现人民对美好生活的向往则是宋庆龄毕生的终极价值追求。

在美国读书时期，宋庆龄的理想是实现中国人民的自由、平等和博爱。追随孙中山投身民主革命之后，宋庆龄接受孙中山三民主义思想，

---

[1]《宋庆龄选集》下卷，人民出版社1992年版，第244页。
[2]《宋庆龄选集》下卷，人民出版社1992年版，第495页。
[3]爱泼斯坦：《宋庆龄——二十世纪伟大的女性》，人民出版社1992年版，第1-2页。

深刻理解其内涵，认同民生主义是三民主义的最后归宿，认同革命的最终目的是"为众生谋幸福"，是"提高人类和群众的物质享受"[1]，认同推行三大政策是实现这一目的的唯一途径。因此，实现中国的民族独立和国家统一，建立真正的民主共和国，从而达到改善民生的最终革命目的成为他们共同的理想。她说："我希望有一天我所有的劳动和牺牲将得到报答，那就是看到中国从暴君和君主制度下解放出来，作为一个真正名副其实的共和国而站立起来"[2]。在此后的革命斗争中，宋庆龄不断探索实现三民主义的途径和方法，对民生主义的认识逐步深化，更加坚定了捍卫三民主义和三大政策，实现真正的三民主义为众生谋幸福的理想信念。

本着这一信念，她义无反顾。不论是抗战时期的"求中国之自由与平等，求得世界大同与和平"[3]，"争取民族的解放和自由"[4]还是新中国成立之后号召"建立一个独立、民主、和平与富强的新中国，和全世界的人民联合起来，实现世界的持久和平"[5]，主张发展生产，发展国民经济，"满足人民物质生活和文化生活的需要"[6]，"使人民能够在政治上、经济上和文化上享受幸福生活"，其最终目的都是为了"人民有更好的物质享受，过上自由、民主、平等、富裕的幸福生活。她说："道路漫长而艰险，但是，让普通人进步、富裕、高尚、接受教育，始终是我们唯一的道路。我们必须对此坚定不移，并为之奋斗"[7]。

由此可见，尽管在不同历史时期，宋庆龄奋斗的主要任务各有侧重，但最终的价值归宿都是为了实现让人民过上幸福美好生活的理想，这与当前我们实现中华民族伟大复兴的中国梦即国家富强、民族振兴和人民幸福的终极目标的核心内容是一致的。

---

[1]《宋庆龄选集》上卷，人民出版社1992年版，第180页。
[2]《宋庆龄书信集》上册，人民出版社1999年版，第11页。
[3]《宋庆龄选集》上卷，人民出版社1992年版，第158页。
[4]《宋庆龄选集》上卷，人民出版社1992年版，第199页。
[5]《宋庆龄选集》上卷，人民出版社1992年版，第471页。
[6]《宋庆龄选集》下卷，人民出版社1992年版，第123页
[7]《宋庆龄往来书信选集》，上海人民出版社1995年版，第43页。

三、"一向支持党，同人民在一起"是宋庆龄毕生奋斗的成功经验

在为创立新中国、建设新中国而奋斗的生涯中，宋庆龄始终相信中国人民的力量，坚定地同人民在一起，并将"为中国人民服务"作为自己的一贯立场。这与中国共产党一切以人民的利益为出发点的宗旨是一致的，从而使得宋庆龄自接受共产党的新民主主义革命纲领、拥护共产党的领导之后，始终坚定地跟着共产党走，为争取民族独立、人民解放不懈奋斗，并在新中国创立之后，全身心地投入中国共产党领导下的社会主义建设事业，鞠躬尽瘁，死而后已。

（一）"永远相信中国人民的力量"

宋庆龄的美国友人海伦·斯诺曾在文章中写道："宋庆龄政治信仰的'神秘'在于永远相信中国人民的力量。她从不因他们的软弱而懊丧。她终身的努力是为帮助他们觉醒，她对人民的尊敬是真诚的而并不自居为恩人，……她对他们（人民）有信仰"[1]。

诚然，在革命的各个时期，宋庆龄都坚信人民的力量必胜。大革命时期，宋庆龄对孙中山三大政策中的扶助农工的内涵加以丰富和发展，认为"工农阶级是我们力量的基础，是建设自由新中国的新柱石"[2]。大革命失败后，宋庆龄相信"虽然国民党有些党员离开了孙中山手定的中国革命的道路，然而已站在本党旗帜之下的千百万中国人民，仍将遵循着这条道路以达到最后的目的"[3]。她"代表中国革命群众"前往莫斯科，去说明中国"在表面的混乱下，存在着一股根深蒂固的、坚强组织起来的、不可征服的革命力量，它的呼声很快就会响遍全世界"[4]。在宋庆龄看来，虽然反动派的势力扩张了，但是中国的人民已经觉醒，"懂得通过革命可以换来另外一种生活方式，中国是不会失败的"[5]。

抗战期间，宋庆龄主张发动群众，主张给人民更多的民主权利，改

[1]《时代文摘》，1947年，第2卷第3期，第33页。
[2]《宋庆龄选集》上卷，人民出版社1992年版，第44页。
[3]《宋庆龄选集》上卷，人民出版社1992年版，第44页。
[4]《宋庆龄选集》上卷，人民出版社1992年版，第56页。
[5]《宋庆龄选集》上卷，人民出版社1992年版，第61页。

善人民的生活，让人民更多地参与国家的事务，激发人民的爱国救国热情，因为中国"只有从人民大众本身才能获得帮助和生路。中国的亿万民众——在工人阶级领导下的广大农民群众——如果联合起来为粮食和土地而与帝国主义及国民党作斗争，那是不可抗拒的"[1]。宋庆龄始终"相信中国人民的最后胜利，相信革命一定会建立自己的权利，建立中国的统一、独立和完整，以及人民自治的权利。""只要不屈不挠，勇往直前，铁和血一定可以铸造出来灿烂辉煌的民族解放功业"[2]。

在新中国的建设实践中，宋庆龄指出"人民的力量将是我们的推动力，而这种力量随处都看得到。不论在穷乡僻壤或城市的每个地段，人民在克服困难和障碍"[3]，"我们中国人民有无比的力量，磅礴的生命力和卓越的天才，有了这些，就可以解决一切问题和困难"[4]。新中国诞生30周年之际，宋庆龄撰文回忆在中国革命与建设的历史进程中人民的巨大作用，在回顾1949年10月参加新中在开国大典时，宋庆龄写道："我从那里更认识了人民的力量，正是凭着这种不可战胜的力量，我们的具有伟大历史意义的新中国才出现于世界之林"[5]。

正如著名的政治活动家，宋庆龄的好友史良在回忆中所写的，"坚信人民的大多数，坚定地和人民群众站在一起，是宋庆龄毕生的信念"[6]。

（二）"愿意赴汤蹈火跟着党走"

宋庆龄极力支持孙中山改组国民党，确立联俄、联共、扶助农工的三大政策，积极促成第一次国共合作。在孙中山逝世，蒋、汪相继背叛革命之后，宋庆龄认识到国民党已不再是"一种为中国人民谋未来幸福的生气勃勃的力量"[7]，而中国共产党"是中国内部革命力量中最大的

---

[1]《宋庆龄选集》上卷，人民出版社1992年版，第134页。
[2]《宋庆龄选集》上卷，人民出版社1992年版，第154页。
[3]《宋庆龄选集》上卷，人民出版社1992年版，第474页。
[4]《宋庆龄选集》上卷，人民出版社1992年版，第540页。
[5]《宋庆龄选集》下卷，人民出版社1992年版，第586页。
[6]史良：《人民的事业必胜——沉痛悼念尊敬的宋庆龄同志》，《人民日报》1981年6月2日。
[7]《宋庆龄选集》上卷，人民出版社1992年版，第47页。

动力"[1]，从而坚定地与中国共产党站在了一起。

此后的岁月中，本着一切以国家和人民利益为重的共识，宋庆龄与中国共产党，在中国革命与建设的许多重大关键性历史问题上都能够达成基本一致，并以崇高的威望和特殊的身份地位，与"代表工农大众利益的"[2]共产党亲密合作，领导和团结全国人民，为抗击日本帝国主义的侵略和国民党的黑暗统治进行了不懈的斗争，赢得了国家的独立和人民的解放。

宋庆龄始终坚信，是中国共产党的领导促成了新中国的诞生。中国共产党是"唯一拥有人民大众力量的政党"[3]，是胜利实现孙中山民族、民权、民生三大主义的最可靠保证。

宋庆龄也毫不怀疑，中国共产党为中国人民指出了正确的社会主义道路，"是解决中国贫困和落后的唯一办法，是我国在国际上独立与尊严的唯一保证"[4]。为了中国人民的利益，也是为了全世界劳动人民的利益，宋庆龄"愿意赴汤蹈火跟着党走"，因为"它将引导中国人民在社会主义建设中取得重大的新胜利，在团结全世界一切争取民族独立、民主、世界和平和社会主义的力量的工作中取得重大的新胜利"[5]。宋庆龄还鼓励青年一代"跟着党坚决走社会主义道路，不要有任何的犹豫、怀疑。只有走社会主义道路才是光明的前途"[6]。

宋庆龄曾对史良说，"中国共产党能取得革命的胜利是必然的，因为它代表人民，爱护人民，为人民谋福利[7]。而这也正是宋庆龄毕生努力奋斗的写照，她热爱人民，始终代表人民说话，以为人民谋幸福为毕生终极价值，从而最终选择了代表人民利益的中国共产党，并且矢志不移，无怨无悔。刘少奇曾如是总结说，"历次关键时刻，宋庆龄一向支

[1]《宋庆龄选集》上卷，人民出版社1992年版，第50页。
[2]《宋庆龄选集》上卷，人民出版社1992年版，第47页。
[3]《宋庆龄选集》下卷，人民出版社1992年版，第468页。
[4]《宋庆龄选集》下卷，人民出版社1992年版，第28页。
[5]《宋庆龄选集》下卷，人民出版社1992年版，第402页。
[6]《宋庆龄选集》，人民出版社1966年版，第411页。
[7] 史良：《人民的事业必胜——沉痛悼念尊敬的宋庆龄同志》，《人民日报》1981年6月2日。

持党，同人民在一起，她的贡献甚至超过了一些党的负责同志"[1]。

四、弘扬宋庆龄精神 为实现中国梦努力奋斗

伟大的时代呼唤伟大的精神，崇高的事业需要榜样的引领。在当前全国人民实现中国梦的伟大征程中，宋庆龄无疑是值得我们学习的光辉榜样。炽热的爱国主义情感和鲜明的时代精神始终贯穿于她的思想和实践，也深深地融入了她的身心。她所代表的这种中国精神是实现中华民族伟大复兴必须大力弘扬的精神动力，是团结和鼓舞中国人民努力奋斗的光辉旗帜，是推进我们向着梦想努力迈进的巨大力量。

中国梦，归根到底是人民的梦。实现中国梦，为人民创造更美好的生活，不仅需要弘扬中华民族的精神，还需要众志成城的力量。宋庆龄一生始终以人民的幸福作为自己的终极奋斗目标，始终坚信人民的力量必胜的宗旨和立场，为我们凝聚中国力量，紧密团结、万众一心，为实现共同梦想而奋斗指明了方向。

历史证明，中国共产党是中国革命和社会主义建设事业的领导核心，宋庆龄始终坚定地跟着共产党走，将爱国主义与拥护中国共产党的领导、拥护社会主义相统一的革命实践，是她爱国主义思想的升华，为我们在实现中国梦的过程中将爱国与爱党、爱社会主义相统一提供了经验借鉴。

让我们学习和弘扬以宋庆龄为代表的中国精神，高举爱国主义的伟大旗帜，凝聚全体中国人民的磅礴力量，牢牢把握人民群众对美好生活的向往，在中国共产党的正确领导下，沿着中国特色社会主义道路，为决胜全面小康社会实现中华民族伟大复兴的中国梦而努力奋斗。

（郑培燕，上海宋庆龄故居纪念馆副研究馆员）

---

[1]《宋庆龄纪念集》，人民出版社1982年版，第193页。

论蔡畅的女性教育思想及影响

尹晓奔

摘要：蔡畅是我国妇女运动的先驱和卓越领导者，她一生高度关注女性教育并为此付出了巨大努力。她的女性教育思想包括对女性教育的重视、女性教育应结成"统一战线"、重视女性教育的方式方法等。她的务实女性教育思想兴起实事求是的妇女运动调查之风，推动了男女平等运动，培养了妇女干部。在女性教育全面普及的新形势下，蔡畅的女性教育思想仍闪耀着光辉，值得我们发掘、深思、借鉴和学习。

关键词：蔡畅；女性教育；妇女运动

蔡畅是我国妇女运动的先驱和卓越领导者，她一生关注女性教育，为女性教育倾注了毕生心血，对我国女性教育产生了深远影响。

一、蔡畅女性教育思想的形成与发展

蔡畅性格"颇强固"，她性格的形成受其母葛健豪的影响很深。蔡母慈祥刚毅、豁达明礼、好学上进，渴望男女平权，向往女子独立，又因与秋瑾婆家神冲老铺子相距不远，常用秋瑾的革命思想来教育激励子女胸怀大志，为国为民。1913年，蔡母变卖妆奁，在永丰镇办起一所双峰女子职业学校，当时叫湘乡县立第二女子职业学校。由于师资不足，蔡畅当起了小老师，13岁的她搬来一条板凳，站到凳子上教学生们唱歌。但由于守旧顽固派的阻碍，此校开办不久即关闭。这段当小老师的经历，促使蔡畅女性教育思想的萌芽。第二女校停办后，蔡畅一边随母亲从事家务，一边自学文化。正当她为之烦闷之际，其父蔡蓉峰则以500元光洋的聘礼将她许配给地主做小媳妇。在母亲的支持下，她拒婚直奔长沙投考周南女校并改名为"蔡畅"，这新的名字既表达了她与命运搏斗后的舒畅心情，也展示了她将以毕生精力去谱写中国妇女解放畅想曲的宏图。1916年春，在校长朱剑凡的帮助下，蔡畅毕业后留校任体育教员。任教期间，她严守周南女校"自治心、公共心、进取心"的校训，立志将体育发扬光大。她把体育课目办成女生增强体质、提高精神境界的一门课程。在周南女校求学、任教的5年时间，是她女性教育思想萌芽的阶段。

在毛泽东等新民学会会员的发起与组织下，1919年12月，蔡畅同蔡和森、向警予等三十余人从上海启程赴法勤工俭学。1920年底，北洋政府设在法国的华法教育会只供富家子弟留学经费，无端终止了对留法勤工俭学学生的资助。1921年2月28日，蔡畅参加了在巴黎的中国赴法勤工俭学学生举行的"二二八"大游行，口呼着"要读书权"、"要生存权"等口号怒闯中国驻法公使馆，遭到了法国警察镇压。周恩来回忆这次游行示威活动时记述："2月28日请愿使馆之举，主持最力者为某预备学校（即蒙达尼公学）中之男女学生，女学生之加入运动，是长男学生之势，壮男学生之气也。"[1]通过这次斗争，蔡畅和她的女友们经受了考验，革命斗志空前高涨，由此蔡畅也认识到"女子问题为社会主要问题之一，女子运动为社会主要运动之一。要求女子有读书的权利，要求国内西南大学所属的海外大学招收女生。"[2]蔡畅对女子问题的思考，以及对女性读书权利的呼吁，标志着她女性教育思想的形成。

1924年，蔡畅受党的安排赴苏联学习。在苏联她全面系统地考察调研了苏联的妇女儿童工作，认真学习了苏维埃政府颁布的《劳动法》中关于女性教育的规定，她还常到工厂、学校附近的儿童养育院、托儿所、儿童之家参观访问，了解这些机构的组织设施、教养方法、课程安排，了解孩子们的日常生活习性以及课堂学习活动，了解并帮助孩子们

---

[1]李永春：《蔡和森年谱》，湘潭大学出版社2008年版。

[2]苏平：《蔡畅传》，中国妇女出版社1990年版。

摆放床位和玩具，对孩子们的饮食偏好营养要求、对患病孩子的求医以及保养康复等等都作了极周到的了解。她认为，妇女要解放，要实施真正自由平等，就必须走向社会服务社会，并把解决儿童托养问题作为解放妇女的实际方法之一。蔡畅在苏联时期对女工、农妇、儿童机构的深入调查访问，为她女性教育思想的发展以及日后从事妇女解放运动奠定了基础。

1925年，蔡畅回到上海，开始从事国内革命工作和妇女解放工作。她从自身的经历出发，充分认识到女性教育是同妇女运动联系在一起的，并在不同时期积极开展女性教育活动。大革命时期，蔡畅着力提高女工、农妇、女学生们的觉悟，帮助她们解决各种困难问题；大革命失败后，她转入地下斗争；抗战时期，她提出了以生产为中心的妇女运动新方针；解放战争时期，她提出了以发展生产、繁荣经济为中心的城市妇女运动方针；解放后，她为女性的婚姻问题、家庭权益、受教育权、健康权等权益的维护和取得作出了不可磨灭的贡献。这是她女性教育思想的发展阶段。

二、蔡畅女性教育思想的主要内容

女性受教育权与妇女运动紧密联系在一起，蔡畅从妇女解放的高度指出了女性教育的重要性，她认为，不提高女性教育状况，实现妇女的真正解放是不可能的。

1. 强调女性教育的重要性

教育改变命运，教育决定女性发展。在我国漫长的封建社会里，女性深受"男尊女卑"、"三从四德"、"女子无才便是德"等落后思想的羁绊，她们无缘正规教育，接受的只有民间礼仪教育、家政教育等。女性没有接受教育，就谈不上自信、独立，更谈不上发展，大多数女性成为男性的附庸，成为"相夫教子"的工具。蔡畅早年的逃婚经历，使她深切感受到我国妇女解放道路的曲折和艰辛，认识到女性的解放首先要从女性教育入手，只有这样才能实现男女平等，也只有有了科学文化知识才能真正解放自己，从而达到更高层面的男女地位平等。她认为必须经常向女性开展教育宣传工作，籍以提高女性的政治觉悟和文化知识水平，她试图通过女性教育唤醒女性觉醒，为女性争取自立自强，为社会奉献力量，"经常注意教育妇女群众，争取她们，不管我们这样做的时候会遭遇多大的困难。只有这样，我们的社会主义建设和社会主义改造事业才能胜利和巩固。"[1]

2. 女性教育应结成"统一战线"

蔡畅认为，对女性教育要采用建立"统一战线"的方法，她指出："在大后方的姊妹们，可以更多地参加一切抗日妇女团体，开展妇女群众的民族民主教育，以提高抗战的积极性，加强内部团结；敌占区的姐妹们，可以利用一切的机会，很巧妙地团结和教育妇女群众，以提高她们的民族意识和抗战信心。"

蔡畅特别注重女工的教育，认为"必须注意女工文化教育的开展，用尽一切力量去注意组织女工夜校、女工识字班、女工读报组、女工补习班等等来提高她们的文化水平，扫除女工中的文盲与落后。这不但教育了女工，而且也就是组织了女工。"在1947年国际民主妇联第一届理事会上，她积极向国际友人传达了解放区女性教育成就，她说："在老解放区是广泛开展青年成年妇女的扫除文盲运动，即在新解放区由于她们在政治经济上已经翻身，也有文化教育的要求。"这使得国际社会对我国解放区的女性教育状况有了新的认识，也提高了中国共产党在国际上的声誉。

新中国成立后，为了适应国家建设事业的需要，她提出要加大妇女的培养力度，要创办妇女职业学校，培养妇女干部，训练女技术人员；不仅仅如此，还要重视职工家庭的女性的教育，籍此提升她们在社会上和家庭里的地位。

3. 强调女性教育的方法和措施

一是深刻认识到女性教育机构和平台创办的重要性。蔡畅认为，妇女广泛教育必须要开设各级各类学校：大学、中学、小学以及各种业余

---

[1] 中华全国妇女联合会：《蔡畅邓颖超康克清妇女解放问题文选》，人民出版社1988年版。

学校、职业学校，可以让女性们的思想得到启发，可以扫除女性文盲，可以帮助妇女提高生存发展能力。她对妇女利用工会、职代会等进行学习、履行权利表达了赞赏，"女工代表会议，不仅成为教育女工代表，而且是教育全体女工的最好的组织形式。"另外，她还认为妇女要充分利用这些已具备的受教育组织机构，强调"发动妇女参加职工业余学校、民校、识字班、冬学等等，以加强对女工、农妇及一切文化水平低的妇女的教育工作。此外，并应适当争取各种职业、技术训练班、干部学校中，能包含一定数量的妇女。"

二是注重女性教育的宣传方法。蔡畅认识到，首先，对女性的教育、宣传要从女性自己的亲身经历出发，现身说法才能有实际的效果，只有这样，对女性的教育和宣传才能取得真正成效；其次，要注意运用妇女群众喜闻乐见的手段和方法；再次，要经常化系统化地开展对女性的教育宣传。她还特别鼓励用唱歌、秧歌、演剧等文娱活动对妇女进行宣传教育。

三是教育方式的灵活多样性。蔡畅在女性教育方式上很富有创造性，她鼓励女性教育方式的多样性。对于近乎文盲的农村妇女，蔡畅提倡用闲聊的方式，从柴火、蔬菜、小孩子等等这些家常俚事的话题入手来开展教育。而这些话题又是女性群众最关切的话题。对于妇女干部，她指出要在实际工作中学习。

三、蔡畅女性教育思想的影响

1. 开创了实事求是的妇女运动调查之风

1941年延安整风初期，蔡畅认为要运用正确理论来武装头脑，掌握妇女运动现状。她通过对各根据地妇女运动的调查得出结论，各根据地的女性群众为各根据地的革命和建设起了巨大的作用，特别是许许多多的女性党员和女性干部扎根一线深入实际，一心一意为女性群众服务作出了卓著贡献。她及时纠正了王明的"反对四重压迫"等空洞口号。邓颖超曾对蔡畅实事求是的工作态度给予了高度评价，认为蔡畅是女性工作实事求是的楷模。正是在蔡畅的带领下，党内兴起了实事求是的妇女运动调查之风，开展了卓有成效的妇女运动。

2．推动了男女平等运动

在这个问题上，蔡畅认为妇女只有参加生产劳动才能使经济独立，为此，她大力鼓励妇女从事生产劳动。她在1931年任江西省委妇女部长兼组织部长时，亲自下田学习耙田犁地农活，带领苏区广大女性开展农业生产。1943年2月26日，在她草拟的中共中央《关于各抗日根据地目前妇女工作方针的决定》中指出："在日益接近胜利而又日益艰苦的各抗日根据地，战斗、生产、教育是当前的三大任务，而广大农村妇女能够和应该特别努力参加的就是生产，广大妇女努力生产，与上前线同样是光荣的任务。而提高妇女的政治地位、文化水平，改善生活，以达到解放的道路，亦须从经济富裕与经济独立入手。""这是各抗日根据地妇女工作的新方向。"[1]为了带头宣传《关于各抗日根据地目前妇女工作方针的决定》，蔡畅带头纺纱，亲自参加轰轰烈烈的大生产运动。正是有如蔡畅等妇女领袖不遗余力的努力，1949年全国政协通过的《共同纲领》上有保障妇女儿童合法权利的重要内容，使我国妇女儿童的合法权利第一次得到了法律上的确认和保障。

3．为国家培养了大批妇女干部

在中国革命和建设的过程中，蔡畅通过调查深切感受到我国女性人才的欠缺，这必须通过广泛女性教育才能弥补，她看到了我国广大女性对教育的渴望，也看到了妇女干部是支持中国革命和建设取得胜利的重要力量。抗战时期，她在对一个工农老干部班作调查时发现该班女学员比例太少，提出了要招收更多女学员的意见。新中国成立后，她更加关注女干部的培养，她指出"建国初期的妇女干部大约有十五万人，占全国175万干部的8%左右"，显然这对我们快速恢复和开展大规模的社会主义建设是有很大的欠缺的。为此，她大力提倡要更多地开办女干部学校，"在提高政治与文化的基础上，更好地学习业务，精通业务，以便毕业后回各地去加强妇女运动的领导。"此后，蔡畅还经常在一些重要

---

[1]中华全国妇女联合会妇女运动历史研究室：《中国妇女运动历史资料》（1937-1945），中国妇女出版社1991年版。

的会议以及著作中指出妇女干部的培养和教育的重要性，蔡畅的这种努力为我国妇女干部的培养和成长以及力量的发挥起到了奠基石的作用。

四、结语

蔡畅正确掌握了我国妇女运动发展方向，推动了我国女性教育的发展和女性成才的培养。正如国际妇女会主席欧仁妮·戈登夫人对她的评价："她代表新中国的妇女"。在女性教育全面普及的新形势下，蔡畅的女性教育思想仍闪耀着光辉，值得我们发掘、深思、借鉴和学习。

（尹晓奔，蔡和森纪念馆党组书记、馆长）

李一氓文化思想与实践

张冠中

摘要：李一氓是我国文化战线上的老战士，在学术界和文艺界享有崇高声誉。在65年的革命生涯中，他的文化足迹涉及宣传出版、文艺戏曲、古籍整理、文物收藏等诸多方面，为我国的文化事业作出了重要贡献，产生了长远的影响。作为一名老共产党人，他为党和人民的事业呕心沥血，却淡泊名利，充分显示了一个老共产党人的宽阔胸怀和高尚情操，是我们学习的楷模。

关键词：文化思想；文化活动；李一氓

李一氓（1903—1990），四川彭州人，本名李国治，后改名为李民治，1928年在上海做地下工作时，曾用笔名李一氓，并沿用终生。李一氓是一位参加过北伐、南昌起义、长征、抗日战争和解放战争的老一辈无产阶级革命家，并兼具多重身份：诗人、书法家、古籍整理学专家、收藏家、外交家……但是他更多是作为文化名人为人们所熟知，陈毅同志曾赞誉他为党内少有的大知识分子；著名红学家周汝昌则深情撰文称其为："这位可尊敬的、为红学立了功的老人"。在65年的革命生涯中，他是我国文化战线上的一位老战士，一位治学严谨的学者，有深厚的文化素养、渊博的知识、卓越的组织才能，对文化事业做出过不少贡献，在学术界和文艺界享有崇高声誉。李老曾说"我从1925年起参加革命，但在中国革命整个历程中，是很平庸的，说不上有什么成就和贡献"，但作为一名老共产党人，他生前为党和人民的事业呕心沥血，却淡泊名利，把他一生的信条和作风贯彻到最后，充分显示了一个老共产党人的宽阔胸怀和高尚情操，是我们学习的楷模。

一、李一氓文化思想的渊源

李一氓出生于清朝末年，文化教育事业相当发达的彭县一个普通职员家庭，自小就对国文、书法、绘画颇感兴趣。在小学时，作业常得八九十分，练习书法亦感兴趣，常用"土红"蘸笔练字。能写钟鼎文、种千株菊花的国文教员，颇有绘画天才的二哥，大摆春灯谜的成都元宵灯节……都在童年李一氓心中留下了美好的印迹。五四运动后，李一氓在学校参加游行示威，抵制和焚烧日货，宣传爱国主义精神，同时结识了刘伯承，并与同班同学李叔薰（后改名李硕勋，李鹏同志的父亲）结拜为兄弟。李硕勋对李一氓在学生时代的思想有极大影响，1921年李一氓去上海求学，在上海学习的五年间，他广泛阅览包括《新青年》、《向导》在内的大量马克思主义和社会主义著作，参加了一些进步学生的活动，使他的思想得到升华，并于1925年经李硕勋和何成湘的介绍加入了中国共产党，从此走上革命道路。为支援"五卅运动"，他参加了"上海四川旅沪学界同学会"，开始活跃在文化界，结识了郭沫若，创办了《长虹》月刊。

1926年，大革命的浪潮席卷全国，李一氓当即投笔从戎，参加北伐，任国民革命军总政治部宣传科长，负责编辑《革命军报》，受参与北伐军政治工作领导的中共代表周恩来直接领导。南昌起义失败后，在向广东撤退途中，他和周恩来在江西瑞金一起介绍郭沫若加入中国共产党。血战和溃败没有动摇李一氓的意志，1928年至1932年，他又被派回上海，在周恩来领导下从事地下保卫工作，公开身份主要是文化工作者。在此期间，他积极宣传马克思主义，致力于翻译马列著作，并任中央文化工作委员会成员，负责协调上海文艺活动，因工作与鲁迅先生有所交往，为左翼文化界的团结作出了巨大努力，加强了党对文化工作的领导。李一氓先后发表了《改良主义是不是在中国行的通》、《我们的态度（游击）》、《关于文化侵略问题》等文章，出版了《新俄诗选》、《马克思恩格斯合传》、《马克思论文选译》等译作，参与了进步刊物《流沙》、《日出旬刊》、《社会科学讲座》、《巴尔底山》的编辑和写作工作。

1932年，李一氓奉命到江西瑞金，任国家保卫局执行部部长兼中央政府机关报《红色中华》编辑，发表了《政治动员工作》、《在新的胜利面前——地方武装积极进攻行动》等6篇社论，李一氓的这些著作和译作，对于宣传普及马克思主义思想起到了很大的作用，对寻求适合中国社会特点的革命道路的革命者具有重要的现实意义。

二、李一氓的文化活动

由于李一氓对文化事业情有独钟，所以酷爱并重视文化工作，虽然赴瑞金中央苏区以后戎马倥偬和公务繁忙，但仍以深厚的文化素养、卓越的领导艺术为文化工作倾注了大量心血，做出了许多成绩，与之结下了深厚的情缘。观其一生，他的文化足迹涉及宣传出版、文艺戏曲、古籍整理、文物收藏等诸多方面，李一氓长于同文化人交往，善于组织文化活动，勤于文化艺术创造，与文化结下了不解之缘。

1. 宣传出版方面

李一氓能诗善文，他不仅懂文化、重视文化、决策文化工作的方向，更重要的是他还直接参与文化活动的领导。1937年，李一氓参与筹组新四军，担任新四军秘书长。为了做好宣传工作，他参与筹建了一个排字、铸字、刻字、印刷、校对等工种都完备的印刷所。为搞好部队的政治工作和对群众的宣传工作，参与创办新四军《抗敌报》和《抗敌》杂志。他为《抗敌报》撰写了《漫谈苏联红军向波兰进军——为本军两周年的抗敌报纪念刊作》、《斯大林同志对于老的干部的评价》等文章以及数期涉及国际问题，欧洲战争形势等问题，见解深刻，行文利落，对澄清当时的思想认识起了重大作用。在《抗敌》发表了《宪法、民法、抗战》、《我们的艺术和我们的艺术家》、《思想泛论》等文章，并以"运壁营房随笔"为专栏，写感想、发议论，为新四军建设特别是抗战宣传做出了突出贡献。担任淮海区行署主任后，他亲自组织宣传发动工作，在党内刊物《淮海斗争》和《淮海报》上发表了一系列文章，如《"五四"论根据地的文化》、《坚持敌后抗战到胜利》，为大家克服当前困难，取得抗战的最终胜利指明了方向。

1945年11月1日，苏皖边区政府正式成立，因为边区政府主席兼华中分局宣传部长李一氓是个大文人，因此从成立的那一天起，苏皖大地便充满了文化的氛围。文化宣传工作首先便是办报，为了使文化工作者有发表自己作品的园地，边区政府成立后，不到一年时间里，共出版发行定期，不定期报刊32种，包括《新华日报》（华中版）、《江海导报》、《人民报》、《淮海报》、《清江工人报》等。李一氓同志十分关心新闻出版事业，边区政府创办了《民主建设》和《边府生活》两个刊物，他经常亲自撰写重要文章；他还为《华中少年》创刊号题词。全边区性的报纸《新华日报》（华中版），1945年11月7日在清江城筹建，同年12月9日正式创刊，为加强对该报的领导，华中分局成立了党报委员会，李一氓为委员会成员，范长江兼任社长和总编辑，当时该报与新华社华中总分社是两块牌子，一套班子。为促进新闻事业的发展，李一氓还领导设立了华中新闻专科学校，使得各类培训班也相继创办。值得一提的是，边区政府为了配合广泛开展的扫盲运动，还印制了一批简易的识字课本、手册等印刷品。这些印刷品易学、易懂、易带，对于提高边区人民群众、特别是农民群众的文化素质、政治觉悟起到了重要作用。新中国成立后，李一氓还先后编著了《花间集校》、《一氓题跋》、《存在集》等书籍，主办了《学习资料》等刊物，直至晚年，李一氓还不断对国际关系中的一些关键问题进行潜心研究，并带领同志们写出了一批很有分量的调研报告。

2. 文艺戏曲方面

李一氓是中共党内著名的文艺理论家，他对戏剧的关注既是个人的兴趣爱好，更是不断宣传革命思想，为革命摇旗呐喊的需要。早在上海从事地下工作与文化工作期间，李一氓就以极大的热情投入到戏剧实践中去。李一氓在创造社的《流沙》半月刊上发表了《我对于历史剧的主张》、《历史剧与现代剧》、《历史剧的对话》等一系列短文，批评某些戏剧形式与语言僵化，主张发展无产阶级艺术形式，建立民众戏剧，从而激励大众，组织大众。抗战中，李一氓为新四军的早期戏剧运动作出了很大的贡献。1939年4月23日，新四军抗敌剧社成立，李一氓任社长，社员包括来自各部队和机关单位的共300人，分设编剧、导演、演出、研究等部，该社成为当时领导全军戏剧运动的核心。至1939年9月，新四军在短短两年时间里，创作各种剧本200多个，戏剧演出达七八百次，特别是1939年7月，为纪念抗战两周年，由李一氓亲自组织，吴强导演，夏衍编剧，新四军编演的被夏衍本人称为"难剧"的四幕话剧《一年间》，通过描写一些普通人在日寇侵华后的遭遇，抨击了悲观主义，提高人们抗战必胜的信心，发挥了文化武器的作用，取得很好的效果。正因为李一氓对戏剧在革命斗争中作用有着充分的认识，抗战期间，他在苏北坚持斗争的极其困难的情况下，仍大力支持戏剧事业的发展。如1943年11月，李一氓在苏北淮海地区主持工作时，积极牵头成立了湖海艺文社淮海分社，与陈毅等在盐阜发起创设的湖海艺文社文字唱酬、声气相应。差不多同时，爱好京剧的李一氓看到淮海区的干部中会唱京剧的不少，他又支持创办了淮海实验京剧团，从紧张的经费中挤出资金从北平、天津等地为剧团购买服装、道具，并从机关、部队、学校等处抽调有文艺潜质的人员充实剧团。他还亲自撰写京剧剧本《九宫山》，1945年，《九宫山》赴黄花塘新四军军部汇报演出，获得军部首长的肯定。当时在军部的杨帆就说："有的同志对你们淮海区搞这么一个实验剧团，化去了一些钱，很有意见，现在看了你们的演出，觉得能演出这样有意义的戏，化点钱也是值得的。""李一氓同志有远见，这件事办得好，办得好。"在李一氓同志的倡导下，边区还先后成立华中文协实验剧团第一团，军区有3个文工大队，各分区均有分区性剧团，秧歌队、儿童剧团、农村剧团等普及每个城镇乡村，使群众的文化生活丰富多彩。来到东北大连领导财经工作后，李一氓始终关心着地方戏剧工作，1948年11月14日至12月19日，李一氓在《大连日报》副刊《海燕》连续五次发表《谈平剧"改良"》的文章，从乐器、曲调、唱词、脸谱等各方面提出自己对于平剧（即京剧）改革的一些观点和看法。改革开放后，李一氓还积极关注戏剧的发展，在《文艺研究》上先后发表《论程砚秋》、《文艺中处理历史上少数民族关系的问题——京剧举例》等文章，对程派的京剧表演艺术特点和演出节目剧种内容做出全面精辟的论述，同时他对戏剧工作发表的许多真知灼见，也得到广泛的认可。

3. 古籍整理方面

李一氓是20世纪后期我国古籍整理事业的一位卓越组织者和领导者，他在古籍整理方面的思想成果极为丰厚。1981年12月，李一氓主动退居二线，辞掉了在中联部的职务，被选为中纪委委员和中央顾问委员会常务委员。这时，国务院要组建一个由文化部、教育部、社科院、出版局等单位负责人参加的古籍整理出版规划小组，但需要一位有威望又对古籍有较深造诣的人担任组长。鉴于李一氓在古籍文献方面的素养和功力，中央委以他领导国家古籍整理出版规划工作的重任，已年届耄耋却豪气不减当年的李一氓欣然接受，并主持这一工作近十年，这是共和国成立以来古籍整理出版工作最繁荣最兴旺的十年，李一氓在古籍搜集、整理、出版方面倾注了极大心血，为古籍整理开创了一个新局面、新时代。在这期间，全国古籍整理出版工作在组织规划、人才培养等方面都得到了加强，3500多种古籍得以重印流传，其中《中华大藏经》的整理出版，被称为世界文化史上的奇观。担任古籍规划小组组长伊始，李一氓即着手制定一个中长期古籍整理出版规划，他调动国内出版社、知名专家学者的积极性，编制出《古籍整理出版规划（1982—1990）》，并在《解放日报》发表《再论古籍和古籍整理》，提出整理古籍规划任务范围和分工，明确规划小组的工作任务。他把古籍整理视为中华民族特有的精神生产，并对古籍整理的下限、整理重点和先后缓急、新领域的开拓等若干理论和实践问题作了大量探索。他提出整理古籍不应限于传统的经、史、子、集，佛藏、道书也是中国古籍，并主张编辑出版浩瀚的《中华大藏经》（汉文部分）和《佛教典籍选刊》。此外，经他精心思考、反复斟酌，还先后提出整理《肇域志》、《全辽文》、《全元诗》、《全明词》、《全清词》、《台湾府志》、《理学丛书》等重点项目。

李一氓关心农业古籍、中医古籍整理出版规划的制定，1982年6月，他就农业古籍的整理出版问题召开座谈会，听取农业部和农业出版社对古农书整理出版情况的介绍。7月，他与卫生部中医局、人民卫生出版社和中医古籍出版社的同志座谈，听取了中医古籍整理出版规划基本情况的介绍，希望他们尽快完成规划的制定。李一氓还非常重视海外古籍复制回归，1983年9月中旬，李一氓赴日期间开列了第一批书目，将版本价值较高的增收进了《古逸丛书三编》。李一氓在得知苏联列宁格勒图书馆有一部当时发现藏于国外的唯一《红楼梦》钞本后，将其引回国内，1986年4月，列宁格勒钞本《石头记》（全六册）由中华书局出版。李一氓对地方古籍整理出版工作的开展有着明确思路，他认为省、市、自治区整理出版古籍的重点是地方历史文献，突出地方特色，还应重视地方图书馆收藏的稿本，可以将其整理出版。在他的推动下，20世纪80年代，我国地方古籍整理出版工作取得了长足进步，陕西、江西、安徽、上海等还专门成立了古籍整理出版规划小组，岳麓书社、巴蜀书社、天津古籍出版社等相继成立。李一氓还很关心古籍整理人才的培养，1982年7月，规划小组向国务院报送请示报告后，国务院批复同意从1983年开始每年拨给教育部、古籍整理出版规划小组一定费用，用于古籍人才培养和有关古籍出版的补贴。国务院还批准教育部，选择若干大学成立有关古籍整理的专业或研究单位，以弥补北大古典文献专业招生人数少、不能满足各方面的要求之不足。

4. 文物收藏方面

李一氓一生收藏众多，涉及书籍、字画、陶瓷等，其中以书籍为主。他搞收藏，不以敛财为目的，为的是给地方文化事业发展做贡献。晚年，他把收藏品无偿捐给国家，更是体现了一个老共产党员的崇高境界。李一氓与收藏结缘始于1945年抗战胜利。当时，苏北地区各地相继解放，在淮阴城时，李一氓看到有战士将字画铺在地上睡觉，转移时留下也无人收拾，觉得很可惜，就让警卫员一幅幅卷起收好，并向熟识的指挥员同志打招呼，让他们遇见这种情况，最好都收起来送给他，就这样，一下就弄到几十种字画。李一氓的这些藏品大多来自苏北的淮阴、

淮安等地，到1947年夏天，国民党进攻苏北解放区，宝贝要几只大箱子
才装得下。这些东西被分成两部分，一部分就地存放，最终没有了下
落；一部分送到烟台，辗转大连，最后到了北京。在召开第一次全国政
治协商会议时，李一氓把这些藏品交给了苏北代表团，让他们带回，而
自己只留下了很少的几件。

　　1949年进京后，李一氓主要的购买途径是琉璃厂。他开始主要收藏
字画和一些有关词的书籍，时间长了，还和一些古董店的店主、店员建
立了良好的关系，并请对方推荐些精品，甚至代买。其主要收藏有石涛
的手卷、册页，张学曾的一大幅绢本山水、龚贤的两幅山水，还有一些
陶瓷、明清墨、漆器、砚台等。在国外工作期间，他的收藏也很值得一
提，只是收藏书籍更多的是外文书。从内容上看，主要为两种。一种是
中国古籍的外文译本。例如他为成都杜甫草堂就贡献了英、法、日文版
杜甫诗集四十来种，而且其中多属孤本、善本。一种是名人名著（主要
是马恩列）的早期版本。作为一位享誉中外的收藏家，由于他的鉴赏水
平高、兴趣范围广，因而收藏极为丰富，其中有不少精品，单以他最喜
欢的词而言，竟有2300余册，堪称当代第一。据不完全统计李一氓收藏
的书籍类有2000多种近7000多册，绘画、书法、拓本类330余件，陶瓷类
100多种，古墨200多锭，还有其他类别的若干件。李一氓的收藏品最后
都捐给了国家，而且正像他所说，"余藏书画，均交公库"，其中捐给
北京图书馆的珍本、善本书有1500多册，捐给故宫博物院的文物字画有
300余件。李一氓在晚年处理自己心爱的收藏时，除了考虑让它们能有好
的落脚之处，更考虑到它们的价值发挥，他想出了一个特别办法，就是
藏品能找到作者原籍的，就捐赠当地图书馆，如成都、杭州、扬州、桐
城等市县级图书馆。到了生命的最后几年，他决定将两千余册词书和所
有剩下的书画文物，一股脑儿送给四川，从此结束了他收藏家的生活。
在记录其收藏生涯的文章《过眼云烟》中，李一氓写道，"我的这一点
东西，对于我真是云烟过眼了。但它们依然是云，依然是烟，依然在北
京和成都悠悠而光彩地漂浮着"。

　　李一氓曾谦虚地说："我了解我自己，原也不是做学问的坯子，

七十多年过去了，我无可后悔，也不想后悔。我做了我可能做的事情——谈不上什么事业，我没有对不起这个历史，也不曾辜负这个时代"。历经坎坷跌宕，李一氓始终未改其纯朴本色，他为我国的文化事业作出了重要贡献，产生了长远影响，尤其是他对待中国文化的态度和方法，至今仍给我们以启迪。

（张冠中，江苏省淮安市苏皖边区政府旧址纪念馆办公室主任、文博馆员）

论"焦家家风"的内涵
及其时代价值

王秀菊

摘要：焦裕禄精神是中华民族优秀传统文化和民族精神的体现，是中国共产党的宝贵精神财富。焦家家风，是焦裕禄精神在家庭中的具体表现，与焦裕禄精神一脉相承，"热爱劳动、艰苦朴素、不搞特殊化"的焦家家风，是引领全社会家风建设的方向标。新时期，大力弘扬焦裕禄精神、学习焦家家风，有利于继续保持艰苦朴素的优良作风，营造风清气正的政治生态；对塑造文明和谐的社会风气，具有深刻的现实意义和时代价值。

关键词：焦家家风；焦裕禄精神；热爱劳动；艰苦朴素；不搞特殊化

家风是中华民族传统美德的现代传承，是一个家庭或家族的传统风尚，是立身做人的行为准则，是社会和谐的基础。焦裕禄是从齐鲁大地上走出去的党的好干部、县委书记的好榜样，他出生在一个忠厚济世、耕读传家的普通家庭，从小就受到焦氏家族家风的影响，并延续了焦氏家风的血脉。焦裕禄42年的短暂生涯中，有25年是在家乡淄博博山度过的，他在家乡参加了革命、加入了党组织。1947年秋天，焦裕禄离开家乡，奔赴中原，15年后，当辗转来到黄河故道上的兰考县担任县委书记后，便成就了一番无私无畏、艰苦卓绝、鞠躬尽瘁、死而后已的感人业绩。故乡的山水滋养了焦裕禄，博山孝文化、革命历史传统影响了焦裕禄的一生，焦裕禄精神就是在这样的历史背景下，伴随着革命、斗争经历逐步孕育形成的。

焦家家风也伴随着焦裕禄不平凡的人生经历，传承给了子孙后代，并成为薪火相传的优良传统。

一、焦裕禄精神与焦家家风

习近平同志对焦裕禄精神做过两次精辟的阐述。2009年，他把焦裕禄精神概括为亲民爱民、艰苦奋斗、科学求实、迎难而上、无私奉献。2014年3月，习近平总书记又进一步将焦裕禄精神提炼为"心中装着全体人民、唯独没有他自己"的公仆情怀；凡事探求就里、"吃别人嚼过的馍没味道"的求实作风；"敢教日月换新天"、"革命者要在困难面前逞英雄"的奋斗精神和艰苦朴素、廉洁奉公、"任何时候都不搞特殊化"的道德情操。[1]习近平同志这样评价焦裕禄精神："无论过去、现在还是将来，都永远是亿万人民心中一座永不磨灭的丰碑，永远是鼓舞我们艰苦奋斗、执政为民的强大思想动力，永远是激励我们求真务实、开拓进取的宝贵精神财富，永远不会过时。"[2]深情的话语，深刻的阐释，在中华大地上激荡澎湃，书写着新时期大力践行焦裕禄精神的崭新篇章。

习近平总书记说："家庭是社会的基本细胞，是人生的第一所学校。不论时代发生多大变化，不论生活格局发生多大变化，我们都要重视家庭建设，注重家庭、注重家教、注重家风。"[3]焦裕禄同志对家庭、对子女的教育非常严格，是家风建设的表率，焦家家风与焦裕禄精神一脉相承，是焦裕禄精神在家庭中的具体表现。二女儿焦守云把焦家家风归纳为"热爱劳动、艰苦朴素、不搞特殊化"[4]。习近平总书记多次赞扬焦裕禄的家风，在看望焦裕禄子女时，焦守云对总书记说，"我们一定继承好父亲的精神，把焦家家风一代代地保持传承下去"。总书记听后，若有所思，重重地点了点头，重复了三次："家风，家风，家

---

［1］习近平：《大力学习弘扬焦裕禄精神　继续推动教育实践活动取得实效》，《人民日报》，2014年3月19日。

［2］习近平：《结合新的实际大力弘扬焦裕禄精神》，《求是》，2009年第10版。

［3］习近平：《在会见第一届全国文明家庭代表时的讲话》，新华社，2016年12月12日。

［4］焦守云：《焦家家风有三条》，人民网，2016年7月4日。

风"，五十多年来，焦家家风就像一把尺子，度量着焦裕禄子女的行为，焦裕禄的子女又把它传给了第三代、第四代。

二、焦家家风的内涵

古人云："欲治其国者，先齐其家；欲齐其家者，先修其身"。我们党历来重视家风建设，毛泽东、周恩来等老一辈革命家都是重视家风的典范，他们虽没有留给后代多少物质财富，却留下了淡泊名利、无私奉献的家风，成为宝贵的精神财富，不但子孙为之自豪，世人也为之敬仰。焦裕禄在成长过程中，深受齐鲁文化的滋养和熏陶，他继承和发扬了"修身、齐家、治国、平天下"的思想，并升华为强烈的家国情怀。

1.热爱劳动是焦家最接地气的家风

"民生在勤，勤则不匮。"劳动是人类的本质活动，中华民族是勤于劳动、善于创造的民族。作为普通农民的后代，焦裕禄传承了中华民族热爱劳动的传统美德，从一名普通的劳动者到县委领导干部，他始终保持着劳动人民的本色。他常告诫家人：不能不劳而获，自己的事情自己做。他经常带着孩子们参加力所能及的劳动，让他们体会劳动的艰辛，在劳动中感受快乐。大女儿焦守凤初中毕业后，几家单位提出给她安排工作，有话务员、教师、县委干事……一个个体面的工作让她心花怒放，但很快父亲泼了冷水："这些单位你都不能去，走出学校门就进机关门，你缺了劳动这门课。" 焦裕禄亲自把她送到了酱菜厂，十七八岁的大姑娘每天高强度的劳动不说，还要挑着沉重的担子走街串巷吆喝售卖。焦守凤觉得很委屈，焦裕禄却对她说："你是县委书记的女儿，更应该热爱劳动，带头吃苦。"[1] 在焦裕禄的影响下，妻子徐俊雅对子女也严加管教。兰考刚流行装电话的时候，在乡里工作的儿子焦跃进也兴冲冲地打算在家安一个，没想到他母亲徐俊雅坚决不同意："你装个电话，是不是打算在家遥控办公呢？一乡之长你不跟群众同劳动，怎么了解群众的想法和困难？"虽然装个电话不是什么奢侈之举，但从徐俊

---

[1] 博山焦裕禄纪念馆：《焦裕禄的80则贴心话》，《人民日报》出版社2017年版，第192页。

雅的话中我们能体会到蕴藏的深意。焦裕禄用自己的一言一行感染着家人和孩子，并成为他们内化于心外化于行的自觉。

焦裕禄还经常告诫干部们：新干部不参加劳动就不能明确树立群众观点，老干部长期不劳动思想就要起变化就要变颜色。焦裕禄是这样说的也是这样身体力行的，他既是指挥员又是战斗员，卷起裤腿和群众一起翻地、封沙丘、种泡桐、挖河渠。他给自己规定，把参加劳动作为日常生活的重要内容。下乡时，就地劳动，在机关值班时，就近劳动。不论在治理"三害"的土地上，还是在平时田间管理中，他走到哪里干到哪里，群众身上有多少泥，他身上就有多少泥。劳动是一种能有效"防腐"的保鲜剂，焦裕禄身不离劳动，心不离群众，永葆劳动人民的本色，留给后人的是最难能可贵的道德品质。

2. 艰苦朴素是焦家最纯美的家风

"历览前贤国与家，成由勤俭败由奢"。在党的七届二中全会上，毛泽东提出"两个务必"，务必使同志们继续地保持谦虚、谨慎、不骄、不躁的作风，务必使同志们继续地保持艰苦奋斗的作风，要求全党在胜利面前要保持清醒头脑，在夺取全国政权后要经受住执政的考验。"两个务必"包含着对我国几千年历史兴替的深刻借鉴，包含着对我们党艰苦卓绝奋斗历程的深刻总结。焦裕禄是毛泽东同志的好学生，是学习实践毛泽东思想的好榜样。焦裕禄精神是在毛泽东思想与社会主义建设伟大实践相结合的基础上产生的，焦裕禄用自己的实际行动，实践和继承了毛泽东思想"两个务必"的作风。他告诫孩子们：不能攀比，不能跟别人比吃比穿，要比就比学习比进步。工作、生活中，焦裕禄几乎把艰苦朴素的家风发扬到极致，他生活简朴、办事勤俭，用过的一床被子上有42个补丁，褥子上有36个补丁，衣帽鞋袜也都是缝了又补，补了又缝，虽然破旧得厉害，他还是舍不得换掉，同志们劝他换新的，他却说："一个共产党员整天想的是穿戴吃喝，不讲革命工作，那怎能行呢？朴素的土气，就是革命的正气。"[1]焦裕禄逝世后，妻子徐俊雅把

---

[1] 博山焦裕禄纪念馆：《焦裕禄的80则贴心话》，《人民日报》出版社2017年版，212页。

他仅有的几件衣服缝缝改改，做成大儿子焦国庆的衣服，后来又传给了更小的孩子。上学时，孩子们的铅笔用短了接个笔帽继续用、本子用完了反过来接着写……，艰苦朴素的焦家家风已经成为根植在焦家后代骨子里的一种习惯。

焦裕禄到兰考时，正值兰考遭受"风沙、内涝、盐碱"三害的肆虐，百姓生活、生产有很大困难，兰考县委领导干部的办公条件也很差，有领导干部提出装潢办公室，桌子、椅子都要换一套新的。焦裕禄听了义正言辞地说："坐在破椅子上不能革命吗？"

"灾区面貌没有改变，还大量吃国家的统销粮，群众生活很困难，富丽堂皇的事，不但不能做，就是连想也很危险。"[1]焦裕禄的铮铮誓言表现出了一个党员干部深刻的政治远见和忧患意识。这么多年过去了，这句话一直引发人们的警醒和反思。焦裕禄朴素的作风、土气的本色，就是接地气，就是全心全意为人民服务的本质体现。

3. 不搞特殊化是焦家最有底气的家风

古人云："其身正，不令而行；其身不正，虽令不从"。政声人去后，功德在民心。历经半个多世纪的岁月洗礼后，焦裕禄精神历久弥新、熠熠生辉，关键在于他把"严"与"实"当成了自己最为厚重的人生底色，把"心中装着全体人民，唯独没有他自己"的公仆情怀发挥得淋漓尽致。习近平总书记号召所有党员干部，要特别学习焦裕禄同志艰苦朴素、廉洁奉公、"任何时候都不搞特殊化"的道德情操。"任何时候都不搞特殊化"，是焦裕禄作为领导干部一心为公、恪尽职守、廉洁自律的真实写照，也是他教育家人、子女的精神信条。他常告诫家人：不能收受任何东西，不能占一点便宜。有一次，11岁的大儿子焦国庆挤在礼堂门口想看戏，检票员问："谁家的孩子啊，有票没？"焦国庆说："没有，焦书记是我爸爸"，检票员就放他进去白看了一场戏。焦裕禄知道后十分生气地说："你小小年纪可不能养成占便宜的习惯。演员演戏，花费了很多辛勤劳动，看'白戏'是剥削别人的劳动果实。咱

---

[1] 博山焦裕禄纪念馆：《焦裕禄的80则贴心话》，人民日报出版社2017年版，178页。

立个家规：今后，不管谁都不准看'白戏'。"第二天还亲自带着儿子到戏院补了票，并在县委常委会上做了检讨，后来还因为此事亲自起草了《干部十不准》，要求任何干部在任何时候都不准搞特殊化。[1]正是面对这些蝇头小事，因为有了近乎"苛刻"的要求，才让焦家家风被世人传唱称颂。几十年风雨沧桑，在子女心中，父亲是一面镜子，用这面镜子照着焦家，决不许有丝毫偏差。"时代变了，但是心不能变"，焦家人始终坚守着这样的誓言，传承着不搞特殊化的焦家家风。

三、焦家家风的时代价值

"家是最小国，国是千万家。"家庭是社会的基本细胞，家风是一个家庭在世代传承中形成的一种道德规范、传统习惯和为人之道的总和，是社会风气的缩影，是社会和谐的基础。培育良好家风，可以抵御歪风邪气，可以让家庭和睦团结，让环境安定有序，让社会文明祥和。焦裕禄的家风故事，教育和感动着无数人，焦家家风已成了全社会乃至中华民族的传家宝，传承焦家家风有着重要的时代价值。

1. 有利于保持艰苦奋斗、勤俭节约的优良作风

艰苦奋斗、勤俭节约是中华民族的优良传统，是我们党的传家宝，我们党是靠艰苦奋斗成长壮大、成就伟业的，是靠勤俭节约发展事业、建设国家的。家风是折射干部作风的明镜，好家风才能养成好作风。上有好者，下必甚焉，党员干部的家风、家教直接影响家人的言行举止。新形势下加强领导干部作风建设，更需要发扬艰苦奋斗、勤俭节约的作风。

"一屋不扫，何以扫天下"，党的历代领导人都重视家风建设，教育家人保持艰苦奋斗、勤俭节约的作风，这都是源于对历史的反思。"奢靡之始，危亡之渐"，一旦沾染上了奢靡享乐之习，就会意志消沉、精神萎靡，丧失奋发向上的精神动力。领导干部过度追求物质享受，则必然会逐步走向腐败，损害党群干群关系，削弱党的执政基础和

---

[1] 博山焦裕禄纪念馆：《焦裕禄的80则贴心话》，人民日报出版社2017年版，180页。

执政地位。"忧劳兴国，逸豫亡身"。作风建设永远在路上，党员干部只有像焦裕禄同志那样，始终保持"艰苦朴素、廉洁奉公，任何时候都不搞特殊化"的道德情操，做到严以修身、严以用权、严以律己，才能保持艰苦奋斗的精神；像焦裕禄同志那样，始终坚守"心中装着全体人民，唯独没有他自己"的公仆情怀，把"为人民谋福利"作为人生追求，才能保持与人民群众的血肉联系。目前，"坚定不移打赢脱贫攻坚战，全面建成小康社会"的号角已经吹响，教育、医疗、养老、住房等一系列民生问题有待解决。要实现两个一百年奋斗目标，必须继续弘扬"克勤于邦，克俭于家"的传统美德，继续保持艰苦朴素、勤俭节约的优良作风。

2. 有利于营造从严治党、风清气正的政治生态

"家风正则民风正，家风纯则党风纯，家风清则政风清。"好的家风孕育好的公民，好的公民组成好的社会，好的社会推动形成好的政治生态。家风不仅决定了一个人的精神状态和价值追求，也对党员干部的廉洁从政有着不可忽视的影响。习近平总书记在建党95周年庆祝大会上强调：我们党作为执政党，面临的最大威胁就是腐败。而很多腐败之祸的起因"不在颛臾，而在萧墙之内也"，家风不正，治家不严已经成为党员干部走向违法犯罪的重要原因。[1]十八大以来查处的腐败案件，几乎都与治家不严有关，都有一个复杂的家庭、亲情和人情圈子。因此，党员干部的家风建设，是推进干部清正、政府清廉、政治清明的重要动力。

"路漫漫其修远矣，两袖清风来去"，这是习近平同志对焦裕禄恪尽职守、廉洁奉公的诗意表达。他身患重病，依然克己奉公、心系百姓，体现出了一位共产党人鞠躬尽瘁死而后已的奉献精神。广大党员干部要把焦裕禄精神作为精神指引，把焦家家风当成行为规范，把自己的人生追求和人民的事业结合起来，不断提升思想修养，始终规范用权，时刻敬畏法纪，牢牢守住廉洁底线。如此，方能始终管好自己、管好家人，给自己创造一个稳固的家庭后方，干干净净做人、清清白白做事、

[1] 习近平：《在庆祝中国共产党成立95周年大会上的讲话》，新华社，2016年7月1日。

堂堂正正为官，共同营造从严治党、风清气正的政治生态。

3. 有利于塑造健康向上、文明和谐的社会风尚

家风是社会风气的重要组成部分，家风好，就能家道兴盛、和顺美满；家风差，难免殃及子孙、贻害社会。"热爱劳动、艰苦朴素、不搞特殊化"的焦家家风，具有很好的导向和示范作用，是社会主义核心价值观的完美展现，如果融入每个人的血脉之中，必然会促进形成健康向上、文明和谐、积极进取的良好道德和社会风尚。

官德如风，民德如草；风之所向，草之所从。党员领导干部的家风，不仅关系自己的家庭，而且关系党风、民风、政风。县委书记的榜样焦裕禄，恪守务实清廉的价值追求，虽手握公权，但只一心为民，从不私用，从不搞特殊化，并将这种精神传承给了子孙后代。习近平总书记要求广大党员干部，要特别学习焦裕禄同志的公仆情怀、求实作风、奋斗精神、道德情操。因此新时期的党员干部，仍要以焦裕禄同志为榜样，严格要求自己，培养健康的生活情趣，保持高尚的精神追求，把修身、齐家落到实处，做家风建设的表率，引导全社会形成良好的社会风尚。

"千千万万家庭的好家风才能支撑起全社会的好风气"，塑造良好的社会风尚，不仅需要8700多万党员的努力，也需要普通公民传承好家风。领导干部要继承中华优秀传统文化，发扬革命前辈的良好家风，严格要求亲属子女，把好亲情关，引导他们树立遵纪守法、艰苦朴素、自食其力的良好观念，明白见利忘义、贪赃枉法都是不道德的事情，为全社会做表率。[1] 我们每个人也都应当以家为单位，由小及大，由少及多，把良好的家风推广至全社会，让优良家风在引领社会风尚中，发挥出积极作用。在新的历史时期，有党中央的坚强领导，有社会各界的广泛参与，有每个家庭的积极践行，焦家家风一定会折射出更加迷人的光彩。

〔王秀菊，山东省淄博市博山焦裕禄纪念馆（故居）科员〕

---

〔1〕习近平：《在会见第一届全国文明家庭代表时的讲话》，新华社，2016年12月12日。

浅谈铁人王进喜人格魅力的
几个突出表现

史金龙

摘要：中国工人阶级的先锋战士王进喜，为我国石油工业的发展立下了不朽的功勋，也为我们创造了宝贵的精神财富——铁人精神。追忆铁人王进喜47年的壮丽生涯，他身上散发出了独特的人格魅力和耀眼的光芒，主要表现在为国分忧，为民族争气的爱国情怀；"宁肯少活20年，拼命也要拿下大油田"的英雄气概等几个方面，本文试图对此进行全方位、立体化的探讨，使读者更加全面深刻地认识铁人王进喜的英雄形象。

关键词：王进喜；人格魅力；表现

古往今来，凡是为国家和民族的振兴和强盛做出过卓越贡献的人，无不具有非凡的人格魅力。精忠报国的岳飞如是，视死如归的文天祥如是，"先天下之忧而忧，后天下之乐而乐"的范仲淹也如是。纵观铁人王进喜47年的壮丽生涯，他为我国石油工业的发展立下了不朽功勋，为后人留下了宝贵的精神财富——铁人精神，更以其高尚的人格魅力深深地影响着一代又一代人。

那么，何为人格魅力？要问答这个问题，我们首先要弄清楚什么是人格。人格是指人的性格、气质、能力等特征的总和，也指个人的道德品质和人能作为权利、义务的主体的资格。而人格魅力则指一个人在性格、气质、能力、道德品质等方面具有的能够吸引人的力量。

笔者认为，铁人王进喜身上散发出的人格魅力主要表现在以下几个方面：为国分忧，为民族争气的爱国情怀；"宁肯少活20年，拼命也要拿下大油田"的英雄气概；勤奋学习，刻苦钻研科学文化的"识字搬山"精神；宁折不弯，誓死保卫大庆红旗的铮铮傲骨；铁骨柔情，把职工当亲人对待的无私胸怀；廉洁自律，永葆优秀共产党员的艰苦朴素本色；谦虚谨慎，在成绩面前从不自傲的高贵品格，等等。

一、为国分忧，为民族争气的爱国情怀

王进喜47年的人生历程，其中有26年在旧社会受苦。这26年间的穷困煎熬、牛马生活和西北大漠的砥砺，练就了他刚毅坚韧、倔强不屈的性格。解放后，他怀着爱党、爱祖国、爱领袖、爱社会主义的无比深情，以无法遏制的激情和旺盛的斗志参加社会主义经济建设，投身壮丽的石油事业。他把祖国的贫穷落后当作自己的耻辱，立下"要甩掉我国贫油落后帽子"的雄心大志，为民族振兴、祖国富强和人民幸福奋力拼搏。他说："我们有许多困难，这些困难再大，也没有国家困难大……我们是为自己干，是为党增光，为民争气，是为了多打井、多出油，快快地把咱们国家建设强大，吃点苦，受点累，算个啥！"

他的话掷地有声，充满刚性，字里行间洋溢着为国争光、为民族争气的爱国主义激情。他是这么说的，也是这么干的。早在1951年当钻工期间，他在全国"抗美援朝"热潮中，主动捐出一个月工资，参加购买"石油工人号"战斗机。1957年在国民经济十分困难的条件下，他向全矿职工发出了"增产节约"的倡议，带领贝乌五队职工靠修旧利废坚持打井，圆满完成了全年生产任务。1958年初，石油工业部在玉门、新疆发起"高速优质钻井"劳动竞赛。7月初，王进喜和他的贝乌五队到白杨河打井，9月份创出了月进尺5009.3米的全国钻井最高纪录，也是世界少有的纪录。1959年他参加群英会期间，看到首都的公交车上背着煤气包，蹲在北京沙滩街头流下了伤心的泪水。1966年年底，他带领1205、1202钻井队实现了进尺上10万米的目标，超过了美国王牌钻井队和苏联功勋钻井队。

1964年10月，美国著名作家埃德加·斯诺访华，斯诺问毛泽东："对当前的反华大合唱，你有什么要告诉世界的？"毛泽东回答："我国东北新开发了个大油田，有一个钻井工人说'石油工人一声吼，地球也要抖三抖'。我们一发言，世界就有人受不了。"由此可以看出，王进喜强烈的爱国主义情怀。

铁人的一言一行，无不渗透了这种情怀，他把个人命运同祖国命运、石油工业命运紧紧维系在一起，这种工人阶级的使命感和中华民族的忧患意识，支配了他一生的行动，在玉门，他工作10年，把标杆立上了祁连山，带动了全国钻井事业发展，成为"钻井闯将"；在大庆，他又工作10年，为甩掉石油落后的帽子、结束"洋油"时代立下了赫赫战功，成为英雄的铁人。

二、"宁肯少活20年，拼命也要拿下大油田"的英雄气概

1959年，我国原油产量是373.3万吨，石油工业的落后局面没有得到改观，石油和石油产品远远满足不了我国经济建设的需要。朱德总司令曾经忧心忡忡地说："没有油，坦克、大炮还不如打狗棍。打狗棍拿着可以打狗，坦克、大炮没有油就不动啊！"1959年9月26日，松基三井喜获工业油流，我国在东北松辽地区找到了大油田。就在这场惊天地、泣鬼神的大庆石油会战中，铁人王进喜以"宁肯少活20年，拼命也要拿下大油田"的英雄主义气概，谱写了一曲英雄赞歌。

铁人一生中有许多值得我们回味的故事，最值得称道的是他的三个经典故事。这三个故事，今天生活在油城的人们都耳熟能详。即："人拉肩扛运钻机""破冰取水保开钻""带伤跳泥浆池压井喷"。

当王进喜和他的队友们来到头上青天一顶、脚下荒原一片的松辽平原的时候，生产和生活遇到了常人难以设想的困难。但他没有被困难吓倒，"这就像打仗一样，只能冲，不能退。"没有吊车、没有拖拉机，他带领全队职工人拉肩扛喊着号子，硬是把钻井全套设备从火车站卸下来运到井场，又把井架高高地竖立在茫茫荒原上。

开钻时没有水，等水罐车送水要耽误时间。在这种情况下，王进喜

果断决定到冰泡子上破冰端水。有人说："你看哪个国家用脸盆端水打井的？"王进喜义无返顾地说："就是我们国家。"他和职工们发扬连续作战的作风，不分昼夜端水50多吨，保证了这口井顺利开钻。

他们到大庆打的第二口井钻到700米浅气层时，突然发生井喷，强大的气流裹着泥砂冲出井口。当时王进喜的腿伤还没好，为了保护国家财产不受损失，他不顾个人安危，扔掉拐杖，果断地跳进了泥浆池，用身体搅拌起泥浆来，终于制服了井喷。

时至今日，铁人已离我们远去，但他身上所折射出的英雄主义光辉，永远激励着我们前进。时代呼唤英雄，英雄身上散发出的独特魅力，犹如醉人的醇酒，历久弥香。

三、勤奋学习，刻苦钻研科学文化的"识字搬山"精神

王进喜小时候家穷没上过学，却有强烈的求知欲望。他从小就通过看秦腔剧本学文化。参加工作后，积极参加扫盲班。但终因工作繁忙，不能达到随心所欲的程度。铁人当了大队长以后，深感文化低开展工作困难，于是抓紧一切时间来学习文化。他在笔记本上写道："我学会一个字，就像搬掉一座山。我要翻山越岭去见毛主席。"

翻开他的笔记，我们会看到，他不会写的字就自己创造符号，很像象形文字。他还拜技术干部为师，不懂就问，一学就到深夜。经过努力，他终于达到开会时能够记笔记，上台时能够演讲，工作之余能够读报纸、学马列毛著作的程度。同时，他还自学了许多有关钻井方面的科学知识，并运用到实践中，多有发明创造，为提高钻井质量和速度、改善职工生产条件等做出了贡献，他也被破格晋升为工程师。

阅读铁人的一生，我们就会发现，伴随着他的不光是大干苦干，而且是把对油田负责一辈子的思想同刻苦钻研、发明创造等紧紧地联系在一起。早在玉门时，他就试验成功了"整拖搬家"。原来钻机搬家是放架子拆搬，就是把40米高的井架子放倒拆开，一节节地运，最快也要两三天时间才能完成。经过认真研究计算，他大胆尝试，用10多台拖拉机牵引，使钻机平稳前行，两三个小时就搬迁到新井场。"整拖搬家"在

大庆石油会战中得到广泛应用，极大地提高了钻井效率。到大庆参加石油会战后，针对生产中出现的问题，他和技术人员反复研究，改进钻头质量，加快了打井速度，他也被人们称为"钻头迷"。为防止井斜，提高钻井质量，他和技术人员经过多次现场实验，发明了"大填满""小填满"式钻具结构法，被科研部门采纳，打出了井斜只有0.5度的笔直井，走在了钻井生产的前列。

除此之外，他还有许多绝活，其中最叫绝的是能在千米之外根据井下的声音，判断钻头的磨损情况。有一次，他跑井路过一个钻井现场，从远处传来的声音中，他判断这口井的钻头牙轮要掉了，就停车到井上让工人起钻。工人们半信半疑，起出一看果然如他判断的那样。

他曾经说过："干工作要为油田负责一辈子，要经得起子孙万代的检查"。从他的话中可以看出，他干工作的标准非常高。而工作标准又来源于他的水平和能力，这是他日积月累、刻苦钻研科学文化知识的结果。今天，我们处在飞速发展的时代，更需要发扬铁人这种"识字搬山"的刻苦学习精神，为建设我们和谐的社会主义祖国贡献力量。

四、宁折不弯，誓死保卫大庆红旗的铮铮傲骨

衡量一个人，不能仅仅看他一帆风顺的时候，还要看他在遇到困难和挫折时是如何面对的。古往今来成大业者，无不具有非凡的毅力，他们的目标是明确的，始终如一的，不论在多大的困难、多大的风雨面前，都不会放弃，也不会退缩。铁人就是这样一个人。

1966年年底，受"文革"的干扰破坏，大庆油田生产指挥系统陷入瘫痪状态。王进喜看在眼里，急在心上，万般无奈的情况下，他到北京向总理汇报大庆油田的生产形势。归来后，积极传达周总理的"一·八"讲话精神，呼吁大庆要坚持抓革命，促生产。最困难的时候，他领着小儿子一个井队一个井队跑，动员油田职工坚守工作岗位。百里油田处处留下了他的足迹。

不久，王进喜也被揪斗迫害，造反派非法扣押了他，私设公堂审讯他。让他承认"大庆模范标兵是假的，王铁人是假的；大庆的道路是错

的，大庆红旗是黑的。"王进喜傲骨铮铮地说："我是铁人还是泥人，关系不大。大庆红旗是几万名干部、工人干出来的，是毛主席亲手树立的，永远是红的。你们想让我承认大庆红旗是黑的，那是痴心妄想，就是刀架在脖子上我也不承认。"

由于"文革"的干扰和破坏，大庆油田出现了地层压力下降、原油产量下降、原油含水上升的"两降一升"严峻形势。王进喜焦急万分，在油田呼吁得不到支持的情况下，他于1970年3月17日到北京向周总理汇报。在王进喜组织下形成的《当前大庆油田主要情况报告》，实事求是地分析了当时大庆油田生产和地质开发等方面存在的问题。周总理在《报告》上批示："大庆要恢复'两论'起家基本功"，对排除干扰、扭转局势、保卫大庆油田有着极其重大和深远的历史意义。当年，大庆油田的原油产量上升到2118万吨，有力地支撑了困难重重的国民经济。铁人在威胁和利诱面前所表现出来的宁折不弯、誓死保卫大庆红旗的铮铮傲骨，成为我们学习的光辉榜样。

五、铁骨柔情，把职工当亲人对待的无私胸怀

铁人曾经说过："家属大嫂没油烧，几十里外的钻井工人就觉着冷了。咱不能把马列主义、党的政策放在书架上、文件夹子里嘛！"职工们之所以喜爱他，就因为作为一名领导干部，他自始至终把职工的冷暖挂在心头，成为名符其实的职工贴心人。试问，这样的领导干部有哪个职工会不欢迎呢？铁人的身上总有一团熊熊燃烧的大火，靠近了他，就会被温暖，就会干劲倍增。

会战初期，正值我国"三年自然灾害"最困难时期，钻井生产、生活，特别是吃粮和住房问题都面临着极大的困难。最严重时，职工们"五两保三餐"，吃野菜、搭马架、住帐篷。王进喜当了大队长后，带领大家发扬"南泥湾精神"，锹挖镐刨、开荒种地，盖"干打垒"住房。到1961年底，二大队盖起了6000多平米的"干打垒"，全大队上千名职工、几百户家属搬进了温暖的住房，建起了设施比较齐全的生活基地。当时，大批职工的家属和孩子从老家搬到油田。王进喜经常看到一

些孩子在荒原上乱跑,他说:"我自己尝够了没文化的苦,绝不能再耽误了孩子们"。他带领人们在大队机关附近支起一顶帐篷,建起了大队级第一所小学——帐篷小学。

钻井工人总是逐油而迁,到最偏僻、最荒凉的地方打井,因此找对象很困难。铁人就发动全大队人员帮助单身职工找对象,促成了许多职工的婚事。职工们感到工作和生活在这样一个集体里,就像在家里一样温暖。

王进喜关心职工生活的事例很多,我们仅举如下几个例子让大家了解他是怎样的一个人。在一次偶然事故中,1205队青年工人张启刚因公牺牲。处理完张启刚的后事,王进喜来到1205队,动员大家要把张启刚的父母供养到百年,并首先从口袋里掏出30元钱、20斤粮票交给党支部,嘱咐队里要每月给老人写信、定期寄钱和粮票。1261队司钻陈国安病了,却检查不出病因。铁人就利用开会的机会,先后把他送进省城医院和北京宣武医院治疗。陈国安长期住院,家里困难大,铁人把他的爱人从大田队调到服务队,让她能够就近上班同时照顾好3个孩子。

"文革"期间,王进喜的身心受到了严重摧残。在这种情况下,他仍然没有忘记油田职工的生活。他克服困难,组织职工修建了一条从八百垧到张铁匠长约8公里的沙石公路,方便了职工出行;他多方求援,组织人员拉落地原油送到二村,解决了职工家属的生活困难。

他就是这样一个人,要不钻井工人们都说:老铁工作上要求真严格,生活上对我们真关心。

六、廉洁自律,永葆优秀共产党员的艰苦朴素本色

铁人王进喜从一名普通石油工人成长为油田领导干部,地位变了,但他身上艰苦朴素的本性没有改变。他不但廉洁自律,严格要求自己,还要求家人"公家的东西一分也不能沾"。他常说:"正人先正己,打铁先得自身硬",这也是他一生正直行为的真实写照。

王进喜的老伴儿王兰英1960年来大庆,别的长期临时工都转了正,可他没去办,所以王兰英到大庆就成了普通家属。等二大队成立作坊

时，他就安排她去喂猪兼烧茶炉。王兰英身体不好，同志们想给安排到缝纫组、理发室或者浴室，找个轻松点儿的活干，王进喜却说啥也不同意。

会战初期，条件特别艰苦，组织上考虑到钻井工人体力消耗特别大，每月给他们补助六两保健肉。一次，王进喜所在大队后勤考虑到大队领导也比较辛苦，就自作主张，给每个大队领导分了点儿。王进喜回家，看到厨房里有一块肉，感到特别奇怪，了解情况后，他立即组织大队班子成员开了一个会，对此提出了严厉批评。他说："保健肉是党组织给一线工人的补贴，我们吃了，等于从工人嘴里抠肉吃，咽得下去吗？"会议决定，把分给干部的肉都退回来。王进喜带头做了思想检查。

王进喜搬家时，井队工人们见他家炕上铺的席子都旧了，有的破得不能再铺，就说咱队上搭棚子用的席子多得用不完，去取几张。可他老伴儿说啥也不要，她说："进喜说过，公家的东西不能往家里拿，别去啦！"几张旧席照样铺到新屋的床上。那时候，单位给职工办福利，床上的草垫子都是发的。工人们说席子不换了，草垫子总可以领几个吧。这时老太太出来说话了："不是说了吗，公家的东西一分也不能沾，别去啦！"

铁人患有严重的关节炎，上级为照顾他，给他配了一台威力斯吉普车。铁人很少自己坐，而是把这台车当成了大队的生产用车，上井送料、为井队拉粮食、送病号等。这台车工人、干部都可以坐，可自己家里人不能用。老母亲病了，是铁人的大儿子用自行车推着奶奶去卫生所看病。

七、谦虚谨慎，在成绩面前从不自傲的优秀品格

铁人常说："我是个普通工人，没啥本事，就是为国家打了几口井，一切成绩和荣誉都是党和人民的，我的小本本上只能记差距。"他由一名普通钻井工人，成长为全国劳模、中央委员，是一步一个脚印走出来的。但他功高不自傲，始终保持着谦虚谨慎、不骄不躁的优秀品

质，把自己看成普通石油工人当中的一员，到了井场，和工人同吃同住同劳动；钻井遇到难题时，积极出主意想办法，受到了职工们的一致欢迎。

1961年4月19日油田钻井质量大会上，石油工业部副部长康世恩批评了钻井指挥部的领导，王进喜来晚了，工人们叫他躲起来。可他却说："披红戴花的时候你们让我上台亮相，挨批评时就让我趴下当狗熊，这怎么行！"于是，他大步走上主席台接受批评。

1963年6月，大队开大会。通知北京石油学院一批实习生来参加，结果这些学生迟到了。王进喜劈头盖脸地狠狠批评了一顿。这些学生住在30公里之外，没有专车接送，他们是起大早搭车加步行赶来的。散了会，一位干事把这情况告诉了王进喜，他懊悔不已，专门赶到实习生住地赔了礼。

1964年春天，王进喜到45井家属基地检查工作。在托儿所，他看到一位保育员抱着自己的孩子，而别人的孩子坐在地上哭，当场就把保育员批评了一顿。当他走出托儿所，所长告诉他，今天你冤枉人了，那保育员刚才抱的孩子是别人的，那哭的孩子才是她自己的。听了这话，王进喜像被人打了一棍子，他返身回到屋里握住保育员的手恳切地说："小同志，真是对不起，方才错怪了你。"

1964年初，人民日报社派出一名记者随新闻采访团来大庆专门采写铁人的稿子。记者点灯熬油写出一篇近万字的长篇通讯，铅印出来送给铁人本人审查核对。王进喜看完后说："依我看，大庆会战取得胜利，一靠党的领导，二靠广大群众努力。看不到党的领导，看不到群众作用，这就是不真实。"结果在第一轮报道大庆的高潮中，没有宣传铁人的专稿见报。

1966年10月，王进喜应邀到人民艺术剧院去看演出并参加一个座谈会。在后台休息时，青年演员李光复拿出一本《毛主席语录》，请他在扉页上签字。王进喜拿出笔，写下了："讲进步不要忘了党，讲本领不要忘了群众，讲成绩不要忘了大多数，讲缺点不要忘了自己，讲现在不要割断历史。"也就是被后人称赞不已的铁人"五讲"。铁人的"五讲"题词，闪耀着哲学的光辉，反映了他对事物认识的深化和思想的成熟，也反映了他作为一名真正共产党员的高风亮节。

斯人已去，雄风犹在。铁人身上散发出的独特的人格魅力，随着时代的变迁不但没有消失，而且，愈来愈散发出醉人的醇香。四十多年过去了，全国人民思铁人、忆铁人，呼唤着心中的英雄，决心踏着铁人的足迹，为全面建成小康社会，实现中华民族复兴的中国梦贡献自己的力量。

（史金龙，黑龙江省大庆市铁人王进喜纪念馆馆刊编辑、政工师）

铁人王进喜艰苦奋斗精神
的当代价值

王　颖

摘要：艰苦奋斗精神在和平年代的表现是多方面的，在铁人王进喜身上体现得尤为突出。铁人王进喜知难而上，不怕苦，从来不等不靠，不发牢骚。这种精神在当代产业工人身上也有体现，可以说无论什么时代，艰苦奋斗精神都是成就事业必不可少的精神力量和崇高美德。

关键词：艰苦奋斗精神；现实表现

铁人王进喜是中国工人阶级的先锋战士，中国共产党人的优秀楷模，是20世纪60年代涌现出来的著名劳动模范。铁人王进喜身上具有"为国分忧、为民族争气"的爱国主义精神；"宁肯少活20年，拼命也要拿下大油田"的忘我拼搏精神；"有条件要上，没有条件创造条件也要上"的艰苦奋斗精神；"干工作要经得起子孙万代检查"、"为革命练一身硬功夫、真本事"的科学求实精神；"甘愿为党和人民当一辈子老黄牛"、埋头苦干的无私奉献精神。

艰苦奋斗精神在和平年代的表现是多方面的，在铁人王进喜身上体现得尤为突出。铁人王进喜知难而上，不怕苦，从来不等不靠，不发牢骚。这种精神在当代产业工人身上也有体现，可以说无论什么时代，艰苦奋斗精神都是成就事业必不可少的精神力量和崇高美德。

一、铁人王进喜艰苦奋斗精神在会战时期的具体体现

1. 北风当电扇，大雪是炒面

王进喜1960年带领钻井队到大庆参加石油会战，当时的中国正处于"三年自然灾害"时期，而大庆地处东北，是一片荒原。自然条件也十分恶劣，冬季零下四十多度，夏季蚊虫极多，雨季到来后，是一片沼泽。没有住房，职工住"地窨子"；没有粮食，"五两保三餐"，靠挖野菜充饥。要知道，钻井工人可都是重体力劳动，每天要抬几百斤重的"疙瘩"。到1961年初，就有4000多人由于吃不饱、长期缺乏营养得了严重的浮肿病，身上一按一个坑。就是在这种极端的条件下，王进喜以乐观的大无畏精神写下了"北风当电扇，大雪是炒面，天南海北来会战，誓夺头号大油田，干，干，干"的豪迈诗句。

王进喜响应会战工委号召，带领工人们学习毛泽东同志所著《实践论》和《矛盾论》，通过学习两论，王进喜说："这困难，那困难，国家缺油是最大的困难；这矛盾，那矛盾，祖国建设等油用是最主要的矛盾。"并且在会战初期就带领职工、家属自力更生，盖"干打垒"住房，开荒种地，解决吃住问题。经过120天的日夜奋战，全油田完成了30万平方米的"干打垒"，在荒原上第一次出现了一批新的村落，当年实现了"人进屋、机进房、菜进窖、车进库"的目标。当时建造30万平方米"干打垒"只投资了900万元，如果建成砖瓦结构的房屋，大约需要6000万，这在1960年国家经济建设最困难的时期，为国家节省了半个多亿的资金。"干打垒精神"感动了国人，《人民日报》报道大庆油田时这样深情地写到：看到了"干打垒"就像看到了当年的延安窑洞；来到大庆，就像回到了战争年代的延安。

2. 有条件要上，没有条件创造条件也要上

大庆石油会战是在困难的时间、困难的地点、困难的条件下开展的，1960年2月，党中央批准组织石油大会战，全国37个厂矿院校，石油系统人员自带设备，3万多转业官兵支援会战。4月2日，王进喜1205钻井队的钻机来到了大庆火车站，在物资设备人员都十分缺乏的情况下，王进喜对队友们说："没有吊车拖拉机，我们37个人就是37台吊车和拖拉

机。有条件要上，没有条件创造条件也要上。"他带领37名队友用了三天三夜的时间，硬是靠人拉肩扛的办法把60多吨的钻井设备从火车上卸下来，装上汽车，搬运到井场。在人拉肩扛的过程中，王进喜和几名司钻轮流喊号子：石油工人一声吼，地球也要抖三抖，石油工人干劲大，天大困难也不怕。井架立起来以后，他们又遇到了新的困难，打井需要水，可当时水管线没有接通，等水罐车送水大约要三天，王进喜说："还是那句话，绝对不能等，就是端水也要打井！"他带领工人们到距井场一公里外的水泡子破冰取水，用了1天1夜的时间，硬是用脸盆、水桶端足了50吨水，保证了萨55井的顺利开钻。

萨55井是铁人来大庆打的第一口油井，被人们亲切地称为"铁人一口井"，仅用了5天零4小时就完钻，创造了当时的最高纪录。目前这口井仍然喷油，已累计生产原油15万多吨，是企业精神教育基地，全国重点文物保护单位。

二、当代产业工人艰苦奋斗精神的现实表现

1. 宁肯历尽千辛万苦，也要为祖国多产石油

大庆新铁人李新民是1205钻井队第十八任队长，2006年2月，李新民带着DQ1205钻井队，义无反顾地踏上海外拓荒之路。他们闯荡海外市场的第一站——被称为"世界火炉"的苏丹。2月的大庆，滴水成冰。李新民一行人穿着棉衣棉裤上了飞机。一路上，温度不断升高，他们开始不停地脱衣服，走出飞机场的一刻，灼人的热浪向他们袭来，短袖衬衫很快拧出水来。然而，等中国石油钻井设备运到苏丹港的时候，李新民的心却"拔凉拔凉的"——运输船甲板上所有朝外摆着的门房，全都没了门；设备的包装上挂着盐粒，很显然是被海水浸泡过。运输船在南海遇到了风暴，设备差点被扔到海里去。"要火速清关！"等待他们的工作是清理500多个部件、上百吨设备和上千吨钻具。李新民急了，满嘴起泡，牙龈钻心地疼。"有条件要上，没有条件创造条件也要上"，当年老铁人王进喜的呐喊，穿越时空，撞击着李新民的胸口。那段时间，李新民和队员们吃住在港口，饿了啃几口干饼，渴了喝几口瓶装水，他的

铺盖卷儿很少打开过。终于，李新民和5名队友，只用了6天时间，就完成清关。在苏丹港创造了用时最短、人数最少的清关纪录。

铁块扔进了火炉里，磨砺却刚开始。李新民最担心的事情发生了：3台柴油发电机，有两台被海水严重侵蚀。猩红的铁锈爬满了发电机的表面。此时，距合同规定的开钻日期只有14天了。当时，最现实的选择是，李新民和队员带着这些损坏的铁家伙回国，修好了再回来。这也意味着，1205钻井队在国外井架都没立起来，就要卷铺盖走人。李新民心里那股"不服输、争口气"的犟劲儿冒上来了。顶着苏丹如火的烈日，李新民开着皮卡车，冒着被流弹击中的危险，3天跑了上千公里，终于找来一台待修的发电机，改装调试后如期开钻。

苏丹的自然环境令人生畏，几乎每天都是50多摄氏度的高温，从早到晚"蒸桑拿"，李新民和队员们每天喝十七八瓶水，都不用上厕所。更折磨人的是足有大半个拇指长的蚊虫，从人的身上爬过去就是一溜水泡，就像热油星溅到人皮肤上，火辣辣地疼。在这里，钻井时喷出来的泥浆，可以达到120摄氏度。李新民开玩笑说："会闻到猪皮烫开的味道。"现在，李新民的脸颊和脖子还是红红的一片，有人打趣，这是"真正的苏丹红"。

比合同规定的日期提前一天，1205钻井队打成了在苏丹的第一口油井。李新民这个铁打的汉子，不禁热泪长流。

2013年，李新民被中宣部选为"新时期产业工人实现中国梦"的杰出代表。

2. 面对灾害的舍生忘死

2008年，湖南遇到了历史上罕见的冰灾，有近6000公里220千伏及以上线路出现严重覆冰，很多线路平均覆冰厚度达到40至60毫米，远远超过15至30毫米的设计值。当时湖南有8000名电力职工爬冰卧雪，对抗严重的冰冻，以保障电网安全运行。周景华、罗海文、罗长明三名电力工人在长沙市望城县境内华电长沙电厂至沙坪变电站一座约50米高的塔架上，冒着严寒用木棒、橡胶锤为高压线、绝缘设备除冰。在作业过程中，这座巨型塔架突然发生坍塌。周景华当场殉职，罗海文、罗长明被紧急送往医院后抢救无效去世。42岁的曹响林是湖南省电力公司郴州电业局工人，殉职前他已经在抗冰抢险第一线奋战了16天，完成多个故障点的抢险任务。29日下午，曹响林为郴州主网110千伏"塘高线"架空地线执行恢复供电作业时，因劳累过度引发心肌梗塞，倒在21米高的铁塔上。

3. 航天事业的精益求精

航天是一项十分艰苦、风险极大的事业。必须时刻小心谨慎、如履薄冰，永远精雕细刻、精益求精。火箭逃逸发动机高燃速推进剂装药是一项危险性极高的工作，而由于结构特殊，长征二号F型火箭的一种逃逸发动机在装药时需采用过去从未用过的插芯技术，操作中稍有不慎，就会引起摩擦起火燃烧甚至爆炸。第一次插芯工作现场，空气凝结了。航天科技集团公司7416厂三车间插芯组老组长田新华和副组长面对不可预知的危险，主动请缨，毅然把生的希望留给了别人。万里之外的大洋上，"远望号"航天远洋测量船队的船员们在每次执行任务的数月时间里，只能对着亲人的照片倾诉自己的思念。组建27年来，船队先后47次远征三大洋，52次出色地完成了火箭和"神舟"号飞船发射的海上测控通信任务，安全航行100余万海里，创造了世界航天测控史上的奇迹。

在远望二号船上，我们拿到这样一组沉甸甸的数字：5年来，为了执行载人航天海上测控任务，共有400多人放弃休假，310多人主动推迟婚期或放弃度新婚蜜月的机会，200多人在妻子分娩时没能陪在身旁照看，58人在父母去世时无法赶回去送终……

这样的事例太多太多，在新时期产业工人身上体现出来的艰苦奋斗，也是一种不怕牺牲，勇往直前，敢于担当的精神。

三、艰苦奋斗精神的时代意义

1. 艰苦奋斗是中华民族的传统美德，要一代一代弘扬传承

毛泽东在全国胜利前夕，在七届二中全会上告诫全党全军时曾说过："务必使同志们继续保持谦虚、谨慎、不骄、不躁的作风；务必使同志们继续地保持艰苦奋斗的作风。"在《论十大关系》中他也提到：

根本的是我们要提倡艰苦奋斗，艰苦奋斗是我们的政治本色。

2013年，习近平总书记在五四讲话中指出，我们距离实现中华民族伟大复兴的目标越近，就越需要广大青年锲而不舍、驰而不息地艰苦奋斗。十八大报告指出："坚持艰苦奋斗、勤俭节约，下决心改进文风会风，着力整治庸懒散奢等不良风气，坚决克服形式主义、官僚主义，以优良党风凝聚党心民心、带动政风民风。"2013年9月26日，习近平在北京会见第四届全国道德模范及提名奖获得者时强调，我们要弘扬这种艰苦奋斗精神，不仅我们这代人要传承，我们的下一代也要弘扬，要一代一代传承下去。

2. 艰苦奋斗是成就事业必不可少的精神力量

"艰苦奋斗"这个词是一个偏正词组，中心词是"奋斗"，艰苦奋斗主要体现了一种甘于吃苦、不断进取、昂扬向上的精神状态，不能简单地理解为吃苦受累。我们应该牢记艰苦奋斗精神的实质，并结合实际勇于创新，这样才是对艰苦奋斗传统最好的继承。历史告诉我们，艰苦奋斗是我们党和国家长治久安、兴旺发达的重要法宝，无论是艰苦的革命战争年代，还是全面建成小康社会的新时期，艰苦奋斗精神一刻也不能丢。

我们党的事业最需要的就是勇于创新，停滞不前必将被淘汰。"艰苦奋斗"是我们党在长期的革命、建设过程中形成的优良传统和作风，也是我们党的政治本色。在思想开放、理念更新、生活多样化的时代，坚持艰苦奋斗的政治本色，意味着保持一种生活准则，一种工作作风，一种利益观念，一种精神状态，乃至追求一种高尚的奋斗目标和人类共同的价值方向。

我国还处在社会主义初级阶段。虽然取得了巨大成就，但我们决不能自满，决不能懈怠，决不能停滞；艰苦奋斗集中表现为创业精神，创业实践需要创业精神支持和鼓舞。而建设中国特色社会主义，实现中华民族的伟大复兴，是充满艰辛和创造的伟大事业。伟大的事业需要并将产生崇高的精神，崇高的精神支撑和推动着伟大的事业。在新时期，推动现代化建设需要大力倡导和发扬艰苦创业精神，尤其是开拓创新精神。艰苦创业，在不同的时代有不同的内容。艰苦创业的精神，作为一种积极、健康的生活态度，一种思想境界，无论什么时代，都被人们视为成就事业必不可少的精神力量和崇高美德。

3. 铁人王进喜的艰苦奋斗精神必将影响一代又一代石油人

铁人王进喜的名字已经家喻户晓，《我为祖国献石油》的歌曲人们已经耳熟能详。铁人王进喜纪念馆是国家第一座工人纪念馆。如今的大庆油田始终注重培养典型，发挥示范引领作用，涌现出了"新时期铁人"王启民、"大庆新铁人"李新民、新时期"五面红旗""最美青工"等一大批劳动模范。榜样的力量是无穷的，铁人王进喜知难而上，艰苦奋斗的精神必将影响一代又一代石油人，始终高举大庆红旗，发扬大庆精神、铁人精神，努力谱写振兴发展的新篇章。

（王颖，黑龙江省大庆市铁人王进喜纪念馆政工师）

从纪念馆藏品看铁人王进喜
的群众观

郭　程

摘要：在铁人王进喜纪念馆大量的藏品中有一类最具特色——铁人王进喜的遗物。它们多是铁人逝世后，展馆筹建时期在王进喜家里搜集到的，具有很高的真实性，透过这些藏品我们可以看到一个有血有肉、真真实实的铁人王进喜。本文从藏品入手，着力研究铁人王进喜的群众观，找出铁人王进喜群众观的现实意义，深入挖掘他身上的优良品质，窥一斑而见全豹，以便我们更好地向这位时代英雄学习，为实现中华民族的伟大复兴发挥作用。

关键词：藏品；群众观；现实意义；铁人王进喜纪念馆

群众观，指的是马克思主义政党对待群众的立场和态度。马克思主义认为，人民群众是历史的创造者，人民群众不仅是物质财富和精神财富的创造者，而且是社会变革的决定性力量。坚持马克思主义群众观，是由我们党的性质和国家政权的性质决定的。群众观点是无产阶级政党的根本立场和根本观点，是党制定路线、方针和政策的根本出发点。这些观点主要包括：人民群众是历史创造者的观点、虚心向人民群众学习的观点、竭诚为最广大人民谋利益的观点、干部的权力是人民赋予的观点、对党负责和对人民负责相一致的观点等。

藏品作为历史的"见证者"，被称作纪念馆的骨架，是博物馆一切工作的基础。在铁人王进喜纪念馆大量的藏品中有一类最具特色——铁人王进喜的遗物，它们多是铁人逝世后，展馆筹建时期在王进喜家里搜集到的，具有很高的真实性，每一件藏品都从不同角度折射出铁人王进喜身上的优秀品质，每一件藏品都从不同的侧面反映出铁人王进喜身上的闪光之处。透过这些藏品我们可以看到一个有血有肉、真真实实的铁人王进喜。我们从这些藏品入手，让藏品说话，着力研究铁人王进喜的群众观，找出铁人王进喜群众观的现实意义，深入挖掘他身上的优良品质，窥一斑而见全豹，以便我们更好地向这位时代英雄学习，为实现中华民族的伟大复兴发挥作用。

一、从群众中来，全心全意为群众服务

> 我小时候放过牛，知道牛的脾气，牛出力最大，享受最少，我要老老实实为党为人民当一辈子"老黄牛"。
>
> ——铁人王进喜

铁人王进喜纪念馆的藏品，展示了他平凡而又伟大的一生。

煤油灯——展厅里的这盏煤油灯向我们诉说着王进喜苦难的童年，这盏煤油灯直径12厘米，是解放前王进喜家里照明的用具，国家三级文物，是2004年7月玉门市赤金镇和平村村民王李元捐赠给铁人王进喜纪念馆的。据王李元介绍，20世纪60年代，王进喜家从玉门搬往大庆时，把这盏煤油灯送给了他。在王进喜的童年，家里夜间的照明工具就全靠这盏灯，灯油燃烧使用的是劣质的煤油，灯芯是一根细细的棉线，母亲就是在这盏煤油灯下做活，为一家老小缝缝补补，当灯光暗淡时，母亲就会用针挑挑灯芯让火苗更大些，让灯光更亮些。在苦难的旧中国，这盏油灯微弱的光线无法照亮千千万万个像王进喜家一样生活贫苦的家庭。这盏煤油灯见证了王进喜就来自于这样的社会最底层，就来自于群众当中。

"钻井卫星"红旗——为了改变这样的生存条件，年幼的王进喜付出了不懈的努力，1949年人民解放军挺进大西北，9月25日玉门解放，新中国的成立给了王进喜当家做主人的希望，也给了王进喜从人民群众中走出来、从四万石油会战大军中走出来成为英雄的机会。1956年王进

喜加入了中国共产党，在1958年玉门矿务局组织的白杨河钻井会战中，创造了月进尺5009.3米的全国钻井最高纪录，贝乌五队被命名为"钢铁钻井队"，王进喜被誉为"钻井闯将"。一面长230厘米、宽160厘米的"钻井卫星"红旗证明了这辉煌的一刻，这面红旗是石油工业部部长余秋里、副部长康世恩1958年10月在石油工业部召开的新疆克拉玛依钻井现场会上亲自授予王进喜的。余秋里还说："王进喜是半路杀出的程咬金，堪当大任。"一句"堪当大任"又一次让王进喜从人民群众中走了出来。

全国工交群英会代表证和纪念章——1959年9月，在甘肃省劳模会上，王进喜被推举为国庆观礼代表，同时也被推选为"全国工交群英会代表"。参加群英会时他佩戴的是一张长9.1厘米、宽6.3厘米的"全国工交群英会代表证"和一枚长3.5厘米、宽2厘米的红旗形状纪念章，已经分别成为国家二、三级文物。王进喜在工交群英会上看见国家缺油、公共汽车上背着煤气包时他流下了热泪，自此王进喜便全身心地投入到祖国的石油建设中来，主动请缨参加大庆石油会战，在中国最艰苦的地方找油。从"人拉肩扛运钻机"到"破冰端水保开钻"；从"奋不顾身压井喷"到"学铁人树铁人"，这位想民众之所想、急群众之所急、忧国家之所忧的中国石油工人杰出代表，这位为中国石油工业奋斗终身的英雄，从石油大会战的战场走了出来，从生产实践中走了出来，从人民群众中走了出来。

二、到群众中去，深入基层不离劳动

我是个钻工，当了干部还是个钻工。不管我担任什么职务，我首先是个工人，要永远参加劳动。脱离劳动，就会脱离群众；脱离群众就一定会犯错误。

——铁人王进喜

王进喜来到大庆后，成为大庆石油会战涌现出的第一位英雄。先后担任过钻井大队大队长、钻井指挥部副指挥、大庆石油会战指挥部副指挥，面对党和人民赋予他的权力，他功高不自傲，位高不自居，依然保持公仆本色，到群众中去，深入基层不离劳动。

"小黑兔"摩托车——这台匈牙利产的两轮、单缸 "确贝尔-125"型摩托车从玉门到大庆一直跟随着铁人。大庆石油会战初期，条件艰苦，交通不便。1961年2月铁人任钻井指挥部二大队大队长，管理的12个钻井队，分散在百里油田。铁人就骑着这台摩托车"跑井"指挥生产，或给井队送小型钻具等材料，深入群众，靠前指挥，解决了不少实际问题。为此工人们亲切地称这辆摩托车为"小黑兔"。1971年5月7日，"小黑兔"被征集，成为铁人纪念馆重要馆藏。展厅中的"小黑兔"保持着当年摩托车的原样，破损的车灯、缺失了油箱盖、油箱上的红字"为人民服务"也斑驳如初。如今，作为国家一级文物的"小黑兔"，像一匹伏枥老骥静静地站在明亮的展厅中，无声地向大家讲述着——铁人当年深入实际、深入群众、靠前指挥的经典故事。

工具袋——工具袋长41.5厘米、宽40.5厘米，接近正方形，它是国家二级文物，是铁人王进喜上井检修设备工具时使用的袋子。会战年代，工人每天工作时，一般都会把工具袋带在身边，工具袋里有许多常用工具如锤子、扳手、螺丝刀、钳子等，方便上井随时使用。王进喜当了钻井二大队大队长后，按理说不需要亲自动手干活，也就不需要再背工具袋了。可是他说："我当了干部，仍然是个工人。"坚持每天上井检查时，背着工具袋，"跑井"时一旦发现需要检修的设备，身上有工具袋，马上就可以投入工作，既省时又省力。王进喜"跑井"蹲点抓机修的经验被总结为"抓住（关键）、盯住（问题）、跟住（班）"的六字工作法还刊登在《战报》上，在全油田推广学习，可见这个工具袋在当时王进喜跑井的过程中发挥了极其重要的作用，也成为王进喜深入群众不离基层的又一有力物证。

骑着摩托车带着工具袋跑井的铁人王进喜，跑出了生产的高效率，也跑进了人民群众的心里，深入群众，深入基层不离劳动的观点在他心里扎下了根。

三、权力是人民群众赋予的，一切为了群众

咱当干部的，脑子里要想着群众，心里要装着群众，不然，就不是

共产党的干部。

——铁人王进喜

石油老领导焦立人这样评价铁人王进喜："他当工人时想着国家，当干部时想着群众。"的确，当了干部后王进喜更加严格要求自己，对职工的冷暖却时刻挂在心上，竭诚尽力为群众解决实际问题，他用自己的终身实践践行了他"权力是人民群众赋予的，一切为了群众"的观点。

炒面袋——高33厘米、宽18.5厘米，是用一条毛巾对折缝好，上面用一条鞋带一样的绳子穿起来做成的，是20世纪60—70年代最常见的款式，国家二级文物。这个炒面袋向大家讲述了一个廉洁自律、心系群众的铁人王进喜。大会战初期，钻井工人粮食定量低很多人都吃不饱，为了不给井队增加负担，王进喜叫爱人王兰英把苞米面炒熟，用一个小布袋装上，无论到哪个井队，一到开饭时间，他吃把炒面就是一顿饭。队上的干部和工人们看不下去，就打来饭菜让他吃，他一筷子都不动。铁人说："现在粮食定量一人一份儿，我吃了你们吃什么？我不能从你们嘴里抢粮食吃。"在那艰苦的岁月中，铁人一直坚持背着这个"布袋子"上井，用炒面充饥。有时挎包不在身边，一到开饭时，他就借故走开，饿上一两顿对铁人来说是常有的事儿。几十年后，很多老战友回忆起当时的情景都眼泪汪汪。睹物思人，这个"布袋子"充满着铁人对工人们的关怀，他是铁人与职工同甘共苦、一切为了群众的最好证明。

汇款单和汇款收据——这是一张工人们熟悉的汇款单，长15厘米，宽8.5厘米；那是一张20世纪六七十年代非常常见的汇款收据，高13.3厘米、宽3.8厘米。在铁人王进喜纪念馆里它们和三根长长的白发放在一起展出，向大家讲述时刻关心群众的铁人王进喜。会战初期，在一次意外事故中，1205队青年工人张启刚不幸牺牲。处理完张启刚的后事，铁人眼含热泪对大家说："启刚连婚都没结，就走了。他的父母就是我们的父母，我们要把二老奉养百年。"说完从口袋里掏出30元钱、20斤粮票交给党支部，嘱咐要每月给老人寄钱和粮票。可是这年秋天铁人突然收到了张启刚母亲的一封来信，信上说："今年收成不好，生活无着落，希望领导解决。"信里还夹着三根长长的白发。后来经过调查，原来按时寄给老人的钱和粮票都让人冒名领走了。铁人非常自责，在全队会上他哽咽地说："启刚走了，我们连张妈妈都养不好，咋对得起为石油牺牲的同志！"这张汇款单和汇款收据是因为铁人王进喜汇款时写错地址而保留下来的，他还从邮局要了一些空白的汇款单带回单位，并且说下次在单位写好防止写错。物是人非，已经微微泛黄的汇款单和收据已经成为了国家一级文物，它们和白发放在一起，向我们展示了一个铁骨柔肠、心系群众的铁人王进喜。

职工们称赞铁人王进喜："钢筋铁骨，满腹柔肠，满心窝子都装着职工家属的事，从来不为自己着想"，"走到哪里哪里就是接待站"，而铁人王进喜说："我们当干部的就应该关心群众的生活疾苦，不关心群众生活就不是共产党的干部。"

四、人民群众是发展创新的动力，一切依靠群众

我的办法在什么地方啊，办法就在工人们的脑子里头。我去向他们学，向他们问，回来就有办法了。
——铁人王进喜

人民群众是历史的创造者，这是马克思主义、辩证唯物主义的世界观，更是共产党人的基本领导方法和工作方法。在石油会战这场没有硝烟的战场上，回顾铁人王进喜一生打过的大仗、恶仗，都是他充分相信群众，紧紧依靠群众，调动广大人民群众的智慧和创造力打胜的，成功地"把我国贫油落后的帽子甩到了太平洋去！"

撬杠和大绳——在铁人馆的文物库房里存放着两根分别长134厘米、125厘米的钢制撬杠和一根直径4厘米的棕黄色大绳，虽然撬杠已经弯曲，大绳上面也沾满了油污，可他们却是铁人王进喜依靠群众、发动群众的最真实物证。1960年4月，1205钻井队钻机终于到了萨尔图火车站，可是他们遇到了前所未有的困难——刚组建的萨中探区吊运设备非常少，怎么办？王进喜对着这群血气方刚的西北汉子说：钻机到了没吊车卸，我们绝对不能等。我们几十个人就是几十台吊车，就是几十台拖拉机，就是人拉肩扛也要把钻机全都拉上井场。三天三夜，王进喜带领队友撬杠撬、滚杠滚、大拉绳，用双手和双肩硬是把这60多吨的钻机搬运

到井场并安装就位，王进喜始终认为只要相信群众依靠群众就没有闯过不去的坎儿、就没有翻不过去的山。这撬杠和大绳就是铁人王进喜当年运钻机时使用的，他用亲身实践多次证明，人民群众的创造力是无穷无尽的，只要我们相信依靠群众，任何困难都能战胜克服。

"五级三结合"会议出席证——这件长10厘米、宽7厘米的国家二级文物是铁人王进喜相信群众智慧、依靠群众干事业的又一典型的实物证据。"五级三结合"是指小队、中队、大队、探区指挥部、会战指挥部五级的干部、工人、技术人员参加的会议，在大会战中凡遇重大决策问题，都群策群力召开这样的会议，统称为"五级三结合"会议，它是大庆石油会战时期的优良传统，一直沿用至今。翻开1960-1964年的《战报》几乎每天都有关于"五级三结合"的报道，铁人王进喜就是这一制度的坚决拥护者和执行者，他在工人中成立了"三结合"小组，发动大家动脑筋，搞出了许多发明创造，不仅提高了钻井的效率，还大大保证了职工们施工时的安全，其中最具特色的要数铁人和工人们一起研制成功的"矛头挡板""挡绳器"。大家都说铁人王进喜办法多、解决问题的能力强，可铁人却说："我的办法在什么地方啊，办法就在工人们的脑子里头。我去向他们学，向他们问，回来就有办法了。" 人民群众是发展创新的动力，一切依靠群众的观点深深地印刻在了铁人王进喜的脑子里。

五、铁人王进喜群众观形成的主要因素

一个人群众观的形成是环境因素、个人修养等诸多因素相互作用的结果，铁人王进喜群众观的形成，同样有着众多因素的影响，归纳总结起来不外乎以下三点：

1. 坚定的共产主义信仰是铁人王进喜群众观形成的基础

纵观铁人王进喜一生，他出身于劳苦大众，旧社会吃苦受累，解放后，是中国共产党给了他翻身做主人的机会，使他能够成为工人阶级的一员，他心怀朴素的报恩思想，投入到新中国火热的生产实践中。在他入党后，通过党的培养和领导的言传身教把这种朴素的报恩思想升华为

先锋战士的情怀，对马列主义、毛泽东思想，对党和党所领导的事业从思想上坚信不移，他说："我这辈子，就相信马列主义、毛泽东思想、相信党。""是毛主席的伟大思想把我培养成一名共产党员，我的一切都是毛主席给的。我一定紧跟毛主席干革命，为共产主义奋斗一生。"这些话是铁人王进喜崇高信仰的真实表露，我们从中可以看出他坚定的共产主义信仰，他把这种信仰转化成实践的动力，按照马列主义指引的方向为党为人民鞠躬尽瘁，奋斗不已。所以说王进喜有上述群众观也不足为奇，坚定的共产主义信仰是铁人王进喜群众观形成的基础。

2. 刻苦努力的学习精神是铁人王进喜群众观形成的保障

铁人王进喜没有进入正规学校学习的机会，他从一个大山里的穷娃子一步一步成长为优秀的领导干部，这和他自身努力刻苦的学习是分不开的。铁人王进喜说："我学会一个字，就像搬掉一座山，我要翻山越岭去见毛主席。""我要好好学习毛主席的著作，学深学透，干一辈子革命，就要学一辈子毛主席著作，学好毛主席著作，就没有克服不了的困难。"铁人王进喜也是按着这些话做的，他刻苦地攀登文化之山、技术之山、社会实践之山，开阔了自己的眼界与胸襟，树立了正确的人生观价值观，从而找到了自己的位置找到了自己的群众观，从这个角度分析刻苦努力的学习精神是铁人王进喜群众观形成的保障。

3. 谦虚谨慎的道德修养是铁人王进喜群众观形成的关键

铁人王进喜作为全国著名的劳动模范，多次受到全国性的表彰。作为全国人大代表、中央委员，他多次出席党的重要会议，党和国家领导人多次接见表扬他，但他始终保持着党员本色，保持谦虚谨慎的态度，功高不自傲，位高不自居，始终把党和人民的利益放在第一位。他在笔记本中写道："我是个普通工人，没啥本事，就是为国家打了几口井。一切成绩和荣誉都是党和人民的，我自己的小本本上只能记差距。"他在赠与友人的毛主席语录上写道："讲进步不要忘了党，讲本领不要忘了群众，讲成绩不要忘了大多数，讲缺点不要忘了自己，讲现在不要割断历史。"铁人王进喜处处淡化自己，突出群众的作用，处处不忘党，不忘群众，他这种崇高的道德修养，在他群众观的形成上起了关键的作用。

刘少奇说，"一切为了人民群众的观点，一切向人民群众负责的观点，相信群众自己解放自己的观点，向人民群众学习的观点，这一切，就是我们的群众观点，就是人民群众的先进部队对人民群众的观点"。他的这一重要论述，阐明了我党群众观点的内容。铁人王进喜的群众观符合马克思主义的群众观，是对我党群众观的具体实践。研究铁人王进喜的群众观并不是老生常谈，它具有重要的现实意义：第一，研究铁人王进喜群众观有利于我们党赢得人民群众信任和拥护，实现党的正确领导。第二，研究铁人王进喜的群众观有利于密切我们党与群众的血肉联系，保持艰苦奋斗的优良作风，加强廉政建设，克服各种腐败现象。第三，研究铁人王进喜的群众观有利于新时期我们党执政地位的巩固，站在群众的角度看待问题，为人民办事，解决人民的切实问题对建设社会主义现代化国家、建设和谐社会有着举足轻重的作用。

（郭程，铁人王进喜纪念馆馆藏研究室干事）

论冰心"爱的哲学"之于共筑中国梦、构建社会主义和谐社会的意义

刘东方

摘要：本文试图从冰心"爱的哲学"思想的相关内涵视角，阐释其对实现"中国梦"、构建社会主义和谐社会的重要意义。文章认为，冰心"爱的哲学"是共筑中国梦、构建和谐社会的重要人文资源；冰心爱心精神对共筑中国梦，构建社会主义和谐社会具有现实意义。

关键词：冰心；"爱的哲学"；"中国梦；和谐社会

2012年11月29日，习近平同志到国家博物馆参观《复兴之路》基本陈列展，首次提出"中国梦"的概念：实现中华民族的伟大复兴，就是中华民族近代以来最伟大的梦想。

2013年3月17日习近平又在十二届全国人大一次会议闭幕会上的重要讲话中明确指出，实现全面建成小康社会、建成富强民主文明和谐的社会主义现代化国家的奋斗目标，实现中华民族伟大复兴的中国梦，就是要实现国家富强、民族振兴、人民幸福。习近平同志的重要讲话阐明了实现中国梦和构建和谐社会的丰富内涵和重要意义。

构建和谐社会不仅是实现中国梦的重要基础，更是其重要组成部分，实现中国梦与构建和谐社会实际上是同途共向。但是，实现"中国梦"并非一片坦途。故而，为实现中国梦，我们必须统一思想，凝聚共识，凝心聚力，营造和谐稳定的社会环境。本文试图从冰心"爱的哲学"思想的相关内涵视角，阐释其对实现"中国梦"、构建社会主义和

谐社会的重要意义。

一、冰心"爱的哲学"是共筑中国梦、构建和谐社会的重要人文资源

在研究冰心"爱的哲学"命题中，许多研究学者已经建构起了较为一致的观点，即冰心"爱的哲学"是基督教教义、泰戈尔哲学、童年经验三者合力作用的结果，是对"人生究竟是什么？支配人生的是爱还是憎？"这一问题给出的答案，人类相爱，人与自然和谐是这一哲学的内涵，母爱、童心和大自然是其文学表达的主题模式。如：母爱是她的中心话语，冰心笔下母爱是伟大的、圣洁的，是她精神世界中不可或缺的；童真之爱也是冰心爱的哲学重要的组成部分，在冰心的世界里，儿童是最纯真伟大的存在。童真是她对生命认识的表达方式，是生命之花的开放；对自然的迷恋，也是冰心"爱的哲学"里一再颂赞的主题。冰心笔下的母爱、童真、自然之爱，是三位一体的，母爱就是自然的爱，童真的爱也是自然的爱，而自然的爱有体现为母爱和童真的具体方式，一切都是在和谐状态中的极乐境界。

但是，在探讨冰心爱的哲学研究中，我们更要看到冰心的爱心精神，不是超脱世间的形而上学的爱，也不是一种离现实社会很远的精神境界，而是扎实在现实社会中对人文文化的思索与总结。纵观冰心的一生历程，我们会深深感受到历经了抗战、侨居日本以及新中国诞生后的"文革"磨砺的冰心，她的爱，更多体现在她崇高的人文素养与人道主义的大爱上。试举几例：1946年冬季，冰心作为眷属来到战败后的日本，她看到战争不仅给中国人民带来了痛苦和灾难，也给日本人民带来了痛苦和灾难，她认为，战争的原由是人类社会缺失了爱，人类是有血，有肉，有感情，有理智的，而武器是无知的。人类是有爱的，人类以及一切生物的爱的起点，是母亲的爱。母亲的爱是慈蔼的，是温柔的，是容忍的，是宽大的，但同时也是最严正的，最强烈的，最抵御的，最富有正义感的！她站在战争废墟的另一边，对日本妇女说："全人类的母亲，全世界的女性，应当起来了！""在信仰我们的儿女抬头请

示我们的时候，我们是否以大无畏的精神，凛然告诉他们说，战争是不道德的，仇恨是无终止的，暴力和侵略，终究是失败的！"[1]冰心在这里提出应该以母亲的力量来制止战争，要以母亲的名义慈蔼温柔地告诉孩子们，世界是和平的，人类是自由的，民族与民族，国家与国家之间，只有爱，只有互助，才能达到永久的安乐与和平！这时的冰心爱得更宽容、深沉，也爱得更大气，具有大国风范的大爱精神。

20世纪50年代冰心回到新中国后，她用手中的笔讴歌祖国、赞美家乡。她认为，爱故乡是爱祖国、爱人民的起点。她在《我的父母之乡》一文中描述："我很喜欢我的父母之乡。那边是南国风光，山是青的，水是绿的，小溪流更是清可见底！"在《我的故乡》中写道："福州在我的心里，永远是我的故乡，因为它是我的父母之乡……假如我的祖父是一棵大树，他的第二代就是树枝，我们就是枝上的密叶，叶落归根，而我们的根是深深地扎在福建横岭乡的田地里的。"文章的字里行间洋溢着她对家乡故土真挚的爱。改革开放后，她焕发出更加灿烂的生命活力，"生命从80岁开始"是她的名言，以此来激励自己多为国家工作。她关心祖国教育事业，她说："百年大计，教育为本"，并发表《我请求》等文章，呼吁尊师重教；她关爱妇女儿童，她为孩子们题词："春天在那里？在孩子们的心中，在作家的笔下"，为儿童写作大量的文学作品；她一次又一次地将自己有限的稿费捐给灾区人民和家乡的学校，她为此爱得真诚、炽热、朴实！她挚爱祖国，关心国家大事，她作为中国人民的和平使者，频繁出访，广交朋友，为世界和平与人类进步事业奔走，她以爱的力量关爱着这个世界。她爱大海，大海赋予她广博的胸怀；她热爱生活，热爱美好的事物，热爱大自然，喜爱玫瑰花的神采和风骨，因而，冰心到哪儿都有她的朋友，她的朋友不分年龄，不分国籍。她高尚的人文素养和博大爱心，具有鲜明的时代特征。

因而，冰心的作品是以致力于以爱的哲学培养人们的胸怀、爱的能力造就人们至真、至善、至美的人格，进而塑造民族的伟大品格为最

---

[1] 卓如编：《冰心全集》（第3版）第一册，《给日本的女性》，海峡文艺出版社2012年5月版，第80页。

终目的。冰心的思想精髓"有了爱就有了一切"，是和谐社会的最高境界。因此，冰心"爱的哲学"是我们共筑中国梦、构建和谐社会的丰富而重要的人文资源。

二、冰心爱心精神对共筑中国梦，构建社会主义和谐社会具有现实意义

人类社会是由每一个自然个体组成的，如果没有个人的自我和谐，没有人与人、人与组织、组织与组织、人与自然之间的和谐，就没有整个社会的和谐。构建和谐社会应该从每个社会成员的自我和谐做起，人的自我和谐是构建和谐社会的基础。和谐社会强调人与人的和谐，又着重要求达到人与自然的和谐，冰心的"母爱——童心——大自然"爱的哲学，追寻"爱"的人道主义思想与现实秩序之间的平衡，人生哲理与社会机制的综合，是"爱"与"和谐"之道。

当前，我国正处于重要转型期，我们不得不对转型期中国社会现状作必要的理性思考。其一，改革在广度上已涉及经济、政治、文化等所有领域，在深度上已触及人们具体的经济利益，发展已由单纯追求GDP上升到追求人文GDP、环保GDP，实现人口、社会、文化、资源、环境统筹协调发展。人类现代文明的最高表现是实现"经济——资源——环境——社会——人"的共同发展，即人与社会、自然的相融。人与自然的和谐是未来社会价值体系的核心，必然促进人与人的和谐，而人与人的和谐又必然促进人与社会的和谐。因此，我们需要社会的爱心，爱是调和社会各方失衡与矛盾的心灵良策。其二，习近平总书记在十九大报告中阐述到：当前"中国特色社会主义进入新时代，我国社会主要矛盾已经转化为人民日益增长的美好生活需要和不平衡、不充分的发展之间的矛盾。我国稳定解决了十几亿人的温饱问题，总体上实现小康，不久将全面建成小康社会，人民美好生活需要日益广泛，不仅对物质文化生活提出了更高要求，而且在民主、法治、公平、正义、安全、环境等方面的要求日益增长。同时，我国社会生产力水平总体上显著提高，社会生产能力在很多方面进入世界前列，更加突出的问题是发展不平衡、

不充分，这已经成为满足人民日益增长的美好生活需要的主要制约因素。""我们要在继续推动发展的基础上，着力解决好发展不平衡、不充分问题，大力提升发展质量和效益，更好满足人民在经济、政治、文化、社会、生态等方面日益增长的需要，更好推动人的全面发展、社会全面进步。"[1]今后或在相当长一段时间内经济社会发展面临的矛盾和问题可能更复杂、更突出，必须正确应对这些矛盾和问题，要花更大气力妥善协调各方面利益关系，正确处理各种社会矛盾，大力促进社会和谐。人类社会发展史证明，一个相对稳定和谐的社会环境，是社会生产力提高进步，经济繁荣发达，文化欣欣向荣、百花争艳，科学发明科技创新不可或缺的社会条件。实现中国梦不能没有这样的一个条件和环境。努力打造一个相对和谐稳定的社会环境，既是落实构建和谐社会的切实步骤，也是为实现中国梦所作的有效努力。

正是在此种意义上，冰心的"爱的哲学"有着其独有的优势。冰心的思想精髓最终归结为"有了爱就有了一切"，爱心精神是以"爱"为核心的人道思想来着力解决人的身心、人我、天人之大和谐，是建构和谐社会急需的道德要求。"爱"包含实现世界和谐秩序的重要因素，爱的最终价值取向是"和谐"。冰心"爱的哲学"正是建立在人道之爱的基石之上，她颂扬人类之间的互爱，寻找人类不同阶层共同的本性，并且企图通过爱的美育达到人类共存及精神的平等与平衡。

在冰心那里，爱是人类的一切，是人类的生命，对人类进行爱的启示，让芸芸众生在纷乱世事中获得一片宁静、一种爱意、一点慰藉，可以消灭丑恶、战争，在心灵的净化中实现人生的完美境界。冰心"爱的哲学"观，试图用爱来调和一切矛盾，消解一切痛苦，她不仅通过"爱的哲学"解决人们的现实心理问题，而且将人们的感情问题上升到哲学的高度认识，把一些现实的问题通过抽象的方式予以解决。她用自己对人生、对世界的感知与理解，用对人类的爱心，抚慰那些世事沧桑中受到伤害的人们，用超卓的哲理慰藉世人寂寞的心灵，用心灵的爱调

---

[1]《中国共产党第十九次全国代表大会文件汇编》，人民出版社2017年10月版，第9、10页。

和人与人、人与自然的关系，试图达到人类生命的极境。冰心爱心精神是人类社会和谐之魂，她一生充满着爱。她爱她的可亲可爱的父母，爱她的可亲可爱的丈夫和孩子，她还爱祖国、爱人民和文学事业，她把一颗博大的爱心毫无保留地献给整个世界。她自"五四运动"登上文坛以来，七十多年笔耕不辍，创作了大量文学作品，为我们留下了宝贵的精神财富。冰心有一段名言："爱在左，同情在右，走在生命的两旁，随时撒种，随时开花，将这一径长途，点缀得香花弥漫，使穿枝拂叶的行人，踏着荆棘，不觉得痛苦，有泪可落，却不是悲凉。"她道出了爱的根源，爱创造了宇宙，调整着万象，那么，爱便是人类生存所必须坚守的精神之源。她一生高举着的就是这面爱的大旗，她以永远的爱心，表达着世间最真最美的情感。拥有爱心是一种文化素养，是伦理文化与艺术文化的结合体，人们称之为人文文化。它在于求善，所谓求善就是人人要和谐，相互友爱不要伤害；求美，就是通过文学、音乐、绘画、书法等艺术创作，来表现赞美生活，它们共同追求和谐与美的东西。构建和谐社会，实现中国梦，我们需要培养国民高尚的文化素养与美丽的心灵，改革宣传内容与形式，转变意识形态建设思路，努力促进社会主义核心价值体系完善，是保证我国社会稳定、经济持续健康发展的重要途径。

因此，我们需要宣扬冰心的大爱精神。这种精神可以化解各类矛盾和问题；可以强化社会主义互助友爱意识，促进社会和谐；可以最大限度地激发社会各阶层、各群体、各组织的创造活力。总之，冰心的爱心精神可以在构建和谐社会，实现中国梦中发挥作用。正是从这个意义上说，冰心博大的爱心精神对于共筑中国梦、构建和谐社会富有现实意义。

中国梦归根结底就是人民的梦，中国人口众多，个人愿望千差万别，但人民都有一个共同愿望，就是希望社会和谐、发展、稳定，中国人民深知和谐社会的可贵。从这个意义上讲，实现中国梦，就是实现社会的和谐、稳定。苦难的中国人民，历经沧桑，人们对社会的动荡、分裂所带来的苦难感同身受，我们已经洞悉和谐社会的构建之于实现中国梦的重要性。当然，任重道远，中国梦的实现仍然需要每一位中华儿女的努力奋斗。冰心诗中说，"成功的花，人们只惊羡她现时的明艳。然而当初她的芽儿，浸透了奋斗的泪泉，洒遍了牺牲的血雨。"[1]愿冰心的爱心精神，开启明天的希望，扬起纯静的心灵，吹动和谐的春风。如今的中国，正在大踏步地向着社会主义现代化之路坚定地走下去！

（刘东方，冰心文学馆馆长、研究馆员）

---

[1]卓如编：《冰心全集》（第3版）第一册，《繁星（五十五）》，海峡文艺出版社2012年5月版，第251页。

论丁玲文学创作的时代特点
和艺术价值

毛雅琴

摘要：文学创作与社会背景有着密切的关系，每一个时代的文学作品都有其独特、鲜明的时代特点及艺术价值。文章以先秦至明清时期的文学作品特色及时代背景为引，讲述了丁玲出生的年代，家庭背景，坎坷曲折、起落沉浮的人生经历及其在五四、左联、延安、解放时期跟随时代的潮流在生活中，在文学创作上不断成长、成熟、变化的经过。肯定了丁玲于不同时期发表作品的艺术性、思想性、社会价值及其在世界文学界的影响，在中国新文学史上的重要地位。

关键词：丁玲；文学；时代；价值

文学即人学，是特定时代的精神产物，其价值在于精神维度上的指向和追求。因而，文学于每一个年代都有其鲜明的时代特点和艺术价值。如打造了中国古代哲学体系的先秦散文之所以充满思辨色彩，在于当时正经历由天下统一的分封到诸侯异政的分裂，再到中央集权的统一；汉赋之所以瑰丽、洒脱，是因为统一、繁荣的汉帝国雄张的国力和昂扬的时代精神，使文人们胸襟眼界得以开拓，故而赋文辞藻华美、气势壮阔；唐诗开朗奔放、刚健清新，是因为唐代经济繁荣、文化多元、制度完善，来自下层的文人有机会施展抱负；宋词多有爱国、忧国的悲愤情绪，源于北宋经常受到外夷侵略，政治腐败、山河破碎，民众的苦难激发了文人救亡图存的社会责任感；元曲中流露的失意无奈、逃避现实，也是因当时的统治者是蒙古人，汉族知识分子进取无望而抒发的愁闷情怀所致；明清小说多逐金风气和批判色彩，皆源于当时商品经济发达，拜金风气盛行及其繁华背后蕴藏的社会危机。这些都说明了作者所处的时代不同，作品的特点、价值也不一样。那么，丁玲的创作具有怎样的时代特点和艺术价值呢？我们不妨从作品发表的各个时期加以分析。

一、"五四"时期

"文如其人"，一个作家的文品离不开他的人品，而人品的形成又与其生活成长的社会环境和家庭环境息息相关。

丁玲出生于没落的官僚地主家庭，幼年丧父，留给她和母亲的不是财产，而是债务。为了孩子，母亲冲破封建家庭的束缚，由一个名门寡妇变成女子师范学校的学生，走上独立自强的道路。母亲的坚毅、豁达、勤奋及民主主义思想，潜移默化地影响着儿时的丁玲。而1919年的五四运动，又让她的思想上有了追求真理的萌芽，并一天天向上生长。她剪短发，跟着学校里的大哥哥、大姐姐上街演说，到夜校教工人识字，当"崽崽先生"，她走长沙闯上海，进共产党创办的第一所平民女校，认识了向警予、陈启民、瞿秋白等一些著名的革命人士，受到进步思想的熏陶。但丁玲当时又是"思想正是非常混乱的时候。有着极端反叛的情绪，盲目地倾向社会革命，因为小资产阶级的幻想，又疏远了革命队伍，走入孤独的愤懑、挣扎和痛苦"，她说自己是在找不到一个朋友，"社会上四处碰壁无路可走的时候"，才想到写小说的，是内心的"一个冲动，一种欲望"，因而她的小说"充满了对社会的卑视和个人的孤独灵魂的倔强"[1]。

时代社会不仅能够造就作品的思想内容，还会影响到作家的表达方式。"五四"运动拉开新民主主义革命的序幕之后，中国革命激烈动荡，时代洪流呼啸向前，延续了几千年的封建堤坝开始坍塌，神圣不可

---

[1] 丁玲：《一个真实人的一生——记胡也频》，《丁玲散文集》，人民文学出版社1980年版，第189页。

侵犯的家族制度开始解体，一群群觉醒了的青年男女从封建家庭中冲出来，追求理想，寻找光明。但大革命的失败破灭了知识分子的幻想，一类充满彷徨、反叛和内心冲突的青年成为当时社会的产物。丁玲就是在这样一个严酷的低气压年代开始思考，开始写作，她说："这是一些倔强的人物，所以我开始写小说时，就是写的这样的人物"[1]。时代社会和作者本人的思想气质造就了丁玲小说创作的艺术个性。她以表现人物的思想形态和心理形态，探究人的"心态"与"世态"的关系，关注人的生存价值。1927年冬，在北京，在老一辈文学家叶圣陶先生的赞赏与推荐下，丁玲先后发表了《梦珂》《莎菲女士的日记》《阿毛姑娘》等作品。其中最具代表性的就是《莎菲女士的日记》。

"五四"运动作为中国人民的第一次思想解放运动，给民众带来了新的觉醒，这觉醒最初就是"人"的觉醒。随着"人的文学"被重视，艺术描写上开始出现了从外部世界走向内心感受的趋势，心理分析及内心独白等新的表现手法也渐渐出现在我们的视野中。这个时期，丁玲关注的是女性的婚姻、恋爱和个性解放。她笔下的莎菲女士是"五四"运动后觉醒的小资产阶级知识女性，孤高狷介、骄纵任性、卓尔不群，虽然有这样那样的弱点和不足，但她的道德准则是全新的，有着鲜明的时代特点。她追求恋爱自由、个性解放，以大胆的行动冲决封建桎梏，对抗假道学，大胆渴求和言说"五四"时期女作家依然讳莫如深、谨慎回避的"性爱"。她希望得到一个理想的恋人，互相理解、互相尊重、相知相爱、灵肉和谐。在她看来，"如若不懂我，我要那些爱，那些体贴做什么？""她迫切的需要这人间的感情。"可是，这种愿望却没能实现。她受过安徽男人的欺骗，苇弟爱她却不了解她，华侨凌吉士丰仪的外表一度让她倾心陶醉，最终又因看清他卑丑的灵魂而失望。然而，文学是人学，人的感情世界是丰富多彩的，作者虽然写出了莎菲情感上的矛盾纠葛，但在理智上却没能遵循自己的内心，依然与凌吉士藕断丝连。她接受他浅薄的情意，满足他卑劣的享乐；她看不起他，却又思念

---

[1] 茅盾：《杂感——美不美》，《茅盾文艺杂论集》，上海文艺出版社1981年版，第162页。

他，并为这迷恋而诅咒自己。她在黑暗中寻找光明，在不幸中寻找幸福，在无爱的社会中寻找友爱、情爱和性爱。这种主观追求与客观现实的矛盾，导致了莎菲思想上的苦闷，行动上的徘徊，这是莎菲的弱点和那个时代的特点，却也是作品最成功的地方。

《莎菲女士的日记》之所以成功，还在于丁玲将自己性格的某些情愫融进莎菲的形象。这是丁玲自己的心声，也是丁玲所独有的。她以一个女性作家细致的笔触，"抒情写性融进自我"的艺术笔墨，抒写了"一个恋爱追求者的少女所感到的恋爱本身的空虚"。"文章美不美，在于它所含的创造的元素多不多。"[1]《莎菲女士的日记》的美，在于丁玲以自己别具一格的创作特色，通过人物细致的内心活动，真实而生动地将莎菲女士心灵深处秘密流动的情愫，恰到好处地描绘出来。当一个作家生活在历史的激流里，感受到时代的脉搏，觉察到时代发展的征兆时，写自己熟悉的题材，便可达到艺术的现实主义。丁玲的《莎菲女士的日记》便属于这类作品。小说中独具一格的心理描写，是作品艺术魅力的重要来源。尤其是作品中对青年女子要求突破道德和心灵束缚的揭示，强烈地拨动了亿万人的心弦，震动文坛。"便好似在这死寂的文坛上，抛下了一颗炸弹一样，使读者为之震惊"。[2]从而确立了《莎菲女士的日记》在中国新文学史上的重要地位。丁玲本人也被誉为"1917年开始的现代中国文学运动中最优秀的女作家"。[3]

茅盾当时曾评论说："在《莎菲女士的日记》中所显示作家丁玲女士是满带着五四以来时代的烙印的，她的莎菲女士是心灵上负着时代苦闷的创伤的青年女性的叛逆的绝叫者"。

国际友人尼姆·威尔斯在《续西行漫记》中，也以《丁玲——她的武器是艺术》为题，专章论述了丁玲的生平与创作，认为"作为一个作者，丁玲是第一个来率真地描写少女的内心生活和情感，她的表现是那样

---

[1] 毅真：《几位当代中国女小说家》，《当代中国女作家论》，光华书局1933年版，第3页。

[2]-[4] 尼姆·威尔斯：《续西行漫记》，解放军文艺出版社2002年版，第239页，241页。

震惊了文艺界和学生界，以致她很快成为中国最流行的作家之一"。[4]

二、"左翼"文艺时期

1930年的春天，是中国现代文学史上仅次于1919年五四运动的一个春天。在党的领导下，大批革命的小资产阶级文艺工作者急剧地向左转，左翼文艺运动蓬勃兴起，继承和发扬"五四"文化革命传统，把新文学运动推向一个新的阶段。这年三月，"左联"成立。这年，丁玲在上海参加了中国共产党领导的，以鲁迅为旗手的左翼作家联盟，随后又加入了中国共产党，全身心投入党所领导的"左翼"革命文艺运动，创作了《韦护》《一九三〇年春上海（之一）、（之二）》《水》《田家冲》等一系列呈现时代亮色的作品。这些作品虽仍未脱尽小资产阶级知识分子缠绵、哀怨之气，却没有了"梦珂"、"莎菲"式的幻灭、感伤、绝望，并注入了较为丰富的社会内容。无论从主题、题材、人物到创作方法、艺术风格，都真实反映了进步小资产阶级知识分子在革命形势的激励下，克服和战胜旧意识，和工农大众结合并成长为革命战士的过程，形成了充实、明朗、积极、乐观的基调，其中最具代表性的就是《水》。

《水》取材于1931年夏泛滥于十六省的大水灾，描写一群受尽剥削压迫而又面临饥饿死亡的农民，在阶级斗争中认清反动派的两面派嘴脸，联合起来反抗黑暗统治的故事。在《水》中，一群群憔悴、黄瘦的灾民，争吃着"和着水"的"一点粗粝的荞麦粑粑"；找不到住宿，只得"一团团的守在几棵大树下"。他们得不到救济，死亡时时在威胁他们。在城市，工人和农民一样贫穷，住的是小茅屋，揭不开锅，穷的快要饿死，男人们健壮的胸脯早已干瘪，女人们瘦得像可怕的"老巫婆"。为了生存，他们拼死拼活为资本家干活，却被压榨成"凝着痴呆困乏的灰色眼珠"的人。而那些吸血鬼们不仅拿着吞噬的工农的血汗钱、募捐款、赈济金，恣意挥霍，混迹于十里洋场，还运来武器弹药镇压灾民，导致愤怒的灾民们"吼着生命的怒放，比水还要凶猛，朝镇上扑去"。丁玲像一位刀法犀利的艺术家，在《水》中雕刻出一幅黑白分明、反差强烈的社会画面。其高昂奔放的激情、粗犷浓烈的艺术风格，透露出强烈的时代气息，产生的冲击波和轰动效应意味着左翼文艺已形成一股势不可挡的新潮，席卷中国文学界。

当时是中国社会黑暗专制最阴惨酷烈的年代，也是中国左翼文艺在血与火的搏斗中艰苦挣扎的年代。左翼文艺像"从地底下喷出来的火山"，它"要冲破万重的压迫，喷出万丈的火焰，烧掉一切种种腐败龌龊的东西，肃清全宇宙的垃圾堆"[1]。因而，引起了国民党反动派的极端恐惧和害怕，开始对革命文艺实行反革命文化围剿。1933年5月14日，丁玲被国民党特务秘密绑架，押往南京，幽禁时间长达三年。可以说，这个时期的丁玲是以一个凭借文学武器反抗残暴统治势力的坚韧的女性形象出现的。这些不仅显示了作家世界观的转变，也标志着作家的创作向前跨进了一步。

鲁迅在答朝鲜《东亚日报》记者申彦俊时指出：中国现代文坛上，"丁玲女士才是唯一的无产阶级作家"[2]。左联宣言强调指出，"丁玲是中国特出的女作家，是新革命文艺最优美的代表者。"[3]这些评语充分说明了丁玲的意义所在，左翼文艺的开拓者——丁玲的文学创作方向代表着中国无产阶级革命文学的方向。

三、延安至解放时期

文艺来源于生活，生活是文艺的唯一源泉。1936年11月，在世界性的关注、营救及党组织的帮助下，丁玲来到红色根据地延安，来到人民大众当家作主的地方和人民大众当家作主的时代。在这里，丁玲在和人民的生活、斗争相结合的实践中，认识到作家和人民相结合、文艺和人民相结合的重要性。她带领"西北战地服务团"，深入到生活当中，以

---

[1] 瞿秋白：《"财神还是反财神？"》，《瞿秋白文集》第一卷，人民出版社1998年出版。

[2]《鲁迅致申彦俊的一封佚信》，《新文学史料》1983年第3期，人民文学出版社。

[3]《中国左翼作家联盟为丁潘被捕反对国民党白色恐怖宣言》，《中国论坛》1933年6月19日，第2卷第1期。

一个女战士的崭新风姿，活跃于山西抗日前线，土改一线，创作了《记左权同志话山城堡之战》、《彭德怀速写》、《田保霖》、《我在霞村的时候》、《太阳照在桑干河上》等极具时代特色的通讯、速写、杂文、报告文学和小说，为自己的文学创作注入新的活力和血液，带来新的艺术生命及创作高潮。

丁玲在延安时期的作品，真实记录了那个时代人民斗争的某些侧面，沐浴着土地革命战争到抗日战争的战火硝烟，使我们了解到什么是延安传统、延安精神，什么是人民的心愿与爱好。她在这些作品中倾注了一个革命者，一个共产主义战士对新生活的挚爱之情，有着不可取代的艺术生命和艺术价值。

所谓"用刚笔则见魄力，用柔笔则出神韵。"一般女性作家的作品呈现的大多是阴柔之美，即使有偶尔写出阳刚之美作品的人，也很难在同一作品中把阳刚与阴柔之美相结合。丁玲在艺术上的贡献就是把这两种不同形态的美完美结合，形成独特的女性审美风格。如《我在霞村的时候》，开始写"我"进村的情况，节奏缓慢，叙述平静，用笔细致，语言抒情，表现出柔媚、轻曼、幽美的美学特征。后来贞贞在窑洞与"我"的交谈，跟父母的吵闹，却节奏短促、叙述急迫、用笔粗放、语言泼辣，呈现出粗犷、激荡、刚健的美学特征。

因为个人经历和个性气质，理想成为丁玲从生活中发现诗意，提炼诗意的心灵源泉。她说："在生活中，即使是在极平凡的生活中，作家一定要看见旁人能看见的东西，还要看见旁人看不见的东西。"[1]透过纷繁的生活表象，去发掘现实中蕴藏的诗意。在《太阳照在桑干河上》，丁玲成功把握住土改运动中各阶层人物的心理，以平静的主观心态记录人间普通的生活事件和人际关系，以不同阶级、阶层的人们，对于土改的不同态度，构成一条推动情节发展的基本线索，真实展现这场运动本身固有的尖锐性和复杂性。《太阳照在桑干河上》可说是最能代表丁玲后期思想和艺术的作品。它的问世，标志着丁玲的创作进入辉煌

---

[1] 丁玲：《文学创作的准备》，湖南人民出版社1983年版，第60页。

时期，也是奠定其国际性文学影响的重要基石。

苏联学者H·费德林指出，长篇的史诗性内容，固然与题材的宏巨性有关，但"丁玲既不简单化也不夸大地反映了包涵着全部复杂性和多样化的生活真实。也许作家的才能在这里表现的最为充分和多方面。这位语言艺术家所描写的暴风雨将临的情景是令人难忘的。"[1]

日本学者冈崎俊夫则指出："作家1948年完成的这个长篇，是以土地改革为主题的。当时，中国共产党在解放战争的道路上，正在各地进行土地改革。这种土地所有关系，曾构成了所谓封建的基础，所以，没收地主、富农的土地，使耕地的农民成为土地的真正的主人，这种关系的变革，正是中国三千年来未曾见过的真正的革命。"他还说，小说之所以具有令人"无法舍弃的魅力"，因为"丁玲在描写人物上是第一流的"。[2]

众所周知，丁玲的一生可谓是历经劫难的一生，解放前，被国民党反动派幽禁三年，解放后，又被剥夺政治权利与创作生命二十余年，可她的政治信仰、价值观念却始终如一，并没有因为此前种种而改变。《杜晚香》是丁玲复出后，献给人民的第一篇也是最后一篇小说，描绘了主人公杜晚香从一位解放了的普通劳动妇女到一名共产主义战士的成长历程，是作者于新时期奉献给人民的一个光辉典型，代表了伟大时代精神的最可爱的人。这个形象有如开在山间原野的小花，美丽、坚强、柔韧，迎着风霜雨露，绽开最美的笑颜。她告诉人们：人活着，不应当只为自己，只有为他人而牺牲自己，才有真正的幸福；人活着，应该投身到新的更广阔的生活潮流中去，贡献自己的全部，才能体会出人的生命价值。可以说，延安和解放时期，丁玲更多的是歌颂妇女的顽强、坚韧以及她们对待革命的忠贞与热情。

作家的生命在于作品。从梦珂到杜晚香，是一条不平坦的道路。丁玲笔下塑造的女性形象，除杜晚香外，几乎都是悲剧人物或带悲剧倾向的人物，但每个人都有崇高的感情、勇敢的行为，她们身上体现着强烈

[1]《现代中国文学全集第九卷·丁玲篇·后记》，河出书房1955年版。
[2]《中国文学》，莫斯科国家文学出版社1955年出版。

的时代性和阶级性,是历史环境的产儿。她们的出现,丰富了现当代文学典型的艺术画廊及现当代文学典型创造的经验。其作品中对妇女解放道路的探索,对中国不幸妇女的关注,以及作品中塑造的女性形象的独特性在中国新文学史上有着永恒的艺术价值。她坎坷曲折、起落沉浮的经历及人生追求的韧性精神不仅赢得了广泛的敬意,其作品也越来越为各国读者珍视,被翻译成英、俄、日、法、德等20多种文字,流传于亚洲、欧美等地区。世界各地的研究者认为,要研究中国新文学历史,要了解中国社会的内涵与奥秘,丁玲文学具有不可回避性。

法国一家报纸发表文章说:"丁玲让我们踮着脚尖走进了一个我们最为关注的完全不同的文化领域",使"人们接触到这样一个现实:中国思想。"丁玲的作品"几乎也可以说是一张门票","一张去中国的门票"。[1]美国研究者加里·约翰·布乔治在谈到1942年前丁玲的文学创作时说:"丁玲的文学著作是独特的,它们不是作家个人生活的描述,而是社会生活的反映,是本世纪20年代至40年代中国文学发展和演变的范例。这些作品有很高的艺术价值,可作为一件件艺术珍品来欣赏。"[2]著名美国记者埃德加·斯诺也称丁玲"是当今中国女作家中最负盛名的一位",并指出"她的作品的特点是善于分析当代青年的心理活动,笔调清新,生气盎然"。

1986年2月,在丁玲生命接近终点的时刻,美国文学艺术院授予她荣誉院士的称号,高度评价她是20世纪伟大的小说家之一,颂扬她毕生与专制主义作斗争的不屈不挠精神。这是美国人民对丁玲的最高奖赏,也是世界人民认识丁玲、评价丁玲的新起点。

（毛雅琴,湖南省常德市丁玲纪念馆副馆长、高级政工师）

---

[1] 玛丽安娜·曼:《一张去中国的门票》,法国《经济报》1982年2月2日。
[2] 见《丁玲的早期生活与文学创作（1927—1942）》。

钱学森晚年的科学创见
及其当代价值

荣正通

摘要：钱学森晚年潜心研究与中国社会主义现代化建设密切相关的重大问题，提出了很多具有前瞻性和指导性的科学创见。他提出要充分运用现代科学技术来建设社会主义，倡导设立总体设计部来运用系统工程的方法。钱学森认为中国农村的脱贫致富要依靠第六次产业革命，中国城市建设的发展方向应该是"山水城市"。

关键词：钱学森；现代科学技术；系统工程；产业革命；山水城市

钱学森不仅是世界著名的科学家和中国航天之父，还是伟大的科学思想家、人民思想家和战略思想家。在20世纪80年代初，由于年龄的关系，钱学森辞去了国防科研一线的领导职务，转而把大部分精力投入到与中国社会主义现代化建设密切相关的科学研究中。他晚年提出了一系列具有前瞻性和指导性的科学创见，涉及的学科领域十分广泛，思想内容特别丰富，现实关怀非常强烈。由于受到篇幅的限制，本文仅选取钱学森晚年科学思想中最具代表性的部分，介绍其主要内容、创新之处和现实意义。

一、建构现代科学技术体系

基于对马克思主义哲学的深刻理解和对于科学技术发展现状和趋势的全面把握，钱学森从20世纪70年代末起，运用系统思想，逐步提出和完善了现代科学技术体系构想。现代科学技术体系构想是他人生第三个高峰中的重要成果，也是他晚年全部学术探索之总纲。从1979年到1996年，钱学森依次将自然科学、社会科学、数学科学、系统科学、思维科学、人体科学、军事科学、行为科学、文艺理论、地理科学、建筑科学纳入现代科学技术体系，最终形成了11个大的科学技术部门。每个科学技术部门有3个层次，即直接用来改造客观世界的工程技术、为工程技术直接提供理论基础与方法的技术科学以及揭示客观世界规律的基础科学。唯一例外的是文艺，文艺只有基础理论层次。实践层次上的文艺创作，就不是科学问题，而是属于艺术范畴了。1984年8月，钱学森将人类的整个知识体系划分为从前科学到科学再到哲学这样3个层次。现代科学技术体系的顶层是马克思主义哲学，中间通过11座属于哲学范畴的桥梁与现代科学技术的11大部门相联系。马克思主义哲学是通过这些桥梁来指导我们认识客观世界和改造客观世界的，而11大部门的发展也通过这些桥梁来深化和发展马克思主义哲学。现代科学技术体系是一个开放的、动态的、发展的知识体系。

钱学森在建构现代科学技术体系中的重要创新是用全新的标准来划分学科门类。他认为应当以人们观察客观世界的角度或着眼点作为标准来划分学科门类。这种划分标准内在地蕴涵着不同学科之间的密切联系，充分体现了系统思想。钱学森认为，自然科学是从物质在时空中的运动、物质运动的不同层次、不同层次的相互关系的角度来研究整个客观世界；社会科学是从人类社会的发展运动的角度来研究整个客观世界；数学科学是从质和量的对立统一、质和量的互变的角度来研究整个客观世界；系统科学是从系统的结构和功能的角度来研究整个客观世界；思维科学是从人脑通过思维认识整个客观世界的角度来开展研究的；人体科学是从人体结构和功能受客观世界的影响和相互作用的角度来开展研究的；地理科学是从地球表面各圈层包括陆圈、大气圈、水圈、生物圈、土壤圈及人类圈的相互作用的角度来开展研究的；军事科学已经不限于战争，而是从矛盾斗争的角度来研究整个客观世界；行为科学是从个人与社会的相互作用的角度来开展研究的；建筑科学是从人与环境、科学与艺术结合的角度来开展研究的；文艺理论是从美的角度来研究客观世界。

现代科学技术体系在钱学森的心目中不是一个单纯的学术问题，而是同中国社会主义现代化建设密切相关的重大问题。1991年10月16日，钱学森在中共中央、国务院授予他"国家杰出贡献科学家"荣誉称号仪式上郑重表态："我认为今天科学技术不仅仅是自然科学工程技术，而是人认识客观世界、改造客观世界整个的知识体系，这个体系的最高概括是马克思主义哲学。我们完全可以建立一个科学体系，而且运用这个科学体系去解决我们中国社会主义建设中的问题。……我在今后的余生中就想促进这件事情。"[1]同年11月5日，他在题为《用现代科学技术建设有中国特色的社会主义》的报告中明确指出："人认识与改造客观世界的知识即科学技术体系。……我们是要用现代科学技术来建设我们的社会主义。这里说的'科学技术'就不只是自然科学技术，而是我以上所说的科学技术体系。"[2]

钱学森建构的现代科学技术体系对于中国社会主义现代化建设和科技领军人才的培养具有很强的现实指导意义。北京大学的黄楠森教授认为：钱学森的现代科学技术体系有利于克服分门别类的研究和职业分工所带来的只分不合、孤立片面的思维方式，更有利于克服把哲学排斥于现代科学技术之外的错误倾向。系统科学家于景元认为：钱学森的现代科学技术体系给予我们的重要启发，就是要充分发挥这个体系的综合优势和整体力量，特别是不同科学技术部门的相互结合，更能提高我们认识世界的水平和改造世界的能力。西安交通大学贯彻钱学森"大成智慧学"的教育理念，在2007年创办了钱学森实验班。该班在人才培养方式上的重要突破之一就是以现代科学技术体系构建课程体系和设置课程。钱学森强调马克思主义哲学在现代科学技术体系中的至高地位，这启示我们应该大力开展全民学习马克思主义哲学活动，特别是要让各级领导干部学会运用马克思主义哲学来指导工作。

---

[1] 钱学森：《钱学森文集》（第六卷），国防工业出版社2012年版，第212页。
[2] 钱学森手稿，档号：RW-2246-2-003，上海交通大学钱学森图书馆藏。

二、倡导系统工程方法

20世纪70年代末，鉴于中国的组织管理水平落后，钱学森对中国航天系统工程的成功经验进行了理论总结，同时对国外的相关研究成果进行了梳理，从而提炼出具有一般指导意义的系统工程理论。他认为，系统工程是从系统的认识出发，设计和实施一个整体，以求达到我们所希望得到的效果。系统工程是一门组织管理的技术，总体设计部是运用系统工程方法解决实际问题的最佳机构。钱学森把组织管理社会主义建设的技术称为社会系统工程，简称为社会工程。社会系统工程是属于系统工程范畴的一门技术，但是其应用范围和复杂程度是一般系统工程所没有的。钱学森的系统工程思想包含两个重要创新：一是通过总体设计部来运用系统工程方法，二是提出从定性到定量的综合集成方法。

钱学森晚年一直积极推广系统工程方法，倡导建立社会主义建设的总体设计部。1978年9月27日，钱学森和许国志、王寿云合作发表了《组织管理的技术——系统工程》一文。他们在文中指出："总体设计部由熟悉系统各方面专业知识的技术人员组成，并由知识面比较宽广的专家负责领导。总体设计部设计的是系统的'总体'，是系统的'总体方案'，是实现整个系统的'技术途径'。总体设计部的实践，体现了一种科学方法，这种科学方法就是'系统工程'。'系统工程'是组织管理'系统'的规划、研究、设计、制造、试验和使用的科学方法，是一种对所有'系统'都具有普遍意义的科学方法。"[1]

1987年5月15日，钱学森在题为《社会主义建设的总体设计部——党和国家的咨询服务工作单位》的讲座中提出要设立社会主义建设的总体设计部，并且强调这是建设具有中国特色的社会主义所必要的。他认为，社会主义建设的总体设计部的工作性质是顶层设计，工作对象是社会系统，工作方法是系统工程的方法。1989年8月7日，钱学森因为获得"W.F.小罗克韦尔奖章"和"世界级科学与工程名人"称号受到江泽民总书记和李鹏总理的亲切接见。他在接见仪式上表示："系统工程是现

---

[1] 钱学森，许国志，王寿云：《组织管理的技术——系统工程》，《文汇报》，1978年9月27日。

代科学技术结晶出来的一种方法，是一种处理复杂问题的方法。要建设社会主义，不用系统工程恐怕不行。"[1]

从20世纪80年代末到90年代初，钱学森逐渐提出和完善了从定性到定量的综合集成方法，并且认为这是运用总体设计部处理开放的复杂巨系统的重要方法，属于系统工程方法的范畴。1990年1月，钱学森和于景元、戴汝为合作发表了《一个科学新领域——开放的复杂巨系统及其方法论》一文。他们在文中指出："改革需要总体分析、总体设计、总体协调、总体规划，这就是社会系统工程对我国改革和开放的重大现实意义。……定性与定量相结合的综合集成方法，是将专家群体（各种有关的专家）、数据和各种信息与计算机技术有机结合起来，把各种学科的科学理论和人的经验知识结合起来。这个方法的成功应用，就在于发挥这个系统的整体优势和综合优势。……这里提出的定性与定量相结合的综合集成方法，不但是研究处理开放的复杂巨系统的当前唯一可行的方法，而且还可以用来整理千千万万零散的群众意见，人民代表的建议、议案，政协委员的意见、提案和专家的见解，以至个别领导的判断，真正做到'集腋成裘'。"[2]

1991年3月8日，钱学森在江泽民总书记主持召开的中共中央政治局常委会议上作了关于建立党和国家的总体设计部的汇报，受到一致赞赏。1995年8月20日，钱学森对《中共中央关于制定国民经济和社会发展"九五"计划和2010年远景目标的建议（征求意见稿）》提出了以下意见："建设有中国特色的社会主义和实施社会主义的市场经济，特别重要的是国家宏观调控。把系统工程方法用于国家级的整体研究和咨询工作，设对国家负责的总体设计部。"[3]

钱学森倡导的系统工程方法已经在国民经济、军队建设、社会管理等领域发挥了重要作用，并且受到了党和国家领导人的充分肯定。2008年

---

[1] 钱学森：《钱学森文集》（第六卷），国防工业出版社2012年版，第37页。
[2] 钱学森，于景元，戴汝为：《一个科学新领域——开放的复杂巨系统及其方法论》，《自然杂志》1990年第1期，第5—10页。
[3] 钱学森手稿，档号：RW-2431-124-339，上海交通大学钱学森图书馆藏。

1月19日，中共中央总书记胡锦涛在亲切看望钱学森时说："上世纪80年代初，我在中央党校学习时，就读过您的有关报告。您这个理论（系统工程理论）强调，在处理复杂问题时一定要注意从整体上加以把握，统筹考虑各方面因素，这很有创见。现在我们强调科学发展，就是注重统筹兼顾，注重全面协调可持续发展。"[1]党的十八大以来，系统工程的思想不时体现在习近平总书记关于治国理政的重要论述中。2013年9月17日，习近平在党外人士座谈会上指出，全面深化改革是一项复杂的系统工程。11月9日，习近平在中共十八届三中全会上的讲话中指出："全面深化改革需要加强顶层设计和整体谋划，加强各项改革的关联性、系统性、可行性研究。我们讲胆子要大、步子要稳，其中步子要稳就是要统筹考虑、全面论证、科学决策。"[2]党和国家领导人对钱学森提出的设立国家级的总体设计部的建议非常重视，在深化改革的过程中越来越强调总体设计。2013年12月30日，中共中央成立由习近平总书记担任组长的全面深化改革领导小组，负责改革总体设计、统筹协调、整体推进、督促落实，就是为了更好发挥党总揽全局、协调各方的领导核心作用。

三、创建第六次产业革命理论

钱学森回国后虽然长期负责领导中国航天事业，但是一直非常关注农业和农村问题。20世纪80年代初，钱学森从战略科学家的高度提出一个重要问题：我国农村"是不是在酝酿着一次21世纪的产业革命？"他提出要看到21世纪，看到我国大地上将要出现的知识密集型农业，从而导致整个国家生产体系和生产组织的变革。1984年3月，钱学森在"世界新的技术革命与我国对策"研究讨论会上把人类有史以来的产业革命总结划分为六次：第一次，农牧业的出现和兴起；第二次，商品生产的出现和发展；第三次，大工业生产；第四次，国家以至跨国大生产体系；第五次，电子计算机、信息组织起来的生产体系；第六次是高度知识和

---

[1]孙承斌、李斌：《深情的关怀，倾心的交谈——胡锦涛看望著名科学家钱学森、吴文俊》，《人民日报》，2008年1月20日。

[2]习近平：《习近平谈治国理政》，外文出版社2014年版，第88页。

技术密集的大农业的产业革命，将出现在21世纪中叶。钱学森认为农业型的知识密集产业的创建还不只是农业、林业、草业、海业和沙业的问题，还会影响到工矿业、交通运输业、信息情报业、教育文化事业、商品流通业、城乡建设业和生活服务业等，还将导致农村小城镇化。

1984年5月，在中国农业科学院召开的第二届学术委员会会议上，钱学森应邀以"创建农业型的知识密集产业——农业、林业、草业、海业和沙业"为题作学术报告。他指出，农业型的产业就是指像传统农业一样，以太阳光为直接能源，靠地面植物和海洋植物的光合作用为基础，来进行产品生产的生产体系。钱学森强调，农业型的知识密集产业强调要充分利用太阳光能和生物资源、依靠各种高新科技进行生产，即把一切有关的现代科学技术都运用到农业型生产上，进行多种经营。农产业是以经营种植粮食和经济作物为基础，包括种植业的农业、绿化的林业、养畜的牧业、养家禽的禽业、养鱼的渔业，养蜜蜂、蚯蚓等的虫业，还有菌业、微生物（沼气、单细胞蛋白）业，以及副业和工厂生产的工业，是"十业并举"的农业产业体系。林产业是以经营种植、培育木本植物和林木加工、枝叶利用等为主，通过森林为主的生物系统将太阳光充分利用，转化为人所需要的产品。草产业是以草地为基础，利用日光能量合成牧草，然后用牧草通过兽畜，通过生物、化工、机械等一切可以利用的现代科学技术手段，建立起创造物质财富的、高度综合的产业系统。海产业是利用海洋滩涂，主要靠海洋中天然生物光合作用的产物，以此为饲料来经营养殖、捕捞鱼、虾、贝、藻等。沙产业是利用现代生物科学以及水利工程、材料技术、计算机自动控制等前沿高新技术，挖掘和利用沙漠、戈壁、荒漠、荒滩的潜力，在沙漠、戈壁开发出农、工、贸一体化的生产基地。钱学森提出的农业型知识密集产业能够缓解全世界粮食供应日益短缺的难题，对人类社会的可持续发展具有深远的意义。

在农业型的知识密集产业中，钱学森对沙产业给予了特殊的关注。沙产业是钱学森第六次产业革命思想中的最大创新，是在不毛之地搞农业生产。他曾预言迎接第六次产业革命的到来是从沙产业做起。我国戈壁、沙漠和沙漠化土地超过20亿亩，这些地区的自然条件非常恶劣。尽管新中国成立以来治理沙漠已取得了举世公认的成就，但至今仍没有完全扭转"沙进人退"的局面。钱学森在总结了以色列和中国西部的开发经验和教训后认为：尽管我国西部有大片戈壁、沙漠，但不能只看到沙漠的危害，而要把沙漠充分利用起来，大力发展沙产业，那对我国农业的贡献将是巨大的。他指出，沙产业就是用高新技术在干旱半干旱区进行农业开发，将传统的"控制土地沙漠化，固定流沙"做法改变为既治理又开发，将治理与开发结合起来，形成既改变生态环境，又提高经济效益的良性循环。

钱学森的沙产业思想，已经在我国西部沙区的开发和建设中产生了良好的经济和生态效益。内蒙古、新疆、甘肃等地兴起了一批经营荒漠中独特药用资源的开发的企业。武威地区和鄂尔多斯恩格贝的微藻产业也已经取得了可喜的成果。西部的干部群众经过多年实践，总结了一套"多采光，少用水，新技术，高效益"的技术路线。2000年6月8日，我国老一辈领导人宋平在沙产业会议的讲话中评价说："钱学森同志1984年提出了沙产业的科学构想，到现在已经16年了。河西的实践初步说明了这一构想的正确，内涵深远，意义重大。它启发我们的思想，动员了干部群众、科技工作者向沙产业进军。它为干旱、沙漠地区农业开辟了一个新的领域。"[1]胡锦涛同志对钱学森的沙产业思想给予了高度评价。2008年1月20日，他在看望钱学森时专门谈到："前不久，我到内蒙古自治区鄂尔多斯市考察，看到那里沙产业发展得很好，沙生植物加工搞起来了，生态正在得到恢复，人民生活水平也有了明显提高。钱老，您的设想正在变成现实。"[2]

四、提出山水城市设想

钱学森晚年不仅关心农村问题，也很关心城市问题。在改革开放

[1]宋平：《宋平关于沙产业的论述》，2005年9月，第27页。
[2]孙承斌、李斌：《深情的关怀，倾心的交谈——胡锦涛看望著名科学家钱学森、吴文俊》，《人民日报》，2008年1月20日。

后，中国的城市化进程显著加快，城市规模迅速膨胀，城市面貌变得千篇一律，地方特色逐渐消失。人口膨胀、交通拥堵、环境污染、住房紧张、就业困难等各种城市病日益突出，城市的人居环境严重恶化。钱学森对于这样的城市化非常不满，对于中国城市的未来发展忧心忡忡。1992年10月2日，他在写给中国建筑学会顾孟潮的信中说："现在我看到北京市兴起的一座座长方形高楼，外表如积木块，进去到房间则外望一片灰黄，见不到绿色，连一点点蓝天也淡淡无光。难道这是中国21世纪的城市吗？"[1]为了寻找出路，钱学森提出了建设山水城市的设想。山水城市是城市学与园林学的有机结合，讲究"城市园林化、人造山水、地方特色、减少出行距离"。

1990年7月31日，钱学森在写给清华大学教授吴良镛院士的信中第一次提出了"山水城市"的概念。信中说："我近年来一直在想一个问题：能不能把中国的山水诗词、中国古典园林建筑和中国的山水画融合在一起，创立'山水城市'的概念？人离开自然又要返回自然。社会主义的中国，能建造山水城市式的居民区。"[2]1992年3月14日，钱学森给园林专家吴翼写信，再一次提出了"山水城市"的概念。信中说："近年来我还有个想法：在社会主义中国有没有可能发扬光大祖国传统园林，把一个现代化城市建成一大座园林？高楼也可以建得错落有致，并在高层用树木点缀，整个城市是'山水城市'"。[3]

1993年2月，钱学森在题为《社会主义中国应该建山水城市》的书面发言中说："我想既然是社会主义中国的城市，就应该：第一，有中国的文化风格；第二，美；第三，科学地组织市民生活、工作、学习和娱乐……如果说现代高度集中的工作和生活要求高楼大厦，那就只有'方盒子'一条出路吗？为什么不能把中国古代园林建筑的手法借鉴过来，让高楼也有台级，中间布置些高层露天树木花卉？不要让高楼中人，向外一望，只见一片灰黄，楼群也应参次有致，其中有楼上绿地

---

　　[1] 钱学森：《钱学森书信》（第6卷），国防工业出版社2007年版，第473页。
　　[2] 钱学森：《钱学森书信》（第5卷），国防工业出版社2007年版，第317页。
　　[3] 钱学森：《钱学森书信》（第6卷），国防工业出版社2007年版，第281页。

园林，这样一个小区就可以是城市的一级组成，生活在小区，工作在小区，有学校、有商场、有饮食店、有娱乐场所，日常生活工作都可以步行来往！……山水城市的设想是中外文化的有机结合，是城市园林与城市森林的结合。山水城市不该是21世纪的社会主义中国城市构筑的模型吗?"[1]钱学森设想的山水城市片区规划，将在一个小区内集中住家、中小学校、商店、餐饮店、医疗中心、文化场所等日常设施，走路可达，不用坐车；网络带来的信息革命，使大多数人能够在家工作；片区之间依靠公共快速交通；楼群错落有致，小区内不是平面绿化，而是立体绿化，要建设屋顶花园。山水城市思想的创新之处一是通过改进城市规划，减少居民出行需求，从而缓解交通拥堵问题；二是通过建设屋顶花园，合理规划高层建筑的高度和位置，从而实现人造山水的视觉效果。

　　钱学森在正式提出"山水城市"概念后就开始考虑如何建设中国的山水城市。按照山水城市发展阶段所分别具有的不同状况和不同的实质内涵，他在1996年9月29日写给鲍世行的信中建议："似可把城市建设分为四级：一级，一般城市，现存的；二级，园林城市，已有样板；三级，山水园林城市，在设计中；四级，山水城市，在议论中。"[2]钱学森深知"山水城市"还只是初步设想，真正实现还需要很长的时间。

　　山水城市是一种先进的城市观念和模式，属于可持续发展的城市。其核心思想是要建设有利于人的身心、有利于自然生态、有利于社会经济科技文化、有利于可持续发展的宜居城市。建设山水城市有助于遏制人类生存环境的恶化，有助于解决城市建设特色的危机，有助于推动中国传统文化的复兴。近年来，随着山水城市理念的不断完善和普及，广州、重庆、杭州、武汉、长沙、昆明、贵阳、南昌、福州、济南、苏州、无锡、青岛、合肥、桂林、三亚、泸州、惠州等越来越多的城市开始进行建设山水城市的实践或规划。

---

　　[1]钱学森：《社会主义中国应该建山水城市》，《城市规划》1990年第3期，第17-18页。

　　[2]钱学森：《钱学森书信》（第10卷），国防工业出版社2007年版，第219页。

五、结语

　　钱学森的科学思想是一个知识宝库，是他留给中国人民的重要财富。他晚年的科学创见立足于马克思主义的立场、观点和方法，不仅站得高，看得远，而且重民生，贴地气。本文介绍的钱学森晚年的部分科学创见虽然提出于20世纪70年代末到90年代中叶，但是在今天看来依然具有很强的现实指导意义。

（荣正通，上海交通大学钱学森图书馆馆员）

弘扬路易·艾黎"创造分析"职业教育思想助力"一带一路"建设

赵谦玺

摘要：路易·艾黎在长期的"为黎明而培训"的教育实践过程中，探索出了一种半工半读、教学与生产相结合的教育模式，培养出了一批会"创造分析"、能手脑并用的实用人才。现在，放眼丝绸古道上的不同国家和民族发展方式，今天仍旧存在大量的民生和社会发展的现实问题。在"一带一路"建设和发展的趋势之下，"创造分析 手脑并用"的职业教育实践模式无疑是更为适合的选择。无论是对于"一带一路"建设、对于中国和沿线国家而言都具有深远的影响。

关键词：创造分析；职业教育；一带一路

路易·艾黎，1897年12月2日生于新西兰，30岁来华，1987年在北京去世。在60年的风雨历程中与中国革命同呼吸、共命运。他用一生的精力为中国革命事业和建设事业培养了一大批优秀的专门人才，也留下永不过时的"创造分析"教育思想。

路易·艾黎的一生是与著名的工业合作社运动（简称"工合"运动）和创办培黎工艺学校分不开的。在20世纪30年代，他与宋庆龄、徐新六、埃德加·斯诺等中外友人组织的"工合"运动是失业工人和难民生产自救、支援抗战的一支独特的经济力量；40年代，他与英国人乔治·何克创办的甘肃山丹培黎工艺学校为新中国建设培养了大量急需人才。在长期的"为黎明而培训"的教育实践过程中，艾黎探索出了一种半工半读、教学与生产相结合的教育模式，培养出了一批会"创造分析"、能手脑并用的管理和技术人才。发扬和传承这种职业教育思想，在大力倡导培养具有创造性和创新能力人才，助力"一带一路"建设中有着非常迫切的现实意义。

一、路易·艾黎"创造分析"职业教育思想的产生、发展和形成

1. 浓郁的教育家庭氛围是路易·艾黎创造分析职业教育思想形成的土壤

路易·艾黎出生于新西兰克赖斯特彻奇市的一个教育家庭，父亲弗雷德里克·艾黎是安伯利区中学的校长。他在一生的最后二十年致力于发展乡村合作社和工厂化农场。他带领儿子们在假期里参加劳动锻炼，使他们学会脑力劳动和体力劳动的结合。母亲克拉拉·白金汉是位很能干的妇女，在坎特伯雷一个农场主家里当女教师，她思想进步，总像年轻人那样朝气蓬勃。她积极参与争取妇女的选举权，并最终获得了权利。艾黎兄弟姊妹七人，几乎都从事与教育有关的事业。艾黎的小弟皮普是坎特伯雷大学土木工程系讲师，大弟杰弗是文学硕士，三个姐妹格温、凯瑟、乔伊斯都是教师。在这个教育家庭的熏陶下，艾黎通过不断地探索、实验，最终在山丹培黎工艺学校的实践中提出"创造分析"教育理念。

2. 约瑟夫·培黎的教育理念是路易·艾黎创造分析职业教育思想发展的催化剂

美国传教士约瑟夫·培黎于1890年来到中国，1910年受聘到金陵大学教书，1914年创办了金陵大学农学院。培黎认为中国最需要的人才不是大学生，而是介于普通工人和工程师之间的技术员。艾黎在上海时读到培黎发表的一篇关于农村需要技术培训的文章，便去拜访他，自此成为忘年好友。培黎建议艾黎不要只待在上海，要深入到中国广阔的农村去学习，设法了解底层人民。遵从培黎老人的教诲，艾黎离开上海，走向农村，创办工合，兴办学校，培训技术人才。为了纪念这位指导他人

生规划的老人和为中国的黎明培养人才，艾黎把他们创办的"工合"培训学校命名为"培黎工艺学校"。可以说，艾黎的创造性教育思想是受约瑟夫·培黎的影响而逐渐探索发展，并在实践中不断充实完善的。

3. 路易·艾黎创造分析职业教育思想是创造性实践活动的结晶

路易·艾黎的创造性教育思想产生于工合运动的生产实践。从1940年开始，中国工业合作社先后在江西赣县、广西桂林、湖北老河口、四川成都、陕西双石铺、河南洛阳、甘肃兰州开办为工合培养人才的学校。最有代表性的是陕西凤县双石铺的培黎工艺学校，在这所学校里主要招收工合学徒工或逃难的工农子弟，紧紧围绕生产进行教学。每天半天时间讲解理论，半天用于生产实习，教师都是由工合的管理骨干和技术骨干担任。1943年底，为了避开侵华日军威胁和国民党的干扰，经过多次考察，路易·艾黎和英国人乔治·何克把学校从陕西凤县双石铺迁到地处河西走廊中部的甘肃山丹县。在这里经过艰苦的近十年探索，他的"创造、分析"教育思想日臻成熟，并从办学方法、教学原则、培养目标等方面逐步形成了一个独特的教育思想体系。在完善教学课程的同时，山丹培黎工艺学校建立起了机械、纺织、陶瓷、运输等26个生产小组；学校还建有煤矿、农场、牧场和校办医院，这些生产组织为学生带来了广阔的学习掌握现代化工业技术技能的场所。为了让学生学习西方现代科学技术，艾黎先后从新西兰、美国、英国、加拿大、奥地利、葡萄牙、日本、德国等国争取了近30位外籍教师参加学校的建设和发展；他还从当时著名的工厂企业中聘请中国本地的技术工人来学校进行教学和培训。学校从美国、新西兰等地引进各种现代化工业设备、设施融入教学和生产生活中。山丹培黎工艺学校一度发展成为拥有600余名学生、200余名工人的教育和生产机构。艾黎把山丹培黎工艺学校办成了国际性工业现代化教育探索实践基地，创造分析的教育思想是他创造性实践活动的结晶。

二、路易·艾黎"创造分析"职业教育思想的特征

1. 创造分析职业教育实践始终以普通劳动者为核心

路易·艾黎的教育从一开始就面向平民、面向工农大众。受教育的对象都是失业工人\贫苦农民的孩子和战争中失去父母的孤儿\绝望于生计的流浪儿等，培黎学校的教育为他们插上了知识的翅膀。艾黎的"创造分析"教育实践强调知识学习与现代工业技术相联系的重要性。在教学过程中，注重克服中国农民耕作习惯上的"差不多"意识，使学生形成精确的现代化工业劳动者的素质。学校开设的课程有英语、中文、数学、理化、工业常识、世界工业发展史、历史经济地理、电工原理、制图、内燃机原理、自然常识等。本国教师执教文化基础课，聘用外籍教师任教专业基础课，聘请企业退休技术工人指导校办工厂。无论中国教师还是外籍教师，艾黎都要求他们要有献身精神，成为培养学生"创造分析"品格的引导者。每位教师都要热爱学生，尊重学生人格，教学相长；教师在课堂教学中是先生，而在实际操作中又是工艺师傅。

2. 创造分析职业教育实践始终倡导"手脑并用"的原则

艾黎在反复实践的基础上提出了手脑并用，半工半读，创造分析的教学原则。他在阐述这一教学原则时说"劳动创造了人，人的大脑和手的劳动创造了世界。因此，教育要按照这个原理，做到教育与劳动相结合，做到手脑并用，谐调发展，不可偏废。"对此，他还有一段十分生动而形象的比喻，他说："培育青年正像培育一粒种籽发出两片叶子一样，人们不可能先培育出一片叶子，然后再培育出另一片叶子。教育青年要像培育种籽发出两片叶子一样，必须既有理论知识，又有劳动实践，手脑并用，使两片叶子同时展开，让幼小的禾苗正常发育，茁壮成长；少年在学校中学习，只要把课堂理论教育和车间生产劳动教学安排得合理，就可以同时学到书本理论知识和劳动生产的技能技巧。而且只要教育方法得当，通过实践教学，从感性认识中接受理性认识，提高学生的抽象思维能力，发挥其主动性创造性，就可以比全日制学校的学生学到更丰富的知识，受到可贵的锻炼"。实践证明这一教育原则是十分正确和有效的。1944年，培黎学校迁到山丹后，艾黎请人在一块古石碑的背面镌刻了"创造、分析"四个大字作为校训，明确了学校办学的宗旨是教育青少年不仅要获得书本知识，而且还要具有生产的实践经验，使他们自己能分析和创造。20世纪80年代，这种教育理念发展充实为"创造分析，手脑并用"。

3. 创造分析职业教育实践旨在促进地方经济和文化发展

艾黎创办培黎学校并不仅仅是为"工合"运动培养合格的管理人员和技术工人，还通过学校先进的设施设备和技术提供社会服务，促进地方的经济文化发展进步。培黎工艺学校在山丹时期三分之一的学生来自当地穷苦人家，学校给予了他们难得的受教育机会，促进了当地教育的发展。为使培黎工艺学校的教育和当地的经济能够互相结合起来，"工合"先后在江西赣县、广西桂林、四川成都、陕西宝鸡等地开办近10所短期培训学校。特别是迁到山丹之后，学校开办了20多个生产小组，不仅生产供学校使用的各种生活产品，还开矿采煤，垦荒种地。西方先进的拖拉机、纺织机、发电机，外教易斯利带领学生自我改造的联合收割机，艾黎组织制造的水泵、水轮机等，在山丹贫瘠的土地上都发挥了很大的作用。这使山丹由农业社会初步进入了"机器时代"，生产方式也从纯手工劳动进入了机器生产的阶段。学校筹建的校医院，医疗条件和医疗技术在整个河西走廊都很先进，不仅承担学校的师生医疗任务和实习，还面向社会，为山丹及周边的民勤、武威、张掖、民乐等地的贫困百姓治病。就连龙首山北麓阿拉善旗的王爷也带儿子来治病。校医院成为学校联系社会的纽带，改善了当地的医疗条件。培黎学校还利用自身的人才和技术优势对河西地区的地形进行勘测，对当地的地矿和水力资源进行了调查和测量。学校提出了指导地方小工业改进技术、河西水利改进和设立工农牧示范合作社等计划，为当地提供了新型的发展模式，为当地经济的后续发展奠定了初步的基础。

三、路易·艾黎"创造分析"职业教育思想助力"一带一路"的路径

2013年"一带一路"倡议的提出，为推动区域教育大开放、大交流、大融合提供了大契机。2017年5月14日，习近平在"一带一路"国际合作高峰论坛上说：要建立多层次人文合作机制，搭建更多合作平台，

开辟更多合作渠道，促使更多国家更积极响应和参与"一带一路"建设。教育合作就是一个可行的、重要的和上佳的措施。中国可以通过到"一带一路"沿线国家办高等教育、职业教育和中等技术教育的方式，从全球60亿人口中为"一带一路"建设培养、招募人才，为沿线国家提供大量既懂专业理论又熟练掌握专业技术的创造分析人才和智力支撑。

1. 利用"一带一路"平台，推动创造性职业教育走进沿线国家

"一带一路"建设为职业教育和中等技术教育的发展带来新的机遇与挑战。中国未来将和国际组织交换新签署的合作备忘录和学历互认，如和联合国教科文组织合作，推动国内院校获取联合国教科文组织的教席地位，与联合国教科文组织共同颁发学历证书，为"一带一路"沿线国家培养拥有国际视野、中国经验的复合型人才。中国职业教育和技术教育走进"一带一路"国家，实现"民心相通"，就要广泛开展与"一带一路"国家和地区的合作办学、师生交流、合作研究。据统计，未来10年，"一带一路"沿线国家基础设施投资需求约为50万亿元，将对铁路、管道、公路、港口、通信等相关领域的专业人才形成巨大需求，培养具有创造性技术人才的职业教育已经成为"一带一路"建设的重要支撑。

"一带一路"沿线国家和地区众多，穿过东亚、东盟、西亚、南亚、中亚、独联体，以及中东欧约60多个国家和地区，他们发展阶段不同，为我国职业教育国际合作提供了广阔的空间。我国则处于中间发展阶段，决定了我国有必要继续学习比我国更为发达国家和地区的职业教育经验，也使得我国能够更有效地将自己的职教发展经验与那些比我国发展阶段更低的国家分享。加强"一带一路"沿线国家职业教育和产业领域的合作，不仅为沿线国家经济社会发展提供人才和技术支撑，并可有效推进我国职业教育国际化发展。

2. 发挥职教联盟聚力作用，加快创造性职业教育助力"一带一路"

2015年3月国家发改委、外交部、商务部经国务院授权发布了《推动共建丝绸之路经济带和21世纪海上丝绸之路的愿景与行动》。"一带一路"愿景与行动的重点合作内容与职业教育直接相关。合作与建设是"一带一路"的关键内容。在基础设施互联互通方面，通过项目和工程，建设国际骨干通道、口岸基础设施、港口，建设跨境电力与输电通道和跨境光缆等通信干线网络。在民心相通方面，要"扩大相互间留学生规模，开展合作办学"，并"积极开拓和推进与沿线国家在青年就业、创业培训、职业技能开发等的合作。"以上合作重点内容所提出的人才类型和层次需求，包括工程建设所要求的相关专业的一线技术工人、技术员、项目质量监管人员，以及项目经理等人才，正是职业教育培养目标的重要内容。

2017年6月，"一带一路"职教联盟成立大会暨第一届全体理事会议在西安召开。来自德国、以色列、印尼等10多个国家的200多名代表参加了会议。"一带一路"职教联盟是海内外职业教育组织和企业结成的非政府、非营利性的开放性、国际化职业教育合作平台。"一带一路"沿线国家和地区的政府、行业、企业、院校和科研院所将"五方联动"，共同推进职业教育国际化，服务"一带一路"沿线国家和地区的建设和发展。地处河西走廊的甘肃山丹，是丝绸之路黄金段上的节点城市，在"一带一路"建设中有着无可比拟的区位优势。山丹所处的河西走廊与中亚地区地理相近、气候相似、沟通便利，中亚国家目前的经济社会发展面临与我们当初同样的难题，需要发展一些产业，获得一些技能，提高生产水平和发展能力。山丹与新西兰、英国有着牢固的特殊关系，新西兰达飞尔德高中和英国圣乔治学校是培校的姐妹学校，培校长期有外教支教，新西兰、英国、澳大利亚、美国、日本等国家的许多专家友人曾到访交流，历任新西兰驻华大使也都在任期到校访问。学校与新西兰、英国等发达国家的联系从来没有间断，这是山丹得天独厚的特殊优势。我们可邀请达飞尔德高中和圣乔治学校的校长设立校长顾问团，组织外籍教师设立职业教育论坛，组织留学生设立学生论坛等等，了解研究新西兰和英国职业教育动态，挖掘与新西兰和英国的职业教育合作潜能，整合国外先进职业信息资源，为中国西北乃至以西丝绸之路沿线国家和地区职业教育提供最新的有价值的信息。

3. 创新"工学一体"模式，拓宽有创造性职业技能人才培养渠道

职业院校要积极与国内企业合作，走进"一带一路"国家，为其培养本土化人才。校企合作是学校与企业谋发展、优势互补、资源共享，以实现学校培养目标与企业岗位能力零距离对接的重要举措。创造性高技能人才是推动技术创新和现代科技成果向现实生产力转化的骨干力量之一。不断创新"工学一体"人才培养模式，坚持校企双制工学结合，使职业教育的课程以学习任务为载体，学生的学习过程与工作过程实现统一，学会"创造分析"，能够手脑并用，最后实现人力资源的优化提升和有效配置，促进经济和社会的发展。鼓励中国优质职业教育配合高铁、电信运营等行业企业走出去，探索开展多种形式的境外合作办学，合作设立职业院校、培训中心，合作开发教学资源和项目，开展多层次职业教育和培训，培养当地急需的各类"一带一路"建设者。

现在，北京培黎职业学院、山丹培黎学校大力推行工学结合、校企合作办学模式改革，与30多家世界500强企业建立了合作关系；传承培黎传统的兰州城市学院坚持产学研用相结合和开放式办学理念，积极推进校企校地校际校所合作和国际交流，先后与政府、高校、科研院所及企事业单位共建实习实训基地255个、实验实训室2个；与塞浦路斯欧洲大学、美国福特海斯州立大学、俄罗斯奔萨国立大学、法国欧亚高等管理学院、新西兰克赖斯特彻奇综合技术学院和奥克兰大学等10余所海外高校，与华东师范大学、上海师范大学、兰州大学等数十家国内高校建立了联合培养等深度合作关系。2015年，学校正式加入全国应用技术大学（学院）联盟，成为甘肃省首批应用技术大学试点高校。推进"一带一路"建设，实施创新驱动发展战略，落实中国制造2025计划，推动经济提质增效升级、迈向中高端水平，必须加快培养一支数量充足、素质优良、结构合理的技能型人才队伍，积极主动地发挥培黎相关学校的国际性、技能学习、开办小型工厂等特点与强项，牵线搭桥，开拓与周边地区的职教合作，开办培训班，密切人文合作，拓展产业投资，发展小型企业等等。这不仅顺应国内职业教育转型升级的需要，为国家"一带一路"增添了务实内容，更为职业学院的发展和培养高素质应用人才获得新的机遇。

放眼"一带一路"沿线的不同国家和民族发展方式，今天仍旧存在大量的民生和社会发展的现实问题。通过教育合作交流，培养高素质人才，推进经济社会发展，提高沿线各国人民生活福祉，是我们共同的愿望。通过教育合作交流，扩大人文往来，筑牢地区和平基础，是我们共同的责任。培养有"创造分析"能力的管理和技术人才无疑是更为适合的选择，对于"一带一路"建设、对于中国和沿线国家而言都具有深远的影响。

（赵谦玺，甘肃山丹艾黎纪念馆宣教室副主任、馆员）

学得真知志报国
坚毅实干筑路魂

——论詹天佑精神的当代价值

于建军

摘要：詹天佑先生是爱国主义和科教兴国的一面旗帜，他热爱祖国，勤奋好学；崇尚实干，厌恶空谈；尊重科学，实事求是；谦虚谨慎，身体力行；不争功名，情系团队。我们应该继承和发扬他的精神，让理想之花植根于实践的沃土。

关键词：詹天佑精神；勤学；实干；理想；爱国

詹天佑（1861-1919）是爱国主义和科教兴国的一面旗帜。20世纪初，帝国主义列强践踏我国国土，他们将铁路作为对华夏大地进行经济、政治、军事和文化侵略的工具。詹天佑先生将在国外所学的知识，运用于祖国的铁路事业，参与或主持修筑了多条铁路，特别是在国内外强大的政治和经济压力下，毅然主持自行设计修建工程艰巨的京张铁路。

时至今日，这条举世瞩目的京张铁路不仅沟通了华北和西北的交通，成为全国铁路网中一条重要的干线，而且在我国经济、政治和国防上都有着重要意义。它的建成，昭示了中华民族拥有自立于世界民族之林的能力。

尤为可贵的是，詹天佑先生把铁路的修建和祖国的荣辱、民族的兴衰联系起来，不畏列强的讥讽，勇攀科技高峰，为中国人在强手如林的世界上争得了一席之地。詹天佑先生的爱国之举，振奋了民族精神，增强了国人的自信心，建起了中国科技人士的精神堡垒，正如周恩来总理赞誉的：是"中国人的光荣"，被誉为"中国铁路之父"。

他勤奋好学，实干兴邦，不畏艰险，勇攀科技高峰，为国争光的精神是我们学习的榜样。

一、勤奋好学　立志报国

1872年（清同治11年），年仅12岁的詹天佑参加了清末革新思想家容闳在香港的招收幼童考试，考进了幼童出洋预备班。当年，包括詹天佑在内的首批留学幼童30人远赴美国。

詹天佑被安排在康奈狄克州州府哈德福德城纽哈芬海滨男生学校校长诺索布先生家中，以便提高英语水平，接受西方生活方式和思想观念，尽快融入美国社会。留学幼童们，除学习西学外，还需学习中华传统文化。

詹天佑自幼就帮父母做事，独立性极强，自己动手洗衣服叠被子，学习之余，还帮助做一些家务。一双袜子破了，仍然舍不得丢，补了再穿。

在诺索布夫妇循循善诱的教导下，詹天佑的英文进步很快。第二年春，顺利通过入学考试，进入纽哈芬男生海滨学校就读，迈开了留美求学生涯的第一步。

在美求学期间，詹天佑目睹了西方国家科学技术的巨大成就，更加深了投身科技救国的理想。

正是心中有了报效祖国的念头，詹天佑一直发奋努力，刻苦学习。进入美国第3年，即1875年5月，他就完成了两年小学学业，以优异成绩，考入了纽哈芬希尔豪斯高中特别班。

在美国中学里，自然开放的学习风气，令詹天佑如鱼得水，在知识海洋里尽情畅游。从小就喜欢自然科学的天赋，令他特别喜欢上数理化等工科课程，认真听讲，不懂就问，广泛涉猎各种科普读物。

令詹天佑特别开心的是，诺索布夫人玛莎居然是这所中学的数学教师。玛莎经常在课余跟他讲科学家的成长故事。在玛莎的鼓励下，他立志考入耶鲁大学，将来做一名科学家，为祖国做贡献。

1878年7月，正是滚滚热浪肆虐北美大地的日子里，詹天佑以全优的成绩从希尔豪斯中学毕业，如愿考取了耶鲁大学菲尔德（今谢菲尔德）理工学院土木工程系铁路工程专业，成为该专业第一名中国留学生。

一踏入这所著名学府，詹天佑就被浓郁的学府气氛所吸引。四年求学期间，他刻苦学习，付出了常人难以想象的艰辛。他将在希尔豪斯中学特别班的座右铭"实践中求希望"抄写在日记本的扉页上，时刻警醒自己，只有付出比别人更多的汗水，才能得到比别人更多的收获。他如饥似渴地学习西方先进科学技术知识和管理方法，从不缺课，是全班出勤率最高的一个。

一分耕耘一分收获，詹天佑的学习成绩在全班名列前茅，一、二年级时数学连续两年获第一名，两次获得耶鲁大学数学奖，获得校方颁发的奖章和奖学金，还是耶鲁大学优秀生联谊会成员。

詹天佑天生爱运动，不是一味死读书的书呆子，积极参与组建耶鲁大学中国留学生棒球队——中华棒球队，是主力队员，技艺高超，被誉为"棒球能手"。

1881年夏，21岁的詹天佑以优异成绩从耶鲁大学毕业，获哲学学士学位。

二、坚毅实干　为国争光

詹天佑先生把致力于祖国铁路事业作为自己人生的理想，因而产生了巨大的动力。在国外留学时，努力学习科技知识，就是为了学到国外先进的科学技术，回国后，改变祖国落后、贫困的现状。

詹天佑相信，在不久的将来，自己会用学得的知识去改变老牛拉破车的面貌，祖国的大地上一定会有飞驰的火车。

詹天佑是这样想的，也是这样干的。

1888年，是詹天佑奉诏回国的第七个年头，27岁的他如愿以偿地涉足铁路工程建设领域，进入天津中国铁路公司任帮工程司，献身铁路事业。

詹天佑不尚空谈，一心谋事，深入工地一线，携家居住在工地附近，先后参与或主持修建了塘津铁路、唐山至古冶铁路、古冶至山海关铁路、滦河大桥津卢铁路、新易西陵铁路等。

特别是在关内铁路滦河大桥修筑中，詹天佑采取压气沉箱法修筑桥墩基础建桥成功。该桥长670米，为我国当时最长的铁桥。1894年，他被选入英国土木工程师学会，成为加入此学会的第一名中国工程师。

1905-1909年，在独立自主修筑地形险峻的京张铁路时，詹天佑不畏西方列强嘲笑讥讽，迎难而上。他带领工程技术人员，反复勘探测量，精心设计，创造性地采用"之"字形铁路，使火车爬上了八达岭。他为中国铁路事业孜孜不倦、精益求精的科学态度和工作作风受到世人称道。

1909年，詹天佑被选入美国土木工程师学会、英国皇家工商技艺学会。此外，还被选入英国的北方科学与文艺学会、铁路轨道学会、混凝土学会等。

1912年，詹天佑偕全家由广州迁到武汉。在汉期间，詹天佑先后任汉粤川铁路会办、督办，以及交通部首任技监，掌管全国铁道交通技术领导工作。他创立并领导多科性中华工程师学会，开拓祖国现代化工程学术专业。1919年2月他代表中国政府赴海参崴、哈尔滨出席联合监管远东铁路会议。为维护国家利益，他针锋相对，据理力争，取得了我国武力护路的权利，粉碎了日本以武力护路进而侵占我国领土的阴谋。会议期间，詹天佑先生因日夜操劳，腹疾复发，于4月18日离开哈尔滨回汉。24日因腹疾导致心力衰竭，在汉口病逝，终年59岁。

今天，在全面建设社会主义现代化强国的新时期，我们更应该胸怀为实现"中华民族伟大复兴的中国梦"而勤奋学习、努力工作的崇高理想，做有理想、有道德、有文化、有纪律的公民。

美好的人生不仅需要崇高的理想，更需要为实现理想而实干的精神。只有把理想与实干辩证地结合起来，才能使理想的花朵结出丰硕的果实。

实现理想的苦干、实干，最根本的要体现在本职工作上。实现理想是一个过程，平凡的工作岗位是实现理想的起点。有的人胸怀大志，想干一番轰轰烈烈的事业，但看不起平凡的本职工作，好高骛远，见异思迁，这将一事无成。我们既要胸怀大志，又要立足本职，兢兢业业、脚踏实地地干好本职工作。为此必须做到：

首先，要有对工作高度负责的精神。这种精神具体体现在很强的事业心和责任感。对个人来说，事业心就是关心单位建设，立志建功立业；责任感就是对工作满腔热忱、尽职尽责。强烈的事业心和高度的责任感，是搞好本职工作、实现理想的基础。因为只有有了对事业的强烈追求和负责的精神，才能自觉地把本职工作与远大的理想联系起来，立足本职，扎实工作。

其次，要有克服困难和挫折的进取精神。迈向理想境界的道路并不平坦，总是充满着困难和曲折。人正是在迎战困难和挫折中，开拓生活之路，实现人生理想的。这就要求我们在本职工作岗位上必须发扬积极进取的精神，勇于克服困难，战胜挫折，百折不挠，去争取胜利。无数事实证明，只要心中装着一盏永不熄灭的理想之灯和永远为之燃烧的信念之火，就会焕发出坚韧不拔、不屈不挠的毅力和"生命不息、奋斗不止"的拼搏精神，就会从坎坷中走出一条人生之路。

再次，要有甘愿吃亏的奉献精神。奉献精神是为实现高尚的理想贡献一切、不计报酬的精神。对于青年人来说，就是为建设现代化强国而忘我奋斗的精神。詹天佑为了实现中华铁路事业腾飞的理想，不计较个人得失，默默奉献，以实际行动为中国人赢得了骄傲，不愧为我们学习的楷模。

第四，要有从现在做起，从点滴做起，只争朝夕的紧迫感和求实精神。

青年工作者更应该以詹天佑为榜样，以振兴中华为己任，立足本职，真抓实干，为把中华民族建设成富强、民主、文明、和谐、美丽的国家而努力奋斗，应努力做到以下几点：

1. 深入工作一线，积累实践经验

深入一线，从点滴做起，在工作一线积累了宝贵的实践经验，将书

本知识与实践相结合，又用实践中的经验充实理论，实现了由理论到实践，再由实践到理论的螺旋上升的辩证唯物主义实践观和方法论，而不能贪图安逸，好高骛远，纸上谈兵。

2. 胸怀祖国，立志为国家民族做大事

胸怀实干兴邦的梦想，身体力行，不计较个人得失，以真抓实干、振兴中华、为民族争光为己任。

3. 尊重科学，实事求是

在工作决策与执行过程中，尊重科学，实事求是，不唯上是从，以严谨求实的科学态度，解决工作实际问题。

4. 谦虚谨慎，身体力行

要崇尚实干，摒弃空谈，待人诚恳，身体力行，讷于言而敏于行，一心谋事，用自己的实际行动，去带动身边的人去实干。

5. 不争功名，情系团队

一项系统工程的完成，包含了团队各类人员的艰苦努力，既有专家的聪明才智，也有普通职工的辛勤汗水，同时也有领导层支持。所以，庆功之时，不能争名夺利，斤斤计较，甚至沽名钓誉，伤害同事。

6. 不断学习，知识更新

知识是在不断推陈出新的，尤其在当今知识爆炸时代，科技创新日新月异，我们必须树立终身学习的理念，不断学习领域前沿知识，充实自己，提升能力，掌握报效祖国的本领，更好地为振兴中华民族贡献力量。

（于建军，武汉詹天佑故居博物馆副研究馆员）

林则徐的历史功绩
及现实意义与影响

吴晓玲

摘要：林则徐是清代杰出政治家、思想家，也是中华民族英雄、国际禁毒先驱。他领导的虎门销烟揭开了中国人民反帝反殖民统治的序幕，也成为中国近代史的开端；他兴利除弊、爱民恤民，是百姓心中的"林青天"；他廉洁自律、慎守儒风，为一代廉吏；他爱国、唯民、廉洁的精神，是中华民族优秀文化的体现，是时代永恒的旋律，值得我们传颂与铭记。

关键词：林则徐；爱国；历史功绩；精神；影响

林则徐是彪炳史册的民族英雄，是中国近代史上"开眼看世界"的第一人。他无论身处何地，身居何职，都心怀国家，心系百姓。"苟利国家生死以，岂因祸福避趋之"，是他一生的真实写照。习近平同志在福州工作期间曾要求"继承、发扬林则徐坚贞不渝的爱国主义精神和气贯长虹的民族正气，学习他清廉刚正的高尚风范，学习他'开眼看世界'的开拓精神"。

林则徐为官三十多年，历官十四省，始终恪尽职守、清廉自好、忠贞爱国。他铁心禁毒、抵御外侮、维护主权，他兴利除弊、治水赈灾、爱民恤民，他整顿吏治、清正务实、锐意改革。他爱国、唯民、廉洁的精神，是中华民族文化的重要组成部分，也是时代的永恒旋律，在中国飞速发展的今天，学习和弘扬林则徐的民族精神与爱国情怀对凝聚力量、建设国家、实现"中国梦"具有重要的现实意义。

一、林则徐的历史功绩

林则徐是伟大的爱国者，他集中华民族优秀文化之大成，是爱国为民的典范，是民主革命的先驱，是中华儿女的骄傲。禁烟抗敌护主权展示了他抗敌御侮的英雄气概，赈灾济困保民生展示了他雷厉风行的劲吏风范及爱民恤民的重民思想，引进西学开眼世界展示了他兼收并蓄的改革魄力，他的事迹代代传颂，他的爱国情操与人格魅力历经百年仍熠熠生辉。

1. 禁烟抗敌护主权

19世纪初，"闭关锁国"的清王朝逐步落后于世界大潮，但是在外贸中，仍一直处于贸易顺差地位。而工业革命的成功使英国有了更多对外扩张的要求，为了扭转对华贸易逆差，争取最大经济利益，竟不惜以鸦片来毒害我中华儿女。朝廷中"严禁派"与"弛禁派"也相互争执，针锋相对，在道光帝摇摆不定之时，林则徐一针见血指出"若犹泄泄视之，是使数十年后，中原几无可以御敌之兵，且无可以充饷之银"，将鸦片危害上升到民族存亡之上。道光帝连续八天八次召见林则徐，在第五次召见时任命他为钦差大臣赴广东查禁鸦片。林则徐一到广州就大刀阔斧，雷厉风行，查敌情、发公告、下谕帖、缴烟土、抓烟贩，以雷霆之势打击了鸦片贩子的嚣张气焰。1839年6月，在虎门海滩的销烟之举震惊中外，显示出他无与伦比的智慧与胆识。

林则徐到粤后，通过一系列缜密的调查研究，认识到澳门既是鸦片"囤聚发贩"地又是仅次于广东虎门的要塞之地。考虑到澳门的战略地位，1839年9月3日，林则徐会同邓廷桢巡视澳门，争取澳门葡萄牙当局中立，服从中国法律，增强中国在澳门声望；抽查户口，强化中国对澳门的户籍管理，行使行政主权；林则徐以清朝皇帝代表的身份巡视澳门，体现了中国政府对澳门主权管理的高度重视。

在与侵略者的周旋中，林则徐意识到禁烟的成功势必会引起既得利益者更无耻更猛烈的反扑，因此在禁烟的同时，林则徐多次巡视海防，增设炮台、加强防备；故在战争初期，因林则徐采取严密的防范措施，侵略者均无法获胜，九龙之战、穿鼻之战、官涌之战均是我方获得了最后的胜利。

面对错综复杂的斗争环境，林则徐力挽狂澜，与侵略者进行智慧与胆识的较量，虎门销烟向全世界宣告了中华民族不屈服邪恶与侵略的决心；巡视澳门向世人展示了中华民族维护主权的坚定；林则徐虎门销烟的壮举和对侵略者的坚决抵抗将永远载入史册，成为中华民族发展史上浓墨重彩的一笔。

2. 兴修水利保民生

林则徐从1820年开始外放为官，他浚西湖、理淮水、治黄河、防江汉，处处都留下他治水的足迹。即便在赴戍途中，他仍然奉命前去开封协助王鼎治理黄河；居疆三年，他以60岁高龄勘田垦荒并大力推广"坎儿井"。林则徐总结前人治水经验加上自己的实践完成《畿辅水利议》一书，论证北方土质可种植水稻，以解决南粮北调难题；同时提出兴修畿辅水利可救漕政、河防之弊，亦可防灾、减灾，协调社会经济均衡发展。

林则徐治水不忘赈灾，眼见水利失修，农田被毁，稻田失收，百姓受灾，他拟定了"劝募招商、当牛保耕、设医防疫"的救灾良策，同时劝阻商户不得囤米，以平市价；劝说绅士捐献银粮，以解米粮不足之困；劝告灾民不可借荒聚众闹事，妨碍社会秩序；看到百姓无力承担税赋之重，单衔上疏为民请命缓征税收，提出"国计与民生实相维系，朝廷之度支积贮无一不出于民，故下恤民生正所以上筹国计，所谓民惟邦本"。他治水、赈灾无一不从百姓利益出发，到任一方，造福一方，办案处事中处处体现他的"民本"思想。

林则徐作为封建社会的一名官吏，他少了一份其他官员的骄人之姿，多了一份恤民之心，时刻关心百姓疾苦，以清正务实的态度成为百姓眼中的"林青天"。

3. 引进西学促传播

鸦片战争前，中国是一个完全独立的封建国家，尽管清朝统治危机四伏，但仍以泱泱大国屹立于世界版图之上。1840年中英战争充分暴露了清朝统治的衰弱和腐朽，西方列强用坚船利炮敲开了中国的大门，让自认为"天朝至上"的清廷开始切实体会到洋枪洋炮的厉害，一批有识之士提出向西方学习"长技"以挽救岌岌可危的国家。林则徐无疑成为提倡引进西学以富国强兵的先驱者及倡导者。

林则徐在广东禁烟期间，为了解西方国家历史与现状，组织翻译团队翻译外文书报，编译《华事夷言》、《四洲志》和《各国律例》等，介绍外国的政治经济、地理位置和风俗习惯，打开了了解国外的窗口，这些译著犹如一股清新的"民主"风吹进了中国几千年封建专制政治的堡垒，令人耳目一新。他还请人搜集和翻译西方关于大炮瞄准法等新式武器制造方面的应用科技书籍，并把外国的先进军事技术在广东防务中加以应用；他还通过美国商人购买商船"甘米力治号"，将其改建为兵船，船上共装有34门英制大炮，改进和提高清朝军队的武器和作战能力。他引领了西学传播的新思潮，开创了中国近代学习和研究西方的先河，培育和影响了一大批思想先进的知识分子，推动了中国社会的前进。

林则徐作为封建王朝的封疆大吏，能够冲破保守势力的藩篱，努力探求西方新知，向西方学习，不愧是近代中国开眼看世界的第一人及维新思想的先驱。

二、学习和弘扬林则徐的崇高精神

林则徐的一生是坎坷而又辉煌的一生，他在那风雨飘摇、内忧外患的动荡时局中，以坚定的爱国情感与坚韧的抵抗精神对内勤政为民、廉政为公，对外维护国家主权、捍卫民族尊严，他的气魄胸襟、浩然正气展示了"苟利国家生死以，岂因祸福避趋之"的爱国情怀，"贫贱不能移，富贵不能淫，威武不能屈"的人格魅力及"壁立千仞，无欲则刚"的道德准则，随着历史滚滚洪流，他的精神愈益焕发光彩。

1. 学习和弘扬林则徐舍身忘我的爱国精神

林则徐一生是贯穿着爱国思想的一生，无论他处于顺境、逆境，无论他身居要职还是被贬流放，仍关心国家前途，民族命运。1839年，林则徐毅然受命钦差赴粤禁烟，他知道所面对的将是暗潮汹涌、危机四伏的局面，但他以"死生命也，成败天也，苟利社稷，敢不竭股肱，以为门墙辱"的决心勇赴战场，面对枪炮威胁的英国侵略者，林则徐沉着应对、坚决抵抗，取得了虎门销烟的胜利。之后在侵略者的武力威逼及朝廷投降派的诬陷下，道光帝以"办理不善"的罪名将林则徐革职查办，发配新疆伊犁。不公的境遇并没有浇灭他的爱国热情，即使赴戍途中仍十分关注东南战事，提出制船造炮、建立水军、改进武器以对抗外敌的策略；到新疆更是积极投入到边疆的建设，协助伊犁将军布彦泰保留伊犁总兵建制，垦荒勘田固边防，协调民族关系、促进民族团结。

人在顺境中顺势而为容易，但要在逆境中坚守独难，而林则徐做到了，面对人生的大起大落，他没有惊慌绝望，而是坦然面对。林则徐令人敬佩之处，不仅在于他能在国难当头挺身而出、力挽狂澜；不仅在于他能在仕途通达、身居高位时，倾心尽力地为国效力；难能可贵的是，他在被革职流放的极端逆境中，在人生命运遭遇空前苦难和厄运时，心中依然燃烧着那一团爱国的熊熊烈火，他的一切都受爱国思想的牵引，体现了一代伟人的爱国情怀。

"爱国"是一个神圣而又具体的字眼，如何爱国？何谓爱国？在林则徐看来，保民济困是爱国；抵御强敌是爱国；"师夷长技"是爱国；治水兴农是爱国；勘查南疆是爱国；"苟利国家生死以，岂因祸福避趋之"，只要是有利于国家的事，便可以将生死放一旁，不以祸福来衡量，这就是林则徐对"爱国"的诠释。作为世界第二大经济体的中国，我们要实现中华民族伟大复兴的中国梦，需要强大的精神引领，而"爱国"正是这种强大的精神引领，它能够将全国各民族团结起来，凝聚起来，朝着同一个方向、同一个目标、同一个梦想共同前进。

2. 学习和弘扬林则徐勤政为民的务实精神

林则徐为官三十多年，从翰林编修到封疆大吏，无论在何职位，对政务事必躬亲，谨慎负责。对于水利、农业、吏治、救灾等关系民生的大事，"无一事不尽心，无一事无良法"。科考审卷时，他悉心校阅，逐加评点，慎选人才；防汛抗洪时，他亲临现场，对备物料、储器具、分工段都作具体部署；赈灾济民时，他制定赈灾章程、亲赴灾区、发放赈粮；受理案件时，他亲翻卷宗、微服私访了解案情、细审案犯；兴修水利时，他亲验垛料、监督施工、保质验收。林则徐讲求实际，注重调查，常常深入工作第一线，取得最直观的认识，从不假手于人，殚精竭虑，忠心为国，勉力为民，他勤政务实的精神仍不失为当今之楷模。

孟子的"乐民之乐者，民亦乐其乐；忧民之忧者，民亦忧其忧"，范仲淹的"先天下之忧而忧，后天下之乐而乐"，林则徐的"无一事不尽心，无一事无良法"，无不体现为官者的重民、爱民，以民为本思想。群众利益无小事，民生问题大如天，"民生连着民心，民心关系国运"，让人民时时感受到为官者的关怀与爱护，感受到政府的关爱与温情，国家自然和谐安定。习近平总书记多次强调应"以百姓之心为心"，要求地方政府应该真心实意地为民办事，尽心尽意为群众排忧解难，切身体会民瘼所在、民心所向、民意所指，这样才能赢得人民发自内心的拥护与支持。

3. 学习和弘扬林则徐锐意改革的开拓精神

林则徐从政以来兴利除弊，锐意改革，对外提倡引进西学、学夷制夷，对内面对日益衰败的清朝存在社会问题进行了大量经济、政治和社会方面的改革，他的改革是审时度势，与时俱进，务求利国利民。对积弊日重的盐务，他制定盐场官制，严惩走私，打破垄断，推行"票盐"制；对历来存在的漕运问题，他严惩执法不当者，制定漕运章程，派精干官吏亲验漕运并提议改河运为海运；面对因洋钱冲击而引发的"银荒"问题，他并不是盲目地排斥洋钱，而是提议朝廷自铸银币并于民间流通使用，与洋钱抗衡并逐渐取代洋钱流通，以维护本国银本位法币地位；为振兴破败不堪的矿业，林则徐跋山涉水调查矿情，鼓励商民集资开采银矿，增加银源。林则徐提出的改革措施其实是他"经世思想"的实践，是适应当时社会的迫切需要，有的放矢，显示了他突破陈规，锐意改革的开拓精神，虽然他的这些措施由于种种原因未能完全实施，但其爱国爱民，勇于改革的精神值得称道。

开拓创新，是一个国家，一个民族发展的强大动力，是社会进步的源泉。自1978年我国开始实行的对内改革、对外开放的政策以来，就开启了改革开放的历史新时期。通过近四十年的努力，我国的综合国力增强了，人民生活显著改善了，国际地位提高了。香港、澳门和平回归，加入WTO组织，成功举办北京奥运会、上海世博会、杭州G20峰会，神舟载人飞船成功发射，中国第一颗绕月探测卫星——嫦娥一号发射成功并进入预定地球轨道，长征七号运载火箭首发成功……，无不彰显我国的实力与国际影响力。特别是"一带一路"的提出，对推进我国新一轮对外开放和沿线国家共同发展意义重大，其战略思想是契合沿线国家的共同需求，为沿线国家优势互补、开放发展开启了新的机遇之窗。

今天的中国站在新的起点上，我们将更加坚定不移地全面、深入扩大对外开放，继续深入参与经济全球化进程；以"开拓进取"的改革精神，实施互利共赢的开放战略，与国际社会共同应对全球性挑战，共同分享发展机遇。

4. 学习和弘扬林则徐廉洁自律的清廉精神

林则徐的廉洁自律体现在他不但约束自己也约束身边的人，以自己的行动来影响他人。两道传牌郑重声明赴任途中一切费用自行负担，各地不需安排专门迎送，劳民伤财，如若违犯，严惩不贷，杜绝了逢迎拍马之弊，体现了林则徐严于克己，不讲排场，以身作则，言出法随；《析产阄书》道出林则徐为官三十多年，所积家产不足一年养廉银，历年添置的房产，也只值三万两白银并无现银可分并告诫子孙"产微息薄，非俭难敷，应省啬用度，勤俭持家"；福州归栖之所看出林则徐历官十四省，官至朝廷重臣，半身戎马，却因积蓄不多购不起京城房产，晚年只能归乡于文藻山旧居安身，在所谓"三年清知府，十万雪花银"的年代，林则徐最后竟只有如此身家，其清廉可见一斑。在污浊横流的晚清官场中，林则徐始终对人生保持着高度的清醒和定力，一生恪守"清廉"二字，留下一身清白。

"公生明，廉生威"，处事公正才能明辨事非，为人廉洁才能树立权威。党的十八大以来，从《八项规定》、《六项禁令》，从反"四风"、"群众路线教育实践活动"再到"两学一做"活动,一份份文件纷至沓来,规范公职人员的言行举止,遏制"微腐败""软腐败",以营造风清气正的政治氛围,提升政府在人民心中的满意度与威信力。只有廉洁执政、秉公办事,才能深得民心,才能凝聚积极向上的正能量,林则徐"为官三十载,仍两袖清风归故里"的清廉品质无疑值得我们敬佩与传颂。

林则徐是一位不避风险、以身许国的政治家,不但在侵略者面前表现出大无畏的英雄气概,英勇地捍卫国家主权和民族尊严,而且在遭受国内投降派官僚陷害打击的时候,仍然坚持爱国理念,从不动摇。他一生清廉自好,恪尽职守,兴利除弊,锐意改革,发展经济,关注民生。他的政治实践、人格精神、道德力量,在今天仍具有强烈的现实意义,他不顾个人得失,一心为国为民的高尚爱国情操,正是中华民族历经艰难仍能生生不息的精神源泉,他超越了时代的羁绊,超越了空间的阻隔,成为中国人民心中的骄傲。

(吴晓玲,福建省福州市林则徐纪念馆学术研究部主任、文博副研究馆员)

编　后

　　由中国博物馆协会名人故居专业委员会主办、朱德同志故居纪念馆承办的中国博协名人故居专业委员会2017年年会暨学术研讨会于12月1日在四川仪陇顺利召开。中共南充市委常委、宣传部部长何迎晓，南充市人大常委会委员、民宗外侨委主任委员龙腾飞，中共仪陇县委常委、组织部部长龙世胜及来自专委会近50家名人故居纪念馆的领导、专家、论文作者100余人出席会议。

　　本次年会论文征集自2017年3月启动以来，共收到来自全国博物馆、纪念馆同仁的踊跃投稿89篇，文章分别从名人纪念馆工作、名人与纪念馆、人物研究等方面进行探讨，既有实际工作的提炼思考，又有名人精神的研究论述，展现出博物馆人对文博事业的热爱、对业务工作的精益求精，以及高度的社会责任感。但由于论文集篇幅有限，根据《名人故居专业委员会论文评审办法》，经专委会常务委员单位领导审定，最终收录进本书的论文共59篇，对于积极投稿却未被本书收录的论文作者深表歉意，也祈盼各位继续一如既往地支持中国博协名人故居专业委员会的各项工作。

　　因时间仓促，编辑中难免有不周之处，请各位专家和读者批评指正。

编者

2017年12月

图书在版编目(CIP)数据

名人思想的当代价值:中国博物馆协会名人故居专
业委员会 2017 年年会论文集/陈麟辉主编.——上海:
上海人民出版社,2018
ISBN 978-7-208-15389-9

Ⅰ.①名… Ⅱ.①陈… Ⅲ.①名人-故居-工作-文
集 Ⅳ.①G268.1-53

中国版本图书馆 CIP 数据核字(2018)第 189754 号

责任编辑 张晓玲
装帧设计 王 蓓

名人思想的当代价值
——中国博物馆协会名人故居专业委员会 2017 年年会论文集
陈麟辉 主编

出 版	上海人 民 出 版 社	
	(200001 上海福建中路 193 号)	
发 行	上海人民出版社发行中心	
印 刷	常熟市新骅印刷有限公司	
开 本	635×965 1/16	
印 张	31.25	
插 页	6	
字 数	445,000	
版 次	2018 年 9 月第 1 版	
印 次	2018 年 9 月第 1 次印刷	

ISBN 978-7-208-15389-9/K·2783
定 价 98.00 元